CODE MANUEL
DES PAYEURS.

CODE
MANUEL
DES PAYEURS

OU

RECUEIL ANALYTIQUE DES LOIS ET RÉGLEMENTS

CONCERNANT

LE PAIEMENT DES DÉPENSES PUBLIQUES;

PAR M. FASQUEL,

Ancien Inspecteur des Finances, Payeur du département du Morbihan, Chevalier de la Légion-d'Honneur.

C'est dans l'intérêt de l'ordre, de l'économie, et du crédit public, que l'institution des Payeurs existe. DE CHABROL.

PRIX : 10 FRANCS.

A PARIS
CHEZ P. DUPONT, IMPRIMEUR-LIBRAIRE,
RUE GRENELLE-SAINT-HONORÉ, Nº 55.

A VANNES
CHEZ G. DE LAMARZELLE, IMPRIMEUR,
PLACE DES LICES.

1850.

ABRÉVIATIONS.

Ordon.	Ordonnance.
Déc.	Décision.
Circ.	Circulaire.
min.	ministre.
min^{re}.	ministère.
Instr.	Instruction.
Compt. G.	Comptabilité générale.
Mouv^{t} G. des f^{s}.	Mouvement général des fonds.
Règl. min^{el}.	Règlement ministériel.
Fin.	Finances.
Nomenc.	Nomenclature.
Trav. pub.	Travaux publics.
Int.	Intérieur.
Inst. pub.	Instruction publique.
Cour des C.	Cour des Comptes.

TABLE DES MATIÈRES[1].

(Nous renvoyons aux articles du Code.)

[1] La table alphabétique est placée à la fin du volume.

TITRE II. — **Matériel.**

TITRE III. — **Caisse pour le dépôt des fonds.**

TITRE IV. — **Crédits.**

TITRE V. — **Liquidation des Dépenses.**

TITRE VI. — Ordonnancement.

TITRE VII — **Payement des Dépenses.**

TITRE VIII. — **Service intérieur et Comptabilité.**

TITRE IX. — **Comptes de gestion annuelle.**

TITRE X. — **Rentes viagères et Pensions.**

TITRE XI. — Saisies-arrêts ou Oppositions.

FIN DE LA TABLE DES MATIÈRES.

ERRATA.

Art. 1176. 2e §; au lieu de ces mots : *Chapitre X, Rentes viagères et pensions*, lisez : *Titre X*.

Page 261, section 11, au lieu de : *Régularité du mandement*, lisez : *du mandatement*.

Page 314, au lieu de : *Chapitre XII*, lisez : *Chapitre XIV*.

Page 188, note 1, au lieu de : *Loi du* 3 *mai* 1841, *art.* 53, lisez : *art.* 58.)

AVERTISSEMENT.

Les règles organiques et fondamentales de la comptabilité des dépenses de l'Etat sont généralement peu connues. Elles sont familières, seulement, aux hommes appelés par leur position politique, ou financière, à en faire une étude constante, et à ceux obligés par la nature spéciale de leurs fonctions de les appliquer journellement.

Le système qui a soumis l'allocation des crédits, l'ordonnancement et le payement des dépenses de l'Etat à des principes fixes, ne date pas, il est vrai, d'une époque éloignée : c'est par l'ordonnance du 14 septembre 1822 que ces principes conservateurs de la fortune publique ont été consacrés. De graves intérêts, depuis lors, ont préoccupé les esprits ; l'étude des lois financières a pu se ressentir de cet état de choses.

Le but de l'ordonnance de 1822 a été clairement indiqué dans une notice jointe au règlement général sur la Comptabilité publique du 31 mai 1838. [1]

[1] Notice historique par M. D'Audiffret, président à la Cour des Comptes.

« L'ordonnance de 1822, dit l'auteur de cette Notice, » trace à chaque administrateur la route qu'il doit suivre, » depuis le 1er degré jusqu'au dernier terme de son travail; » elle renferme l'*exercice* dans une durée précise, et ne lui » fait embrasser que le *service fait* pendant *une année;* elle » détermine ainsi la mesure juste et commune de toutes » les demandes de crédit; elle restreint le développement, » jusqu'alors illimité, des exigences de chaque ministère, » dans une période de DOUZE MOIS, et elle assure, enfin, » une base fixe aux prévisions de la législature.

» Elle indique aussi à l'ordonnateur, les formes qu'il » doit observer dans la délivrance des ordonnances et des » mandats, pour leur imprimer un caractère de régularité » qui leur fasse ouvrir les caisses du trésor; elle exige, » d'abord, la signature du ministre responsable, ou de » son délégué, avec l'indication de l'exercice et du cha- » pitre qui doivent supporter l'imputation légale de la » dépense; elle prescrit ensuite la production au payeur, » de toutes les pièces nécessaires, pour lui démontrer qu'il » acquitte une dette de l'Etat dans la main d'un créancier » réel. »

C'est ici que commence la mission du Payeur : les administrateurs ont liquidé la dépense; ils l'ont mandatée en l'imputant sur l'exercice auquel elle s'applique et sur l'article du budget qu'elle concerne; ils ont remis les pièces justificatives; alors intervient, comme délégué du ministre des finances responsable, le Payeur chargé de s'assurer si, avant de mandater, on a bien reconnu la régularité de la dette; si l'imputation de la dépense à acquitter a été exactement faite; si toutes les pièces remises établissent bien la réalité de la créance et les droits des parties; enfin, si les crédits alloués pour chaque nature de dépense, ne sont pas outrepassés par celui qui a ordonnancé. Les situations périodiques qu'il remet ensuite, relativement aux émissions de mandats et aux payements effectués, servent à contrôler les résultats produits par les ordonnateurs. En possession de ces éléments, chaque ministre sait ce qui, pendant la durée de l'exercice, a été mandaté sur les crédits qu'il a délégués; ce qui a été acquitté, et ce qui reste à payer sur les mandats émis.

La mission du Payeur est donc une mission essentiellement de contrôle tout-à-fait distincte de celle de l'ordonnateur.

L'institution des Payeurs telle qu'elle existe aujourd'hui, a été sanctionnée par l'ordonnance du 18 novembre 1817. Depuis trente-trois ans aucun ministre ne l'a trouvée défectueuse. L'expérience a démontré, au contraire, sa haute utilité.

Un ministre éclairé[1] a défini ainsi les attributions d'un Payeur : « C'est à ce seul comptable, établi dans chaque » département, que reste confié le soin de veiller à l'ac- » quittement ponctuel et à domicile, de toutes les parties » prenantes qui ont justifié des droits d'un véritable créan- » cier; de donner ainsi un complément indispensable à la » surveillance du gouvernement sur les ordonnateurs se- » condaires jusqu'au dernier terme de sa libération; de » veiller à l'observation rigoureuse des crédits; de mettre » à couvert la responsabilité du ministre des finances chargé

[1] Rapport au roi par M. de Chabrol, 1829.

» de ne délivrer les fonds que dans la limite des budgets; » d'éviter les retards et les embarras qui arrêteraient le » payement des services au fur et à mesure de leur exécu- » tion, et de préparer tous les éléments du contrôle final » exercé sur la régularité des dépenses publiques par la » Cour des Comptes; c'est à la fois, dans l'intérêt de l'ordre, » de l'économie et du crédit public que l'institution des » payeurs existe. »

De nouvelles dispositions sont venu fortifier ces règles fondamentales.

La nature du contrôle à exercer par les Payeurs sur les ordonnateurs, a été ainsi précisée : [1]

« Les fonctions des payeurs portent en elles un caractère » de contrôle qui pèse nécessairement sur les ordonnateurs » des dépenses publiques. Les vérifications auxquelles ces » agents se livrent, ont surtout pour but de reconnaître » si la date de la dépense constate un droit à la charge de » l'exercice auquel on l'impute, et si l'objet de cette dé- » pense ressortit bien au service particulier que le crédit » a en vue d'assurer. »

Aucun payement, sauf pour les services en régie, ne pouvant avoir lieu que pour un service *fait* [2], ils n'acquittent aucun à-compte avant liquidation, qu'autant que les droits sont constatés par pièces régulières, présentant le décompte *en quantités et deniers* du service fait.

[1] Lettre du Ministre des finances au Payeur du Morbihan, du 10 juillet 1839; Circ. de la Compt. G. des 20 août 1835, 25 janvier 1840 et 20 septembre 1842; Ordon. du 31 mai 1838; Lettres de la Compt. G. des 14 et 19 mai 1839.

[2] Ordon. du 14 septembre 1822, art. 10; Circ. du 18 juillet 1836, nº 95.

En matière d'aliénations d'immeubles, les Payeurs examinent : « S'il y a parfaite régularité dans les formalités » de la vente faite à l'Etat ; ils discutent la valeur des » actes produits par les vendeurs, et ils s'assurent que » ces actes constituent suffisamment un titre pour celui qui » réclame le prix du bien vendu. »

Relativement aux dépenses départementales, leur mission n'a pas moins d'intérêt : « Les budgets annuels sont » envoyés aux Payeurs, afin qu'ils en surveillent spécialement l'exécution ; pour qu'ils puissent se convaincre, » qu'indépendamment de la régularité des dépenses mandatées, ces dépenses sont renfermées dans la spécialité » qui leur est propre ; que les crédits votés par le » conseil général sont observés et qu'ils ne sont pas outrepassés. »

On le voit, les fonctions d'un payeur sont à la fois importantes et délicates ; elles sont en outre conservatrices : l'Etat et les départements y trouvent une garantie réelle de l'acquittement régulier de leurs dettes.

Mais, disons-le aussi, il faut une longue étude, ce livre le prouvera, pour bien remplir ces fonctions. Elles exigent des connaissances spéciales. Les Payeurs, a dit un homme d'Etat éminent [1] sont des *jurisconsultes administratifs*. Si, en effet, l'emploi de Payeur demande, outre la connaissance des règles de la comptabilité publique, celles du droit administratif et celles du droit civil, ne faudrait-il pas soumettre cet emploi à des conditions préalables de capacité et de position dans l'administration ? Une organisation intel-

[1] M. Thiers.

ligente et forte du service des Payeurs, assurerait davantage encore le contrôle si nécessaire des dépenses publiques.

Ils connaissaient bien peu les attributions des payeurs, ceux qui, attaquant cette institution, proposaient de la détruire ! Une solennelle et récente discussion [1] a pu leur apprendre quel rang occupe le service des dépenses publiques dans l'administration des finances.

On était étonné, avec raison, qu'un tel service n'eût pas son Code, lorsque, depuis longtemps, tous les autres services financiers sont pourvus de celui qui leur est propre.

Les Payeurs étaient privés d'un guide qui leur est réellement nécessaire pour distinguer, au milieu d'une multitude de lois, de décrets, d'ordonnances et de décisions appartenant à tous les régimes et embrassant 40 années, ce qui est en vigueur et ce qui est abrogé.

Une lacune existait donc dans cette partie de la législation financière. Nous avons essayé de la combler.

Le *Code manuel* que nous publions, présente dans un ordre méthodique, aussi complètement qu'il nous a été possible de le faire et que le comporte un travail que l'on pourrait appeler nouveau, les dispositions que les payeurs ont à consulter et à appliquer dans les payements pour ne pas compromettre leur responsabilité. Ce qui a rapport à leur service intérieur et à leurs relations avec les fonctionnaires et les agents de toutes classes, y est également rappelé.

[1] *Moniteur* du 3 décembre 1848, n° 338.

Il se divise en douze titres, dans l'ordre suivant :

Il a été conduit jusqu'au 1er mai 1850.

Deux tables, l'une des matières, l'autre par ordre alphabétique, le terminent.

Ce résumé n'a point un caractère officiel. A chaque article on a cité la loi, le décret, l'ordonnance, ou la décision, afin de pouvoir recourir au texte si on le désire.

Tel qu'il a été conçu, le *Code manuel* ne sera pas nécessaire seulement aux Payeurs ; il le sera aussi aux fonctionnaires chargés de liquider et d'ordonnancer les dépenses ; aux agents qui les acquittent sur *visa ;* à ceux ayant mission d'inspecter, et aux magistrats institués pour contrôler les payements.

Peut-être jugera-t-on que dans l'intérêt général financier, et pour maintenir dans les dépenses publiques l'ordre qu'il est si important qu'elles conservent, il aura aussi son utilité.

Nous avons mis tous nos soins à rendre cet ouvrage aussi exact et aussi complet que possible ; nous sommes loin de penser, cependant, qu'il ne s'y est glissé aucune erreur, ni qu'il ne présente point de lacune. Rassembler, on pourrait dire pour la première fois, et au milieu d'occupations multipliées, tout ce qui régit le service des dépenses publiques, n'était pas sans quelques difficultés. Nous espérons que l'on nous tiendra compte de cette situation. Il sera aisé de faire les additions ou rectifications jugées nécessaires ; c'est de la sorte que les recueils de cette nature s'améliorent et se complètent. Nous recevrons avec plaisir, à ce sujet, les indications que l'on voudra bien nous donner.

Dans la division adoptée, quelques répétitions ne pouvaient être évitées ; on s'en est peu préoccupé. Rencontrer à des chapitres différents la même disposition, lorsqu'elle trouve naturellement sa place à chacun de ces chapitres, n'est point un inconvénient pour celui qui a des recherches à faire.

NOTA. Quelques additions faites, et plusieurs changements survenus pendant l'impression, sont indiqués *page* 485.

CODE

MANUEL

DES PAYEURS.

TITRE PREMIER.

Personnel.

CHAPITRE Ier.

Organisation des Payeurs.

L'organisation des payeurs remonte à environ 60 ans. En 1791 *, après la suppression des trésoriers généraux placés auprès de chaque ministère, le gouvernement créa des payeurs généraux du trésor qui eurent pour payeurs particuliers, dans les départements, les receveurs de districts : c'était un essai ; il ne put durer long-temps.

En réorganisant le service des dépenses, l'arrêté ministériel du 1er pluviose an 8 maintint le principe des payeurs généraux, et confia à ces agents supérieurs le soin de nommer les préposés qui, à Paris, dans les départements et aux armées, seraient chargés de payer les dépenses publiques.

Le temps devait amener une amélioration dans ce service :

Une ordonnance royale du 18 novembre 1817, supprima les payeurs généraux ; établit un directeur des dépenses ; créa pour les dépenses payables à Paris deux payeurs principaux, et pour celles à

* Décrets du 30 mars 1791.

acquitter dans les départements un payeur par département qui devint comptable envers la Cour des Comptes des actes de sa gestion.

Quelques modifications eurent encore lieu ultérieurement.

En 1824[1], le directeur des dépenses cessa d'exister; un payeur des dépenses du trésor remplaça les deux payeurs principaux placés à Paris. En 1848, le payeur central fut lui-même supprimé; on réunit ses fonctions à celles du caissier central en donnant à celui-ci le titre de CAISSIER PAYEUR CENTRAL.

Les ordonnances des 24 novembre 1824 et 1er novembre 1829, en fixant le rang des payeurs, leur traitement et le cautionnement qu'ils avaient à fournir, ont confirmé ce que l'ordonnance de 1817 avait réglé à leur égard, en les établissant agents directs du trésor, dans chaque département, justiciables de la Cour des Comptes.

Ce qui concerne le personnel de ces agents, est résumé dans les articles suivants :

1. Les agents chargés du payement des dépenses publiques, sont : le caissier payeur central du trésor à Paris; les payeurs du trésor public dans les départements; les payeurs en Algérie; les payeurs aux armées; les préposés payeurs et les trésoriers coloniaux. (*Ordon. des* 31 *mai* 1838, *art.* 306; 27 *déc.* 1823 *et* 1er *novemb.* 1829.)

2. Les Payeurs du trésor public sont nommés par le pouvoir exécutif, sur la présentation du ministre des finances. (*Idem.*)

3. Le Payeur placé dans chaque département est chargé d'acquitter les dépenses des divers ministères ;[2] c'est à lui qu'est confié le soin de veiller à l'acquittement ponctuel et à domicile, de toutes les parties prenantes qui ont justifié des droits d'un véritable créancier ; de veiller à l'emploi régulier des crédits, et de mettre à couvert la responsabilité du ministre des finances chargé de ne délivrer les fonds que dans la limite des budgets. (*Rapport au roi* (1829), *par M. de Chabrol; Ordon. des* 1er *nov.* 1829 *et* 31 *mai* 1838.)

[1] Ordon. du 9 janvier.

[2] C'est en vertu de l'Ordonnance du 1er novembre 1829, que les payeurs spéciaux de la marine ont, à mesure de vacances, cessé d'exister.

4. Les receveurs particuliers des finances, les percepteurs et les receveurs des revenus publics, font, pour le compte du payeur, tous les payements pour lesquels leur concours est jugé nécessaire. (*Ordon. du* 31 *mai* 1838, *art.* 308 *et* 309.) *Voyez* Titre VII, *Payement des dépenses.*

SECTION 1re. — CAISSIER PAYEUR CENTRAL.

5. Un Payeur central est établi au ministère des finances avec le titre de Caissier Payeur central. Il est chargé, sous sa responsabilité, d'acquitter toutes les dépenses du budget payables à Paris, soit sur ordonnances directes des ministères, soit sur mandats de payement des divers ordonnateurs secondaires auxquels les ministres délèguent des crédits. Il effectue le payement des rentes perpétuelles de toute nature, des rentes viagères de toutes classes, des pensions civiles, ecclésiastiques, de l'ex-pairie, des militaires, des donataires, des veuves de militaires, et pour récompenses nationales, etc. (*Arrêtés du min. des finances des* 25 *juillet* 1832 *et* 5 *avril* 1848.)

6. Le Caissier payeur central, sauf les exceptions établies en raison de la nature de son service [1] se conforme, pour les payements, aux instructions qui régissent le payement des dépenses publiques. Aucun mandat ne peut être délivré sur la caisse centrale, s'il ne représente une dépense publique régulièrement ordonnancée, soit par les ministres directement, soit par les ordonnateurs secondaires, en vertu des crédits qui leur sont ouverts par les ministres. (*Même arrêté du* 25 *juillet, art.* 3.)

7. Les payements sont effectués au moyen de mandats à talon délivrés par ses délégués, et qui sont soumis au contrôle prescrit par les arrêtés des 20 mai et 24 juin 1832. (*Idem, art.* 2.)

[1] La réunion du service du *Payeur central*, au service du *Caissier central*, ordonnée par l'arrêté du gouvernement provisoire du 5 avril 1848, a nécessité l'établissement de quelques dispositions spéciales. Une lettre du ministre, du 25 avril 1848, les fait connaître; il était inutile de les rappeler ici. Elles se combinent, pour les détails, avec celles contenues dans l'arrêté du 25 juillet 1832, dont on a donné dans cette section les principaux articles.

8. Le Caissier payeur central reçoit du Directeur du mouvement général des fonds en original ou en extraits, les ordonnances directes des ministres et les ordonnances de délégation. (*Arrêté du* 25 *juillet*, *art.* 4.)

9. Il est en rapport direct avec le ministre. Il a sous ses ordres les sous-payeurs désignés par le ministre, pour effectuer, sous son autorité, le payement des mandats et autres pièces présentées à l'acquittement. (Voir no 12) (*Idem*, *art.* 3.)

10. Les payements des dépenses des ministères et ceux de la dette publique sont distribués en autant de bureaux que le ministre juge nécessaire d'en établir en raison des besoins du service. (*Même arrêté*, *art.* 6.)

11. Il y a près du Caissier payeur central du trésor public, à titre de suppléant, un *sous-caissier payeur central.* Outre la surveillance qu'il exerce sur toutes les parties de la comptabilité, il est chargé des travaux, tant pour les bordereaux et états de paiements à fournir aux divers ministres, aux ordonnateurs secondaires et à la comptabilité générale des finances, que pour le compte définitif à rendre chaque année par le payeur central à la Cour des Comptes. Il peut suppléer le Caissier payeur central pour la direction du service. (*Arrêté minel. du* 25 *juillet* 1832.)

SECTION 2. — SOUS-PAYEURS.

12. Il est placé sous l'autorité du Caissier payeur central des *sous-payeurs.* Ils sont chargés, sous sa responsabilité, chacun pour la partie qui lui est assignée, de l'acquittement des dépenses publiques. (*Même arrêté.*)

13. Les dépenses dont le payement est confié aux sous-payeurs, sont celles ayant rapport à la dette publique et celles à acquitter sur ordonnances directes des ministres, sur ordonnances de liquidation des intendants ou sous-intendants militaires, des directeurs d'artillerie, du génie, des fortifications, du préfet du département de la Seine, du préfet de police et des directeurs généraux des diverses administrations financières. (*Même arrêté.*)

14. Le nombre des sous-payeurs est fixé par le ministre en raison

des exigences du service. Ces agents sont responsables envers le Caissier payeur central, sans préjudice de leur responsabilité vis-à-vis le trésor. (*Arrêtés du 24 juin 1832, art. 3, et 25 juillet suivant, art. 6.*)

SECTION 3. — CONTRÔLE.

15. Il est établi au ministère des finances, pour les dépenses du trésor, un contrôle chargé de constater contradictoirement, après en avoir reconnu la régularité, toutes les dépenses faites par le Caissier payeur central en sa qualité de caissier du trésor, et de vérifier que les payements effectués par le payeur central en ses mandats sur la caisse du trésor reposent sur un titre légal, soit ordonnance ou mandat de l'ordonnateur, certificat d'inscription ou pièce en tenant lieu qui constitue un droit acquis contre l'Etat. Ce contrôle est exercé par un contrôleur en chef et par des contrôleurs particuliers placés sous ses ordres ou par leurs suppléants. (*Loi du 24 avril 1833 et arrêté du 22 juin 1832, art. 1er et 14.*)

16. Le contrôleur en chef est nommé par le ministre; il lui rend compte directement des opérations du contrôle et lui soumet ses propositions dans l'intérêt du service. Il est suppléé par un sous-chef de contrôle, dans toutes les fonctions qui lui sont attribuées par les règlements. (*Même arrêté, art. 4.*)

17. Le contrôle forme une section spéciale ne dépendant d'aucune des directions du ministère; il enregistre, quant aux dépenses, tous les actes relatifs à la sortie des fonds, et vise les récépissés ou reconnaissances de toute nature délivrés par le Caissier payeur central. (*Même arrêté, art. 2.*)

18. Les contrôleurs particuliers sont placés, d'après les ordres du contrôleur en chef, près des bureaux de payement établis, d'après les ordres du ministre, en raison des exigences du service. Ils s'assurent, tant pour les dépenses des ministères que pour les payements de la dette publique, de la régularité des payements effectués. Ils suivent, sur ce point, les instructions spéciales que prescrivent les règlements. (*Même arrêté, art. 7, 11 et 13.*)

NOTA. Un arrêté du ministre du 20 mai 1832, et un règlement et ordre de service du contrôle du 9 octobre suivant, ont déterminé les mesures du contrôle à observer à l'égard du Caissier payeur central. Un arrêté du 24 juin suivant les a complétées. Leurs dispositions comprennent des détails qui n'étaient pas de nature à figurer ici. On les trouvera dans ces documents.

SECTION IV. — PAYEURS DES DÉPARTEMENTS.

19. Les payeurs du trésor, chargés de l'acquittement des dépenses publiques dans les départements, sont répartis en quatre classes. Les traitements dont ils jouissent; les frais de service, personnel et matériel qui leur sont alloués, et les cautionnements auxquels ils sont assujétis, [1] sont ceux indiqués ci-après :

DÉPARTEMENTS.	Traitements fixes.	Frais de personnel.	Frais de matériel.	Cautionnements.
1re CLASSE.				
Finistère.	10.000f	7.000f	2.500f	80.000f
Nord.	10 000.	7,500.	2.500.	80.000.
Var.	10,000.	7 000.	2.500.	80.000.
Charente Inférieure.	10.000.	3,500.	1,500.	70.000.
Gironde.	10.000.	7.000.	2.000.	70.000.
Meurthe.	10 000.	6.500.	2.000.	70,000.
Moselle.	10.000.	7,000.	2,000.	70.000.
Pas-de-Calais.	10.000.	4 500.	1,500.	70 000.
Rhin (Bas).	10,000.	7.000.	2.500.	70,000.
Bouches-du-Rhône.	10.000.	7,000.	2,000.	60.000.
Ille-et-Vilaine.	10 000.	5.500.	1.500.	60,000.
Manche.	10.000.	4.500.	1,500.	60.000.
Morbihan.	10.000.	3.500.	1,500.	60,000.
Rhône.	10,000.	6,000.	2.000.	60,000.
Seine-et-Oise.	10.000.	6 000.	2.000.	60,000.
Seine-Inférieure.	10,000.	6,000.	1,500.	60,000.
16.				

[1] La somme totale allouée au budget pour le service des payeurs, est de 1,060,000f. Les traitements y entrent pour 633,000f; les frais de service pour 402,600f; le surplus est affecté au traitement des préposés et à un fonds de réserve.

DÉPARTEMENTS.	Traitements fixes.	Frais de personnel.	Frais de matériel.	Cautionnements.
IIe CLASSE.				
Ardennes	8,000f	4,000f	1,000f	45,000f
Côte-d'Or	8 000.	5,000.	1,500.	45,000.
Garonne (Haute)	8,000.	5,500.	1,500.	45,000.
Hérault	8 000.	4,500.	1,000.	45,000.
Isère	8,000.	4,500.	1,000.	45,000.
Meuse	8,000	4,500.	1,000.	45,000.
Seine-et-Marne	8,000.	4,500.	1,000.	45,000.
Aisne	8,000.	4,000.	1,000.	40,000.
Calvados	8,000.	4 500.	1,000.	40,000.
Doubs	8,000.	4,500.	1,000.	40,000.
Loire-Inférieure	8,000.	4,500.	1,500.	40,000.
Maine-et-Loire	8,000.	4,000.	1,000	40,000.
Nièvre	8,000.	3,500.	1,000.	40,000.
Oise	8,000.	4,000.	1,000.	40,000.
Pyrénées (Basses)	8,000.	4,000.	1,000.	40,000.
Rhin (Haut)	8,000.	3,500.	1,000.	40,000.
Somme	8,000.	4,500.	1,000.	40,000.
17.				
IIIe CLASSE.				
Cher	7,000	2,500.	1,000.	33,000.
Côtes-du-Nord	7,000.	3,000.	1,000.	33,000.
Indre-et-Loire	7 000.	3,500.	1,000.	33,000.
Loiret	7,000.	4,000.	1,000.	33 000.
Marne	7,000.	4,500.	1,500.	33,000.
Pyrénées-Orientales	7,000.	2,500.	1,000.	33,000.
Saône-et-Loire	7,000.	4,500.	1,000.	33,000.
Yonne	7,000.	3,500.	1,000.	33,000.
Aube	7,000.	3,000.	1,000.	30,000.
Aude	7,000.	2,400.	600	30,000.
Charente	7,000.	2,500.	1,000.	30,000.
Corse	7,000.	2,400.	600.	30,000.
Dordogne	7,000.	3,000.	1,000.	30,000.
Eure	7,000.	3,500.	1,000.	30,000.
Eure-et-Loir	7,000.	2,400.	600.	30,000.
Gard	7,000.	4,500.	1,000.	30,000.
Jura	7,000	2,500.	1,000.	30,000.
Lot-et-Garonne	7,000.	3,000.	1,000.	30,000.
Orne	7 000.	3 500.	1,000.	30,000.
Puy-de-Dôme	7,000.	3 500.	1,000.	30,000.
Saône (Haute)	7 000.	3,000.	1,000.	30,000.
Sarthe	7,000.	3,000.	1,000.	30,000.
Vienne	7,000.	2,500.	1,000.	30,000.
Vienne (Haute)	7,000.	2,500.	1,000.	30,000.
Vosges	7,000.	3,000.	1,000.	30,000.
25.				

DÉPARTEMENTS.	Traitements fixes.	Frais de personnel.	Frais de matériel	Cautionnements.
IVe CLASSE.				
Ain	6,000f	2,500f	1,000f	20,000f
Allier	6 000.	2,500.	1,000.	20,000.
Alpes (Hautes)	6,000.	1,800.	600.	20,000.
Aveyron	6,000.	2,500.	1,000.	20,000.
Drôme	6,000.	2,500.	1,000.	20,000.
Gers	6,000.	2,500.	1,000.	20,000.
Loire-et-Cher	6,000.	2,500.	1,000.	20,000.
Marne (Haute)	6,000.	2,500.	1,000.	20,000.
Sèvres (Deux)	6 000.	2,500.	1,000	20,000.
Tarn	6,000.	2,400.	600.	20,000.
Tarn-et-Garonne	6 000.	2 500.	1,000.	20,000.
Vaucluse	6,000.	3,000	1,000.	20,000.
Vendée	6,000.	2,400.	600.	20,000.
Alpes (Basses)	6,000.	1,800.	600.	20,000.
Ardèche	6,000.	1,800.	600.	20,000.
Ariège	6,000.	1,800.	600.	20,000.
Cantal	6,000.	1,800.	600.	20,000.
Corrèze	6,000.	2,400.	600.	20,000.
Creuze	6,000.	1,800.	600.	20,000.
Indre	6 000.	2,400.	600.	20,000.
Landes	6 000.	1,800.	600.	20,000.
Loire	6,000.	2,400.	600.	20,000.
Loire (Haute)	6,000.	1,800.	600.	20,000.
Lot	6 000.	2,400.	600.	20,000.
Lozère	6,000.	1,800.	600.	20,000.
Mayenne	6 000.	1,500.	1,000	20,000.
Pyrénées (Hautes)	6 000.	2,400.	600.	18,000.
27.				

(*Ordon. du* 1er *novembre* 1829; *Arrêté min*el. *du* 28 *février* 1846; *Circ. du* 26 *mars suivant.*)

20. Les allocations pour frais de service réglées par l'arrêté du 16 octobre 1833 qui excèdent les fixations mentionnées en l'article précédent, sont maintenues jusqu'à ce que des vacances permettent de les ramener au chiffre normal; les excédants sont prélevés provisoirement sur le fonds de réserve; (*Arrêté min*el. *du* 28 *février* 1848, *art.* 2.)

[1] Les payeurs placés dans cette situation transitoire doivent chercher, par des réductions, à se rapprocher des fixations normales. (*Circ. du* 26 *mars* 1846, *n*o 156.)

21. Une somme de 11,000 francs, affectée annuellement au traitement des préposés-payeurs placés dans les départements en vertu de l'ordonnance du 1er novembre 1829, est ordonnancée au nom des payeurs de chaque département. (*Même arrêté, art.* 3.)

22. Les Payeurs justifient à la direction de la Comptabilité générale des finances, de la somme qu'ils ont employée pour payer le traitement de leurs commis et préposés. [1] A la fin de l'année, ils lui transmettent les états émargés faisant connaître les sommes qu'ils ont payées à leurs employés à titre de traitement ou indemnité. L'allocation des frais matériels leur est acquise sans qu'ils aient à faire la justification de l'emploi des fonds. (*Arrêté min*^el^. *du* 28 *février* 1846; *Circ. du* 26 *mars suivant, n*° 156.)

23. La somme de 13,400 fr. réservée pour travaux extraordinaires, augmentée des sommes restées libres sur l'allocation destinée au traitement des commis et préposés et de celles provenant de vacances d'emplois, est répartie chaque année entre ceux des payeurs sur lesquels ont pesé, dans l'année, des charges ayant un caractère éventuel et extraordinaire. (*Même arrêté.*)

SECTION V. — TRÉSORIERS-PAYEURS EN ALGÉRIE ET LEURS PRÉPOSÉS.

24. Il est établi en Algérie des trésoriers-payeurs et des préposés-payeurs, chargés d'acquitter, en vertu des ordonnances des ministres de la *Justice*, de l'*Instruction publique*, des *Cultes*, de la *Guerre*, de la *Marine* et des *Finances*, et en se conformant aux règlements sur la comptabitité publique, les dépenses de l'Etat. Ces comptables sont placés comme suit :

PROVINCE D'ALGER.

Trésorier-Payeur à Alger.
Préposé-Payeur à Aumale.
— à Blidah.

[1] La partie non employée est réunie au fonds de réserve affecté aux travaux extraordinaires. (*Voir l'arrêté.*)

Préposé-Payeur à Bougie.
— à Cherchel.
— à Dellys.
— à Medead.
— à Milianah.
— à Orléanville.
— à Tenez.

PROVINCE D'ORAN.

Trésorier-Payeur à Oran.
Préposé-Payeur à Djema el Gazaouel (Nemours.)
— à Mascara.
— à Mostaganem.
— à Tlemcen.

PROVINCE DE CONSTANTINE.

Trésorier-Payeur à Constantine.
Préposé-Payeur à Bone.
— à Djigelly.
— à Philippeville.
— à Sétif.

Préposé-Payeur chargé du service des postes à Constantine.

(Ord., 21 *août* 1839.*)*

NOTA. Le service des Trésoriers-Payeurs et de leurs préposés est soumis en général aux règles de comptabilité établies par l'ordonnance du 31 mai 1838. Il existe néanmoins pour ce service quelques dispositions spéciales que l'administration en Algérie rendait indispensables; elles sont trop variables de leur nature pour être rapportées ici.

Il suffira de faire connaître qu'elles sont particulièrement résumées dans les ordonnances royales des 21 août 1839 et 17 janvier 1845.

Les principales règles concernant les Préposés-Payeurs se trouvent à la section VII de ce chapitre.

25. Les dépenses que les Trésoriers-Payeurs et leurs préposés sont chargés d'acquitter en Algérie, se distinguent comme il suit :

SERVICE DES BUDGETS (Justice, Instruction publique, Cultes, Guerre, Marine et Finances.)

SERVICE MUNICIPAL (Dépenses sur fonds provincial; dépenses sur fonds général; dépenses sur fonds de réserve et de prévoyance.)

SERVICE SPÉCIAUX (Produits de prises faites sur l'ennemi; remboursement de cautionnements, etc.)

OPÉRATIONS DE TRÉSORERIE (Remboursements, payements de toute nature et mouvements de fonds.)

(*Compte général des finances de* 1848, page 602.)

Les Trésoriers-Payeurs et leurs préposés ont mission aussi d'effectuer diverses recettes comprises aux budgets de l'Algérie. Ces recettes se divisent comme suit :

SERVICE DES BUDGETS (Contributions, produits et revenus divers.)

SERVICES SPÉCIAUX (Produits de prises à répartir; cautionnements, etc.)

OPÉRATIONS DE TRÉSORERIE (Emissions de traites et mandats; dépôts d'argent pour le service des postes ; mouvements de fonds, etc.)

(*Compte général des dépenses de* 1848, page 602.)

NOTA. En 1848, les recettes de toute nature, effectuées par les trésoriers et leurs préposés, se sont élevées à 106,035,982 fr. 03 c., et les dépenses à 108,348,826 fr. 04 c.

SECTION VI. — PAYEURS AUX ARMÉES.

26. Les Payeurs du trésor public, lorsqu'ils se trouvent aux armées, exercent, quant à ce qui concerne l'acquittement des dépenses de l'Etat, les mêmes fonctions que les Payeurs placés dans l'intérieur de la France. Les payements qu'ils effectuent, sont soumis aux mêmes règles en ce qui a rapport au crédit ministériel et à l'ordonnancement, sauf, toutefois, les exceptions que la nature de ce service a fait établir. (Voir Tit. IV.) (*Ord. du* 31 *mai* 1838, *art.* 71.)

27. Les fonctions de receveurs des finances sont attribuées aux Payeurs des armées. Ces comptables sont chargés d'effectuer les recettes des deniers publics. Les versements faits à leur caisse ne sont libératoires qu'autant qu'ils sont justifiés par des récépissés à talon

dûment contrôlés. (*Règl. du min. de la guerre*, 1838, *art.* 151.)

28. Les Payeurs aux armées sont autorisés à remplacer, s'il y a lieu, les préposés des domaines dans toutes les opérations relatives aux ventes où l'intervention de ces derniers peut être prescrite par la loi ou par les règlements. (*Même règlement, art.* 199.)

29. Ils interviennent aussi dans la prise de possession, par saisie ou séquestre, des immeubles revenus, matières ou effets mobiliers de nature à être attribués au domaine de l'Etat; ils assistent aux opérations; signent, avec l'intendant militaire chargé de les diriger, les procès-verbaux et autres actes destinés à assurer les droits du trésor.

30. L'intervention du Payeur n'est pas nécessaire s'il s'agit de la constatation des prises et saisies comprenant des objets susceptibles d'être employés pour le service de l'armée. (*Règl. de la guerre, art.* 206.)

SECTION VII. — PRÉPOSÉS-PAYEURS.

31. Sur les points de la France que des décrets ou ordonnances désignent, il est placé des *Préposés-Payeurs* chargés d'acquitter les dépenses publiques, pour le compte et sous la responsabilité du Payeur dont ils dépendent. (*Ordon. des* 27 *décembre* 1823 *et* 1er *novembre* 1829.)

32. Ces agents sont proposés par les Payeurs au ministre des finances qui règle leur nombre et fixe leur résidence. Ils ne sont chargés du service des dépenses qu'après que le ministre les a agréés. (*Mêmes ordon.*)

33. Les Préposés-Payeurs actuellement en exercice sont établis dans les lieux ci-après indiqués :

A LA FÈRE (Aisne); A GIVET (Ardennes); A L'ILE-D'OLÉRON et A L'ILE-DE-RÉ (Charente-Inférieure); A CALAIS (Pas-de-Calais); A BELLE-ILE-EN-MER (Morbihan); A BALE (Suisse). (*Mêmes ordon.*)

34. Le préposé d'un Payeur du trésor après s'être éclairé sur l'importance des dépenses à acquitter, adresse à ce dernier comptable des demandes motivées pour obtenir les fonds qui lui sont nécessaires pour son arrondissement. Il indique approximative-

ment au commencement de chaque quinzaine, le montant total des mandats qu'on lui présentera dans la quinzaine suivante. (*Voir le* Titre VII, *Payements des dépenses.*)

35. Dans les lieux où le Préposé-Payeur est autorisé à recevoir les fonds qu'ont à verser les comptables de sa résidence, il délivre à l'agent qui effectue le versement un récépissé; ce récépissé est remis au receveur des finances pour être échangé; il est ensuite versé au Payeur. (*Lettre du Direct. du mouv^t. des f^s.* 12 *août* 1835.)

36. Les Préposés-Payeurs décrivent leurs opérations journalières sur un *livre-journal*, sur un *grand livre* et sur un *livre de détail*. Les récépissés qu'ils délivrent aux comptables sont inscrits à un registre spécial. Chaque mois ils présentent sur une balance aux divers comptes qui y sont indiqués, les résultats de leurs opérations. (*Voir* Titre VIII.) (*Inst. des* 17 *déc.* 1818, *n°* 56 *et* 30 *octobre* 1832, *n°* 74.)

37. Ils adressent également au Payeur, pour être transmis à la direction du mouvement général des fonds, l'état des recettes et dépenses en numéraire qu'ils ont effectuées pendant chaque dizaine. Cet état présente la moyenne des en-caisses du comptable pendant la dizaine expirée. *Lettre du Direct. du mouv^t. G. des fonds*, 10 *janvier* 1837.)

38. Le 31 décembre de chaque année, le Préposé-Payeur fait constater par le maire du lieu de sa résidence le solde trouvé dans sa caisse à la fin de la journée et celui établi à son livre-journal. Le procès-verbal qui constate le montant des valeurs reconnues et sa conformité avec les écritures, est envoyé au Payeur pour être annexé au compte de gestion de ce dernier. (*Ordon.*, 18 *nov.* 1817; *Inst. min.*, 14 *et* 16 *décembre suivant.*)

SECTION VIII. — TRÉSORIERS COLONIAUX.

39. Il est établi des trésoriers coloniaux dans les colonies de la *Martinique*, de la *Guadeloupe*, de la *Guyanne française* et de l'*Ile-de-la-Réunion*. (*Loi du* 25 *juin* 1841.)

40. L'acquittement des dépenses de l'Etat dans ces colonies est soumis aux règles de la comptabilité générale de la France. Les

dépenses affectées au service général sont définitivement arrêtées par la loi du budget; celles concernant le service intérieur sont votées par les conseils coloniaux. (*Loi du* 25 *juin* 1841.)

41. Les dépenses du service colonial sont également effectuées dans les établissements coloniaux ci-après : Mana. — Sénégal. — St.-Pierre et Miquelon. — Nosi-bé et dépendances. — Comptoirs fortifiés sur la côte occidentale d'Afrique. — Etablissements français de l'Océanie. (*Compte gén. des finances*, 1848.)

SECTION IX. — EMPLOYÉS DES PAYEURS.

42. Les dispositions de l'article 8 de l'ordonnance du 31 octobre 1839 qui permettent de concourir sans surnumérariat préalable, pour les emplois de percepteurs des contributions directes, peuvent être appliquées aux employés des Payeurs du trésor public qui justifient de 7 ans au moins de services. (*Ord., déc.* 1845, *art.* 1er.)

43. Toutefois les dispositions de l'ordonnance précitée ne leur sont applicables qu'autant qu'ils sont âgés de moins de 50 ans. Ils ont droit à être nommés percepteurs jusqu'à l'âge de 55 ans s'ils ont servi militairement pendant sept années au moins. (*Arrêté du min. des finances du* 5 *septembre* 1849, *art.* 1er. *Décret*, 30 *avril* 1850.)

44. Les sept années de services exigées par l'ordonnance ne peuvent compter aux employés qu'autant que les services ont été commencés et rétribués après l'âge de la majorité. (*Circ.*, 18 *décembre* 1845, *aux préfets.*)

45. Les Payeurs, pour assurer l'exécution de cette mesure, adressent aux préfets, au commencement de chaque année, dans la forme que le ministre a fixée, un état de situation du personnel de leurs bureaux. S'il survient des mutations, il les fait connaître à ce magistrat. (*Circ.*, 18 *décembre* 1845, 11 *mai* 1846, *et Circ. aux préfets du* 10 *mai* 1846.)

46. Lorsque le préfet juge à propos d'user envers l'un des employés du Payeur du droit de présentation qui lui est réservé par l'ordonnance du 31 octobre 1833, les justifications que le postulant a à produire sont celles suivantes :

1° L'extrait de son acte de naissance sur timbre et légalisé.

2° Les certificats et autres pièces constatant, authentiquement, la durée et la spécialité de ses fonctions.

3° L'avis favorable du Receveur général du département dans lequel la vacance a lieu. (*Arrêté minel. du* 3 *novembre* 1839; *Circ. aux préfets*, 18 *décembre* 1845.)

SECTION X. — PENSIONS DE RETRAITE.

47. Les Payeurs du trésor public peuvent obtenir une pension de retraite lorsqu'ils ont 60 ans d'âge et 30 ans accomplis de service, dont au moins vingt années au ministère des finances ou dans l'une des administrations financières désignées, ressortissant audit ministère. (*Ordon.*, 12 *janvier* 1825, *art.* 6.)

48. La pension accordée après 30 années de service est de la moitié du traitement fixe. [1] Après 30 ans de services la pension s'accroît d'un vingtième de cette moitié pour chaque année en sus, sans pouvoir, en aucun cas, excéder ni les trois-quarts du traitement moyen, ni le maximum porté au tableau n° 2, joint à l'ordonnance. (*Même ordon.*, *art.* 11.)

49. Un Payeur destitué perd ses droits à la retraite, lors même qu'il aurait l'âge et le temps de services nécessaires pour l'obtenir. (*Même ordon.*, *art.* 29.)

50. Il est admissible à la pension de retraite quel que soit son âge, si, étant reconnu hors d'état de continuer utilement ses fonctions, il réunit la durée et la nature des services qui donnent droit à cette pension. (*Même ordon.*, *art.* 17.)

NOTA. C'est l'administration qui reconnaît si le payeur est hors d'état de continuer ses fonctions et non le titulaire. (*Avis du Comité des finances du* 17 *avril* 1846.)

51. La veuve d'un Payeur qui était en jouissance d'une pension de retraite, ou qui est décédé dans l'exercice de ses fonctions, a

[1] Voir, pour les pièces à produire, pour le mode de liquidation et les services admissibles, l'ordonnance du 12 janvier 1825.

droit à la reversion du quart de la pension dont son mari était en possession ou aurait joui en vertu des règlements, lors seulement qu'il avait, au jour de son décès, 30 ans accomplis de services civils. (*Ordon.*, 12 *janvier* 1825, *art.* 15.)

52. La pension de la veuve, si celle-ci est âgée de 50 ans au moment du décès de son mari, ou si elle a un ou plusieurs enfants au-dessous de 16 ans, est portée au tiers de celle que l'ordonnance attribue au mari. (*Même ordon.*, *art.* 16.)

CHAPITRE II.

Cautionnements.

SECTION Ire. — TAUX DU CAUTIONNEMENT.

53. Les Payeurs du trésor public sont soumis pour la garantie de la gestion que le gouvernement leur confie à un cautionnement en numéraire; ils ne peuvent entrer en fonctions avant d'avoir réalisé ce cautionnement et en avoir justifié dans les formes et devant les autorités déterminées par les lois et règlements. (*Ordon.*, 31 *mai* 1838, *art.* 324.)

54. Le taux du cautionnement auquel chaque Payeur du trésor public est assujetti, est fixé d'après la classe de Payeur à laquelle le comptable appartient; ce taux est indiqué par le tableau joint à l'ordonnance du 1er novembre 1829. (*Voir no* 19.)

55. La pièce à produire avant d'entrer en fonctions pour prouver que le cautionnement auquel l'emploi est soumis a été réalisé, est le récépissé du caissier central du trésor. A son arrivée dans le département, le comptable communique ce récépissé au préfet chargé de l'installer. (*Règlem.*, *fin.* page 190.)

SECTION II. — VERSEMENT.

56. Les Payeurs versent la somme formant le montant de leur cautionnement à la caisse centrale du trésor public à Paris exclusi-

vement. Le certificat d'inscription qu'ils ont à obtenir de la direction de la dette inscrite, ne leur est remis que sur la production du récépissé délivré par le caissier central. (*Ordon.*, 31 *mai* 1838, *art.* 242 et 243; *Règl. fin.* 1846, page 190.)

57. Sur la représentation que fait le titulaire de l'emploi, du récépissé comptable du versement qu'il a effectué à la caisse centrale du montant de son cautionnement, il reçoit de la direction de la *dette inscrite*, un certificat de l'inscription de cette garantie sur les livres du trésor public. (*Ordon. du* 31 *mai* 1838, *art.* 243.)

58. Les certificats d'inscription des titulaires, et ceux de privilège de second ordre à délivrer aux bailleurs de fonds, doivent, pour former titre valable contre le trésor public, être revêtus du visa du contrôle établi au ministère des finances. (*Même ordon.*, *art.* 244.)

SECTION — III. — REMBOURSEMENTS ET COMPENSATIONS.

Art. 1. — *Remboursement intégral.*

59. Les Payeurs qui, cessant leurs fonctions, ont à réclamer le remboursement de leur cautionnement; ou, en cas de décès, les héritiers qui ont une demande de remboursement à former, sont tenus de produire au ministre des finances les pièces suivantes :

1° Lettre au ministre énonçant l'objet de la demande avec les pièces jointes, et indiquant : 1° le département et l'arrondissement de sous-préfecture portés sur l'inscription du titulaire; 2° la résidence du réclamant; 3° le lieu où le remboursement devra s'effectuer. (*Note, série E* 70. *Bureau des cautionnem.*)

2° Certificat d'inscription au nom du titulaire; en cas de perte, une déclaration sur timbre, dûment légalisée. S'il n'y a pas eu de certificat d'inscription, les récépissés de versement, ou un certificat des comptables du trésor dans la forme déterminée par l'instruction du 8 novembre 1826. (*Règl. min*[el]. *des fin.*, 1846, page 196; *Arrêté du gouver*[t]. 24 *germinal an* 8.)

Si la demande est faite par des bailleurs de fonds, ceux-ci ont à produire, outre les certificats d'inscription, les certificats de privilège de second ordre qu'ils ont obtenus; ou, en cas de perte, une déclaration dans la forme ci-dessus indiquée. (*Même règl. des fin.*)

3° Un certificat de non opposition délivré par le greffier, enregistré et visé par le président du tribunal de 1re instance de l'arrondissement de la résidence du titulaire, conforme à la loi du 26 ventose an 13, qui ne prescrit pas la formalité de l'affiche de la cessation des fonctions.

4° Le certificat de libération définitive délivré par le directeur de la comptabilité générale des finances, et relatant l'arrêt de quitus de la Cour des Comptes [1]. (*Art.* 3 *de l'ordon. du* 22 *mai* 1825; *Mod. C. annexé à l'arrêté du* 7 *juin suiv.*)

60. Les remboursements de capitaux de cautionnement ne peuvent être autorisés que dans les départements où les titulaires ont exercé en dernier lieu leurs fonctions. (*Ord. du* 24 *août* 1841.)

Art. 2. — *Remboursement des deux tiers du cautionnement.*

61. Les Payeurs qui cessent leurs fonctions, peuvent, avant l'apurement définitif de leur comptabilité, obtenir le remboursement des *deux tiers* du cautionnement fourni par eux en numéraire, lorsqu'ils ont remis le dernier compte de leur gestion, et que la vérification de ce compte et de leurs écritures n'a fait reconnaître aucun débet à leur charge. (*Loi du* 2 *ventose an* 13; *Ordon. des* 27 *septembre* 1820 *et* 22 *mai* 1825, *art.* 1er.)

62. Le surplus peut être immédiatement remboursé s'il est fourni, en remplacement de cette dernière partie, un cautionnement équivalent, en immeubles ou en rentes sur l'Etat. (*Même ordonnance du* 22 *mai, art.* 1er.)

63. Le comptable qui veut obtenir le remboursement des deux tiers de son cautionnement avant la délivrance du certificat de

[1] L'arrêt de quitus est adressé par le Payeur au directeur de la Comptabilité générale des finances qui lui en fait ensuite la remise, après s'être assuré que les résultats de cet arrêt sont conformes aux écritures et qu'il ne contient aucune charge qui engage leur responsabilité vis-à-vis du trésor.

quitus de la Cour des Comptes, doit produire au ministre des finances, outre les pièces indiquées lorsqu'il s'agit du remboursement (voir n° 59, § 1, 2 et 3), un certificat du directeur de la Comptabilité générale des finances, constatant que le dernier compte de sa gestion ne le constitue pas débiteur envers le trésor (*Ordon.*, 22 *mai* 1825, *art.* 1, 2 *et* 3; *Nomen. des fin.*)

Art. III. — *Application du cautionnement à une autre gestion.*

64. Le Payeur qui est appelé à de nouvelles fonctions peut obtenir l'application du cautionnement déjà fourni par lui, à la garantie de tout ou partie de sa gestion actuelle; il produit dans ce cas un certificat du directeur de la Comptabilité générale autorisant, après vérification du dernier compte de gestion et la libération du comptable, cette application. (*Ordon. des* 14 *février* 1816 *et* 22 *mai* 1825, *art.* 5; *modèle A annexé à l'arrêté du 7 juin suivant; Circ. du* 3 *novembre* 1834, *n°* 86.)

65. En attendant que les formalités nécessaires pour cette application aient été remplies, le Payeur en arrivant à sa nouvelle destination est tenu de justifier au préfet, s'il y a lieu à un complément à fournir, du versement de ce complément, et de produire les autres pièces ayant rapport à l'ancienne garantie. (*Circ.*, 3 *novembre* 1834, *n°* 86.)

CHAPITRE III.

Mutations de Payeurs.

66. La vacance d'un emploi de Payeur a lieu quand le comptable quitte le département où il exerçait ses fonctions, soit pour passer dans un autre département, soit pour occuper un autre poste; elle est aussi amenée par sa démission, sa mise à la retraite, son décès ou sa destitution. (*Circ.*, 3 *novembre* 1834, *n°* 86.)

67. Lorsqu'un Payeur est définitivement remplacé par l'une des

causes indiquées en l'article précédent, le ministre des finances informe le préfet du département où la vacance existe, de l'époque à laquelle le nouveau titulaire doit prendre le service. Cette époque est toujours fixée au premier jour d'un mois. (*Circ.*, 3 *nov.* 1834.)

SECTION Ire. — INSTALLATION.

68. Un Payeur ne peut être installé dans le lieu où il a été nommé, ni entrer en exercice, s'il ne justifie au préfet du département (Voir n° 55) du versement qu'il a fait au trésor public, de la totalité du cautionnement dont son emploi se trouve grevé. (*Ord.*, 31 *mai* 1838, *art.* 324; *Circ.*, 3 *novembre* 1834, *n°* 86.)

69. Le récépissé de versement qu'il a obtenu après avoir été produit au préfet, est adressé par lui au ministre des finances, pour être échangé contre un certificat d'inscription de son cautionnement sur les livres du trésor. (*Même ordon.*, *art.* 243; *Règl. minel. du* 9 *octobre* 1832, *ch.* 3.)

70. S'il s'agit d'un Payeur passant aux mêmes fonctions dans un autre département, ce comptable, avant de pouvoir être définitivement installé, est tenu de produire au préfet 1° l'inscription du cautionnement fourni pour l'emploi qu'il vient de quitter; 2° si ce cautionnement est inférieur à la nouvelle classe où il est appelé, le récépissé du versement du complément du nouveau cautionnement; 3° un certificat du directeur de la dette inscrite portant qu'il n'existe pas de privilège de second ordre sur le premier cautionnement, et, s'il en existe, relatant que le bailleur de fonds a donné son consentement pour l'affectation de cette garantie à la nouvelle gestion; 4° un certificat du greffier du tribunal civil de la dernière résidence, constatant qu'il n'existe pas d'opposition sur le susdit cautionnement. (*Circ.*, 3 *novembre* 1834, *n°* 86.)

71. Dans le cas où le nouveau Payeur se trouve avoir d'abord exercé les fonctions de receveur des finances ou de percepteur des contributions directes, le cautionnement fourni en cette qualité ne peut être admis pour compléter celui de la nouvelle gestion, qu'autant que ce comptable rapporte, indépendamment des justifications

ci-dessus rappelées, les certificats de quitus constatant son entière libération envers les services dont il était chargé. [1] (*Circ.* 3 *nov.* 1834, *n*o 86.)

72. S'il arrive qu'un Payeur se trouve dans l'impossibilité de se rendre à son poste à l'époque qui lui a été fixée par l'administration, le service auquel il a été appelé n'est pris pour son compte par un fondé de pouvoirs, qu'autant qu'il justifie du versement du cautionnement affecté à cet emploi. (*Circ.*, 9 *mars* 1844, *n*o 138.)

SECTION II. — PRESTATION DE SERMENT.

72 *bis*. Aux termes de l'article 324 de l'ord. du 31 mai 1838; de l'instruction générale des finances du 15 décembre 1826 et de la circulaire du 31 mars 1831, un Payeur, en sa qualité de détenteur de deniers publics, ne peut être installé ni entrer en exercice, qu'après avoir justifié de l'acte de sa prestation de serment d'obéissance aux lois.

Ce serment est reçu par le préfet du département dans lequel le comptable est placé. (*Circ.*, 31 *mars* 1831.)

Une expédition de l'acte de serment est jointe au récépissé de versement du cautionnement et le tout est adressé au ministre des finances. (*Circ.*, 3 *nov.* 1834, *n*o 86.)

Dans le cas où un Payeur nouvellement nommé ne peut se rendre à son poste, le service auquel il a été appelé ne peut être pris à son compte qu'autant qu'il a justifié de sa prestation de serment. (*Circ.*, 9 *mars* 1844, *n*o 138.)

Telle était la règle en ce qui concerne le serment qui devait être prêté par les Payeurs.

D'après un décret du gouvernement provisoire du 2 mars 1848, les fonctionnaires de l'ordre administratif et judiciaire ne prêtent pas de serment.

SECTION III. — PRISE DE SERVICE.

73. L'entrée en fonctions d'un Payeur nouvellement nommé dans un département, n'a lieu qu'à partir du premier jour d'un mois. Le

[1] Services du trésor, service municipal, des hospices, etc.

ministre fixe lui-même cette époque, il en informe le préfet, afin que le comptable soit installé par ce magistrat au jour déterminé. (*Circ.*, 3 *mars* 1834, *n°* 86.)

74. La prise de service est soumise à des règles particulières, selon qu'elle a lieu dans l'une des circonstances ci-après : 1° Si le Payeur ne s'est pas présenté pour prendre possession de son emploi, ou si, s'étant présenté, il n'a pas produit les justifications nécessaires. 2° Si, s'étant mis en règle aussitôt sa nomination, il a obtenu un délai avant de prendre possession. 3° Si, étant présent, il prend immédiatement la gestion. 4° Si le titulaire étant décédé la gestion a dû être prise par un gérant. (*Circ.*, 3 *mars* 1834, *n°* 86 *et* 9 *mars* 1844, *n°* 138.)

Art. 1er. — *Gestion provisoire étrangère au titulaire.*

75. Si le Payeur nouvellement nommé, ne se présente pas dans le département à l'époque déterminée pour la prise de service, ou si, se présentant, il ne produit pas les justifications nécessaires pour être installé, le préfet nomme un gérant et il constitue une gestion intérimaire ; un procès-verbal constate la remise du service à ce gérant, lequel exerce, sous sa responsabilité personnelle, pour le compte du trésor. (*Circ.*, 9 *mars* 1844, *n°* 138.)

76. Quoique les opérations de l'intérim doivent être ultérieurement rattachées d'office et pour ordre à la comptabilité du titulaire, celui-ci n'en perd pas moins tous droits aux émoluments de la place tant que dure l'intérim. (*Même circ.*)

77. Un comptable n'est réellement titulaire de son emploi et il n'en peut recueillir les bénéfices, que lorsqu'il a qualité pour en exercer les fonctions, c'est-à-dire qu'il a fourni les justifications auxquelles les réglements ont subordonné son entrée en fonctions. (*Même circulaire.*)

78. L'indemnité à allouer à la personne qui a rempli temporairement les fonctions de Payeur, est réglée par le ministre sur le rapport que lui fait le préfet, de la manière dont ce gérant s'est acquitté de sa mission. Le montant en est prélevé sur celui du traitement fixe de la place devenue disponible par suite de

l'interruption de service du titulaire. (*Circ.*, 9 *mars* 1844, *n°* 138.)

79. Un ancien Payeur admis à la retraite, qui gère pour le nouveau Payeur non encore installé, a droit à une indemnité pour le temps pendant lequel il a remplacé son successeur. Le ministre détermine le taux de cette indemnité. (*Déc. minist.* 1841.)

80. L'opération de la prise de service est constatée par un procès-verbal que dresse le préfet, et où l'on établit le montant des valeurs existant en caisse et en portefeuille au jour de l'installation, ainsi que les registres et documents laissés au successeur. Les valeurs sont versées au nouveau gérant qui en donne son récépissé. [1] (*Circ.*, 3 *nov.* 1834 *n°* 86, *et* 9 *mars* 1844 *n°* 138.)

NOTA. Pour le compte à rendre par l'intérimaire, voir la section IV ci-après.

81. Lorsque le nouveau titulaire de l'emploi, après qu'il a été constitué une gestion provisoire, se présente pour être installé, il est procédé à une nouvelle remise de service, en suivant ce qui est indiqué à l'article qui précède. Une expédition du procès-verbal spécial qui constate l'opération est transmise par le préfet au ministère des finances. (*Circ.*, 9 *mars* 1844, *n°* 138.)

Art. 2. — *Gestion provisoire pour le titulaire.*

82. Si un Payeur est dans l'impossibilité de se rendre à son poste au jour qui lui a été fixé pour prendre le service, il peut, en le demandant au ministre, obtenir le délai qui lui est nécessaire, et faire prendre le service pour son compte par un fondé de pouvoirs en justifiant préalablement du versement de son cautionnement. (*Circ. C. G.*, 9 *mars* 1844, *n°* 138.)

83. La prise de service pour le compte du titulaire qui ne peut joindre immédiatement, est constatée par un procès-verbal dressé par le préfet, ainsi qu'il est plus haut expliqué (n° 80.) (*Même circulaire.*)

[1] Pour les écritures à passer, voir les circulaires nos 56 du trésor du 17 décembre 1818; 51 du 12 déc 1826, et 53 du 30 décembre 1827.

NOTA. Voir, pour la prise de service par le titulaire nouveau, l'article 1er ci-dessus, et, pour le compte à rendre, la section IV.

Art. 3. — *Gestion prise immédiatement.*

84. Si le Payeur nouvellement nommé dans un département se rend à son poste de manière à ce que la remise du service puisse lui être faite par le Payeur sortant, le procès-verbal constatant les valeurs remises, et les registres et documents laissés par le titulaire ancien au titulaire nouveau, est dressé sans l'intervention du préfet et signé par ces deux comptables seulement.

Art. 4. — *Gestion d'un titulaire décédé.*

85. Lorsque la reprise de service d'un Payeur a lieu à la suite d'un décès arrivé dans le courant d'un mois, le service est continué jusqu'à l'expiration de ce mois sous la direction d'un gérant intérimaire nommé par le préfet, lequel exerce ses fonctions sous sa responsabilité personnelle, pour le compte du titulaire. (*Circ.*, 3 *nov.* 1834, *n*o 86.)

NOTA. Pour la prise de service par le titulaire nouveau, voir l'art. 1er de cette section, et, pour le compte à rendre, la section IV ci-après.

Art. 5. — *Papiers et documents.*

86. Les règlements et instructions émanés de l'administration, de quelque nature qu'ils soient, et quel que soit le nombre des exemplaires mis à la disposition des Payeurs, ne sont en aucune manière la propriété personnelle de ces comptables. Ces documents sont fournis spécialement[1] pour le département où gère le Payeur; ils font partie du matériel attaché à l'emploi. (*Circ.*, 30 *décembre* 1845, *n*o 153.)

87. Il en est de même de la correspondance. Quels que soient les points ordinaires ou extraordinaires qu'elle traite, comme tous les éléments qui servent à la gestion des Payeurs elle doit rester dans

[1] Y compris les règlements envoyés en double.

le département où elle a pris naissance, et les Payeurs sont tenus d'en faire fidèlement la remise à leurs successeurs. (*Même circ.*)

88. En exécution des deux articles qui précèdent, lorsqu'il y a mutation, le Payeur sortant, avant de quitter sa résidence, doit faire la remise à son successeur, ou à son gérant intérimaire, non seulement de tous les règlements, instructions, registres, et autres éléments de comptabilité qu'il tient de ses prédécesseurs, mais encore de ceux qu'il a recueillis personnellement et qui ont servi à sa propre gestion; il s'en fait donner décharge dans le procès-verbal de remise de service. (*Circ.*, 30 *déc.* 1845, *n°* 153.)

89. Le comptable intérimaire, ou le titulaire entrant en fonctions, doit veiller à ce que tous les documents dont son prédécesseur disposait lui soient remis en entier, et à ce que l'inventaire relate l'état de conservation où ils se trouvent. (*Même circ.*)

90. Un inventaire compris au procès-verbal de remise de service et qui est rédigé d'après le modèle donné par l'administration, indique par des paragraphes distincts 1° les règlements et instructions; 2° les circulaires; 3° les dossiers de correspondance; 4° les éléments relatifs à la suite des oppositions; 5° les registres et autres éléments de comptabilité; 6° les imprimés fournis par l'administration; 7° les objets divers. (*Circ.*, 26 *déc.* 1846, *n°* 160.)

91. Les registres des oppositions tenus en exécution de l'instruction générale du 27 août 1845 sont arrêtés, visés et signés par le Payeur sortant ainsi que par le Payeur entrant, au moment de la rédaction de l'inventaire. Ces comptables doivent, en outre, viser et parafer chacune des pièces formant dossier. (*Même circ.*)

Art. 6. — *Comptes de gestion.*

92. Un Payeur n'est comptable que des actes de sa gestion personnelle. En cas de mutation, il est établi autant de comptes de gestion qu'il y a eu de Payeurs titulaires en fonctions pendant l'année. (*Ordon.* 31 *mai* 1838, *art.* 327.)

Payeur sortant.

93. Le compte à rendre par le Payeur sortant est commencé

aussitôt la remise du service, sans attendre les accusés de crédits des envois d'acquits de la gestion expirée ; le comptable fait figurer au chapitre de la dépense intitulé : *Fonds envoyés à d'autres comptables*, le montant des valeurs qui existaient en caisse lorsqu'il a cessé ses fonctions. (*Ordon.*, 31 *mai* 1838, *art.* 327; *Circ.*, 3 *nov.* 1834, *n*o 86.) (Voir, pour la forme du compte de gestion, le Titre IX.)

94. Dans le cas où un Payeur quitte son département avant d'avoir eu le temps de rédiger son compte de gestion, il donne à son successeur, ou à l'un de ses employés, les pouvoirs nécessaires pour suivre ce travail et pour le signer. Les frais qui en résultent sont à sa charge. (*Circ.*, 3 *nov.* 1834, *n*o 86.)

95. Si le compte de gestion appartient à un Payeur décédé, c'est sous la direction et la surveillance du nouveau Payeur que ce compte doit être formé; toutefois, les frais qui peuvent en résulter sont à la charge de la succession. (*Circ.*, 3 *nov.* 1834, *n*o 86.)

96. En cas de contestation sur les frais à allouer pour la rédaction du compte dont il est parlé ci-dessus, il en est référé au ministre qui en fixe le montant. (*Même circ.*)

Payeur arrivant.

97. Le compte que doit rendre le titulaire entrant en fonctions pour sa gestion, commence à la date de la remise du service. Le montant des valeurs existant en caisse au moment de cette remise, est porté dans son compte de gestion au chapitre de la recette intitulé : *Fonds reçus d'autres Payeurs.* (*Même circ.*)

Gérants intérimaires.

98. La mesure qui rattache, en certains cas, les opérations de la gestion intérimaire à la comptabilité soit de l'ancien soit du nouveau Payeur, est exceptionnelle. Si l'intérim a de la durée, le gérant est tenu de rendre un compte séparé de sa gestion. (*Ordon.*, 31 *mai* 1838, *art.* 327; *Circ.*, 9 *mars* 1844, *n*o 138.)

CHAPITRE IV.

Congés.

99. Un Payeur ne peut quitter sa résidence ni interrompre l'exercice de ses fonctions, sans une autorisation spéciale qui entraîne la retenue, au profit de la caisse des retraites, de la moitié de son traitement, excepté dans les cas où l'absence a pour cause l'accomplissement d'un des devoirs imposés par la loi. (*Arrêté du min. des finances,* 10 *avril* 1829 *et* 21 *mai* 1833 ; *Circ.,* 20 *juin* 1829.)

100. Toutefois, la retenue n'a point lieu, si l'on justifie de la nécessité de se rendre à des établissements d'eaux minérales pour le rétablissement de sa santé, lorsque la maladie est le résultat, ou la suite, de l'exercice des fonctions du comptable, ou s'il est atteint d'une maladie dont le traitement ne peut avoir lieu que hors de sa résidence. (*Mêmes arrêtés et circul.*)

101. Le comptable qui doit s'absenter, adresse au ministre, par l'intermédiaire du préfet, une demande de congé dans laquelle il fait connaître les motifs qui le forcent à quitter momentanément son poste. Dans cette demande, il indique le fondé de pouvoirs agréé par le préfet, destiné à le remplacer. (*Circ. du* 10 *mai* 1828.) (Voir le Titre suivant.)

102. Le congé étant obtenu, il informe de son départ le *ministre;* le *préfet;* le *receveur général;* les directeurs de la *dette inscrite,* du *mouvement des fonds* et de la *comptabilité générale,* et le *caissier payeur central.* Il leur fait connaître la signature de son délégué et l'époque à laquelle ce dernier doit entrer en fonctions. (*Circ.,* 13 *mai* 1818 ; 30 *mars* 1819 *et* 20 *juin* 1829.)

103. Le Payeur ayant fait usage du congé qui lui a été accordé, fait savoir au ministre l'époque de son retour à sa résidence et la date de la reprise de ses fonctions. (*Circ. du* 30 *mars* 1819.)

104. On ne peut obtenir dans l'année plus de trois mois de congé. Si le Payeur se rend à Paris, il est tenu, dès son arrivée, de faire connaître sa demeure au directeur du personnel des finances. (*Circ.,* 20 *juin* 1829.)

105. Un congé cesse d'être valable, lorsque l'agent qui l'a obtenu n'en fait pas usage dans les quinze jours de la notification qui lui en est faite. (*Arrêté min*^el. 10 *avril* 1829 *et Circ.* 20 *juin* 1829.)

CHAPITRE V.

Fondés de pouvoirs.

106. La faculté accordée aux Payeurs de constituer un fondé de pouvoirs permanent, et de déléguer à ce mandataire la signature des actes relatifs à leur gestion, est restreinte aux absences que ces comptables sont dans le cas de faire en vertu de congés régulièrement obtenus. (*Circ. n*° 12 *du* 13 *mai* 1818, *et n*° 319 *du* 22 *décembre* 1841.)

SECTION Ire. — ACCRÉDITATION.

107. Le Payeur, après avoir fait choix de l'agent auquel il se propose de déléguer sa signature pendant le temps de l'absence qu'il va faire, doit présenter préalablement cet agent au préfet pour obtenir son agrément. (*Circ.*, 13 *mai* 1818, *n*° 12, *et* 30 *mars* 1819, *n*° 40.)

108. L'agent destiné à remplacer le Payeur, est accrédité auprès de l'autorité supérieure par une procuration notariée. Cet acte énonce que par lettre du ministre en date du..., dont l'original est représenté au notaire, le comptable a reçu l'autorisation de s'absenter du lieu de sa résidence, et qu'à partir de tel jour, il confère au S^r...., sous l'agrément du préfet, le droit de signer les récépissés et autres pièces comptables qui seront délivrées en son nom. (*Circ. du* 13 *mai* 1818, *n*° 12.)

109. Si le comptable veut se réserver la faculté de signer lui-même concurremment avec son fondé de pouvoirs, et sans arrêter l'effet de sa procuration, les pièces susceptibles d'être produites à

la Cour des Comptes, l'acte doit exprimer formellement cette exception. (*Circ. du* 13 *mai* 1818, *n*o 12.)

110. La procuration que donne le Payeur est faite en double original; l'un reste déposé entre les mains du notaire pour qu'il en puisse être délivré, s'il y a lieu, des expéditions; l'autre est destiné à la Cour des Comptes : tous deux doivent être signés en présence du notaire, non seulement par le comptable, mais encore par le fondé de pouvoirs, afin que sa signature puisse au besoin être comparée avec celles dont seront revêtus les récépissés et autres pièces. (*Même circ.*)

111. Le Payeur transmet sans retard au Procureur général près la Cour des Comptes, le second exemplaire de la procuration dont il est parlé à l'article qui précède. La signature des notaires apposée sur cet acte est préalablement légalisée par le président du tribunal civil ou par le préfet. (*Même circ.*)

SECTION II. — AVIS A DONNER.

112. En même temps que le Payeur fait l'envoi au Procureur général près la Cour des Comptes de la procuration qu'il a donnée, il fait connaître au ministre; aux directeurs du mouvement des fonds, de la comptabilité générale, et de la dette inscrite; au caissier-payeur central du trésor et au receveur général de son département, la signature de son fondé de pouvoirs. (*Circ.*, 13 *mai* 1818, *n*o 12.)

113. Dans son information aux directeurs du ministère et aux agents désignés en l'article qui précède, le Payeur indique l'époque à laquelle son délégué entre en fonctions, ainsi que les dates de la procuration et de l'envoi qui en a été fait au procureur général. (*Même circ.*)

SECTION III. — RÉVOCATIONS DES POUVOIRS.

114. Dans le cas où le comptable révoquerait ses pouvoirs pour les confier à une autre personne, il aurait à faire agréer son nouveau choix par le préfet, et à remplir, pour cette seconde délégation, les mêmes formalités que pour la première. (*Circ.*, 13 *mai* 1818, *n*o 12.)

CHAPITRE VI.

Relations des Payeurs avec le ministère des finances.

Indépendamment des relations que les Payeurs peuvent avoir directement avec le ministre des finances pour les objets qui intéressent le service en général, ou que les règlements déterminent spécialement, ils ont des rapports obligés avec la direction de la *comptabilité générale des finances*; avec celle du *mouvement général des fonds*; avec celle de *la dette inscrite*; avec le *secrétariat général chargé du contentieux*, et avec le *Caissier-Payeur central du trésor*. Il a paru utile d'indiquer sommairement les principaux points sur lesquels portent les communications.

SECTION Ire. — DIRECTION DE LA COMPTABILITÉ GÉNÉRALE.

115. Outre l'envoi qu'ils ont à faire à la direction de la comptabilité générale à la fin de chaque mois et à d'autres époques, des états et des pièces diverses de leur comptabilité, les Payeurs ont à transmettre mensuellement à cette direction leurs acquits de payement et les pièces de dépenses à l'appui, dans la forme et avec les bordereaux prescrits. Ils entretiennent ensuite avec le directeur, la correspondance et toutes les relations de service qui ont rapport à la justification de leurs payements, à la reddition et à l'apurement de leurs comptes de gestion, et à l'exécution des règlements de comptabilité. (*Arrêté minel.*, 31 *déc.* 1823; *Circ.*, 2 *janvier* 1824, *no* 30.)

116. Relativement aux oppositions, saisies-arrêts, délégations et significations de cessions ou transports sur lesquelles il y aurait des explications à demander à l'administration, la direction de la comptabilité générale n'intervient dans cette partie, qu'en ce qui concerne l'ordre des écritures. (*Circ.*, 10 *avril* 1838, *no* 107.)

SECTION II. — DIRECTION DU MOUVEMENT GÉNÉRAL DES FONDS.

117. Toutes les opérations et tous les détails relatifs à l'envoi des ordonnances et autorisations de payements ; aux changements de dispositions concernant les crédits accordés ; aux annulations ; aux payements par urgence réclamés par les ordonnateurs ; aux rectifications ou rejets à opérer sur les états d'arrérages de rentes ou pensions ; aux frais de factage, etc., sont dans les attributions de la direction du mouvement général des fonds. Les Payeurs correspondent avec cette direction pour tout ce qui a rapport à ces objets divers. (*Circ.* 29 *janvier* 1824, *n*° 5.)

SECTION III. — DIRECTION DE LA DETTE INSCRITE.

118. Les relations qu'entretiennent les Payeurs avec la direction de la dette inscrite portent spécialement sur les objets qui suivent : 1° la réception et l'inscription aux registres matricules des certificats de pensions concernant les pensionnaires de l'Etat habitant le département ; 2° le payement des rentes et des pensions ; 3° la situation des crédits concernant la dette publique ; 4° les extinctions de pensions ; 5° les mouvements qui surviennent parmi les pensionnaires ; 6° les cautionnements ; 7° les retenues faites sur les pensions et divers traitements. (*Circ.*, 29 *février* 1828 ; 26 *janvier* 1832 ; *Arrêté min*el., 23 *novembre* 1833, *Circ. du* 30.)

SECTION IV. — CAISSIER-PAYEUR CENTRAL.

119. Les rapports entre le Caissier-Payeur central du trésor et les Payeurs des départements s'établissent toutes les fois que les premiers expédient des fonds pour le service extérieur, ou qu'ils ont acquitté des dépenses qui appartiennent au service des départements ; ils ont lieu aussi pour les versements que le Payeur d'un département doit effectuer à la caisse des dépôts et consignations pour un service départemental ; pour l'acquittement des frais de

factage; pour les avis de payements de soldes de créances, etc., etc. (*Instructions ministérielles.*)

SECTION V. — SECRÉTARIAT GÉNÉRAL.

120. Les Payeurs correspondent avec la direction du secrétariat général pour ce qui concerne le matériel des bureaux, et pour tout ce qui a rapport : aux oppositions, saisies-arrêts ou significations de transports, faites entre leurs mains sur les sommes dues par l'Etat et par les départements; aux retenues prescrites par jugement sur des traitements; aux versement, dans certains cas, des sommes saisies à la caisse des dépôts et consignations, etc. Leur correspondance avec cette direction comprend également les objets rentrant dans les attributions de l'agence judiciaire du trésor. (*Inst. G. du contentieux*, 27 *août* 1845; *Circ. de la compt. G.*, 10 *avril* 1838, *n°* 107.)

121. La division du contentieux, dépendant du secrétariat général, ne donne toutefois ses instructions aux Payeurs, que sur l'exécution et l'interprétation des règlements, et non sur l'application qu'ils ont à faire des règles du droit. L'interprétation et l'application des lois rentrent dans l'exercice de leurs fonctions exclusivement. (*Lettre de la direct. du contentieux*, 23 *octobre* 1835.)

CHAPITRE VII.

Correspondance.

SECTION Ire. — CORRESPONDANCE A L'ARRIVÉE.

122. Dans l'intérêt du service comme dans celui de leur responsabilité, il est recommandé aux Payeurs de se faire remettre directement et d'ouvrir eux-mêmes, toutes les lettres et paquets qui leur sont adressées par la voie de la poste, et qui proviennent soit du ministère des finances, soit des ordonnateurs secondaires ou des parties prenantes. (*Circ.*, 31 *juillet* 1840, *n°* 116.)

123. Afin de pouvoir mieux s'assurer que toutes les demandes qui leur sont faites reçoivent, en temps utile, les réponses dont elles sont susceptibles, les Payeurs tiennent un registre de correspondance *à l'arrivée*. Ils y inscrivent par ordre de dates, toutes les lettres et circulaires qui leur parviennent; ils indiquent sommairement sur ce registre l'objet que traite les lettres et instructions qui leur ont été adressées, et ils y indiquent le jour où il y a été répondu.

124. L'objet des lettres étant rempli, ces lettres sont classées par direction et par autorités administratives d'où elles émanent, afin qu'on puisse, au besoin, y recourir avec facilité. En fin d'année, elles sont enliassées et placées, avec ordre, aux archives. Le même classement a lieu pour les circulaires et pour les instructions adressées par l'administration.

125. La correspondance de l'administration; les règlements et toute espèce de documents émanés d'elle, font partie du matériel dépendant des bureaux des Payeurs. Ils sont attachés à l'emploi. On ne peut quand on change de résidence les emporter. Il est, en outre, recommandé aux comptables de veiller avec soin à la conservation de ces papiers. (*Circ.*, 3 *nov.* 1834, *n°* 86, *et* 9 *mars* 1844, *n°* 138.)

SECTION II. — CORRESPONDANCE AU DÉPART.

126. L'intérêt de leur responsabilité faisant un devoir aux Payeurs de conserver la minute, ou une copie, de leur correspondance tant avec l'administration, qu'avec les ordonnateurs secondaires, les autorités ou les particuliers, toutes les lettres qu'ils écrivent, ayant cette destination, doivent être transcrites, par ordre de numéros, chaque jour sur un registre spécial.

127. Le registre de correspondance, tenu comme il est expliqué en l'article qui précède, est nécessaire aussi pour justifier aux inspecteurs des finances lors de leur inspection annuelle, qu'il est donné aux diverses parties du service le soin convenable, et no-

tamment que les productions périodiques sont remises à qui de droit, aux époques prescrites par les règlements.

SECTION III. — FRANCHISE ET CONTRE-SEING.

128. Les Payeurs sont autorisés à contre-signer leur correspondance exclusivement relative au service de l'Etat, pour qu'elle soit admise à circuler en franchise par la poste. Cette correspondance, mise sous bandes avec les conditions prescrites et rappelées ci-après (n° 129) ne parvient, toutefois, aux fonctionnaires et aux personnes indiqués, qu'autant que ces fonctionnaires et ces personnes ont leur résidence dans les lieux déterminés. (*Ord.*, 17 *nov.* 1844, *art.* 1er.

129. Les fonctionnaires et les personnes avec lesquels la correspondance en franchise sous bandes des Payeurs du trésor public est autorisée, sont, savoir :

	Dans le :
Les commandants des écoles régimentaires d'artillerie..................	Département.
Conservateurs des forêts............	Conservation forestière.
Directeurs d'artillerie.............	Dépt. et Don. d'artillerie.
Directeurs de contributions directes..	Département.
Directeurs des fortifications.........	Dépt. et Don. du génie.
Gardes généraux des forêts, chefs de service........................	Département.
Intendants militaires................	Toute la France.
Inspecteurs des fonderies royales......	Toute la France.
Inspecteurs des forêts, chefs de service..	Département.
Notaires.........................	*id.*
Payeurs des départ. chefs-lieux de divisions militaires..................	Division militaire.
Préposés-Payeurs..................	Département.
Receveurs particuliers des finances....	*id.*
Sous-inspecteurs des fonderies........	*id.*
Sous-insprs. des forêts, chefs de service..	*id.*

Sous-intendants militaires............ Division militaire.
Sous-intendants militaires adjoints..... *id.*
Trésorier de l'ancienne liste civile. ....
Inspecteurs des poudreries............ Département.
Commissaire-général de la marine..... *id.*
Ingénieurs en chef des ponts et chaussées. *id.*

Pour tous les dénommés ci-dessus, la franchise est réciproque.

(*Manuel des Franchises. Ordon.* 17 *nov.* 1844; *Déc. min*elle. 25 *février* 1850; *Circ., n*o 179.)

La franchise sous bandes est également permise dans les cas suivants :

Payeurs dans les départements chefs-lieux des divisions militaires, avec les Payeurs de la division.

Payeurs dans les ports, avec les Payeurs dans les ports.

Payeurs de l'armée d'Afrique, avec le Receveur général du département des Bouches-du-Rhône.

Payeur des Bouches-du-Rhône à Marseille, avec le Directeur des finances en Algérie.

Payeur de la Charente à Angoulême, avec le Directeur de la fonderie de la marine à Ruelle.

Payeur de la Charente-Inférieure à la Rochelle, avec le commissaire général de la marine à Rochefort.

Payeur du Finistère, avec le Directeur de l'Enregistrement à Quimper et avec le Préfet du Finistère.

Payeur de l'Hérault à Montpellier, avec le Commissaire de l'Inscription maritime à Agde.

Payeur d'Ille-et-Vilaine à Rennes, avec le chef de la marine à Saint-Servan.

Payeur de l'Isère à Grenoble, avec le Directeur de la fonderie de la marine à St.-Gervais.

Payeur de la Manche à St.-Lô, avec le Commissaire général de la marine à Cherbourg et le Trésorier des invalides de la marine à Cherbourg.

Payeur du Morbihan à Vannes, avec le Commissaire général de la marine à Lorient.

Payeur de la Nièvre à Nevers, avec le Directeur des forges de la marine à Guérigny.

Payeur du Nord à Lille, avec : le Chef du service de la marine à Dunkerque ; le Directeur de la fonderie d'artillerie à Douay, et le Directeur de la manufacture d'armes à Maubeuge.

Payeur des Basses-Pyrénées à Pau, avec le Chef de service de la marine à Bayonne.

Payeur du Haut-Rhin à Colmar, avec le Préposé-Payeur à Bâle (Suisse).

Payeur de la Seine-Inférieure à Rouen, avec le Chef de la marine au Hâvre.

Payeur du Var à Toulon, avec : le Directeur de l'Enregistrement à Draguignan ; le Directeur des finances en Algérie ; le Préfet du Var ; le Receveur général des Bouches-du-Rhône ; le Receveur général du Var à Draguignan.

Payeur de la Vienne à Poitiers, avec le Directeur de la manufacture d'armes à Châtellerault.

Préposés-Payeurs, avec le Payeur dont ils dépendent.

Préposé-Payeur à Bâle, (Suisse) avec le Payeur du Haut-Rhin à Colmar.

Préposé-Payeur à Calais, avec le Receveur général et les Receveurs particuliers du Pas-de-Calais.

(*Ordon.*, 17 *nov.* 1844.)

130. Il est défendu de comprendre dans les dépêches, expédiées en franchise, des lettres, papiers et objets quelconques, étrangers au service de l'Etat. [1] (*Même ordon., art.* 3.)

131. Les Payeurs qui reçoivent en franchise, sous leur couvert, des lettres ou paquets étrangers au service, doivent les renvoyer au directeur des postes de leur résidence, en lui faisant connaître le lieu d'origine de ces lettres et paquets, et le contre-seing sous lequel ils leur sont parvenus. (*Même ordon., art.* 6.)

132. Les lettres, ou paquets, dont il est parlé dans l'article pré-

[1] Les articles 8, 9 et 10 de l'ordonnance du 17 novembre 1844, expliquent ce qu'on doit entendre par objets de service.

cédent, et celles trouvées dans des dépêches taxées pour suspicion de fraude, sont envoyées, frappées de la double taxe, aux destinataires. En cas de refus de leur part de les recevoir, le directeur général des postes les fait renvoyer au fonctionnaire contre-signataire, tenu d'en acquitter le double port. (*Ordon.*, 17 *nov.* 1844, *art.* 7.)

133. Le contre-seing consiste dans la désignation *des fonctions* de l'envoyeur suivie de *sa signature*; mais tout fonctionnaire est tenu d'apposer, *de sa main*, sa signature au-dessous de la désignation de ses fonctions. (*Même ordon., art.* 13.)

134. Les Payeurs du trésor public peuvent, en cas d'absence ou de maladie, déléguer leur contre-seing à des fondés de pouvoirs. Ces derniers contre-signent comme ci-après les paquets qu'ils expédient. *Pour le Payeur absent* (ou malade),

Le fondé de pouvoirs.

135. Les lettres et paquets contre-signés qui doivent être remis sous bandes, ne peuvent être reçus ni expédiés en franchise lorsque la largeur des bandes excède le tiers de la surface de ces lettres ou paquets. (*Même ordon., art.* 25.)

136. Les lettres et paquets relatifs au service des Payeurs, doivent être remis au directeur des postes. Ceux jetés à la boîte sont assujétis à la taxe. Ne sont pas soumis à cette condition, les lettres et paquets adressés à des fonctionnaires ou personnes jouissant de la franchise sans contre-seing à raison de leur qualité. (*Même ordon., art.* 28.)

137. Le directeur des postes qui reconnaît qu'une des conditions ou formalités prescrites pour procurer la franchise, manque sous le rapport soit de la formation soit de la suscription d'une dépêche, ou d'un paquet, qui a été déposé à son bureau, doit en avertir sur-le-champ le contre-signataire. (*Même ordon., art.* 29.)

SECTION IV. — CHARGEMENTS.

138. Lorsque les Payeurs sont dans le cas d'adresser des pièces comptables soit à l'administration, soit à la Cour des Comptes, soit aux divers fonctionnaires avec lesquels ils correspondent, ils doivent, dans l'intérêt de leur responsabilité, les renfermer dans des paquets à charger. (*Ordon.* 17 *nov.* 1844.)

139. Les lettres et paquets qui sont dans le cas d'être chargés, ne peuvent être reçus par le directeur des postes et expédiés en franchise, que lorsqu'ils sont accompagnés d'une requisition signée du Payeur qui les adresse. (*Même ordon., art.* 47.)

140. Les lettres et paquets expédiés *sous chargement,* doivent être présentés sous bandes, lorsque le fonctionnaire à qui ils sont adressés ne jouit de la franchise dans ses rapports avec l'expéditeur qu'à la condition de mettre sa correspondance *sous bandes.*

Ces bandes doivent être fermées de deux cachets en cire avec empreinte, de même que les chargements qui sont expédiés sous enveloppe. (*Même ordon., art.* 47.)

141. Les paquets revêtus du contre-seing, ou expédiés à l'adresse des fonctionnaires ou des personnes jouissant de la franchise illimitée, sont acheminés sans limitation de poids à leur destination. (*Même ordon., art.* 61.)

142. Les Payeurs qui ne veulent pas retirer eux-mêmes des bureaux des postes les paquets chargés qui sont à leur adresse, donnent à l'un de leurs commis un pouvoir au moyen duquel ce commis se fait remettre lesdits paquets, et donnent les reçus exigés en pareil cas. (*Instruction des postes.*)

CHAPITRE VIII.

Uniforme.

143. Les Payeurs du trésor public dans les départements et aux armées, portent un uniforme particulier. (*Déc. impérial du* 15 *messidor, an* 12.)

144. Cet uniforme est ainsi réglé : un habit bleu de roi, avec doublure, revers, parements et collet de même couleur, et un pantalon blanc. (*Même décision.*)

145. Les Payeurs des départements ont aux parements, aux poches et au collet de leur habit, une broderie or et argent de la largeur des deux tiers du modèle adopté et qui se trouve déposé au secrétariat général [1]. Le bouton est de cuivre doré, avec une clef surmontée d'une couronne. (*Déc. impérial du* 15 *mess., an* 12.)

CHAPITRE IX.

Inspection générale des finances.

Le service des Payeurs est soumis au contrôle, seul, de l'inspection générale des finances. Une lettre du ministre du trésor public aux préfets, du 24 février 1809, autorisait, à cette époque, les préfets à vérifier la caisse des Payeurs; cette disposition est tombée en désuétude devant la mission confiée uniquement aujourd'hui à des inspecteurs spéciaux attachés au ministère.

Les règles concernant l'inspection du service des Payeurs sont résumées dans les articles qui suivent :

146. Les inspecteurs généraux et particuliers des finances chargés de représenter le ministre dans les départements, se rendent auprès des Payeurs pour y vérifier la situation de leur caisse et y faire toutes les vérifications jugées nécessaires dans l'intérêt du trésor public. (*Arrêté des consuls* 19 *fructidor an* 9; *Arrêté min*el. 19 *décembre* 1808; *Ordon.* 9 *mai* 1831; *Circ. min*le. *du* 29; *Circ.* 8 *mai* 1850.)

147. Dans cette vérification, l'inspecteur s'assure que le solde débiteur de caisse constaté au livre journal existe matériellement dans la caisse du comptable; il examine si le Payeur observe exactement les règles prescrites tant pour la tenue des écritures, que pour l'acquittement des dépenses et la transmission des acquits et autres

[1] Le modèle concernant les Payeurs aux armées.

pièces, aux époques fixées par les instructions. (*Arrêté min*el. 19 *déc.* 1808.)

148. Le droit de vérification attribué à l'Inspection générale des finances s'étend à toutes les parties du service. Il ne souffre aucune exception. Il est illimité. Tous les registres et documents dont il importe que l'inspection prenne connaissance sont mis sous ses yeux à sa première demande. (*Circ. min*le. 29 *mai* 1831.)

149. Aussitôt que le Payeur est informé de l'arrivée de l'inspection générale dans le lieu de sa résidence, il doit se mettre spontanément en rapport avec elle. (*Circ.* 8 *mai* 1850.)

150. L'effet de tout congé obtenu dont l'usage n'a pas commencé est suspendu. Le comptable ne peut profiter d'une permission d'absence, qu'après en avoir référé à l'inspecteur général ou particulier arrivé dans le chef-lieu du département. (*Idem.*)

151. Les déficits en deniers, et toutes infractions graves aux lois et règlements sont constatés par procès-verbaux contradictoires. Une expédition de ces actes est laissée au comptable. S'il ne s'agit que de simples irrégularités, le résultat de la vérification est établi dans un rapport administratif. (*Instruct. min*le. 28 *mars* 1834.)

152. Le Payeur à la charge duquel des faits ont été consignés dans un rapport administratif, est appelé à donner ses observations sur ces faits; s'il n'a aucune explication à présenter il le déclare. Il doit remettre sans retard à l'inspecteur général ou particulier des finances, le rapport qu'il a reçu en communication. (*Circ.* 28 *mars* 1834 *et* 8 *mai* 1850.)

TITRE II.

Matériel.

Sous le titre *matériel* on a réuni ce qui concerne l'établissement des bureaux, et ce qui a trait aux divers objets dont ces bureaux doivent être pourvus.

Il n'existe de règles précises concernant le matériel qu'à l'égard des registres, des instructions, des éléments de correspondance, des timbres-estampilles, etc.; on les a ci-après indiquées.

Relativement aux objets mobiliers garnissant les bureaux, on ne voit pas, dans les règlements, de quoi ils doivent se composer, ni comment, en cas de mutation, ils sont repris. On se conforme à ce que l'usage et le temps ont consacré; le matériel existant est estimé à l'amiable, puis remis pour la valeur fixée, par le Payeur sortant à son successeur.

CHAPITRE Ier.

Bureaux.

SECTION Ire. — SITUATION ET DISPOSITION INTÉRIEURE.

152 *bis*. Le Payeur chargé de l'acquittement des dépenses publiques dans un département, doit, autant que possible, se placer dans un quartier de la ville où puissent se rendre facilement les personnes qui ont des fonds à recevoir à sa caisse ou des informations à prendre dans ses bureaux, et qui se trouve également à la portée des autorités avec lesquelles ce comptable a habituellement des rapports.

153. Si le lieu dans lequel les fonds sont renfermés est un rez-de-chaussée, il y a obligation pour le Payeur de tenir ce lieu solidement grillé. Il ne pourrait obtenir la décharge d'un vol qui aurait été commis à son préjudice dans un local qui ne serait pas ainsi dé-

fendu contre les attaques de l'extérieur. (*Arrêté des Consuls* 8 *floréal an* 10, *et Ordon.* 31 *mai* 1838, *art.* 329.)

153 *bis.* Le Payeur dispose ses bureaux de manière à ce que l'accès en soit rendu facile au public; il en règle la distribution intérieure de façon à ce que les opérations de la caisse soient isolées, et ne nuisent pas aux travaux de comptabilité.

154. La maison, ou hôtel, où se trouvent établis les bureaux du Payeur, est indiquée au public par un tableau placé d'une façon ostensible à la porte extérieure de l'entrée de ces mêmes bureaux.

154 *bis.* Les bureaux des Payeurs sont ouverts au public tous les jours, ceux fériés exceptés, depuis neuf heures du matin jusqu'à quatre heures de l'après-midi. La caisse, à cause des opérations de fin de journée, est fermée une heure avant la clôture. Un avis placé à l'extérieur, fait connaître au public les heures auxquelles il est admis pour recevoir des fonds à la caisse.

155. Les militaires voyageant isolément porteurs de mandats de l'intendant ou du sous-intendant militaire, pour leurs frais de route, sont admis à la caisse tous les jours indistinctement pour toucher les sommes qui leur sont dues.

SECTION II. — MATÉRIEL.

156. Au moyen des frais de service que l'administration lui alloue, le Payeur pourvoit ses bureaux de tous les objets de matériel reconnus nécessaires au service, tels que *caisse, tables, casiers pour les bulletins de rentes, étagères, cartons,* etc. Ces objets sont sa propriété; il doit les entretenir pour les remettre à son successeur en bon état de conservation.

157. Le matériel ci-dessus composant le mobilier des bureaux d'un Payeur, est détaillé sur un inventaire que conserve le comptable en exercice. En cas de mutation, ou de décès, ce mobilier est cédé au successeur sur estimation ou d'après des mémoires acquittés. En cas de contestation, il en est référé au directeur de la comptabilité générale des finances qui statue. (*Inst. particulières du ministère. Circ.* 30 *déc.* 1845, *n°* 153, *et* 26 *déc.* 1846, *n°* 160.)

158. Le Payeur se procure également à ses frais, pour le service des dépenses, le timbre mobile payé à appliquer au moment du payement sur les acquits présentés à sa caisse et sur ceux qui lui sont versés par le receveur général. Les autres timbres ou cachets employés pour ses actes et sa correspondance, sont aussi à sa charge. En cas de départ, il remet ce matériel à son successeur comme il est expliqué à l'article qui précède. (*Circ.* 18 *janvier* 1837, *n°* 100.)

159. Le ministère fait parvenir au Payeur à chaque échéance des pensions, un timbre-cachet indiquant cette échéance lequel est appliqué sur les certificats d'inscription, soit à l'instant du *visa* de la quittance, soit au moment même du payement, afin de constater que les arrérages dus au pensionnaire ont été acquittés. Ces empreintes doivent être conservées avec ordre et soin. Lorsqu'elles cessent d'être utiles, on les place aux archives où elles demeurent jusqu'à ce que l'administration en dispose, ou que le dépôt en soit effectué à la préfecture.

160. Les Payeurs sont, en outre, pourvus de deux timbres destinés à estampiller les bulletins nominatifs des rentes appartenant à des titulaires ayant leur résidence dans le département; l'un à date mobile pour constater, au verso de ces bulletins, le payement de chaque échéance; l'autre, dit timbre d'*annulation*, devant être apposé au recto pour y mentionner les semestres annulés. (*Circ.* 2 *janvier* 1850, *dette insc.*)

161. Les règlements, instructions, circulaires ou autres documents émanés de l'administration et transmis par elle aux Payeurs; les éléments de comptabilité et la correspondance à laquelle le service a donné lieu, ainsi que les dossiers relatifs aux saisies-arrêts et oppositions font partie du matériel attaché à l'emploi. En cas de mutation, tous ces objets sont remis sur inventaire par le Payeur sortant à son successeur. [1] (*Circ.* 30 *déc.* 1845, *n°* 153, *et* 26 *déc.* 1846, *n°* 160.)

[1] Voir, pour ce qui concerne la remise des papiers et documents en cas de mutations de Payeurs, le titre Ier, Chap. III.

SECTION III. — REGISTRES ET IMPRESSIONS.[1]

162. Les registres de comptabilité d'un Payeur se composent, savoir :

1° D'un journal général servant en même temps de livre de caisse et de portefeuille.

2° D'un grand livre.

3° De livres de détail et de livres auxiliaires des payements effectués par ministère et par exercice.

4° De carnets d'ordonnances présentant, par chapitre, et, lorsqu'il y a lieu, par article du budget, le montant des ordonnances ministérielles qui établissent les crédits, l'émission des mandats de payement des ordonnateurs secondaires, et les payements effectués sur les ordonnances et sur les mandats. (*Ord.* 31 *mai* 1838, *n°* 313.)

163. Avant qu'il ne soit fait usage des registres et carnets indiqués à l'article qui précède, le Payeur les fait coter, parapher et signer par premier et dernier feuillet par le préfet du département ou par son délégué. (*Circ. du* 17 *déc.* 1818 *et* 12 *déc.* 1823.)

164. Les Payeurs ont également à tenir des registres matricules sur lesquels ils inscrivent tous les certificats d'inscription de pensions trimestrielles et semestrielles qui leur sont adressés par la direction de la dette inscrite. Ces registres sont renouvelés tous les cinq ans. (*Arrêté min*el. *du* 23 *nov.* 1833; *Circ. du* 30.)

165. Il leur est prescrit d'ouvrir deux registres pour y inscrire les saisies-arrêts ou oppositions, significations de transports, etc., qu'ils reçoivent[2] et qui ont pour objet d'arrêter entre leurs mains le payement des sommes dues à des créanciers de l'Etat. L'un concerne les sommes dues par l'*Etat*, l'autre celles dues par les *départements*. (*Règl. min*el. 27 *août* 1845, *art.* 15 *et* 16.)

166. Sauf quelques imprimés qui sont indiqués à l'article suivant,

[1] On indique ici les registres dont la tenue est prescrite aux Payeurs pour constater ses opérations de comptabilité. Ce qui a rapport à la manière dont ils doivent être tenus est rappelé au titre VIII.

[2] A Paris, ces registres sont tenus par le conservateur des oppositions.

les registres, états et tous autres documents nécessaires aux Payeurs pour le service des dépenses dans les départements, sont fournis, au compte de ces comptables, par les imprimeurs de leur choix ; le prix de ces impressions est acquitté au moyen des frais de service qui leur sont alloués. (*Arrêté min*[el]. 28 *février* 1846; *Circ.* 26 *mars suiv., n*o 156.)

NOTA. Un bordereau formé par M. Dupont, imprimeur à Paris, indique, en leur donnant un numéro particulier, les divers modèles dont il est fait usage pour chacune des parties du service.

167. Les imprimés fournis par le ministère des finances aux frais du trésor pour le service dont chaque Payeur est chargé dans son département, sont ceux ci-après :

1° Quittances d'intérêts de cautionnement.

2° Extraits de certificats de vie pour rentes viagères.

3° *idem* pour pensions.

4° Décompte d'arrérages de rentes et pensions.

5° Avis de décès des rentiers ou pensionnaires à donner par les notaires (Série ED, n° 140.)

6° Certificat de dernier payement (Série ED, n° 141.)

7° Certificat du Payeur constatant le décès d'un pensionnaire. (Série ED, n° 39.)

8° Demandes de renseignements sur les pensionnaires qui n'ont pas perçu des arrérages échus. (Série ED, n° 144.)

9° Etats de changements de dispositions et annulations.

10° Extraits du registre permanent des pensions.

11° Extraits d'ordonnances de payement à transmettre par changement de dispositions.

12° Lettres d'avis pour faire recevoir des intérêts de cautionnement arriérés. (Série EC, n° 141.)

167 *bis*. Le journal, le grand livre, les livres de détail et auxiliaires, les carnets d'ordonnances et les livres des pensions en usage dans les bureaux d'un Payeur, doivent être disposés de façon à pouvoir être conservés sans se détériorer. L'objet auquel ils sont destinés pendant la période de l'exercice et le besoin de les garder pendant dix ans pour y recourir au besoin, exigent qu'ils soient reliés.

CHAPITRE II.

Archives.

168. Au fur et à mesure que les registres, carnets, bordereaux et autres papiers de service provenant des bureaux du Payeur cessent d'être employés, ils sont classés et étiquetés par année afin qu'on puisse au besoin les consulter. Le comptable les conserve jusqu'au moment où le dépôt devra en être effectué, ainsi qu'il est ci-après expliqué. (*Circ.* 18 *nov.* 1831, *n*° 68.)

169. Le Payeur conserve également dans ses archives les timbres estampilles et autres objets que l'administration lui a fournis et qui sont hors de service, soit par leur état de vétusté, soit parce que l'époque de les employer étant passée il ne peut plus en être fait usage.

170. Les registres, carnets et autres papiers formant les archives des bureaux d'un Payeur, qui ont dix années et plus d'existence, sont déposés par les soins du comptable aux archives de la préfecture. Il en est dressé un inventaire au bas duquel un récépissé de dépôt est donné au déposant par le préfet ou par son délégué. (*Circ.* 18 *nov.* 1831, *n*° 68.)

171. Le préfet est chargé de faire procéder, quand il y a lieu, de concert avec l'administration des domaines, à la vente publique de ceux de ces registres, carnets et documents qui ont une date de vingt années; la mise en vente de ces papiers, après ce délai, ne pouvant préjudicier à aucun intérêt. (*Idem.*)

CHAPITRE III.

Placards.

172. Les Payeurs doivent avoir constamment affiché dans le lieu le plus apparent du bureau où s'effectuent les payements, un pla-

card contenant le texte de l'article 1er de la loi du 24 avril 1833, et des ordonnances du 12 mai suivant concernant la forme et le contrôle des récépissés à délivrer par les comptables à qui des fonds sont versés. (*Circ.* 28 *mai* 1833, *n°* 76.)

173. Ils sont également tenus d'y placer l'avis donné par le ministre aux héritiers des pensionnaires de l'Etat qu'ils doivent, aux termes de l'article 10 de l'arrêté du gouvernement du 15 floréal an 11, fournir au trésor l'extrait mortuaire de leur auteur *avant le délai de six mois* à partir du jour de son décès, sous peine d'être déchus de tous droits aux arrérages dus. (*Circ. (dette inscrite)* 25 *juin* 1833.)

CHAPITRE IV.

Guérite du factionnaire.

174. L'Etat n'est pas tenu de fournir au Payeur du département, la guérite destinée à abriter le factionnaire que ce Payeur peut réclamer pour la garde de sa caisse [1]; elle est établie et entretenue aux frais de ce comptable [2]. Elle fait partie conséquemment du matériel qu'il cède, en cas de mutation, à son successeur. (*Déc. du min. de la guerre des* 14 *mars* 1822 *et* 5 *déc.* 1825.)

[1] Voyez Titre III, Chap. VII.

[2] La décision du ministre de la guerre, du 14 mars 1822, porte que la guérite sera confectionnée aux dépens des fonds *affectés au service civil* pour lequel elle est réclamée; mais comme aucune dépense de cette nature n'est autorisée, il en résulte que c'est au Payeur à supporter les frais de sa guérite.

TITRE III.

Caisse pour le dépôt des fonds.

Le trésor veut, avec raison, que les détenteurs des deniers de l'Etat observent exactement les règlements sur *l'unité* de caisse ; il y a là pour lui une garantie d'ordre qu'il ne peut abandonner. Il leur prescrit en même temps de prendre pour la sûreté des fonds les mesures de précaution qu'il a jugées nécessaire d'établir et que leur propre responsabilité, d'ailleurs, leur impose.

Leurs obligations sur ces deux points, sont réunies dans ce titre ainsi qu'on le verra par les articles qui suivent.

CHAPITRE Ier.

Unité de Caisse.

175. Un Payeur ne doit avoir qu'une seule caisse. Il y place les fonds appartenant à ses divers services. S'il y a impossibilité pour lui de réunir tous les fonds dans le même coffre, il doit au moins les tenir dans une même pièce, afin qu'on puisse, à tout instant, les représenter aux inspecteurs des finances. (*Ordon.* 31 *mai* 1838, *art.* 329; *Circ. C. G.* 26 *septembre* 1821, *n°* 56.)

176. Le principe de l'unité de caisse est inséparable de l'unité de comptabilité. Le Payeur décrit sur ses livres officiels ses recettes et ses dépenses jour par jour au fur et à mesure qu'elles ont lieu, et il établit le solde matériel qui doit exister chaque soir dans sa caisse. (*Circ. C. G.* 26 *septembre* 1821, *n°* 56.)

177. Un comptable, s'il manque des fonds à sa caisse au moment où une vérification est faite, est considéré comme étant en déficit, bien qu'il représente plus tard les fonds lui manquant et qu'il

prouve qu'il les avait tenus en réserve hors de sa caisse et de son bureau. (*Circ.* 26 *septembre* 1821, *n*° 56.)

CHAPITRE II.

Sûreté de la caisse.

178. La caisse dont un dépositaire de deniers publics se sert pour réunir les fonds qui lui sont confiés, doit offrir par le soin avec lequel elle est établie et par la manière dont elle est formée, toutes les sûretés désirables. Ces précautions sont indispensables pour que le comptable soit déchargé de la responsabilité en cas de vol. (*Arrêté des Consuls* 8 *floréal an* 10, *art.* 1er; *Circ.* 21, *n*° 28; *Circ.* 5 *août* 1807.)

179. Outre les précautions dont il est parlé à l'article qui précède, un Payeur doit avoir encore celle de coucher ou de faire coucher un homme sûr dans le lieu où il tient ses fonds, et, si c'est au rez-de-chaussée, de tenir ce lieu solidement grillé. (*Mêmes arrêté et Circulaires.*)

180. Un Payeur est responsable des deniers publics déposés dans sa caisse. En cas de vol il ne peut obtenir décharge, s'il n'est justifié que ce vol est l'effet d'une force majeure, et qu'indépendamment des précautions ordinaires le comptable avait pris celle dont il est parlé à l'article précédent, et de plus qu'il était gardé par un factionnaire. (Voir n° 196.) (*Arrêté des Consuls* 8 *floréal an* 10, *art.* 1er; *Ordon.* 31 *mai* 1838, *art.* 329; *Inst. min*le, 5 *août* 1807.)

181. La décharge que peut obtenir, en produisant les justifications prescrites par les réglements, un Payeur chez lequel le vol a été commis, est accordée par une décision spéciale du ministre des finances, sauf recours au conseil d'Etat. (*Ord.* 31 *mai* 1838, *art.* 329.)

182. Le privilège qu'un Payeur aurait à réclamer sur le produit du mobilier appartenant à un commis qui aurait détourné des fonds de sa caisse, serait admissible, d'abord par la nature même de la créance, et sur cette présomption que le mobilier revendiqué a été

acheté avec les fonds de l'Etat dont ce commis avait le maniement. [1] (*Lettre de l'agence jud. du trésor,* 8 *octobre* 1806.)

CHAPITRE III.

Soldes matériels.

183. Les Payeurs, après avoir décrit sur leurs livres officiels leurs recettes et dépenses *jour par jour au fur et à mesure qu'elles ont lieu*, comparent à la fin de chaque journée le solde par eux établi avec les fonds existant matériellement dans la caisse; ils reconnaissent la conformité entre ce qui est retracé par les écritures et le solde matériel. (*Circ.* 26 *septembre* 1821, *n*° 56.)

184. Les soldes ainsi constatés chaque jour par le livre-journal du Payeur, sont présentés dans l'état que le comptable adresse à l'expiration de chaque dizaine au directeur du mouvement général des fonds, des recettes et dépenses en numéraire qu'il a effectuées pendant cette période. (*Inst. du direct. du mouv*ᵗ. *G. des fonds*, 10 *janvier* 1837.)

185. Le 31 décembre de chaque année, la somme qui compose l'encaisse du Payeur ce jour là au soir, est constatée par un conseiller de préfecture délégué par le préfet. Le procès-verbal dressé en quadruple expédition qui constate cette opération, est joint au compte de gestion du comptable pour justifier la réalité et la régularité de son encaisse à la fin de l'année. (*Ordon.* 31 *mai* 1838, *art.* 325 *et* 326.)

[1] On pourrait réclamer ce privilège par induction tirée de dispositions de plusieurs lois anciennes : 1° l'édit du mois d'août 1669 et la loi du 24 novembre 1790 sur le privilège des deniers publics; 2° le titre commun de l'ordonnance sur les fermes de 1681 qui accorde un privilège aux fermiers et sous-fermiers sur les biens de leurs commis : 3° la déclaration du 4 juin 1837 sur les droits des receveurs-généraux contre leurs commis; 4° enfin, une autre déclaration du 18 mars 1738 qui étend les dispositions de la déclaration précédente à tous les comptables. (*Lettre du ministre du trésor public*, 8 *octobre* 1806.)

CHAPITRE IV.

Encaisses journaliers.

186. Le Payeur en faisant ses dispositions pour informer à temps le receveur général des dépenses à acquitter et obtenir les fonds nécessaires (voir Titre VII, Chap. II), ne doit, néanmoins, prendre des fonds que dans la proportion des besoins *journaliers* de son service. Les réalisations anticipées sont interdites. (*Circ. mouvem. G. des fonds* 20 *juillet* 1819, *n°* 8.)

187. Pour éviter des stagnations de fonds dans leurs caisses, les Payeurs réclament des receveurs généraux le versement du numéraire dont ils leur ont fait préalablement la demande, la veille seulement, ou l'avant-veille, du jour où les fonds devront être employés.[1] (*Circ. mouvem*t. *G. des fonds* 10 *déc.* 1814, *n°* 29, 20 *juillet* 1819, *n°* 8, *et* 29 *janvier* 1824, *n°* 5.)

188. Malgré l'obligation pour les Payeurs d'éviter le plus possible des encaisses considérables, ils n'en doivent pas moins faire en sorte que le service de la dépense soit fait avec la plus scrupuleuse exactitude. Ils ne peuvent jamais, sous le prétexte qu'ils manquent de fonds, laisser en souffrance le paiement des ordonnances ou mandats. (*Circ. mouvem*t. *des fonds,* 20 *juillet* 1819.)

CHAPITRE V.

Passe de sacs.

189. Le prélèvement sous le nom de *passe de sacs* en remboursement de l'avance faite pour la confection et la fermeture des sacs

[1] Les receveurs généraux ont, au reste, à prendre toutes les mesures nécessaires pour garantir la ponctualité du service de la dépense sur tous les points de leur département respectif et à toutes les époques du mois. (*Circ. mouv*t. *des fonds* 20 *juillet* 1819.)

contenant les espèces données en payement, a lieu seulement dans les payements effectués en pièces d'argent, de *cinq cents francs* et au-dessus. (*Décret* 1er *juillet* 1809, *art.* 1er *et* 2.)

190. Les sacs doivent être d'une dimension à contenir chacun au moins mille francs; être en bon état et faits avec de la toile propre à cet usage. (*Même décret, art.* 2.)

191. La valeur des sacs est payée par celui qui reçoit les fonds, ou la retenue en est exercée par le comptable qui paie, sur le pied de *quinze centimes* par sac. (*Même décret, art.* 3.)

192. Le mode de payement, en sacs et au poids, ne prive pas la personne qui reçoit les fonds de la faculté d'ouvrir les sacs, de vérifier et de compter en présence du Payeur les espèces qu'ils contiennent. (*Même décret, art.* 4.)

193. Les officiers d'administration des hôpitaux n'étant que des intermédiaires entre le trésor et ses créanciers, ils peuvent comprendre dans leurs bordereaux de dépenses, les frais de passe de sacs qu'ils ont acquittés, lorsque le peu d'importance des sommes dues à chaque créancier ne leur a pas permis d'exercer ce prélèvement. Les frais dont il s'agit sont alors compris dans les pièces justificatives produites aux Payeurs. (*Déc. min*le. *Circ.* 20 *janvier* 1848, *n*o 162.)

CHAPITRE VI.

Frais de factage.

194. Il est alloué à chaque Payeur, d'après un état d'abonnement annuel arrêté par le ministre, des frais de factage de fonds, d'acquits et d'emballage des pièces comptables adressées par les comptables au ministère des finances. (*Décision du min. des fin.* 16 *mai* 1826; *Circ. mouvem. G. des fonds* 20 *du même mois*, § V.)

195. La somme accordée par l'abonnement annuel à chaque comptable en raison de l'importance du service dont il est chargé, est payée par semestre, par le Caissier-Payeur central du trésor à qui il est délivré quittance de la somme qu'il a remise. (*Même Inst.*)

CHAPITRE VII.

Factionnaires.

SECTION Ire. — DISPOSITIONS GÉNÉRALES.

196. Un Payeur en sa qualité de dépositaire de deniers publics peut demander que le service d'une sentinelle soit fait de jour et de nuit auprès de sa demeure pour la sûreté de sa caisse. (*Loi* 26 *janvier* 1794 *et Circ.* 18 *mars* 1829, *n*° 1er.)

197. Le comptable qui néglige cette mesure de sûreté, ou qui ne rend pas compte immédiatement des difficultés qu'il aurait rencontrées pour l'établir, et chez lequel un vol serait commis, pourrait être condamné à rétablir de ses propres deniers les sommes qui ont été enlevées de sa caisse. (*Lettre du min. du trésor public* 5 *août* 1807, *n*° 17.)

SECTION II. — DEMANDE D'UN FACTIONNAIRE ET SES SUITES.

198. Lorsqu'un Payeur croit qu'il y a nécessité pour lui de réclamer un factionnaire pour la sûreté de sa caisse, il adresse sa demande au préfet qui, après avoir jugé le cas de nécessité, requiert l'autorité militaire de faire fournir la sentinelle réclamée, et détermine, en même temps, la durée de son service. (*Déc. des min. de la guerre et des finances*; *Circ.* 18 *mars* 1829, *n*° 1er.)

199. S'il y a refus de la part du préfet de faire cette réquisition, ou si l'autorité militaire à qui la réquisition a été adressée refuse d'y obtempérer, ces refus sont constatés par écrit, et le Payeur, dans l'intérêt de sa propre responsabilité, en rend compte au ministre des finances. [1] (*Circ.* 18 *mars* 1829, *n*° 1er.)

[1] Ces dispositions n'ont pas été abrogées par la décision prise en 1847 par le ministre de la guerre, qui retire aux Payeurs le factionnaire placé près de leur caisse; le ministre des finances n'a pas cessé de conserver à ces comptables l'initiative des mesures que la sûreté de leur caisse peut exiger. (*Observations du dir. du mouvem. général des fonds.*)

TITRE IV.

Crédits.

OBSERVATIONS GÉNÉRALES.

En matière de dépenses publiques, le crédit est l'autorisation que donne la loi annuelle du budget votée par le pouvoir législatif, d'affecter à l'acquittement des dépenses de l'Etat, les sommes qu'elle a fixées pour l'exercice qui va prendre son cours [1].

Le budget n'ouvre pas aux divers ministères un crédit en masse; il fixe les crédits spéciaux des chapitres dépendant de chacun de ces ministères; les ministres répartissent ensuite, lorsqu'il y a lieu, entre les divers articles de leur budget particulier, les crédits législatifs qui leur ont été alloués par chapitre [2].

Chaque mois le ministre des finances propose au chef de l'Etat, d'après la demande de ses collègues, la distribution des fonds dont ces derniers peuvent disposer dans le mois suivant [3].

Des extraits d'ordonnances remis par les ministres de chaque département au ministre des finances où sont indiquées les sommes allouées pour chaque nature de dépenses, sont transmis tous les dix jours au Payeur; ils forment, pour ce comptable, les crédits sur lesquels il appuie et justifie ses paiements vis-à-vis de la Cour des Comptes.

Indépendamment des crédits *ordinaires*, il existe les crédits *supplémentaires*, les crédits *extraordinaires* et les crédits *complémentaires*. Leur objet, comme on le verra par les dispositions qui suivent, est de régulariser des payements se rapportant à des dépenses non prévues, payements qui, sans une allocation spéciale de fonds pour les couvrir, seraient illégalement effectués et comme tels inadmissibles par la Cour des Comptes.

[1] Ordonnance du 31 mai 1838, art. 12.
[2] *Idem.* art. 35.
[3] *Idem.* art. 36.

Il y a enfin les crédits concernant les dépenses *départementales*. Ils sont d'une nature particulière. Les conseils généraux des départements appelés par la loi du 10 mai 1838 à fixer les dépenses à effectuer pendant l'exercice, établissent, pour chacun des chapitres du budget législatif, des sous-chapitres et articles où le montant des sommes qu'ils allouent pour leur département se trouve indiqué. Après que le budget ainsi réglé a été soumis à l'approbation du chef de l'Etat, il est remis au Payeur pour servir à justifier ses payements [1].

CHAPITRE Ier.

Crédits ordinaires.

200. Les recettes et les dépenses publiques à effectuer pour le service de chaque exercice, sont autorisées par les lois annuelles de finances et forment le budget général de l'Etat. (*Ordon.* 31 *mai* 1838, *art.* 2.)

201. La loi annuelle des finances ouvre les crédits nécessaires aux dépenses présumées de chaque exercice. Il y est pourvu par les voies et moyens compris dans le budget des recettes. (*Même ordon., art.* 12.)

202. Les ministres ne peuvent, sous leur responsabilité, dépenser au-delà des crédits ouverts à chacun d'eux par le budget voté chaque année. (*Loi* 25 *mars* 1817; *Ord.* 31 *mai* 1838, *art.* 14.)

203. Il leur est interdit d'accroître par aucune ressource particulière, le montant des crédits affectés aux dépenses de leurs services respectifs. (*Même ordon., art.* 16.)

204. Le ministre des finances ne peut, sous sa responsabilité, autoriser les payements excédant les crédits ouverts à chaque ministère par le budget. (*Loi* 25 *mars* 1817 ; *Ordon.* 31 *mai* 1838, *art.* 15.)

205. Toute ordonnance ministérielle pour être admise par le ministre des finances, doit porter sur un crédit régulièrement ouvert

[1] Loi du 10 mai 1838.

et se renfermer dans les distributions mensuelles de fonds. (*Ordon.* 31 *mai* 1838, *art.* 59.)

206. Les ministres ordonnancent au profit du trésor sur leurs crédits, les prix d'achats ou de loyers d'objets mis à leur disposition pour le service de leurs départements respectifs par d'autres ministères. (*Ordon.* 31 *mai* 1838, *art.* 19. Voyez : *Ordonnancement.*)

207. Les crédits ouverts par la loi annuelle de finances pour les dépenses de chaque exercice, ne peuvent être employés aux dépenses d'un autre exercice. (*Ordon.* 14 *sept.* 1822, *art.* 1er *et* 31 *mai* 1838, *art.* 3 *et* 30.)

208. Les sommes affectées par la loi à chacun des chapitres spéciaux d'un ministère, ne peuvent être appliquées à des chapitres différents. Chaque chapitre ne contient que des articles corrélatifs ou de même nature. (*Loi du* 29 *janvier* 1831, *art.* 11; *Ordon.* 31 *mai* 1838, *art.* 31 *et* 32.)

209. Sont seuls considérés comme appartenant *à un exercice*, les services faits et les droits acquis à l'Etat et à ses créanciers, pendant *l'année qui donne sa dénomination audit exercice.* (*Ordon.* 31 *mai* 1838, *art.* 3.)

210. Le principe rappelé à l'article précédent relativement *aux services faits* ou *aux droits acquis*, s'applique aux diverses dépenses, de la manière ci-après indiquée :

Indemnités pour cession ou dépossession de terrains, maisons, etc., pour cause d'utilité publique : La dépense appartient à l'année pendant laquelle la *dernière* des formalités voulues par la loi ou les instructions ayant reçu son accomplissement, le certificat pour payement peut être délivré. La prise de possession ne détermine pas l'exercice sur lequel ces indemnités doivent être imputées. (*Règl. trav. publics, art.* 2; *Int. art.* 2.)

Acquisitions d'immeubles : Les dépenses s'imputent d'après les époques de payement stipulées aux contrats ou adjudications, concernant ces acquisitions. (*Règl. fin., art.* 4.)

Indemnités pour dommages ou occupations temporaires : Elles se rattachent à l'exercice de l'année dans laquelle le dommage ou l'occupation a eu lieu. (*Règl. int., art.* 2; *Trav. pub., art.* 2.)

Intérêts dus à des vendeurs ou à des entrepreneurs sur le solde des travaux dans les cas établis : L'exercice est fixé d'après l'échéance de ces intérêts suivant les stipulations établies aux contrats. (*Règl. trav. pub.*, *art.* 2.)

Retenues de garantie faites aux entrepreneurs des travaux des ponts et chaussées : La dépense se rapporte à l'année pendant laquelle le certificat de réception définitive ayant été délivré, le payement en devient exigible. (*Règl. trav. pub.*, *art.* 2.)

Souscriptions aux ouvrages d'art, d'administration ou autres; fournitures de marbres ou matières : La dépense appartient à l'exercice de l'année du dépôt ou de la livraison. (*Règl. intér.*, *art.* 2.)

Tournées, voyages, missions spéciales : La dépense qu'ils occasionnent se rapporte au temps de leur durée ; ils grèvent le budget de l'année pendant laquelle le service a été exécuté. (*Règl. intér.*, *art.* 2; *Règl. fin.*, *art.* 4.)

Frais de passage des Français rapatriés : Ils sont remboursés sur l'exercice portant la dénomination de l'année pendant laquelle ces Français effectuent leur rentrée. (*Règl. intér.*, *art.* 2.)

Secours et encouragements individuels : Ils sont imputables sur les crédits de l'exercice qui porte la dénomination de l'année pendant laquelle les décisions ont été prises, ou par la date du fait qui les motivent. (*Règl. intér.*, *art.* 2 ; *Cultes, art.* 200 *et page* 170.)

Indemnités, gratifications, honoraires, etc. : Ils appartiennent à l'année du service qui donne lieu à leur allocation. Si les services embrassent plusieurs années sans qu'on puisse assigner les charges de chacune, la dépense est rattachée à l'année de la décision. (*Idem.*)

Salaires, traitements, fournitures, loyers, remises, commissions, taxations, travaux et autres dépenses analogues : Ils appartiennent à l'exercice de l'année pendant laquelle les services ont été effectués. (*Règl. intér.*, *art.* 2, *et fin.*, *art.* 4.)

Arrérages de rentes et de pensions : Les époques d'échéance de ces arrérages déterminent l'exercice qui doit en supporter la dépense. (*Règl. fin.*, *page* 22.) (Voir, pour les *intérêts à la charge du trésor*, l'art. 4 du Règl.)

Tableaux, peintures, statues, bustes, sculptures et autres ouvrages commandés : La dépense s'impute sur l'exercice portant la dénomination de l'année pendant laquelle a eu lieu le travail d'avancement ou l'achèvement et la livraison de ces ouvrages. (*Règl. fin., page* 22.)

NOTA. Pour l'achat d'un objet d'art achevé, c'est l'année de la décision; pour les frais de transport, c'est l'année de la livraison ou de l'arrivée.

Frais de poursuites, d'instance et autres frais judiciaires : Ils appartiennent à l'année pendant laquelle le payement en est ordonnancé; pour les condamnations à la charge de l'Etat, l'exercice est déterminé par la date des jugements ou arrêts définitifs. (*Règl. fin., art.* 4.)

211. La durée de la période pendant laquelle doivent se consommer tous les faits de dépense de chaque exercice, se prolonge savoir :

1° Jusqu'au 1er *mars* de la seconde année, pour les services du matériel dont l'exécution n'a pu être terminée avant le 31 décembre. Une déclaration de l'ordonnateur explique les motifs de ces cas spéciaux. (*Art.* 4, *Ordon. du* 31 *mai* 1838; *Circ.* 26 *août* 1843, *n°* 132.)

2° Jusqu'au 30 *juin* pour compléter les opérations relatives au payement des dépenses de la guerre payables sur ordonnances de délégation, et de celles départementales; et jusqu'au 31 *octobre* pour le payement des autres dépenses. (*Ordon.* 31 *mai* 1838, *art.* 4 *et* 4 *juin* 1843; *Circ. du* 20 *dudit mois.*)

NOTA. La faculté accordée par des lois spéciales de reporter d'un exercice sur l'autre, par ordonnance, les crédits non consommés concernant les travaux publics, a cessé d'exister. (*Loi du* 8 *août* 1847, *art.* 8.)

212. Les objets mobiliers qui sont de nature à être utilisés peuvent être réemployés pour les besoins du service dont ils proviennent. (*Même ordon., art.* 18.) (Voir le Chap. 13, Titre V.)

213. L'emploi des crédits alloués par la loi de finances a lieu, après que la distribution des fonds dont chaque ministre peut dis-

poser a été faite par le chef de l'Etat sur la proposition du ministre des finances; cet emploi s'effectue au moyen d'ordonnances délivrées par les ministres et dont extrait est remis au ministre des finances. (*Ordon.* 31 *mai* 1838, *art.* 38 *et* 59.)

214. Avant de faire aucune disposition sur les crédits ouverts pour chaque exercice, les ministres répartissent lorsqu'il y a lieu, entre les divers articles de leur budget, les crédits législatifs qui leur ont été alloués par chapitre. (*Ordon.* 31 *mai* 1838, *art.* 35.)

215. Aucune création d'une route, d'un ouvrage important dans un port, d'un canal, ou d'un grand pont sur un fleuve ou sur une rivière aux frais de l'Etat, ne peut avoir lieu qu'en vertu d'une loi spéciale ou d'un crédit ouvert à un chapitre spécial du budget. (*Même ordon.*, *art.* 33.)

216. A l'égard des rentes viagères et pensions que les Payeurs ont à acquitter chaque trimestre ou semestre, il est adressé à ces comptables, par la direction du mouvement général des fonds, des extraits résumés des ordonnances de l'exercice de l'année courante, portant fixation des crédits affectés au paiement de ces rentes ou pensions. (*Règl. fin.*, page 212; *Circ.* 6 *déc.* 1833, *n*° 81 *et* 9 *mars* 1844, *n*° 138.)

217. Le Payement des arrérages de rentes viagères et pensions concernant des exercices *périmés* non frappés de déchéance, est imputé sur le crédit porté à un chapitre spécial du budget, et non sur les ordonnances générales de payement concernant les exercices en cours d'exécution. (*Déc. min*le. 15 *nov.* 1843; *Circ.* 9 *mars* 1844, *n*° 138.)

218. Les arrérages de pension pour lesquels la prescription est acquise après un délai de trois ans, mais dont le payement est ultérieurement autorisé, ne sont pas rangés dans la catégorie des arrérages des exercices périmés. Quand il y a autorisation de les payer, le payement est imputé sur les crédits de l'exercice courant. (*Circ.* 4 *mai* 1844, *n*° 141.)

219. Toute ordonnance ayant pour objet d'acquitter une dépense publique, qui ne porte pas sur un crédit régulièrement ouvert et qui ne se renferme pas dans les limites des distributions mensuelles de fonds, ne peut être admise par le ministre des finances

et conséquemment ne peut être acquittée par le Payeur. (*Ordon.* 31 *mai* 1838, *art.* 58 *et* 59.)

220. Les ministres fixent à des ordonnateurs secondaires (Voir Chap. IV) la limite des crédits qui leur sont ouverts sur chacun des chapitres spéciaux, pour le service dont ils sont chargés. Ils sont tenus sous leur responsabilité de se renfermer, quant aux dépenses à mandater, dans cette limite. [1] (*Ordon.* 31 *mai* 1838, *art.* 59; *Règl. trav. publics, art.* 7.)

221. Les règles en matière de crédits sont absolues. La requisition de l'ordonnateur, hors des cas spécialement autorisés (Voir Chap. VI) de passer outre au payement quoiqu'il n'existe pas de crédits, resterait sans effet près du Payeur, attendu que les circonstances où le payement doit avoir lieu malgré le refus du comptable, sont spéciaux et déterminés. (*Ordon.* 31 *mai* 1838, *art.* 69.)

CHAPITRE II.

Crédits supplémentaires, extraordinaires et complémentaires.

SECTION Ire. — CRÉDITS SUPPLÉMENTAIRES.

222. Les suppléments de crédits demandés pour subvenir à l'insuffisance dûment justifiée des fonds affectés à un service porté

[1] Ce serait en vain que la législature et le gouvernement auraient fixé les principes de l'ordre et adopté les procédés les plus sûrs pour constater les droits des créanciers, leur liquidation et leur acquittement successifs, dans les limites des exercices et des crédits spéciaux, si les formalités prescrites, si les justifications exigées, si les responsabilités encourues s'anéantissaient par de fausses déclarations dans les mains de ceux qui sont investis de la direction et de la surveillance des services. On verrait aussitôt s'écrouler, dans toutes ses parties, cet édifice de comptabilité dont l'une des bases principales est la sincérité des administrateurs et la fidélité de leurs déclarations. Le Payeur deviendrait impuissant à protéger les deniers du trésor; aucune foi ne serait accordée aux comptes généraux des finances, etc., etc. (*Déclaration de la Cour des Comptes pour l'année* 1844. Moniteur *du* 19 *mai* 1847, 2e *Supplément.*)

au budget et dans les limites prévues par la loi, doivent être autorisés par des décrets qui sont ensuite convertis en loi. Cette faculté, toutefois, n'est accordée qu'autant qu'il s'agit d'un service voté, compris dans la nomenclature insérée, pour chaque exercice, dans la loi annuelle relative au budget des dépenses. (*Ordon.* 31 *mai* 1838, *art.* 20 *et* 23.)

223. Si le service n'est pas compris dans la nomenclature, la dépense est seulement constatée dans les écritures de la comptabilité centrale. Elle ne peut être acquittée qu'après l'allocation d'un crédit législatif. Les suppléments de cette nature sont, en cas d'urgence, compris distinctement dans le projet de loi relatif à la régularisation des crédits supplémentaires. (*Ordon.* 31 *mai* 1838, *art.* 24.)

224. Les ordonnances qui, en l'absence des Chambres, ont ouvert des crédits aux ministres, ne sont exécutoires pour le ministre des finances qu'autant qu'elles ont été rendues sur l'avis du conseil des ministres; elles sont contre-signées par le ministre ordonnateur et insérées au bulletin des lois. (*Même ordon., art.* 21; *Loi du* 24 *avril* 1833, *art.* 4.)

SECTION II. — CRÉDITS EXTRAORDINAIRES.

225. La faculté d'ouvrir des crédits *extraordinaires* par ordonnance pour des cas extraordinaires et urgents, est applicable seulement à des services qui ne pouvaient être prévus et réglés par le budget. (*Ordon.* 31 *mai* 1838, *art.* 27; *Loi* 23 *mai* 1834.)

226. L'emploi de tout crédit extraordinaire accordé pour un service non prévu au budget, forme un chapitre particulier du compte général de l'exercice pour lequel ce crédit a été ouvert. (*Ord.* 31 *mai* 1838, *art.* 28; *Loi* 24 *avril* 1833, *art.* 6.)

SECTION III. — CRÉDITS COMPLÉMENTAIRES.

227. Les suppléments nécessaires pour couvrir les insuffisances de crédits reconnues lors de l'établissement du compte définitif d'un exercice sur les services compris dans la nomenclature de la loi an-

nuelle des finances, sont provisoirement ouverts par des décrets dont la régularisation est proposée à la sanction législative par le projet de loi de règlement de l'exercice.

228. A l'égard des excédants de dépenses constatés en règlement d'exercice sur des services non prévus à la nomenclature précitée, le crédit ne peut être ouvert préalablement par ordonnance, la demande en est soumise directement au pouvoir législatif et les payements n'ont lieu qu'avec imputation sur les restes à payer arrêtés par la loi de règlement. (*Ordon.* 31 *mai* 1838, *art.* 29.)

CHAPITRE III.

Crédits pour dépenses départementales.

SECTION Ire. — CRÉDITS BUDGÉTAIRES.

229. Les crédits concernant les dépenses départementales sont établis par le budget départemental présenté par le préfet, délibéré et arrêté par le conseil général du département et approuvé par le chef du pouvoir exécutif. (*Ordon.* 31 *mai* 1838, *art.* 406.)

230. Le budget départemental est divisé en sections, sous-chapitres et articles.[1] Pour chacune des quatre premières sections, les crédits se divisent, suivant la *nature de fonds*, par articles comme il suit :

1re *Section.* — Dépenses ordinaires.	Art. 1er. — Dépenses ordinaires imputables sur le produit des centimes additionnels concédés aux départements et sur fonds commun réparti par ordonnances. Art. 2. — Dépenses sur produits éventuels ordinaires.

[1] Les dépenses de chaque section sont imputables sur le chapitre du budget législatif que le budget départemental indique.

2e *Section.* — Dépenses facultatives.	Art. 1er. — Dépenses d'utilité départementale imputables sur le produit des centimes facultatifs et sur fonds communs à répartir en secours. Art. 2. — Dépenses sur produits éventuels facultatifs. Art. 3. — Dépenses sur subventions communales et autres produits destinés à des travaux d'utilité départementale.
3e *Section.* — Dépenses départementales extraordinaires.	Art. 1er. — Dépenses imputables sur le produit des centimes additionnels extraordinaires imposés par des lois spéciales. Art. 2. — Dépenses sur fonds d'emprunts autorisés par des lois particulières.
4e *Section.* — Dépenses spéciales (chemins vicinaux.)	Art. 1er. — Dépenses de chemins vicinaux imputables sur le produit des centimes additionnels spéciaux. Art. 2. — Dépenses sur contingents communaux et souscriptions particulières pour chemins vicinaux de grande communication.

(*Loi du* 10 *mai* 1838, *art.* 12 *et* 20; *Ordon.* 31 *mai* 1838, *art.* 404; *Circ.* 26 *déc.* 1838, *n°* 111.)

231. Les crédits alloués pour le payement des dépenses départementales sont soumis à des règles de spécialité dont l'ordonnateur et le Payeur ne peuvent s'écarter ; elles sont indiquées par les articles ci-après. (*Ordon.* 31 *mai* 1838, *art.* 30, 31 *et* 32.)

1re *Section.*

232. Aucune dépense facultative d'utilité départementale (2e section) ne peut être inscrite dans la 1re section du budget. Les virements des crédits d'un *sous-chapitre* à un autre sous-chapitre, et les augmentations d'allocations nécessaires après le règlement du

budget pour assurer l'exécution des services compris dans cette section, sont autorisés par des décisions ministérielles qui sont notifiées aux Payeurs. (*Ordon.* 31 *mai* 1838, *art.* 410; *Règl. intér. art.* 180; *Circ.* 20 *août* 1835, 22 *déc.* 1836, 22 *août* 1838 *et* 20 *nov.* 1841, *n°* 120.)

233. Quant aux variations que pourraient exiger les besoins constatés de la 1re section entre les articles d'un même sous-chapitre, c'est aux préfets à approuver, par des arrêtés motivés dont copie est remise au Payeur, les virements que ces besoins occasionnent, sans, toutefois, jamais excéder la limite du sous-chapitre, et en se conformant aux instructions qui exceptionnellement ont spécialisé quelques articles. (Voir n° 234) (*Même ord., règl. et circ.*)

234. La faculté accordée au préfet d'appliquer à un article de la 1re section du budget la portion de crédit non employée par un autre article du même sous-chapitre, cesse toutefois d'exister pour les allocations qui ont un caractère obligatoire telles que les votes, auxquels sont attachés des noms et qui ont une destination personnelle; les crédits affectés au renouvellement de mobilier des préfectures et ceux ayant pour objet le simple entretien où les réparations extraordinaires de ce mobilier; les allocations attribuées au mobilier et aux menues dépenses des cours et tribunaux, les crédits destinés à l'entretien des routes et les indemnités accordées aux ingénieurs et conducteurs. (*Même règl. et circ.*)

2e *Section.*

235. Aucune dépense ne peut être inscrite d'office dans la 2e section (*dépenses facultatives*). Les allocations qui y sont portées ne peuvent être ni changées ni modifiées par l'ordonnance qui règle le budget, non plus que par des décisions ministérielles ultérieures. Ces allocations sont invariables. Un conseil général ne pourrait même déléguer ses droits à un préfet sur ce point. (*Ord.* 31 *mai* 1838, *art.* 413; *Loi du* 10 *mai* 1838; *Circ. aux préfets* 24 *déc.* 1849, *n°* 54.)

3e et 4e Section.

236. Relativement aux dépenses de la 3e et de la 4e section [1] (*dépenses extraordinaires*), il est interdit formellement au ministre et au préfet de faire, sur ces deux sections, aucunes imputations autres que celles portant sur les centimes destinés par la loi à pourvoir à ces dépenses. (*Ordon.* 31 *mai* 1838, *art.* 414; *Loi* 10 *mai* 1838, *art.* 19.)

237. Le Payeur ne peut acquitter les dépenses départementales qu'autant que les mandats de l'ordonnateur ont été délivrés dans la limite des crédits ouverts par le budget du département. (*Loi du* 10 *mai* 1838, *art.* 23.)

238. Les fonds qui n'ont pû recevoir leur emploi dans le cours de l'exercice sont transportés, après clôture de cet exercice (le 30 juin), par les lois de règlement de compte aux exercices qu'elles déterminent; ils y conservent l'affectation spéciale assignée par le budget. Cette affectation, que leur avait donnée le vote du conseil général, est constatée par un supplément spécial de report au budget primitif. Les fonds disponibles de report sont remis à la disposition des préfets par des ordonnances de délégation dans la même forme et avec la même affectation que celles de l'exercice courant. (*Loi* 10 *mai* 1838, *art.* 21; *Ordon.* 31 *mai* 1838, *art.* 94; *Règl. intér. art.* 211.)

239. Toutes les règles prescrites par l'ordonnance du 14 septembre 1822, relativement aux crédits, en ce qui concerne les dépenses de l'Etat, sont applicables aux crédits accordés pour les dépenses des départements. (*Ordon.* 31 *mai* 1838, *art.* 424.)

240. Les dépenses ordinaires des exercices écoulés qui ayant excédé les crédits, n'ont pu être soldées avec les bonis obtenus sur les divers articles du budget, sont considérées comme dettes ordinaires et sont soldées lorsque le payement est réclamé dans les

[1] Les dépenses de la 4e section sont celles des travaux des chemins vicinaux qui obtiennent des ressources extraordinaires. La destination de ces dépenses est exclusive. (*Règl. intér., art.* 204.)

délais prescrits. Une décision ministérielle doit autoriser le payement de cet arriéré. (*Règl. intér., page* 262.)

241. Les dettes départementales contractées pour les *dépenses ordinaires*, sont portées à la 1re section du budget et soumises à toutes les règles applicables à ces dépenses; celles faites pour pourvoir à d'autres dépenses, sont inscrites par le conseil général dans la 2e section. (*Ordon.* 31 *mai* 1838, *art.* 415.)

242. Le budget des dépenses départementales arrêté par le conseil général et approuvé par le ministre est imprimé dans le mois qui suit sa réception à la préfecture. Il en est remis trois exemplaires au Payeur par le préfet. Si des mandats de payement sont délivrés avant que cette remise n'ait eu lieu, le préfet y joint la copie manuscrite du budget; il la reprend ensuite en échange des imprimés qu'il transmet au Payeur. (*Règl. intér., art.* 216; *Circ.* 22 *déc.* 1836, *n°* 98; 5 *février* 1849, *n°* 171, *et* 5 *mai suiv., n°* 173.)

NOTA. Le budget, ou une copie manuscrite, étant nécessaire au Payeur pour faire monter les carnets, il doit réclamer ce document à la préfecture s'il n'est pas produit. (*Lettres du D. de la C. G.* 8 *mars* 1839 *et* 7 *février* 1840.)

243. L'impression du compte de l'exercice dernier clos et du report des fonds libres de cet exercice, a lieu dans le mois qui suit la réception de ce report approuvé par le ministre. Trois exemplaires en sont remis au Payeur. Une copie manuscrite de ce compte lui est communiquée si des mandats sont délivrés avant que cette remise ait pu avoir lieu. (*Règl. intér., art.* 216.)

244. Il est également remis au Payeur du département par le préfet, trois exemplaires du budget concernant les dépenses du cadastre. Un de ces exemplaires est immédiatement envoyé au directeur de la comptabilité générale. (*Idem.*)

245. Le préfet du département transmet aussi au Payeur en triple expédition, le budget voté par le conseil général, pour les dépenses affectées aux frais de l'instruction primaire. Un exemplaire de ce budget est transmis à la comptabilité générale des finances.

246. Les Payeurs ne se bornent pas à transmettre au ministère des finances un des trois exemplaires des budgets dont il est question aux articles qui précèdent; ils en joignent un second à leur compte final; le troisième est conservé dans leurs archives. (Voir le Titre IX, Chap. IV.)

SECTION II. — CRÉDITS SUR PRODUITS ÉVENTUELS DÉPARTEMENTAUX.

247. Les crédits ouverts par le budget départemental avec imputation sur les ressources éventuelles, peuvent être employés d'après le montant des recettes effectuées, sans qu'il y ait lieu de demander des suppléments de crédits. Le ministre émet des ordonnances de délégation pour la plus value des recettes; mais les ordonnateurs secondaires ne peuvent faire usage de ces ordonnances que dans la mesure des crédits ouverts par le budget. (*Loi* 10 *mai* 1834, *art.* 10; *Ordon.* 31 *mai* 1838; *art.* 88; *Règl. intér.*, *art.* 205, *et Circ.* 30 *mars* 1844, *n°* 140.) (*Circ. du min. de l'Int.* 28 *janvier* 1845, *n°* 7.)

248. Si la plus value des recouvrements sur les évaluations du budget porte sur des produits applicables aux dépenses de la 1re section, cette plus value est laissée en réserve pour être affectée, après délibération du conseil général, aux dépenses de l'exercice en cours, ou de celui auquel il conviendra de l'appliquer, sauf, en cas d'urgence, à réclamer en vertu de l'article 410 de l'ordonnance du 31 mai 1838, l'autorisation du ministre sans attendre l'autorisation du conseil général. (*Circ.* 25 *février* 1845, *n°* 148.) (*Circ. du min. de l'Int.* 28 *janvier* 1845, *n°* 7.)

249. S'il s'agit de produits de propriétés, ou d'autres produits formant le complément de l'article 3 des recettes de la 2e section, les uns et les autres étant soumis au vote du conseil général, la plus value réalisée est conservée en caisse pour n'être ordonnancée qu'après avoir été rattachée régulièrement au budget départemental par suite d'un vote du conseil général sanctionné par ordonnance. (*Circ.* 25 *février* 1845, *n°* 148.) (*Idem de l'Intérieur.*)

250. Relativement aux subventions réalisées en dehors des prévisions budgétaires, elles ne peuvent être ordonnancées qu'autant

que par un décret approbatif d'une délibération du conseil général, elles ont été régulièrement rattachées à titre de crédit supplémentaire au budget départemental. (*Circ.* 25 *février* 1845 *et art.* 4, § 10 *de la Loi du* 10 *mai* 1838.)

251. L'emploi des contingents communaux, souscriptions particulières et prestations, applicables au service des chemins vicinaux, n'étant pas soumis au vote des conseils généraux, les plus values réalisées sont mises à la disposition du préfet par le ministre, au moyen d'une décision qui élève le crédit du sous-chapitre au montant des besoins présumés. Il en est de même pour les produits spéciaux de l'article 3 des recettes de la 4e section (ceux non indiqués dans la loi du 10 mai 1838). L'emploi des plus values réalisées a lieu après que le ministre a modifié, par une décision, les crédits du sous-chapitre. (*Circ.* 25 *févr.* 1845, *n*° 148; *Circ. min. de l'Intér.* 28 *janv.* 1845.)

CHAPITRE IV.

Crédits résultant des ordonnances ministérielles.

252. Les ordonnances des ministres sans lesquelles aucune dépense faite pour le compte de l'Etat ne peut être acquittée, et qui établissent un crédit pour les Payeurs, se divisent en ordonnances *de payement* et en ordonnances *de délégation,* ainsi qu'il est expliqué aux articles ci-après. (*Ordon.* 31 *mai* 1838, *art.* 58 *et* 60.)

SECTION Ire. — ORDONNANCES DE PAYEMENT.

253. Les ordonnances de payement sont celles délivrées directement par les ministres, au profit ou au nom d'un ou de plusieurs créanciers de l'Etat, en vertu d'un crédit régulièrement ouvert par le budget. Chaque ordonnance, ou lettre d'avis en tenant lieu, indique le Payeur à la caisse duquel elle est payable, et l'exércice et le chapitre du budget auxquels elle s'applique. (*Ordon.* 31 *mai* 1838, *art.* 59 *et* 61.)

Les articles et paragraphes que concerne une ordonnance de payement sont de plus, s'il y a lieu, indiqués, en se conformant à la nomenclature annexée au règlement ministériel. (*Règ. fin., art.* 115.)

SECTION II. — ORDONNANCES DE DÉLÉGATION.

254. Les ordonnances de *délégation* sont celles par lesquelles les ministres autorisent les ordonnateurs secondaires, à disposer d'une partie des crédits que leur accorde la loi de finances, par des mandats qu'ils délivrent au nom d'un ou de plusieurs créanciers de l'Etat. (*Ordon.* 31 *mai* 1838, *art.* 60.)

255. Les ordonnateurs secondaires ne peuvent dépenser au-delà des crédits qui leur ont été ouverts. Ils sont tenus, sous leur responsabilité, de se renfermer dans la limite des autorisations qui leur ont été adressées, et d'observer l'affectation donnée spécialement à chaque nature de dépense. (*Ordon.* 31 *mai* 1838, *art.* 59, 60 *et* 66; *Loi* 10 *mai* 1838, *art.* 23; *Regl. Int., art.* 91; *Fin., art.* 8 *et* 121; *Marine, art.* 68; *Guerre, art.* 75.)

256. Chaque ordonnance de délégation doit énoncer l'exercice et le chapitre du crédit auxquels elle s'applique. (*Ordon.* 31 *mai* 1838, *art.* 61.)

257. Les ordonnances de délégation concernant les dépenses départementales, indiquent, en outre, les *natures de fonds* sur lesquels elles sont délivrées, et, en regard de chaque article de nature de fonds, elles présentent un numéro d'ordre pris dans une série particulière pour chaque chapitre. (*Circ.* 26 *déc.* 1838, *n°* 111, *et* 25 *juillet* 1839, *n°* 113.)

258. Les ordonnateurs secondaires auxquels les ministres délèguent une partie des crédits accordés par la loi de finances sont, notamment, quant à ce qui concerne le service des Payeurs, les *préfets*; les *intendants militaires*; les *directeurs de l'artillerie et des fortifications*; les *commandants des écoles régimentaires* et *d'application*; les *commissaires généraux de la marine*; les *directeurs de forges et fonderies*; les *commissaires de marine* remplissant les fonctions d'ordonnateurs dans les colonies; les directeurs *de l'intérieur* et des *finances* en Algérie; le *commissaire de marine* chef du service

6

administratif à Alger; le *président de la commission des monnaies*; les *commissaires du gouvernement* près les établissements monétaires; les *directeurs des contributions directes*; le *directeur de l'école nationale forestière*; les *conservateurs des forêts*; l'un des membres du comité de direction du service des paquebots-postes de la Méditerranée; les *ingénieurs en chef des ponts et chaussées et les sous-intendants militaires*. (*Règl. min*[els]. *Int., art.* 76; *Guerre, art.* 18; *Marine, art.* 18; *Finances, art.* 119, *et Déc. min*[le]. 20 *nov.* 1841; *Règl. Trav. pub.,* 28 *sept.* 1849.)

259. Les crédits délégués à chaque ordonnateur secondaire pour le même exercice et le même service, sont successivement ajoutés les uns aux autres et forment, ainsi cumulés, un crédit unique par chapitre, article ou paragraphe, selon le mode d'après lequel ils ont été ouverts. (*Règl. min*[els].)

260. Lorsqu'un crédit de délégation est ouvert pour un des chapitres du budget et sans distinction spéciale d'article, il peut servir à l'ordonnancement de toutes les dépenses comprises dans ce même chapitre; mais lorsque l'ordonnance de délégation porte l'indication *d'un article* ou *d'un service*, son montant ne peut servir à aucun autre, quoique faisant partie du même chapitre. (*Règl. min. : Int., art.* 92; *Guerre, art.* 76; *Marine, art.* 69.)

261. Aux armées les crédits de délégation sont collectifs et embrassent tous les services; mais les délégataires en font emploi *par article*, et ils ne peuvent, dans aucun cas, dépasser, par leurs mandats, la limite du crédit affecté à chaque chapitre spécial, et que le ministre de la guerre leur a fait connaître. (*Règl. Guerre, art.* 77.)

262. Lorsqu'un ordonnateur secondaire est remplacé par un *intérimaire*, ce dernier dispose des crédits, ou portions de crédits, ouverts à celui dont il remplit les fonctions; sa signature doit être préalablement accréditée auprès du Payeur.

L'ordonnateur secondaire qui succède à un autre, devient titulaire des crédits ouverts à son prédécesseur; toutes les pièces de comptabilité restent à sa disposition. (*Règl. min. : Int., art.* 93 *et* 94; *Marine, art.* 71; *Guerre, art.* 80; *Fin., art.* 124.)

263. La signature des ordonnateurs secondaires est, au moment de leur entrée en fonctions, accréditée auprès du Payeur. Il en est de même pour un ordonnateur succédant à un autre ordonnateur et pour les intérimaires. (*Règl. min. : Int., art.* 93 ; *Marine, art.* 70; *Guerre, art.* 78 ; *Finances, art.* 119.)

NOTA. L'accréditation des ordonnateurs de la guerre est soumise à des règles particulières. (Voir le Titre VI.)

CHAPITRE V.

Crédits sous-délégués.

264. Les préfets, les intendants militaires et les directeurs des poudres et salpêtres ordonnateurs secondaires dans les départements, sont autorisés, en suivant les dispositions ci-après, à sous-déléguer tout ou partie des crédits qui leur ont été accordés. (*Règl. Guerre, art.* 83 ; *Règl. Trav. pub.* 1849, *art.* 7.)

265. La faculté de sous-déléguer une portion des crédits de délégation accordés par les ministres sur leur budget respectif, peut être conférée à d'autres ordonnateurs que ceux indiqués à l'article qui précède. Ces sous-délégations ont lieu sur des ordres spéciaux, ministériels qui en expliquent l'objet. (*Inst. min.*)

266. Les ordonnances de délégation concernant les dépenses des ministères des travaux publics et de l'intérieur (routes départementales) adressées par les ministres aux préfets, sont déléguées par ces derniers aux ingénieurs en chef des ponts et chaussées de leurs départements respectifs.

La répartition des ordonnances, par service d'ingénieur en chef, a lieu conformément aux indications contenues dans les avis d'ordonnances adressées par les ministres aux préfets et aux Payeurs. (*Règl. Trav. pub.* 28 *sept.* 1849, *art.* 7.)

267. Les préfets restent titulaires des crédits qui leur ont été délégués et qu'ils ont sous-délégués aux ingénieurs en chef des ponts et chaussées. Ils continuent à en rendre compte dans des bordereaux mensuels adressés au ministre des travaux publics. (*Idem.*)

268. Les crédits de délégation accordés par le ministre de la guerre et ouverts par division *militaire* pour chacun des services dont l'administration est confiée aux intendants, peuvent être sous-délégués en tout ou en partie aux sous-intendants militaires employés sur les divers points de la même division. (*Règl. Guerre, art.* 83.) (*Voir la* Circ. lithog. 10 *juin* 1833.)

269. Au fur et à mesure que les besoins du service de la division l'exigent, les intendants militaires établissent des états de répartition (modèle n° 13) indiquant les sommes dont les sous-intendants peuvent disposer. Ils augmentent, ou diminuent, par des répartitions subséquentes, les sommes accordées, selon que celles allouées excèdent les besoins ou sont insuffisantes. (*Même règl., art.* 85 et *suiv.*)

270. Une expédition des états de répartition est remise immédiatement par l'intendant militaire au Payeur du département chef-lieu de la division chargé d'en adresser des extraits à chacun des Payeurs que les répartitions concernent. Les crédits sous-délégués sont cumulés par les sous-intendants comme le sont les crédits de délégation. (*Même règl., art.* 89.)

271. Aux armées la sous-délégation des crédits ministériels et la cumulation des crédits sous-délégués sont soumises aux mêmes règles que dans l'intérieur de la France. Toutefois, les crédits sous-délégués sont *collectifs* et sans distinction de chapitre, de même que les crédits de délégation. (*Ordon.* 31 *mai* 1838, *art.* 71; *Règl. Guerre, art.* 92.) (Voir n° 261.)

272. Les directeurs des poudres et salpêtres sont autorisés à sous-déléguer leurs crédits aux officiers d'artillerie inspecteurs attachés à leur direction. (*Circ. de la C. G.* 30 *déc.* 1839, *n°* 115.)

CHAPITRE VI.

Crédits par urgence.

273. En cas d'insuffisance de crédits ouverts (ou sous-délégués) pour le service de la solde d'activité, par les ministres de la guerre

et de la marine (Voir n° 276), il peut être émis au-delà de ces crédits des mandats payables immédiatement d'après la réquisition écrite de l'ordonnateur secondaire et sauf imputation sur le prochain crédit. (*Ordon.* 31 *mai* 1838, *art.* 70; *Règl. Guerre, art.* 107; *Régl. Marine, art.* 83.)

274. Il est rendu compte, le jour même de la réception de la réquisition, aux ministres de la guerre, de la marine et des finances (Direction de la Comptabilité générale), par leurs agents respectifs, des payements ainsi faits sur réquisition faute de crédits réguliers. (*Mêmes ordon. et art.*)

275. La faculté d'émettre des mandats au-delà des crédits est également accordée *pour tous les services* aux ordonnateurs secondaires attachés aux armées vu la difficulté de communications qui peut exister. Dans ce cas, la réquisition de l'ordonnateur est appuyée de l'ordre motivé du commandant en chef. (*Même ordon., art.* 71; *Régl. Guerre, art.* 108.)

276. Dans le service de la marine le payement sur réquisition, pour insuffisance de crédits, est, en outre, autorisé pour les *salaires des ouvriers*, les *frais de conduite* et les *surestaries*, sauf imputation sur le prochain crédit qui est accordé à l'ordonnateur. (*Règl. Marine, art.* 83.)

277. Immédiatement après la notification du crédit de délégation ou de sous-délégation qui doit recevoir l'imputation des sommes payées par réquisition, l'ordonnateur en informe le Payeur et il l'invite à remplir les indications laissées en blanc sur le mandat de payement; cette invitation et la réquisition, sont annexées par le Payeur au mandat acquitté. (*Règl. Marine, art.* 84; *Règl. Guerre, art.* 109.)

CHAPITRE VI *bis*.

Crédits par anticipation.

278. Dans le but d'assurer, sur les divers points de la France, le service des subsistances des ministères *de la guerre* et *de la*

marine, il est ouvert des crédits par anticipation d'exercice à ces deux ministères, pour qu'ils puissent commencer et entretenir leurs approvisionnements. La faculté de payer par anticipation tout ou partie des achats effectués, est également accordée, autant toutefois que les payements, comme les crédits sur lesquels ils s'imputent, ne précèdent jamais les quatre derniers mois de l'année pour l'exercice suivant, et qu'ils sont toujours renfermés dans ces crédits. (*Lettre de la Compt. gén. au Payeur du Morbihan, du 9 février* 1849.)

CHAPITRE VII.

Envoi des crédits au Payeur.

279. Le 1er, le 11 et le 21 de chaque mois, le directeur du mouvement des fonds adresse au Payeur les extraits des ordonnances de payement et de délégation que chaque ministre, d'après les règlements, a remis au ministre des finances pour l'acquittement des dépenses de son ministère. (*Circ.* 23 *déc.* 1828, *n°* 5 *R. Gx, et* 20 *août* 1835, *n°* 90.)

280. Ces extraits où sont mentionnés le chapitre, l'article, et, s'il y a lieu, le paragraphe du budget auquel s'applique la dépense, constituent les crédits d'après lesquels les payements peuvent avoir lieu. La lettre d'envoi accompagnant ces extraits a le titre de *feuille d'autorisation.* (*Ord.* 31 *mai* 1838, *art.* 59, 60 *et* 61, *et Circ. idem.*)

281. La lettre de transmission (ou feuille d'autorisation) fait connaître au Payeur 1° le montant total des crédits qui lui sont envoyés; 2° les ordonnances, ou extraits, qu'il a reçues d'autres Payeurs; 3° la somme à déduire, savoir : 1° pour ordonnances, ou extraits, transmises à d'autres Payeurs; 2° pour annulations; 3° pour reste à précompter; elle indique aussi la somme que le Payeur est autorisé à prendre chez le receveur général. Dans un résumé, elle offre par exercice et ministère le numéro de chaque ordonnance ou extrait. (*Mêmes ordon. et Circ.*)

282. Lorsqu'il y a lieu à raison de la nature des dépenses, ou

de l'approche de la clôture d'un exercice, de transmettre, par urgence, des crédits au Payeur, les extraits et ordonnances qu'il reçoit sont compris dans la plus prochaine feuille d'autorisation adressée par la direction du mouvement des fonds. (*Ordon.* 31 *mai* 1838, *art.* 59, 60 *et* 61; *Circ.* 23 *déc.* 1828, *n°* 5 *R. G*^{x}, *et* 20 *août* 1835, *n°* 90.)

283. Aussitôt que le Payeur a reconnu l'exactitude des sommes portées dans la feuille d'autorisation de la direction du mouvement des fonds, il accuse la réception de cette feuille (modèle n° 113) en rappelant le montant des extraits reçus pour chaque ministère et celui des extraits adressés par d'autres Payeurs; il fait, s'il y a lieu, les déductions dont il est parlé plus haut (n° 281), et, s'il y a des observations à présenter, il les consigne sur cette lettre. (*Circ.* 23 *déc.* 1828.)

284. Le Payeur reçoit, en outre, de son collègue du chef-lieu de la division militaire, les extraits de répartition des crédits sous-délégués par l'ordonnateur intendant militaire aux sous-intendants de la division (n° 268); ces extraits forment les crédits qui sont ouverts à chaque sous-ordonnateur pour le mandatement de ses dépenses. (*Règl. min. de la Guerre, art.* 83.)

285. Les crédits des Payeurs sont, lorsque les circonstances l'exigent, augmentés du montant des extraits d'ordonnances qu'ils reçoivent de leurs collègues par suite des changements de dispositions ordonnés, selon les besoins du service, par la direction du mouvement général des fonds. C'est aux comptables ayant fait les envois, que les accusés de réception sont adressés. (*C.* 23 *déc.* 1828.)

286. Lorsque la direction du mouvement des fonds le lui enjoint, le Payeur fait parvenir à ses collègues des extraits des ordonnances de crédit qu'il a entre les mains. Ces extraits forment, pour les Payeurs à qui ils sont adressés, une augmentation à leurs crédits; leur montant, au contraire, vient en déduction dans les situations de ceux de leurs collègues qui ont fait les transmissions. (*Circ.* 23 *déc.* 1828.)

287. Les augmentations de crédits résultant des extraits d'ordonnances que le Payeur a reçus soit comme sous-délégations de l'intendant militaire, soit à titre de changement de dispositions de la

part de ses collègues, comme les atténuations qui sont le résultat des extraits qu'il a transmis par ordre du ministère, sont présentées à la direction du mouvement général des fonds et à celle de la comptabilité générale des finances, à la fin de chaque mois par l'état dit : *des changements de dispositions.* (Modèle 128.) (*Circ. lithog.* 10 *juin* 1833.)

288. Les états indiqués à l'article qui précède, doivent comprendre tous les extraits que reçoit le Payeur portant la date du *premier* au *dernier* jour du mois, sans avoir égard à la date de la réception. (*Inst. du mouvem. général des fonds*, 29 *juin* 1836.)

289. Les crédits, au fur et à mesure que le Payeur les reçoit, sont l'objet d'un article au livre-journal avec report au grand-livre et sur les carnets. Ils figurent sur ces derniers registres au chapitre et à l'article qu'ils concernent et qu'indique la nomenclature du ministère auquel ils appartiennent. (*Circ.* 28 *mai* 1833.) (Voir *page* 92, l'article : *Constatation des crédits.*)

290. Lorsque dans le cours d'une gestion il y a lieu d'annuler une ordonnance de payement pour une *créance intégrale* et d'affaiblir ainsi les crédits du Payeur, ce comptable est tenu de joindre les pièces justificatives à son état d'annulation d'ordonnances, et d'en faire le renvoi à la direction du mouvement des fonds. (*Circ.* 20 *août* 1835, *n*° 90; 30 *mars* 1844, *n*° 140.)

291. Si, au contraire, l'annulation du crédit porte sur une ordonnance de *parfait payement*, le Payeur qui a acquitté des à-compte retient les pièces justificatives pour les annexer au dernier mandat d'à-compte, et il donne, sur une formule d'extrait d'ordonnances, les indications propres à faire connaître la direction donnée aux pièces ; il y rappelle à quelle somme s'élève les à-compte payés et la somme restant à solder ; il déclare qu'il a vérifié les pièces et qu'il les a acceptées. [1] (*Même circ.*)

292. Dans le cas où au lieu d'une annulation définitive dans le cours d'une gestion, le Payeur opère en vertu d'un changement de dispositions pour une ordonnance de *parfait payement* et qu'il a été

[1] On suit les mêmes dispositions pour une ordonnance collective donnant lieu à un changement partiel. (*Circ. C. G.* 30 *mars* 1844, *n*° 140.)

payé des à-compte, il retient les pièces et donne les notes et déclarations rappelées en l'article qui précède. Si l'ordonnance est *intégrale*, il envoie à son collègue, en même temps que la formule annotée, les pièces justificatives. (*Circ.* 20 *août* 1835, *n°* 90 ; 30 *mars* 1844, *n°* 140.)

293. Les dispositions ci-dessus en ce qui concerne la réclamation des pièces, la direction à leur donner, et les notes à prendre pour faciliter les recherches, s'appliquent aux dépenses de nature à être soldées sur mandats des ordonnateurs secondaires. (*Même circ.*)

294. Chaque année, au mois de décembre, la direction du mouvement général des fonds fait parvenir aux Payeurs, avec l'ordonnance ministérielle, l'état des sommes qu'ils ont à payer aux parties dénommées pour les intérêts de cautionnement à échoir le 1er janvier suivant. Cet état forme pour eux un titre de crédit. (*Inst. gén. des fin.*; *Règl. fin. page* 192; *Circ. n°* 217; *Ord.* 31 *mai* 1838, *art.* 245.)

NOTA. Voir, pour les payements, la circulaire du 17 décembre 1834, n° 87.

295. En même temps que la direction du mouvement général des fonds fait parvenir au Payeur les 1er, 11 et 21 de chaque mois les extraits d'ordonnances qui constituent leurs crédits, elle leur adresse des extraits des états généraux, des intérêts de cautionnement ordonnancés isolément ou cumulativement avec des remboursements de capitaux à effectuer. Il est tenu, dans chaque payerie, une copie de ces ordonnancements (Modèle n° 13, nomencl. Dupont) sur laquelle sont successivement annotés les payements effectués. (*Idem.*)

296. Au commencement de chaque mois les Payeurs adressent au directeur de la dette inscrite, un état pour chaque exercice (modèle n° 105), présentant la situation des crédits accordés pour le payement de la dette viagère et des pensions. Cet état fait connaître le montant des ordonnances reçues, les déductions pour annulations par suite de changement de dispositions, les payements effectués et le restant disponible à la fin du mois. (*Circ. lithog.* (*dette inscrite*) 1er *avril* 1334 ; 26 *juin* 1343.)

297. Les arrérages de la dette viagère et des pensions ne sont

payés aux parties qu'autant que les crédits d'ordonnances parvenus aux Payeurs offrent une latitude suffisante pour l'imputation de ces payements. En cas d'insuffisance de crédits, les comptables en informent immédiatement le directeur de la dette inscrite. (*Circ. lith.* 1er *avril* 1834.)

CHAPITRE VIII.

Crédits non employés.

298. Les crédits ou portions de crédits alloués par les ordonnances ministérielles qui, au terme de la clôture de l'exercice[1], n'ont pas été employés par des payements effectifs, sont définitivement annulés par le Payeur dans la comptabilité des divers ministères, sauf le report des crédits spéciaux autorisés par les lois. (*Ordon.* 31 *mai* 1838, *art.* 93.) (Voir *Annulations*, Chap. XIV.)

299. Lorsque les ordonnateurs prévoient qu'il ne sera pas fait emploi d'une partie ou de la totalité d'un crédit qui leur a été accordé, ils peuvent ne pas attendre la clôture de l'exercice pour demander l'annulation de la portion de ce crédit restée sans emploi. Ils en rendent compte au ministre en lui adressant une déclaration de fonds libres dans la forme spécialement déterminée. (*Règl. min*els.)

300. Les crédits affectés aux dépenses départementales qui n'ont pu recevoir leur emploi dans le cours de l'exercice sont reportés, après clôture, sur l'exercice *en cours d'exécution*, avec l'affectation qu'ils avaient au budget voté par le conseil général. Les fonds restés libres sont cumulés avec les ressources du budget nouveau suivant la nature de leur origine. (*Ordon.* 31 *mai* 1838, *art.* 94 *et* 416; *Règl. Int.*, *art.* 211.)

301. L'affectation de fonds non employés, est constatée par un supplément spécial de report au budget primitif, lequel est établi d'office par le préfet, et rappelle 1° les recettes disponibles sur chaque chapitre et article du budget général; 2° les dépenses

[1] Le 30 juin, le 31 octobre ou le 31 décembre pour exercices clos.

restant à payer ou à exécuter sur chaque sous-chapitre et article du budget départemental conformément au règlement de ce budget. Ces fonds disponibles de report sont remis à la disposition des préfets par des ordonnances de délégation dans la même forme et avec la même affectation que celles de l'exercice courant. (*Règl. Int., art.* 211.)

302. L'exercice *en cours d'exécution*, dont il est parlé à l'article précédent, est celui auquel sont rattachés, par le règlement des comptes, les fonds départementaux de l'exercice dernier clos, annulés au moment de la cessation des payements. (*Ordon.* 31 *mai* 1838, *art.* 416; *Règl. Int., art.* 212.)

303. Les fonds restés disponibles en fin d'exercice sur les centimes et produits locaux affectés aux dépenses variables, facultatives ou extraordinaires des départements, à celles du cadastre, des secours, etc., sont transportés par les lois de règlement au compte des exercices qu'elles déterminent; elles y conservent l'affectation donnée par le budget. (*Loi du* 21 *juin* 1826; *Ordon.* 31 *mai* 1838, *art.* 94.)

304. Les Payeurs établissent par un arrêté en fin d'exercice, sur leurs carnets, les sommes qui, n'ayant point été employées sur les divers chapitres ou articles des budgets ministériels, devront être annulées.

NOTA. L'enregistrement qu'ils doivent faire exactement à chaque compte établi à leur carnet, des crédits alloués par les ordonnances; des mandats émis sur ces crédits par les ordonnateurs secondaires, et des payements effectués, les met à même de connaître à toute époque, dans le courant de l'année, les sommes non employées, et de donner avec certitude les certificats demandés (*Circ.* 20 *nov.* 1841, *n°* 120 *et lithog. du* 22 *juin* 1846.)

305. Les bordereaux qu'adressent les ordonnateurs secondaires aux Payeurs en fin d'exercice et dans lesquels ils établissent leur déclaration des crédits restés sans emploi, ne sont visés par ces comptables, qu'autant qu'ils reconnaissent que le chiffre de chaque chapitre de dépense est en parfait accord avec les résultats présentés par les carnets; le visa est refusé si la conformité n'est pas entière. (*Mêmes circ.*)

306. Afin qu'il existe pendant toute la durée de l'exercice une

parfaite concordance entre les écritures des Payeurs et celles de l'administration de la marine, les ordonnateurs de la marine sont tenus d'informer les Payeurs, des virements et des annulations qui ont été ordonnés, non seulement de ceux appartenant à la *gestion courante*, mais encore de ceux portant sur la *gestion expirée*. (*Circ. du min. de la marine*, 26 *avril* 1847 ; *Circ. mouvem. gén. des fonds* 11 *juin* 1847, *n°* 1.)

CHAPITRE IX.

Constatation des crédits chez le Payeur.

307. Aussitôt que les feuilles d'autorisation adressées par la direction du mouvement général des fonds avec les extraits d'ordonnances pour crédits parviennent au Payeur, il en fait passer écriture à son livre-journal avec indication du numéro des ordonnances reçues et du chapitre auquel elles se rapportent.[1] Il fait faire ensuite le report de ces crédits tant au grand-livre qu'aux carnets comme il est expliqué ci-après. (*Circ.* 28 *mai* 1833, *n°* 76.) (*Pour la tenue des écritures, voir le* Titre VIII.)

308. Il est fait également écriture au journal, avec report au grand-livre et aux carnets, des crédits reçus des divers Payeurs, soit à titre de changement de dispositions (n° 287), soit comme sous-délégation des intendants militaires aux sous-intendants de la division (n° 268).

309. Le Payeur, après avoir fait faire enregistrement au livre-journal des crédits reçus, fait inscrire ces mêmes crédits sur les carnets ouverts par ministère et exercice, aux chapitre et article que chaque allocation concerne ; il suit, au moyen de ces indications, le mandatement des dépenses et peut s'assurer que les émissions de mandats ne dépassent pas les crédits accordés par les

[1] Les extraits d'ordonnances sont conservés par le Payeur pour être joints au compte final.

ministres aux ordonnateurs secondaires. (*Circ.* 26 *décembre* 1838, *n°* 111; 25 *juillet* 1839, *n°* 113, *et* 31 *août* 1843, *n°* 133.)

310. Les annulations qui ont lieu, soit par suite d'envois d'extraits d'ordonnances à des Payeurs, soit en vertu d'ordres particuliers de la direction du mouvement des fonds, soit d'office en fin d'exercice, sont également enregistrées immédiatement au *livre-journal*, reportées au *grand-livre* et inscrites aux *carnets d'ordonnances*. (*Même circ.*)

CHAPITRE X.

Crédits par reversements.

311. Il y a lieu à un rétablissement de crédit, lorsque le montant d'un payement indûment effectué a été reversé au trésor; le crédit, dans ce cas, si le reversement est applicable à un payement imputé sur un exercice *encore ouvert*, peut être rétabli sur la demande qu'en fait le ministre ordonnateur au ministre des finances. (*Ordon.* 31 *mai* 1838, *art.* 17; *Régl. int., art.* 133; *Fin., art.* 25.)

312. Les reversements pour trop payé qui doivent amener un rétablissement de crédit, sont suivis, lorsqu'il y a lieu, à la diligence du ministre ou du préfet. En cas de refus, le recouvrement peut être poursuivi devant les tribunaux. S'il y a condamnation, l'exécution du jugement est confiée à l'agent judiciaire du trésor. Le reversement a exclusivement lieu à la caisse centrale du trésor public à Paris, ou à celle des receveurs généraux ou particuliers dans les départements. (*Règl. min*[els]. : *Intér., art.* 137; *Fin., art.* 177.)

313. Le rétablissement du crédit est opéré par virement de compte, par les soins du ministre des finances. Le ministre ordonnateur produit le récépissé de versement du receveur des finances, en l'accompagnant d'un bordereau indiquant : 1° la date et le numéro du mandat sur lequel porte la restitution; 2° le Payeur qui a acquitté la somme reversée; 3° les causes qui rendent nécessaire

le rétablissement du crédit. (*Règl. min*[els]. : *Intér., art.* 138; *Fin., art.* 177.)

314. En même temps que l'ordonnateur secondaire fait l'envoi au ministre dont il dépend du récépissé constatant le reversement mentionné à l'article précédent, le Payeur, de son côté, informe le ministre des finanees de cette circonstance, en lui adressant la déclaration de versement qu'il s'est fait remettre. (*Idem.*)

315. A l'égard des sommes indûment payées qui ne sont reversées par les parties prenantes qu'après la clôture de l'exercice, il en est fait recette par le trésor au budget de l'exercice courant. (*Ord.* 31 *mai* 1838, *art.* 16.)

316. Si les reversements que poursuivent les préfets, ou le ministre, ne sont pas effectués, il est statué par le ministre ordonnateur. L'arrêté qui constate le débet est transmis au ministre des finances qui en fait poursuivre le recouvrement par l'agent judiciaire du trésor. (*Règl. fin., art.* 176 *et* 177 *et autres Règl. min*[els].)

CHAPITRE XI.

Clôture et annulations.

317. Les crédits, ou portions de crédits, qui, aux époques indiquées à l'article ci-après, n'ont pas été employés par des payements effectifs, sont définitivement annulés dans la comptabilité des divers ministères, sauf le report des crédits spéciaux autorisés par les lois. (*Ordon. du* 31 *mai* 1838, *art.* 93.)

318. Le Payeur fait passer d'office au livre-journal les annulations de crédits, comme il est expliqué ci-après :

1° *A l'époque du* 30 *avril*, pour les crédits restés sans emploi (Ordonnance de délégation) sur les chapitres du ministère de la marine, 2e *année de l'exercice*, intitulés : *Dépenses des colonies*,

1° Service général (1re catég., opérat. d'ordre et avances remb[les].)

2° Service local.

3° Fonds de subvention.

Circ. du 8 *février* 1844, *n°* 137 *et* 26 *juillet même année, n°* 144.)

2° *A l'époque du* 30 *juin*, pour les crédits restés sans emploi (Ordonnance de délégation) 2ᵉ *année de l'exercice*, sur les ministères : 1° de l'Instruction publique (Dépenses imput. sur fonds dép.)

2° de l'Intérieur. (*Idem.*)

3° des Finances. (*Idem*) Cadastre.)

4° de la Guerre. (Ordonnances de délégation.)

(*Ordon. du* 4 *juin* 1843; *Circ. du* 20 *déc. suivant*; *Règl. Guerre, art.* 103.)

3° *A l'époque du* 31 *octobre*, pour les crédits restés sans emploi (Ordonnances de payement et ordonnances de délégation) 2ᵉ *année de l'exercice*, sur les ministères de la Justice.

de l'Instruction publ. et des cultes.
de l'Intérieur.
des Travaux publics.
du Commerce.
de la Guerre.
de la Marine.
des Finances.
des Affaires étrangères.

(*Ordon. du* 31 *mai, art.* 93, *et règlem. min*[els]*.*)

Les crédits restés sans emploi et annulés sur les chapitres spéciaux de la dette publique, rentes 5, 4 1/2, 4 et 3 p. 0/0, sont reportés d'office au chapitre spécial des exercices clos du ministère des finances de l'année courante, sans attendre les ordonnances qui sont adressées par la direction du mouvement des fonds. (*Circ. du* 8 *août* 1833, *n°* 78.)

4° *A l'époque du* 31 *décembre*, pour les crédits restés sans emploi (Ordonnances de *payement* et ordonnances de *délégation*) sur les chapitres spéciaux des exercices clos de chaque ministère (année courante.) (*Ordon. du* 31 *mai, art.* 109.)

319. Les crédits annulés sur le chapitre spécial des exercices clos du ministère des finances concernant la dette publique, rentes 5, 4 1/2, 4 et 3 p. 0/0, sont reportés d'office le 1ᵉʳ janvier au même chapitre de la nouvelle année, avant la réception des ordonnances que doit adresser au Payeur la direction du mouvement général des fonds. (*Circ. du* 8 *août* 1833, *n°* 78.)

320. Après que l'annulation des sommes non payées sur les exercices clos a eu lieu d'office, les rappels des dépenses à acquitter sont réordonnancés sur la demande adressée par les créanciers respectifs à l'ordonnateur. (*Ordon.* 31 *mai* 1838, *art.* 109.)

321. Si, au moment de passer les écritures d'annulation, le Payeur reconnaît qu'il existe, pour un ou plusieurs chapitres, un excédant de dépenses, c'est-à-dire, que les crédits sont inférieurs aux payements effectués, il suspend, à moins d'ordres contraires, l'annulation, jusqu'à ce qu'il ait été couvert par de nouveaux crédits. Dans aucun cas, cet excédant ne peut être couvert avec ce qui peut rester de crédits disponibles sur d'autres chapitres. (*Ordon.* 31 *mai* 1838, *art.* 32; *Lettre de la C. G.* 17 *juin* 1845.)

322. A chacune des époques de clôture d'exercice, le Payeur fait connaître au ministère, par l'état mensuel des *changements de dispositions et annulations*, les annulations de crédits qu'il a opérées; il donne au sujet de ces crédits toutes les indications prescrites par les règlements. (*Circ.* 1er *déc.* 1838; 22 *juin* 1846 *et* 11 *juin* 1847.)

NOTA. Le 31 octobre, le comptable remet l'état n° 50 des annulations opérées sur chaque nature de dette consolidée, et l'état n° 54 des capitaux et intérêts de cautionnement ordonnancés isolément (ou par les états annuels) qui ont été annulés au 31 décembre. Le Payeur fournit aussi divers états pour les annulations concernant les *exercices clos*. (*Voir* Titre XII, *Etats à fournir*.)

323. Lorsqu'à l'expiration de l'exercice, une ordonnance de payement est annulée pour créance *intégrale*, le Payeur joint les pièces justificatives à son état d'annulation d'ordonnances, et il fait le renvoi de ces pièces à la direction du mouvement des fonds. (*Circ.* 20 *août* 1835, *n°* 90, *et* 30 *mars* 1844, *n°* 140.)

324. Si, au contraire, l'annulation porte sur une ordonnance de *parfait payement* pour lequel il a déjà été payé des à-compte, les pièces justificatives sont retenues pour être jointes au mandat du dernier à-compte payé; le Payeur, dans ce cas, fait connaître sur un extrait d'ordonnance la direction donnée aux pièces, le montant des à-compte payés et la somme restant à solder; en même temps il déclare qu'il a vérifié les pièces et qu'il les a acceptées. (*Mêmes C.*)

324. *bis.* Les dispositions rappelées en l'article qui précède en ce qui concerne la réclamation des pièces, la direction à leur donner et les notes à prendre pour faciliter les recherches, s'appliquent aux dépenses de nature à être soldées sur mandats des ordonnateurs secondaires. (*Circ.* 20 *août* 1835, *n*° 90, *et* 30 *mars* 1844, *n*° 140.)

CHAPITRE XII.

Crédits pour exercices clos.

SECTION Ire. — APUREMENT DES RESTES A PAYER.

325. Toute créance non acquittée à l'époque fixée pour le payement [1] sur les crédits de l'exercice courant auquel elle se rapporte, ne peut plus être ordonnancée qu'à titre de rappel sur les exercices clos. (*Ordon.* 31 *mai* 1838, *art.* 98 *et suiv.*)

326. Les payements à effectuer pour solder les dépenses d'un exercice clos, sont ordonnancées sur les fonds de l'exercice courant, avec imputation au chapitre spécial ouvert pour le règlement de ces dépenses au budget du ministère. (*Même ordon., art.* 98.)

327. Les ministres sont tenus de renfermer les ordonnances à délivrer sur l'exercice courant par rappel sur l'exercice clos, dans les limites des crédits, par chapitre, qui ont été annulés pour les dépenses restant à payer à la clôture de l'exercice. Ces rappels sur les budgets courants sont ordonnancés nominativement; l'ordonnancement a lieu sur une nouvelle réclamation des créanciers; les ordonnances ne sont valables que jusqu'à la fin de l'année pendant laquelle elles ont été émises. (*Idem, art.* 99 *et* 109.) (*Voir plus loin*, n° 338, *pour les* Fonds de secours.)

328. Les créances qui n'ayant pu être *liquidées* avant le terme de la clôture de l'exercice, n'ont pas fait partie des restes à payer portés au compte général, ne peuvent être acquittées qu'au moyen

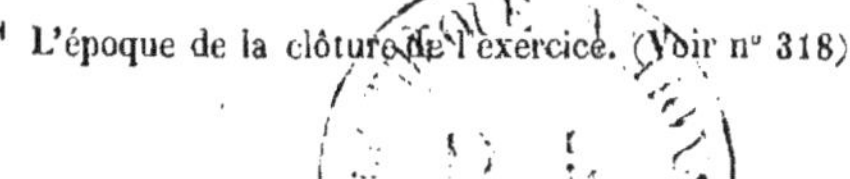

[1] L'époque de la clôture de l'exercice. (Voir n° 318).

de crédits supplémentaires obtenus suivant les formes voulues par les réglements. (*Ordon.* 31 *mai* 1838, *art.* 100; *Règl. Int., art.* 150; *Règl. Trav. publ., art.* 132.)

329. Aussitôt que le compte d'un exercice est définitivement arrêté, les ministres ordonnateurs font dresser l'état nominatif des créances non payées aux caisses du trésor à la clôture de l'exercice, en y ajoutant les nouvelles créances à payer en vertu des crédits spéciaux qui ont pu être ouverts en vertu de la loi du 23 mai 1834, et ils remettent cet état au ministre des finances. (*Ordon.* 31 *mai* 1838, *art.* 106.)

330. Pour le service des rentes viagères et des pensions, et pour celui de la solde et autres dépenses payables sur revues, la dépense servant de base au règlement des crédits de chaque exercice, ne se compose que des payements effectués jusqu'à sa clôture. Les rappels d'arrérages payés sur ces mêmes services d'après les droits ultérieurement constatés, continuent d'être imputés sur les crédits de l'exercice courant. (*Ordon.* 31 *mai* 1838, *art.* 102.)

331. Les ordonnances délivrées pour rappels sur les exercices clos, ne sont mises en payement qu'après que le ministre des finances a reconnu, au vu des états nominatifs qui lui ont été fournis, que les créances ordonnancées s'appliquent à des crédits restés à la disposition des ministres; elles relatent le numéro de chaque créance, afin que les Payeurs puissent à leur tour rappeler ce numéro d'ordre dans leurs bordereaux nominatifs annuels. (*Voyez :* Ordonnancement *exercice clos.*) (*Ordon. des* 10 *février* 1838, *art.* 6 *et* 31 *mai* 1838, *art.* 110; *Circ.* 15 *juin* 1838, *n°* 108; *Lettre du direct. du mouvem. des fonds du* 3 *déc. suivant; Circ.* 31 *juillet* 1840, *n°* 116; *Règl. Fin., art.* 193.)

332. La vérification par créance individuelle prescrite par l'article qui précède, ainsi que la formation des états nominatifs, n'ont pas lieu pour les arrérages de rentes perpétuelles et pour les intérêts de cautionnement dont la dépense résulte de titres inscrits au trésor sur les livres de la dette publique. (*Ordon.* 31 *mai* 1838, *art.* 112.)

333. Sont prescrites et éteintes au profit de l'Etat, toutes créances qui, n'ayant pas été acquittées avant la clôture des crédits de l'exercice auquel elles appartiennent, n'ont pu, à défaut de jus-

tifications suffisantes, être liquidées, ordonnancées et payées dans un délai de *cinq années* à partir de l'ouverture de l'exercice pour les créanciers domiciliés en Europe, et de six années pour les créanciers résidant hors du territoire européen. (*Ordon.* 31 *mai* 1838, *art.* 103; *Loi du* 29 *janvier* 1831.)

NOTA. Il existe des exceptions à cette règle, voyez : *Ordonnancement.*

334. A l'expiration de la période quinquennale fixée pour l'apurement des exercices clos, les crédits applicables aux créances restant encore à solder demeurent définitivement annulés, et l'exercice arrivé au terme de déchéance cesse de figurer dans la comptabilité des ministères. (*Ordon.* 10 *fév.* 1838, *art.* 6; *Loi du* 10 *mai suivant*, *art.* 7.)

335. Les créances d'exercices clos provenant d'individus résidant hors du territoire européen, ou affranchies de la déchéance par l'article 10 de la loi du 29 janvier 1831, ne sont ordonnancées qu'après que des crédits spéciaux, par article, ont été ouverts sur le budget courant sous le titre : *Dépenses des exercices périmés.* Si elles n'ont pas été payées à la clôture de l'exercice, ce crédit est annulé. Un nouveau crédit est nécessaire pour le réordonnancement desdites créances. (*Loi* 24 *avril* 1833, *art.* 4, 5 *et* 6; *Ordon.* 31 *mai* 1838, *art.* 114.)

336. Les rappels de solde et toutes autres dépenses de la marine payables sur revues applicables à des exercices expirés, sont payés avec les crédits de l'exercice courant. (*Ordon.* 31 *mai* 1838, *art.* 102; *Circ. Comptab. Gén.* 30 *sept.* 1847, *n°* 161, *et* 20 *janvier* 1848, *n°* 162.)

337. L'exception portée en l'article précédent en faveur des dépenses de la solde et autres payables sur revues, concernant le service de la marine, s'applique aux rappels de solde et dépenses payables sur revues qui concernent le service de la guerre. Elles sont payées quoique appartenant à des exercices clos, avec les crédits de l'exercice courant. (*Ordon.* 31 *mai* 1838, *art.* 102; *Circ.* 30 *sept.* 1847, *n°* 161.)

338. Les fonds provenant du produit du centime spécial prélevé pour être distribué en secours, pour grêle, incendie, épizootie, etc.,

et non employés à la fin de chaque exercice, sont transportés d'exercice en exercice avec leur destination première, et l'ordonnancement de la dépense a lieu sur l'exercice courant. (*Loi* 21 *juin* 1826; *Lettre du direct. de la C. G.* 22 *janvier* 1849; *Ordon.* 31 *mai* 1838, *art.* 94.)

339. Chaque année il est rendu compte à la Cour des Comptes, dans le résumé général des virements, de toutes les opérations relatives à l'apurement des exercices clos. La Cour, au moyen des documents qui lui sont remis par le ministre des finances, vérifie lesdites opérations, et constate, par ses déclarations générales, la régulière exécution de la loi du 23 mai 1834. (*Ordon.* 10 *février* 1838, *art.* 11 *et* 31 *mai* 1838, *art.* 115.)

SECTION II. — PRESCRIPTIONS LÉGALES.

340. Les arrérages de rentes perpétuelles et viagères et les intérêts dus sur capitaux de cautionnement se prescrivent par cinq ans. (*Code civil, art.* 2277; *Avis du Conseil d'Etat* 24 *mars et* 13 *avril* 1809; *Ordon.* 31 *mai* 1838, *art.* 12.)

341. Les pensions dont les arrérages n'ont pas été réclamés pendant trois années à compter de l'échéance du dernier payement sont censées éteintes. Elles peuvent néanmoins être rétablies. (Voyez : *Pensions*, Titre X, Chap. V.) (*Ord.* 31 *mai* 1838, *art.* 118.)

342. Le montant des cautionnements dont le remboursement n'a pas été effectué par le trésor public faute de productions ou de justifications suffisantes dans le délai d'un an à compter de la cessation des fonctions du titulaire, ou de la réception des fournitures et travaux, peut être versé en capital et intérêts à la caisse des dépôts et consignations. Ce versement libère le trésor. (*Même ordon., art.* 121.)

TITRE V.

Liquidation des dépenses ; exécution des services.

En matière de dépenses publiques c'est un acte important que celui ayant pour objet de liquider le montant définitif des droits acquis contre l'Etat à ses créanciers, c'est-à-dire aux fournisseurs, aux entrepreneurs, aux individus vendant des terrains, et aux fonctionnaires, agents salariés, etc.

Pour établir légalement ces droits, il y a à constater *l'exécution du service;* à reconnaître conséquemment pour les *fournisseurs,* que les objets dont on demande le payement ont été réellement présentés et livrés dans les quantités, nombre, espèce, qualités énoncées aux marchés ou devis et pour les prix y exprimés; pour *les entrepreneurs* de travaux et constructions, que le travail à payer a été exécuté dans les *quantités, mesure* et *qualités* annoncées et aux prix convenus, et que le montant total du décompte est en accord complet, tant avec les quantités et mesures exprimées aux certificats ou procès-verbaux de réception, qu'avec les prix partiels consentis par les marchés; pour *les vendeurs de biens immeubles,* que les terrains cédés étaient libres et que les personnes qui ont passé les actes avaient qualité pour vendre ; enfin pour *les fonctionnaires et les agents salariés,* qu'il y a eu position de présence donnant lieu au traitement.

La constatation de *l'accomplissement du service* a lieu : pour les travaux et constructions, par les préposés de l'ordre inférieur chargés de les suivre et de les surveiller dès la naissance des opérations ; les ingénieurs ordinaires des ponts et chaussées constatent, ensuite, après examen des pièces et sous le contrôle des ingénieurs en chef, le travail fait et les droits des créanciers. Les architectes de leur côté procèdent, lorsqu'il y a lieu, de la même manière. A l'égard des fournitures dont l'Etat doit le prix, les droits des créanciers sont considérés comme étant régulièrement établis, lorsque les divers fonctionnaires, selon l'ordre hiérarchique, en certifiant la réception des objets, attestent que les conditions des devis ont été remplies. Pour les biens vendus il y a accomplissement du service, quand toutes les formalités voulues par la loi ayant été observées on reconnaît que l'Etat peut se libérer; enfin, pour les traitements et les salaires, l'exécution du service résulte des états nominatifs ou d'effectifs attestant un service fait par les personnes y dénommées. (*Ordon.* 31 *mai* 1838, *art.* 65.)

CHAPITRE Ier.

Dispositions génerales.

343. Aucune créance ne peut être liquidée à la charge du trésor pour être payée par ses comptables, que par l'un des ministres ou par ses mandataires. (*Ordon.* 31 *mai* 1838, *art.* 39.)

344. Les titres de chaque liquidation doivent offrir les preuves des droits acquis aux créanciers de l'Etat et être rédigés conformément aux règlements spéciaux qui déterminent le mode de liquidation applicable à chaque objet de dépense; la nature et la forme des pièces justificatives, les époques de leur production, etc. (*Même ordon., art.* 40; *Règl. Fin., art.* 84.) (Voir, pour les *droits acquis,* le titre IV.)

345. Aucun payement ne pouvant être effectué (sauf pour les services en régie) que pour l'acquittement d'un *service fait,* la constatation des droits des créanciers doit toujours précéder l'émission des ordonnances et mandats de payement. (*Règl. Fin., art.* 81.)

346. La constatation des droits des créanciers établie sous la responsabilité de l'ordonnateur de la dépense, résulte, soit des pièces justificatives dûment arrêtées par cet ordonnateur et annexées à l'ordonnance directe ou aux mandats de payement, soit des rapports de liquidation appuyés des pièces justificatives établies par les chefs de service pour chaque nature de dépense. (*Règl. Int., art.* 67; *Trav. pub., art.* 50; *Fin., art.* 82.)

347. S'il s'agit de travaux publics sur les routes, ponts, etc., la constatation des droits des créanciers a lieu par les ingénieurs des ponts et chaussées et par les ingénieurs des mines pour ces deux services, et par les architectes pour les travaux civils. (*Règl. Trav. pub.* 1843, *art.* 53.) [1]

348. Pour accélérer les liquidations, l'ordonnateur, dans tout le cours de l'exercice, doit constater les dépenses au fur et à mesure de l'exécution des services, soit en opérant d'office la liquidation des créances d'après les titres dont il est en possession, soit en s'adressant aux créanciers pour obtenir la justification de leurs droits. (*Règl. Fin., page* 7.)

349. Les pièces comptables produites à l'appui des mandats ou ordonnances pour constater les droits des créanciers, doivent toujours être conformes *à la sincérité des faits* : une simulation quelconque est un acte coupable que la pureté d'intention ne saurait excuser. (*Circ.* 18 *juillet* 1836, *n*° 95, *et* 20 *janvier* 1848, *n*° 162.)

350. Les traités, marchés ou conventions à passer pour les services du matériel doivent exprimer l'obligation, pour tout fournisseur ou entrepreneur de travaux, de produire les titres justificatifs de la créance devant résulter de l'exécution du service, dans les trois mois qui suivront le trimestre pendant lequel le service aura été fait [2]; lorsque la nature du service le permet, les traités stipulent des délais plus restreints. (*Règl. Fin., art.* 73.)

351. Toute liquidation de droits acquis à un remboursement, doit relater la date de l'encaissement par le trésor, de la somme à rembourser, ou indiquer de quelle manière elle a pris place au budget des recettes. (*Règl. Fin., art.* 104.)

352. La liquidation des dépenses à la charge de l'Etat, ou des départements, a lieu :

1° Pour celles du ministère de la Guerre, (Ord^ces^ de délégation) dans les cinq mois de la seconde année.

[1] S'il s'agit d'*un solde*, pour travaux aux bâtiments civils, le mémoire doit être arrêté par le ministre. (*Règl. Trav. pub., art.* 79.)

[2] Pour l'administration de la guerre, le délai est de six mois (*Règl., art.* 40.)

2° Pour celles du ministère de l'Intérieur (dépenses départementales), dans les cinq mois de la seconde année.

3° Pour celles du ministère de l'Instruction publique (dépenses de l'instruction primaire), dans les cinq mois de la seconde année.

4° Pour celles du ministère des Finances (dépenses du cadastre), dans les cinq mois de la seconde année.

5° Pour toutes les autres dépenses, dans les neuf mois de la seconde année (30 septembre). (*Ordon. du* 31 *mai* 1838, *art.* 4 *et* 90; *Ordon.* 4 *juin* 1843; *Règl. de la Guerre, art.* 81 *et* 103.)

353. Sont prescrites et éteintes au profit de l'Etat, toutes créances qui, à défaut de justifications suffisantes, n'ont pu être liquidées dans un délai de cinq années à partir de l'ouverture de l'exercice pour les créanciers domiciliés en Europe, et de six années pour les créanciers résidant hors du territoire européen. [1] (*Loi du* 29 *janvier* 1831, *art.* 9.)

354. Les formalités prescrites pour la liquidation des créances, sont applicables aux dépenses qui, bien que concernant des services effectués pendant le cours de l'exercice, n'ont pu, faute de crédits, être ordonnancées, et figurent dans les restes à payer du compte général de l'exercice présenté par le chef de service. (*Règl. min.* : *Int., art.* 72; *Trav. pub.,* 55.)

355. Lorsqu'un état collectif de liquidation de traitements ou autres émoluments déjà arrêté, est susceptible d'être modifié pour quelque cause que ce soit, cet état, lui-même, ne doit pas être altéré; les résultats, quant aux décomptes erronés, en sont relevés sur un certificat particulier où sont énoncés les détails et les motifs des modifications. (*Règl. Fin., art.* 92.)

356. Aucun décompte de liquidation ne doit être gratté ni surchargé dans son libellé. Lorsqu'il y a lieu d'opérer sur ces pièces une rectification, la somme, le texte, ou la partie du texte à corriger, est biffé au moyen d'un trait de plume et remplacé par la nouvelle énonciation approuvée par le liquidateur ou paraphée par

[1] Pour la prescription des arrérages de rentes, voir au Titre VII le Chapitre *Payement des rentes;* pour les arrérages de pensions, au Titre X, le Chapitre *Pensions.*

lui. Aucune pièce de dépense modifiée dans ses énonciations n'est admise qu'autant que la correction a été dûment approuvée. (*Règl. Fin., art.* 92 *et* 106.)

357. Le droit de liquider les sommes à rembourser pour capitaux de cautionnement et celles à payer pour intérêts, appartient à l'administration centrale des finances, qui constate la disponibilité du cautionnement. Si le Payeur reconnaît, par son contrôle, qu'il existe une erreur, il suspend le payement (capital ou intérêts) de la partie reconnue inexacte et il en réfère aussitôt à l'administration supérieure. (*Lettre du dir. de la C. G.,* 18 *octobre* 1842; *Règl. Fin., page* 196.)

358. Les états et mémoires fournis à l'appui d'une ordonnance ou d'un mandat, ne peuvent jamais comprendre, parmi la somme à payer, le prix du timbre dont ils sont passibles. Si le Payeur remarque que le montant du timbre figure en compte, il retient la somme à la partie prenante et la verse en son nom au receveur des finances. Le récépissé est joint au mandat lequel est porté intégralement en dépense; une déclaration de versement est adressée par ce même comptable à l'ordonnateur pour le rétablissement de la somme au crédit du ministère. (*Lettre du dir. de la C. G.,* 31 *mai* 1834.)

359. Lorsqu'une valeur qui a été donnée pour assurer l'exécution d'un engagement est convertie en une valeur nouvelle, il est du devoir du Payeur de s'assurer que cette dernière garantie a été réellement réalisée et qu'elle offre toutes les sûretés suffisantes pour le trésor. Il en est justifié par un certificat de qui de droit. (*Lettre min*le. 19 *juillet* 1839.

360. Quand il arrive que le devis fourni par un entrepreneur pour ouvrages et réparations, se trouve plus élevé que le mandat destiné à acquitter ce qui est réellement dû à cet entrepreneur, le motif du défaut de concordance doit être expliqué par un certificat particulier du préfet. (*Jugem. de la Cour des Comptes,* 1838.)

361. Les pièces justificatives produites au ministère des finances (bureau de l'ordonnancement) pour y obtenir des ordonnances ministérielles de payement, sont revisées spécialement à ce bureau avant la délivrance des ordonnances. Lorsqu'elles sont ensuite

transmises par la direction du mouvement des fonds au Payeur, celui-ci est chargé de leur examen pour s'assurer qu'elles sont régulières. (*Règl. Fin., art.* 112; *Circ.* 20 *septembre* 1842.)

362. Tout prélèvement sur le produit des impôts dont la perception a lieu au nom de l'Etat est interdit. Les sommes que l'Etat peut bonifier à divers sur ces produits, forment au budget une catégorie particulière de dépenses, et c'est au titre qu'elles reçoivent, que ces dépenses sont ordonnancées. (*Règl. Fin., art.* 79.)

CHAPITRE II.

A-compte sur le prix des travaux et fournitures.

363. Les ordonnances et mandats délivrés pour un service *en cours d'exécution* donnent lieu aux payements d'à-compte, mais aucun marché, aucune convention pour travaux et fournitures, ne doit stipuler d'à-compte que pour un *service fait.* (Voir : *Marchés,* Chapitre IX.) (*Ord.* 31 *mai* 1838, *art.* 42; *Règl. Fin., art.* 141.)

364. Les à-compte ne doivent, en aucun cas, sauf les exceptions ci-après, excéder les *cinq sixièmes* des droits constatés par des pièces régulières présentant le décompte en quantités et en deniers du service fait. (*Même ordon.*; *Circ.* 18 *janvier* 1836, *n*° 95.)

365. Pour les travaux exécutés par l'administration des ponts et chaussées, le maximum des à-compte doit se renfermer dans les limites suivantes :

1° Les *quatre cinquièmes* pour les approvisionnements de matériaux déposés sur l'atelier. (Voir l'art. 15 des *Clauses et conditions de* 1833.)

2° Les *neuf dixièmes* des ouvrages exécutés, déduction faite des à-compte délivrés sur approvisionnements avant leur emploi.

Cette proportion des *neuf dixièmes* peut être dépassée, lorsque par une clause du devis, ou en vertu d'une autorisation postérieure, il a été stipulé que la retenue cessera de croître au-delà d'un maximum déterminé. (*Règl. Trav. pub., art.* 41 ; *Clauses et cond. gén. de* 1833, *art.* 34.)

366. S'il s'agit de travaux d'art et d'ouvrages que les fournisseurs ne peuvent livrer qu'après leur entier achèvement, le montant des à-compte est déterminé d'après le degré d'avancement des travaux. (*Règl. des Trav. pub., art.* 41.)

367. Le maximum des à-compte est de *quatre cinquièmes* pour les travaux et fournitures relatifs aux bâtiments civils. (*Mêmes règl. et art.*)

368. Ce maximum peut être porté aux *onze douzièmes* pour les dépenses extraordinaires de la guerre lorsque cette extension a été demandée par l'ordonnateur secondaire de ce ministère. (*Circ.* 20 *déc.* 1842, *n°* 126; *Déc. min.* 10 *octobre et* 2 *nov.* 1842.)

369. Le certificat de proposition de payement d'un à-compte à un entrepreneur ou fournisseur, doit toujours mentionner le montant de l'adjudication, déduction faite du rabais (et non compris la somme à valoir s'il y en a une), la date de l'adjudication, et celle de l'approbation donnée soit par le préfet, soit par le ministre, suivant les cas; et indiquer le montant des fournitures et travaux exécutés. (*Régl. Trav. pub.* 1843, *page* 110, *et* 1849 *page* 173.)

370. Lorsque les travaux et fournitures mentionnés dans un certificat de proposition de payement dépassent le chiffre primitif de l'adjudication, l'ingénieur, ou l'architecte, doit relater dans ce certificat la décision supérieure qui a approuvé l'excédant de la dépense. (*Mêmes règl.*)

371. Sauf les cas spécifiés aux articles qui précèdent, la retenue de garantie qu'ont à subir les entrepreneurs pour l'exécution de leurs marchés doit être renfermée dans les limites fixées par les règlements. Les ordonnateurs secondaires ne peuvent en changer le taux : l'approbation du ministre à laquelle l'adjudication a été soumise est nécessaire pour opérer cette réduction. (*Même circ. et lettre de la C. G.* 23 *août* 1848.)

372. Le taux de la retenue de garantie ne peut être réduit, si cette retenue ayant été considérée comme un gage des créanciers

d'un entrepreneur ces créanciers ont formé une saisie-arrêt entre les mains du Payeur. (*Lettre précitée.*)

373. Jusqu'à l'époque fixée par les marchés pour qu'il soit dressé procès-verbal de réception définitive des travaux, les décomptes de liquidation établis pour la délivrance des à-compte, doivent rappeler la retenue de garantie exercée sur le prix des travaux. (*Règl. Fin., art.* 143.)

CHAPITRE III.

Intérêts et commissions de banque.

374. Aucune stipulation d'intérêts ou commissions de banque, ne peut être consentie au profit d'un fournisseur, régisseur, ou entrepreneur de travaux publics, à raison d'emprunts temporaires ou d'avances de fonds pour l'exécution et le payement des services publics. (*Ordon.* 31 *mai* 1838, *art.* 41.)

375. Le taux des intérêts à la charge du trésor sur les diverses natures de créances qui en sont productives, est fixé par les lois, ordonnances, traités, conventions, arrêts et jugements exécutoires ou par les décisions ministérielles. (*Règl. Fin., art.* 43.)

376. Il n'est pas dû d'intérêts quand le droit des créanciers ne résulte ni de la loi ni d'une convention ni d'un jugement; il n'y a jamais lieu d'ajouter des intérêts au remboursement du montant de droits indûment perçus par le trésor. (*Arrêts Cour de Cass.* 6 *nov.* 1827, 26 *août* 1844.)

377. Les conditions et le mode de liquidation des escomptes accordés par le trésor, sont l'objet de décisions ministérielles rendues en raison des convenances du service. (*Règl. Fin., art.* 44.)

378. La disposition qui prohibe les intérêts, ou commissions de banque, n'exclut pas l'allocation d'un quarantième aux entrepreneurs des travaux des ponts et chaussées sur les sommes qui ont été payées par eux pour ouvrages urgents et imprévus imputés sur *la somme à valoir* pour les dédommager de leurs avances. (*Règl. Trav. pub., art.* 40.)

379. Elle n'interdit pas, non plus, les allocations de frais ou d'indemnités qualifiées de bénéfices d'entrepreneurs, dépenses sèches, etc., qui ne peuvent être prévus dans les devis et ne sont pas susceptibles d'être acquittés par des agents spéciaux. (*Règl. Guerre, art.* 38.)

380. Lorsqu'il est alloué aux entrepreneurs de travaux publics, un *quarantième* pour leurs avances, le Payeur doit s'assurer qu'il s'agit bien d'*avances de fonds* et non pas de travaux ou fournitures qu'*aurait effectués l'entrepreneur.* Toute somme qui aurait été allouée à ce dernier titre devrait être immédiatement reversée au trésor. (*Arrêts de la Cour des Comptes* 1843 *et* 1844.)

381. La prohibition prononcée par les articles ci-dessus, ne s'applique pas aux intérêts qui sont dus à des vendeurs à raison de cessions d'immeubles, et qui sont réglés soit avec le capital de la vente, soit séparément sur les indemnités de dépossession par suite de cession amiable ou d'expropriation (*Règl. Int., art.* 2 *et pages* 234, 235 *et* 271; *Règl. Trav. pub., page* 124.)

382. Il peut être alloué à un entrepreneur de travaux par décisions motivées, *deux quarantièmes* sur les sommes qu'il a payées relativement à des ouvrages qui lui ont été confiés, pour des achats d'outils; pour fourniture et entretien de machines; soins donnés, frais de conduite, etc. (*Clauses et conditions générales, art.* 24.)

383. Aucune somme ne peut être accordée à un ministre à titre frais de premier établissement, que par exception et en vertu d'une ordonnance nominative et motivée. (*Règl. Fin., art.* 12, 13 *et* 46.)

CHAPITRE IV.

Traitements et émoluments.

384. Les traitements fixes et les suppléments de traitements; les remises, les taxations et les indemnités à titre d'émolument personnel, sont déterminés par les lois, décrets, ordonnances, arrêtés ou règlements relatifs aux services dans lesquels les emplois sont

exercés, ou par des décisions de l'autorité compétente. (*Règl. Fin., art.* 98.)

385. Les dépenses qui ont rapport à la solde, aux traitements et aux indemnités, ont pour base, dans les liquidations, les états d'effectifs ou états nominatifs énonçant le grade ou l'emploi, la position de présence ou d'absence, et la durée du service. (*Ord.* 31 *mai* 1838, *art.* 65.)

386. Nul ne peut cumuler en entier les traitements de plusieurs places, emplois ou commissions, dans quelque partie que ce soit. En cas de cumul de deux traitements le moindre est réduit *à moitié*; en cas de cumul de trois traitements le troisième est, en outre, réduit *au quart*; ainsi de suite en suivant cette proportion. Cette réduction n'a pas lieu pour les traitements cumulés qui n'atteignent pas 3,000 francs, ni pour ceux plus élevés qui en ont été exceptés par les lois. (*Loi* 28 *avril* 1816, *art.* 78; *Ordon.* 25 *décemb.* 1837, *art.* 28, *et* 31 *mai* 1838.) (Voir pour le *Cumul d'un traitement avec une pension*, le Titre X.)

387. L'article 5 du décret du 12 décembre 1848 qui interdit aux savants, aux gens de lettres et artistes de cumuler plus de deux fonctions ou chaires rétribuées par l'Etat, et limite à 12,000 francs le montant des traitements cumulés tant fixes qu'éventuels, est appliqué comme suit :

388. Lorsqu'un fonctionnaire jouit de deux traitements fixes dépassant ensemble le maximum de 12,000 francs, la réduction nécessaire pour ramener à cette quotité les deux traitements, s'opère sur le traitement le plus faible ou sur celui qui n'est pas passible de la retenue. (*Circ. C. G. des* 26 *janv. et* 5 *mai* 1849, *n°* 170 *et* 173.)

389. En cas de suppléance d'un professeur investi d'une autre fonction, le professeur suppléé cumule avec le traitement attaché à cette fonction, la portion du traitement de sa chaire qui n'est pas attribuée au suppléant, mais dans la limite de 12,000 francs. (*Mêmes circulaires.*)

390. Les professeurs doyens des facultés dont les traitements fixes et éventuels réunis au préciput du décanat dépassent 12,000 francs, supportent la réduction, parce que le décanat, dont les obligations sont distinctes de celles du professorat, a été considéré

comme une fonction spéciale dont les attributions administratives placent le professeur qui en est revêtu dans la condition prévue par le décret. (*Circ. C. G. des* 26 *janv. et* 5 *mai* 1849, *n*os 170 *et* 173.)

391. Les professeurs qui assistent aux examens de la faculté dont ils font partie, ne sont pas considérés comme remplissant deux fonctions ; mais la position n'est plus la même lorsqu'ils participent à des examens dans des facultés dont ils ne sont pas membres : ils remplissent, alors, une seconde fonction qui les assujétit au maximum de traitement déterminé par le décret. (*Mêmes circulaires.*)

392. Les indemnités dont jouissent les employés réformés, ne peuvent se cumuler avec un traitement militaire d'activité, ni avec une pension dont le payement est assigné sur les fonds généraux de l'Etat, ou sur les fonds de retenues. (*Règl. Fin., art.* 56.)

393. Les dispositions prohibitives du cumul du décret du 13 mars 1848, n'atteignent pas les employés de préfecture retraités, jouissant, à ce titre, d'une pension sur fonds de retenues. Ces employés peuvent cumuler leur pension avec un traitement d'activité. (*Déc. min*le. 16 *mai* 1849; *Circ.* 3 *août suiv.*, no 174.)

394. Les traitements et les émoluments assimilés aux traitements se liquident par mois, et sont payables à l'échéance. Chaque mois, quel que soit le nombre de jours dont il se compose, compte pour 30 *jours*; le 31e jour est négligé, et il est ajouté un ou deux jours à février. Conséquemment le 12e de l'allocation annuelle se divise par 30e; chaque 30e est indivisible. (*Règl. min, des Fin., art.* 90.)

395. Les décomptes mensuels de liquidation des traitements et émoluments portent sur le 12e intégral des allocations annuelles; ils présentent distinctement les retenues dévolues à la caisse des retraites. Un centime entier est bonifié à cette caisse si elle a droit à une fraction de ce centime. (*Même règl., art.* 91.)

396. Les salaires sont soumis aux mêmes règles que les appointements lorsque les emplois sont permanents, mais dans le cas contraire ces salaires sont fixés au mois ou à la journée. (*Règl. Int., art.* 46.)

397. Les retenues dont les traitements des fonctionnaires et em-

ployés soumis aux règlements sur les retraites sont passibles, sont celles suivantes :

1° *Cinq pour cent* du traitement brut affecté à chaque emploi non vacant. (*Ord.* 12 *janv.* 1825, *art.* 2.)

2° *Premier mois* du montant net des nouveaux traitements et des augmentations de traitement. (*Idem.*)

3° *Moitié du traitement* net des employés en congé. (*Arrêté min.* 10 *avril* 1829, *art.* 2.)

4° *Moitié du traitement* net des employés absents sans congé ou en prolongation de congé expiré, pendant tout le temps de l'absence non autorisée. (*Arrêté min*[el]. 26 *nov.* 1845.) (Voir, pour les *Allocations exemptes de retenues,* l'art. 49 du Règlement des Finances.)

398. Le jour du départ d'un titulaire quittant son poste, comme celui du décès de ce même titulaire, est admis au décompte des appointements ou émoluments mensuels à allouer à ce fonctionnaire, ou à ses héritiers en cas de décès. (*Déc. min*[le]. *du... mai* 1807 : *Règl. Int., art.* 40.)

399. Tout employé ou fonctionnaire nouvellement nommé à un emploi, jouit de son traitement à partir de son installation, à moins que l'arrêté de nomination n'ait fixé l'époque de son entrée en jouissance. (*Règl. Fin., art.* 93.)

400. Le traitement d'un agent administratif démissionnaire ne doit lui être payé que jusqu'au jour (inclusivement) de la date de sa démission, à moins cependant qu'il n'ait été invité à continuer ses fonctions jusqu'à son remplacement. (*Règl. Int., art.* 40.)

401. Les droits d'un titulaire d'emploi, s'éteignent à partir du lendemain de la cessation d'activité de service, ou du lendemain de son décès ; néanmoins un démissionnaire touche son traitement jusqu'à l'arrivée de son successeur, si, dans l'intérêt du service comme l'explique l'article qui précède, et l'autorité n'ayant pas fixé l'époque de cessation de ses fonctions, il a exercé jusqu'à l'installation de son remplaçant. (*Règl. Fin., art.* 95.)

402. Quand un emploi est sans titulaire, la jouissance du traitement, ou des émoluments, peut être accordée en tout ou en partie à la personne faisant l'intérim qui supporte les charges inhérentes

à l'emploi. La retenue pour la caisse des retraites n'est pas exercée si l'agent intérimaire n'est pas du nombre des agents soumis au régime des pensions sur fonds de retenues. (*Régl. Fin., art.* 94.)

403. Lorsqu'il y a lieu d'exercer une retenue sur le traitement d'un fonctionnaire public pour cause de congé, cette retenue ne peut être moindre du taux de moitié fixé par les règlements, qu'autant qu'une décision ministérielle ou des dispositions spéciales ont autorisé cette réduction. (*Régl. Int.,* page 221.)

404. Si des ecclésiastiques, (des curés), justifient par leur acte de naissance qu'ils ont atteint l'âge de soixante-dix ans accomplis, un supplément de traitement de 100 francs peut leur être accordé s'ils ne sont pas pensionnés. (*Règl. Cultes, art.* 181.)

405. Pareil supplément est alloué aux desservans lorsqu'ils ont soixante ans accomplis. Un nouveau supplément de 100 francs peut leur être accordé lorsqu'ils parviennent à l'âge de soixante-dix ans. (*Règl. Cultes, art.* 184.)

406. Tout rappel de traitement et autre émolument personnel se liquide distinctement à la charge de l'exercice déterminé par l'année pendant laquelle les droits au rappel ont été acquis. Il n'est, dans aucun cas, procédé par voie d'augmentation tacite aux droits susceptibles d'être liquidés pour l'année courante. (*Régl. Fin., art.* 97.)

407. Les reprises à opérer pour traitements ou émoluments indûment payés, peuvent être précomptés sur les droits ultérieurement acquis, mais seulement lorsque la dépense à annuler et la dépense à acquitter sont parfaitement homogènes et concernent le même exercice et le même article du budget. (*Mêmes règl., art.* 98.)

CHAPITRE V.

Indemnités et encouragements.

408. Les préfets sont autorisés à approuver dans la limite des crédits ouverts, les propositions des ingénieurs en chef des ponts et chaussées qui ont rapport :

1° Aux indemnités mobilières ne s'élevant pas au-delà de 1000 fr.

2° Aux indemnités pour dommages n'excèdant pas 1000 fr.

3° Aux frais accessoires à ces indemnités mobilières et dommages. (*Règl. Trav. pub.* 1849, *art.* 8.)

409. Les indemnités fixes ou variables, attachées à l'exercice de divers emplois en raison soit de circonstances locales, soit de services spéciaux extraordinaires ou temporaires, ne sont pas assimilées aux traitements fixes ; dans les décomptes de liquidation les dépenses de cette nature sont distinguées des traitements proprement dits, et classées sous la dénomination qui leur appartient. (*Règl. Fin., art.* 96.)

410. Les indemnités une fois payées (ou les honoraires proportionnels) ne sont qu'un mode particulier de rémunérer à forfait un *service fait*, une coopération utile. La décision qui les accorde doit en préciser les motifs. (*Règl. Int., art.* 48.)

411. Les indemnités accordées pour l'année aux *artistes, auteurs dramatiques* ou à leurs veuves, sont payables par trimestre. Lorsqu'il y a décès d'un titulaire à qui une indemnité a été allouée, le décompte s'exécute en raison du nombre de jours d'existence, comme cela se pratique pour les traitements et émoluments. (*Règl. Int., art.* 47.)

412. Les encouragements aux artistes résultent de décisions spéciales. La somme allouée n'est due qu'au titulaire. En cas de décès avant payement elle retourne au crédit du ministère. (*Règl. Int., art.* 49.)

413. Une indemnité peut être accordée à des *vicaires* qui, à raison de l'étendue des paroisses, sont placés dans une autre com-

mune que celle du chef-lieu paroissial, et à ceux établis dans les communes autres que celles de grande population. Cette indemnité n'est assujétie à aucune retenue de pension. (*Règl. Cultes, art.* 185 *et* 186; *Ordon.* 5 *juin* 1816 *et* 25 *août* 1819.)

414. Une indemnité de binage (double service) est accordée aux *curés* ou *desservans*, qui, outre leur cure, font le service dans une seconde paroisse où ils se rendent, mais un ecclésiastique ne peut toucher une double indemnité, lors même qu'il se rend dans une seconde succursale vacante. (*Règl. Cultes, art.* 191 *et* 189.)

415. L'indemnité *ordinaire* qui est accordée aux *ingénieurs en chef et aux ingénieurs ordinaires* et *conducteurs* des ponts et chaussées, sur les travaux départementaux dont ils ont été chargés, est fixée d'après les bases suivantes : 4 pour 0/0 jusqu'à 40,000 fr. et 1 pour 0/0 sur ce qui excède cette somme; elle est répartie dans cette proportion par les préfets. Le décompte qu'établit le préfet, de l'indemnité dont il s'agit, constate la division par sous-chapitre du budget, des sommes dont il a été fait dépense pour les travaux des routes et sur lesquelles a été établie la base du calcul des remises ou indemnités. (*Règl. Int., art.* 197 *et* 274; *Circ. du min. de l'Int.* 12 *juillet* 1827 *et* 27 *mars* 1833; *Arrêt Cour des C.* 11 *juin* 1849.)

416. Les indemnités *extraordinaires* à divers titres à accorder aux mêmes fonctionnaires, sont réglées par le ministre des travaux publics par suite des propositions des préfets dans les cas prévus par les instructions conformément aux votes portés aux budgets départementaux. (*Règl. Int., art.* 197.)

417. Chaque année il peut être accordé par le préfet, sur le rapport de l'ingénieur en chef, au cantonnier le plus méritant de chaque arrondissement d'ingénieur ordinaire, une gratification égale à un mois de salaire. Une pareille gratification peut être donnée à celui des cantonniers chefs du département qui a rendu le plus de services. (*Règl. des Cantonniers, art.* 24.)

418. Ces cantonniers reçoivent en indemnité un dixième en sus de leur salaire lorsqu'ils sortent de leur canton par ordre de l'ingénieur, et un cinquième chaque jour qu'ils ont découché. (*Même règl. et art.*)

419. L'indemnité accordée aux *conseillers de cours d'appel* délégués pour présider, pendant un trimestre, les cours d'assises autres que celles qui se tiennent aux chefs-lieux de ces cours, est payée en fin de trimestre sur un état arrêté par M. le premier président de la cour et par le procureur général. (*Règ. Just., art.* 138.)

420. Il n'est pas dû une seconde indemnité, mais seulement des frais sont alloués si le conseiller désigné est rappelé dans le même département pour présider une assise extraordinaire; l'indemnité n'est pas due si le conseiller, pour une cause quelconque, ne peut se rendre aux assises. (*Même règl., art.* 139 *et* 140.)

421. Les indemnités allouées aux *archevêques ou évêques* pour visites diocésaines, sont ordonnancées sur l'avis donné par eux au ministre qu'ils sont en tournée, ou que les visites sont terminées. (*Règl. Cultes, art.* 170; *Circ.* 10 *février* 1834.)

422. Les frais de *tournées*, de *voyage*, de *missions*, etc., sont réglés sur justification, par prix de journées et par myriamètres parcourus. Ils sont remboursables sur états et pièces à l'appui, à moins qu'ils ne soient établis à forfait par des décisions spéciales ; les ingénieurs de toute classe sont soumis à cette règle. (*Règl. Int., art.* 53 ; *Inst. pub.,* 34 ; *Trav. pub.,* page 97.)

NOTA. Des fixations établies pour divers services, sont rappelées dans ce chapitre. Pour les agents forestiers les frais de tournées sont accordés sans justification. (*Circ.* 161 *du* 30 *septembre* 1847.)

423. Les encouragements aux *agriculteurs, mécaniciens et inventeurs,* sont dus seulement aux titulaires ; en cas de décès avant payement, la somme allouée fait retour au crédit. (*Règl. Agric. et Com., art.* 50.)

424. Lorsque des *instituteurs primaires* auxquels des encouragements ont été accordés viennent à décéder, les sommes dont ces personnes ont été gratifiées sont payables à leurs héritiers justifiant de leurs droits, pourvu, toutefois, que l'ordonnance, ou arrêté de concession, ait précédé le jour du décès du titulaire. (*Déc. min*le.; *Circ.* 30 *sept.* 1847, *n*o 161.)

425. Les frais de tournées des *inspecteurs et sous-inspecteurs des écoles primaires* sont réglés à forfait sur les rapports des recteurs

et des préfets par le ministre, qui liquide, dans la première quinzaine du premier mois de chaque trimestre, les frais des tournées exécutées dans le trimestre précédent. (*Lettre du min. de l'Inst. pub.* 25 *janv.* 1849.)

426. Au commencement des 1er, 2e et 4e trimestres de l'année, ces inspecteurs et sous-inspecteurs reçoivent une avance de 250 fr. imputables sur la somme totale qui leur sera due. (*Même Inst.*)

427. Les frais de tournées des *recteurs et inspecteurs des académies* sont fixés approximativement par le recteur. Il est délivré aux parties, à titre d'avance, des mandats d'à-compte jusqu'à concurrence des deux tiers de la dépense présumée et du crédit alloué. Ces frais sont réglés d'après le nombre de myriamètres parcourus et des jours d'absence, par le recteur qui en adresse le compte au préfet. (*Règl. Inst. pub.*, page 128.)

428. Lorsque des *inspecteurs généraux de l'Université* sont envoyés en tournée ou en mission, il leur est délivré une ordonnance collective ou individuelle des deux tiers du montant présumé des frais de la tournée; à leur retour ils fournissent leur état réglé en raison des myriamètres parcourus et des jours d'absence. Cet état est visé par le ministre. Les frais, dans certains cas, peuvent être réglés par décision ministérielle. (*Même règl.*, page 122.)

429. Les *conservateurs des forêts* reçoivent à titre de frais de tournées des indemnités fixées à 20 francs par jour, destinées à couvrir les frais de visites dans les forêts et ceux occasionnés par les ventes des bois de l'Etat. Les tournées sont réglées chaque année par l'administration. (*Règl. Fin.*, page 294.)

430. Les *inspecteurs et les contrôleurs des contributions directes*, touchent une somme fixe pour leur tenir compte de leurs dépenses de voyage et de séjour. Cette indemnité est ordonnancée mensuellement. Le décompte de liquidation est établi sur le mandat. (*Même règl.*, page 260.)

431. Une indemnité fixe est également accordée aux *inspecteurs des finances* et *adjoints* pour frais de tournée ordinaire; elle est de 2,000 francs par an payable par quart, dont le premier d'avance au moment du départ; les trois autres quarts sont ordonnancés

après l'achèvement des portions de tournée correspondant à ce fractionnement. (*Règl. Fin.*, page 242.)

432. Les *inspecteurs généraux des finances* reçoivent une indemnité de 400 francs par département, d'après les états certifiés par eux, des vérifications faites sous leur direction, dans chaque département. (*Idem.*)

433. L'indemnité de tournée *extraordinaire* accordée aux agents de l'inspection des finances qui ont rempli une mission spéciale par ordre du ministre, est payée à ces agents d'après les états qu'ils forment des distances par eux parcourues. Elle est fixée :

Pour les inspecteurs généraux à 13fr. 00c. par myriamètre.
Pour les inspecteurs et adjoints à 6 50 *Idem.*

(*Mêmes règl. et page.*)

434. Des frais de poste sont alloués aux *officiers militaires et fonctionnaires* qui recevant une destination ou une mission d'urgence, ont l'ordre de voyager en poste. Ces allocations sont fixées par le tarif spécial annexé à l'ordonnance du 20 décembre 1837. Elle ne se cumule point avec les indemnités de route. (*Règl. Guerre,* page 184.)

435. Il est accordé par le ministre aux conducteurs et piqueurs des travaux publics, des frais de découchers et de déplacement. Ils sont payés sur les certificats de proposition de l'ingénieur de l'arrondissement d'après les règles ci-après établies. (*Règl. Trav. pub.* 1843, page 116; *Règl. Trav. pub.* 1849, *art.* 30.)

436. Le droit d'autoriser les frais de découchers aux conducteurs et piqueurs de travaux publics, peut être délégué par le ministre aux préfets. La décision ministérielle exigée, est, dans ce cas, remplacée par un arrêté préfectoral rappelant la date de la délégation en vertu de laquelle cet arrêté a été pris. (*Circ.* 30 *sept.* 1847, *n°* 161.)

437. L'arrêté dont il s'agit peut lui-même être suppléé par un état présenté par l'ingénieur, réglé et arrêté par l'ingénieur en chef en vertu de la décision réglementaire qui lui délègue l'approbation des états de frais concernant ces allocations extraordinaires. L'arrêté, ou l'état, doit mentionner la décision réglementaire. (*Circ.* 20 *janv.* 1848, *n°* 162; *Règl. Trav. pub.* 1849, *art.* 30.)

438. L'arrêté, ou l'état, relatif aux frais de découchers doit indiquer, outre la date de la décision réglementaire, le maximum fixé par l'administration. Le certificat de proposition de payement de l'ingénieur, ou l'état réglé par l'ingénieur en chef, doit également rappeler les sommes déjà allouées au même titre à chaque partie prenante depuis le commencement de l'exercice, afin que l'on puisse vérifier si la limite annuelle n'est pas dépassée. (*Circ.* 20 *janv.* 1848, *n*o 162.)

439. Les sommes excédant le maximum annuel ne peuvent être mandatées qu'en vertu d'une décision ministérielle. Dans ce cas, les mandats doivent être appuyés de la copie, ou extrait, de la décision spéciale qui a accordé l'allocation supplémentaire. Il en est de même quand des frais de découchers sont réglés directement par l'administration. (*Même circ.*)

440. Il ne peut être alloué aucune indemnité à un entrepreneur de travaux publics à raison des pertes, avaries ou dommages occasionnés par négligence, imprévoyance, défaut de moyens ou fausses manœuvres. Ne sont pas compris, toutefois, dans cette disposition, les cas de force majeure, qui, dans les dix jours, ont été signalés par l'entrepreneur. Il n'est rien alloué, dans ce cas, qu'avec l'approbation de l'administration supérieure. (*Clauses et conditions générales* 1833, *art.* 26; *Circ. du ministre des Travaux publics aux préfets* 25 *septembre* 1843.)

CHAPITRE VI.

Abonnements pour frais d'administration de préfectures.

441. Un préfet nommé pour la première fois, ou passant d'une préfecture à une autre, est payé à la fin du mois par 12e et sauf décompte lorsqu'il y a lieu, à partir du jour de son installation, de l'abonnement pour frais d'administration. (*Règl. Int., art.* 44.)

442. S'il y a eu *intérim* il reçoit de l'intérimaire un compte de

clerc à maître des sommes que celui-ci a dû prendre sur les fonds d'abonnement pour subvenir aux frais pendant l'intérim. (*Règl. Int., art.* 44.)

443. Si les dépenses faites n'égalent pas la portion de l'abonnement correspondante au temps écoulé, l'excédant forme un reste disponible qui ne peut être employé qu'avec l'autorisation du ministre. (*Idem.*)

444. Les préfets touchent leur abonnement jusqu'au jour où ils cessent d'exercer leurs fonctions à raison de la portion de l'année pendant laquelle ils ont été titulaires de l'emploi. (*Idem.*)

NOTA. Sept dixièmes de l'abonnement sont destinés aux appointements et salaires; les trois autres dixièmes sont affectés aux dépenses de papiers et d'impressions; frais de ports de lettres, d'éclairage, de chauffage et de bureau; réparations locatives de l'hôtel et bâtiment, frais de tournée et frais d'assemblée du conseil général. (*Ordon.* 25 *octobre* 1839.)

CHAPITRE VII.

Frais judiciaires, honoraires et salaires.

Frais judiciaires.

445. Les frais judiciaires mis à la charge des propriétaires expropriés pour cause d'utilité publique par les jugements d'expropriation, sont remboursés au trésor de la manière suivante : le certificat de l'ingénieur et le mandat du préfet rappelle, pour mémoire, la somme à retenir; le mandat ensuite n'est expédié que pour la somme *nette*, revenant au propriétaire dépossédé. (*Circ.* 26 *avril* 1846, *n°* 157.)

445 *bis*. Les mémoires de frais de poursuites pour délits forestiers étant vérifiés et taxés comme ceux de frais de justice criminelle et correctionnelle, etc., ils sont dispensés du visa des préfets. (*Circ. du* 30 *décembre* 1839, *n°* 115.)

Salaires pour formalités hypothécaires.

446. Les expropriations et acquisitions d'immeubles *pour cause d'utilité publique* étant au compte de l'Etat, et les frais étant payés par le budget général, les conservateurs des hypothèques ne peuvent réclamer aucun salaire pour le dépôt et la transcription des actes ni pour la délivrance des certificats. (*Déc. min*le. *24 juillet* 1837; *Circ.* 6 *septembre suivant*, *n*o 103.)

447. Toutefois, le salaire est dû à ces fonctionnaires à raison des formalités remplies par suite d'acquisitions ou d'expropriations pour cause d'utilité publique, lorsque les indemnités de dépossession sont dues par *les départements* ou par *les communes*. (*Déc. min*le. 16 *nov.* 1842; *Circ.* 16 *déc. suiv.*, *n*o 125.)

448. Le payement des salaires dus aux conservateurs des hypothèques par suite de la transcription des actes de vente relatifs aux routes départementales et aux chemins vicinaux d'après l'article ci-dessus, s'opère par trimestre, sur états indiquant : 1o la date des actes ayant donné lieu à la formalité ; 2o le nom des parties ; 3o la nature de l'acte ; 4o la nature de la formalité ; 5o le montant des salaires.

Un espace est réservé sur cet état pour y inscrire le numéro et la date des mandats de payement de l'indemnité de dépossession des terrains auxquels se rapportent les formalités hypothécaires requises. Si l'indemnité n'a pas été payée, une annotation constate la cause pour laquelle le mandat n'a pu être délivré. (*Circ.* 26 *août* 1843, *n*o 132; 13 *octobre* 1846. *n*o 159.)

Honoraires.

449. Il n'est dû aucun honoraire à des avoués pour des frais de purge d'hypothèques en matière d'expropriation pour cause d'utilité publique. Toute liquidation de frais de cette nature qui serait présentée au Payeur pour justifier un payement ne pourrait être admise. (*Déc. min*le. 24 *juillet* 1837; *Circ.* 6 *sept. suivant*; *Règl. Trav. pub.*, page 126.)

450. Les frais d'avoués ou d'autres officiers ministériels faits en matière d'expropriation pour cause d'utilité publique, ou pour ventes

à l'amiable de terrains, bâtiments, etc., ne peuvent être payés, qu'autant qu'un arrêté du préfet explique les motifs pour lesquels l'administration a recouru à cette voie coûteuse. L'état de frais est taxé d'après le tarif ordinaire des frais de justice conformément au décret du 16 février 1807. (*Règl. min*els. : *Int.*, pages 235 *et* 295; *Justice*, page 180; *Circ.* 30 *déc.* 1839, *n*o 115.)

451. Les frais et honoraires qui peuvent être dus à un notaire, ou à tout autre officier ministériel pour la passation d'un contrat d'acquisition d'immeubles au profit de l'Etat, sont à la charge du trésor si le contrat ne porte pas clause contraire. Les mémoires produits peuvent être soumis à la taxe de l'autorité judiciaire. (*Lettre de la Compt. gén.* 4 *juillet* 1845; *Règl. Int.*, page 234; *Code civil* 1593.)

Salaires d'agents et ouvriers.

451 *bis*. Les salaires sont soumis aux mêmes règles que les appointements lorsque les emplois sont permanents. Dans le cas contraire ils sont fixés au mois ou à la journée. (*Règl. Int., art.* 46.)

452. Les salaires *au mois* sont préalablement fixés par l'autorité compétente; ils sont payés, pour les travaux publics, sur certificat de l'ingénieur; les salaires *à la journée* sont ceux pour lesquels il est fourni par les ingénieurs ou régisseurs, pour les services en régie ou autres services *à faire*, des états d'attachement ou de journées, arrêtés par l'ingénieur ou par le régisseur. (*Règl. Trav. pub.* 1843, page 111; *Int.*, page 253.)

453. Les états de journées indiquent les noms et professions des ouvriers; l'époque à laquelle le travail a été fait; le prix convenu par journée avec les ouvriers; le nombre de journées employées (avec le nombre d'heures), et la somme totale à payer. Ils sont émargés des parties prenantes, ou, si elles sont illettrées, de deux témoins et du régisseur, et visés par l'ordonnateur. (*Règl. Trav. pub.* 1843, page 253; *Int.*, page 111; *Trav. pub.* 1849, page 137; *Inst. pub.*, page 148.)

CHAPITRE VIII.

Vacations et secours.

454. Les pièces d'après lesquelles il est alloué des vacations et des secours par l'Etat doivent avoir pour bases le service *fait*, la durée du service, la somme due en vertu des lois, règlements et décisions. (*Ordon.* 31 *mai* 1838, *art.* 65.)

455. Les secours accordés aux personnes malheureuses sont individuels. Ils ne sont dus qu'aux titulaires, sauf, toutefois, les exceptions indiquées aux articles ci-après. En cas de décès, ils ne peuvent être payés aux héritiers, ou représentants, qu'en vertu d'une nouvelle décision. (*Règl. Fin., art.* 5 *et* page 226; *Intérieur,* page 215.)

456. Les dispositions qui précèdent s'appliquent aux *pensionnaires de l'ancienne liste civile.* La décision du ministre qui autorise des héritiers à toucher pour le titulaire décédé, doit indiquer le nom de ces héritiers. (*Règl. Fin.*, page 226.)

456 *bis.* Un secours accordé à un *ecclésiastique,* à une *ancienne religieuse* et aux *ministres des différents cultes,* peut être payé aux héritiers du titulaire qui justifient légalement de leur qualité si le mandat qui accordait le secours était entre les mains de ce titulaire au moment de son décès. (*Déc. min*[le]. 17 *août* 1841; *Règl. Cultes,* pages 170, 171, 184, 185, 188 *et* 189.)

457. Lorsque les anciens *employés de préfecture* qui jouissent d'un secours viennent à décéder, leurs héritiers, en produisant les titres d'hérédité exigés en pareil cas, sont fondés à réclamer le montant des mandats qui n'ont pas été payés. (*Circ.* 25 *sept.* 1824, *n*° 38.)

458. Les secours accidentels réclamés en faveur des veuves de ces employés ne peuvent leur être payés qu'autant qu'une décision ministérielle les accordent, ou que le budget départemental les comprend nominativement. (*Règl. Int.*, page 276; *Cultes,* page 156.)

459. Les indemnités ou secours à accorder à des *gardes des forêts* blessés dans l'exercice de leurs fonctions, ou à des veuves ou or-

phelins de ces agents, ne peuvent être allouées que par des décisions spéciales de l'administration. (*Règl. Fin.*, page 294.)

460. Quand des *colons* auxquels l'Etat a accordé des secours viennent à décéder, leurs veuves et héritiers, ayant droit à la réversibilité, en justifiant de leur qualité dans les formes voulues par la loi, peuvent recevoir, sur leur simple quittance, la portion de secours qui était acquise au titulaire au jour de son décès. (*Circ.* 25 *septembre* 1824, *n°* 38 ; *Règl. Agric. et Comm., art.* 53.)

461. Les secours éventuels, ou trimestriels, dont jouissent les militaires, et qui ont été l'objet d'une ordonnance délivrée sur le Payeur, ne peuvent, en cas de décès, être payés à leurs héritiers, qu'autant qu'une décision du ministre de la guerre autorise ce payement. Ces secours sont insaisissables. S'ils ne sont pas réclamés dans l'année, ils sont considérés comme éteints. Aucun rappel ne peut être demandé après la clôture de l'exercice. (*Règl. et Nomenc. de la Guerre, art.* 140 *et* page 193 ; *Circ.* 28 *mars* 1838, *n°* 106.)

462. Lorsque des secours sont accordés aux *savants et hommes de lettres*; aux anciens *membres du corps enseignant*; à leurs enfants et à leurs veuves, les héritiers peuvent, en cas de décès des titulaires, recevoir ceux de ces secours qui n'ont point été touchés, pourvu qu'ils justifient de leurs droits d'héritiers dans les formes voulues par les règlements. (*Règl. Inst. pub., art.* 33.)

463. Les secours ou indemnités que l'Etat accorde *aux artistes*, sont également payés en cas de décès, à leurs héritiers, si ces derniers justifient de leurs droits par la production des actes d'hérédité voulus par les instructions; ils ont droit au décompte de l'indemnité allouée jusqu'au jour du décès du titulaire. (*Règl. min. : Int.*, page 213.)

464. Les secours temporaires dont jouissent les *anciens magistrats*, les employés *de la justice* et leurs veuves, étant purement individuels, les héritiers des titulaires n'ont pas droit, en cas de décès, à la portion non payée à l'époque où le titulaire a cessé d'exister. (*Règl. Justice*, page 157.)

465. Les secours accordés aux personnes ayant rendu de notables services à l'industrie et à l'agriculture, sont accordés par le ministre sur un rapport spécial qui exprime les motifs de ces secours.

Ils sont alimentaires; leur imputation n'a jamais lieu par avance, sur un exercice à venir. En cas de décès des titulaires, les veuves et héritiers ne reçoivent ce qui est dû qu'en vertu d'une décision ministérielle. (*Règl. Agric. et Comm., art.* 51 *et* 52.)

466. Les secours spéciaux pour pertes résultant de grêles, incendies, épizooties, etc., ne sont accordés qu'aux propriétaires *non assurés*. Ceux *assurés* ou étant dans un état d'aisance et de fortune qui leur permet de se passer de cette assistance n'y ont pas droit. (*Règl. Agric. et Com.,* page 134.)

467. Les préfets sont autorisés à approuver dans la limite des crédits ouverts, et dans celle déterminée par les instructions, les secours à accorder en matière de travaux publics et départementaux, aux ouvriers réformés, blessés, etc. (*Règl. Trav. pub.* 1849, *art.* 8.)

CHAPITRE IX.

Marchés.

468. Sauf les exceptions ci-après rappelées, tous les marchés au nom de l'Etat, pour travaux ou fournitures, sont passés avec concurrence et publicité. (*Ordon.* 31 *mai* 1838, *art.* 45.)

469. Il peut, néanmoins, être traité de gré à gré pour les fournitures, les transports et les travaux dont la dépense n'excède pas 10,000 fr., ou s'il s'agit d'un marché pour plusieurs années, dont la dépense annuelle ne dépasse pas 3,000 fr., ou pour ceux des objets ne comportant pas la concurrence et la publicité, qui sont désignés par les articles 45 et 46 de l'ordonnance du 31 mai 1838. (*Ord. précitée, art.* 46.)

470. Aucun marché ou convention passé avec l'Etat pour travaux et fournitures, ne peut stipuler d'à-compte que pour un service fait. (*Même ordon., art.* 42.)

471. Les marchés sont passés par les ministres ou par les fonctionnaires qu'ils délèguent à cet effet. Ils ont lieu soit sur un enga-

gement à la suite du cahier des charges, soit sur soumission souscrite par la personne qui traite, soit sur correspondance conformément à l'usage du commerce. (*Ordon.* 31 *mai* 1838, *art.* 56.)

472. Il peut être suppléé aux marchés de gré à gré dont il est parlé aux articles qui précèdent, par des achats faits sur simple facture pour les objets qui sont livrés immédiatement et dont la valeur n'excède pas 500 francs. (*Ordon.* 31 *mai* 1838, *art.* 56 *et Règl. min*els.)

473. Les factures que produisent les fournisseurs doivent donner quant à la nature, à la quantité, à la qualité des objets, etc., tous les renseignements propres à faciliter le contrôle de la dépense par l'autorité supérieure. (*Arrêt de la Cour des Comptes* 1843.)

474. Les marchés passés de gré à gré par les délégués d'un ministre, et les achats qu'ils font, sont subordonnés à l'approbation ministérielle, à moins soit de nécessité résultant de force majeure, soit d'une autorisation spéciale ou dérivant des règlements, circonstances qui sont relatées dans les marchés ou dans les décisions approbatives des achats. (*Mêmes ordon. et art. et Règl. min.*)

475. Les dispositions ci-dessus ne s'appliquent pas aux marchés passés aux colonies ou hors du territoire français, ni aux travaux que l'administration fait exécuter en régie ou à la journée. (*Même ordon., art.* 57.)

476. Les marchés consentis avec les fournisseurs et entrepreneurs doivent toujours rappeler le délai dans lequel les pièces seront produites au liquidateur. (*Règl. Fin., art.* 73.)

477. Lorsque des marchés stipulent des amendes en cas de retard pour des fournitures qui doivent être faites à des époques déterminées, les adjudicataires ou fournisseurs ne peuvent être exonérés de ces amendes qu'autant que le ministre l'a autorisé. La décision qui prononce cette dispense est produite au Payeur. (*Arrêt Cour des C.* 1843; *Règl. Fin.,* page 175.)

CHAPITRE X.

Adjudications pour travaux et fournitures.

478. Les marchés au nom de l'Etat qui ne sont pas de nature à être faits de gré à gré (voir nº 468), ont lieu par adjudication avec concurrence et publicité. Sauf le cas d'urgence, l'avis des adjudications à passer est publié un mois à l'avance par la voie des affiches. (*Ordon.* 31 *mai* 1838, *art.* 45.)

479. Cet avis fait connaître le lieu où l'on prendra connaissance du cahier des charges; les autorités chargées de procéder à l'adjudication; le lieu, le jour et l'heure fixés pour cette adjudication. (*Même ordon., art.* 49.)

480. Les cahiers des charges établissent la nature et l'importance des garanties que les entrepreneurs et les fournisseurs doivent produire pour répondre de l'exécution de leurs travaux; ils déterminent l'action que l'administration exerce sur ces garanties en cas d'inexécution des engagements contractés. (*Mêmes ordon. et art.*; *Règl. Trav. publics*, page 111.)

481. Les adjudications et réadjudications de fournitures et travaux, sont constatées par procès-verbaux relatant toutes les circonstances de l'opération. L'approbation du ministre compétent, seule, les rend valables et définitives, sauf, toutefois, les exceptions spécialement rappelées aux cahiers des charges. Le certificat de payement de l'ingénieur, ou de l'architecte, doit rappeler la date de cette approbation. (*Même ordon., art.* 53 *et* 55; *Règl. Trav. pub.*, page 110.)

482. Les matériaux employés par un entrepreneur doivent avoir les dimensions prescrites par les devis préalablement établis. S'il leur donne une dimension plus forte que celle convenue, il ne peut réclamer aucune augmentation de prix; dans le cas de dimensions plus faibles, les prix sont réduits en proportion. (*Clauses et Cond. gén. de* 1833, *art.* 14.)

483. Au moyen des prix consentis par les devis et approuvés, l'entrepreneur des travaux fait l'achat, la fourniture, le transport

à pied d'œuvre, la façon, la pose et l'emploi des matériaux. Il ne peut, sous aucun prétexte d'erreur ou d'omission dans la composition des prix de sous-détail, revenir sur les prix par lui consentis. (*Clauses et Cond. gén. de* 1833, *art.* 11.)

484. Il est interdit à un entrepreneur de travaux publics de céder son entreprise. Si cette clause est éludée, l'adjudication peut être résiliée, et il est procédé à une nouvelle adjudication à la folle enchère de l'entrepreneur. (*Idem, art.* 4.)

485. Les travaux ordinaires pour réparation et entretien des bâtiments des préfectures, sous-préfectures, tribunaux, casernes de gendarmerie, et maisons départementales d'aliénés, peuvent être ordonnés et réglés sur la simple approbation du préfet. L'approbation du ministre est nécessaire avant d'entreprendre les travaux, s'il s'agit de grosses réparations [1] dont la dépense s'élèverait à plus de 50,000 francs. (*Règl. Int.,* page 240.)

486. Aucun projet de nouvelle prison ou de travaux importants dans les prisons existantes, ne doit être exécuté sans l'approbation du ministre. Il en est de même des constructions relatives aux asiles départementaux d'aliénés. (*Même règl.,* page 268.)

487. Les travaux d'art et les travaux neufs sur les routes départementales dont la dépense n'excède pas 20,000 *francs,* sont exécutés sur la seule approbation des préfets, s'ils n'exigent pas des acquisitions de terrains ou de changements d'alignement, à moins que ces administrateurs ne jugent utile d'en référer à l'autorité supérieure pour obtenir l'avis du conseil des ponts et chaussées. (*Règl. Int., art.* 195.)

488. Ceux de ces travaux dont la dépense doit excéder 20,000 fr., et ceux à toutes sommes qui exigent des acquisitions de terrains ou des changements dans la direction ou les alignements de ces routes, doivent être préalablement approuvés par le ministère sur le rapport du conseil général des ponts et chaussées. (*Même règl., art.* 196.)

489. Lorsque faute de matériaux, d'ouvriers, ou par toute autre

[1] On entend par grosses réparations, celles des gros murs, des voûtes, le remplacement des poutres, toitures, etc. (*Règl. Int.,* page 240.)

circonstance, une entreprise a été résiliée et qu'il a été fait une adjudication sur folle enchère ; les excédants de prix et de dépenses qui en résultent, sont prélevés sur les sommes qui peuvent être dues à l'entrepreneur sans préjudice des droits à exercer contre lui et sa caution en cas d'insuffisance. (*Clauses et Cond. gén., art.* 21; *Règl. des Trav. publ., art.* 101.)

490. Les retenues à exercer envers des entrepreneurs pour cause de pertes ainsi que pour retards dans l'exécution des travaux, peuvent être opérées par voie d'imputation à leur débit, mais des ordonnances spéciales de pareille somme sont alors délivrées au profit du trésor public. (*Règl. Fin., art.* 99.)

CHAPITRE XI.

Fournitures, sur factures, d'objets matériels.

491. Les mémoires, états ou factures de fournitures d'objets *matériels*, et les mémoires de travaux et services se rapportant au matériel, doivent donner, quant à la nature, à la quantité et à la qualité des objets qu'ils énoncent, tous les renseignements propres à faciliter le contrôle de la dépense ; on doit les totaliser en chiffres et en toutes lettres, et les faire dater et signer par les créanciers avec indication du domicile de ces derniers. (*Règl. Fin.,* page 174.)

492. Ces factures, états ou mémoires doivent, en outre, indiquer à quelle date les livraisons ont été faites, et constater l'exécution complète du service qu'il s'agit de payer. (*Même règl.,* page 170.)

L'arrêté de liquidation desdits mémoires, ou factures, doit contenir le certificat de *réception* des objets par l'administration, à moins que leur livraison n'ait été constatée par un acte séparé signé d'un agent compétent, relatant le numéro du registre tenu par cet agent pour les articles qu'il a à prendre en charge. (*Même règl.,* page 174.)

493. Le liquidateur, dans son arrêté, mentionne le numéro de l'inscription des objets livrés, sur l'inventaire ou le catalogue, pour ceux dont la nature comporte cette formalité particulière. (*Règl. Fin.*, page 174.)

CHAPITRE XII.

Acquisitions d'immeubles.

494. Les acquisitions d'immeubles faites au nom de l'Etat autrement que pour cause d'utilité publique (voir Titre VII), doivent être préalablement autorisées par un décret approbatif du prix convenu entre l'administration et le propriétaire, et des principales conditions du contrat [1]. (*Règl. Int., art.* 62 *et* page 270.)

495. La délibération d'un conseil général autorisant une acquisition, aliénation ou échange, doit être soumise à l'approbation du pouvoir exécutif. Si le prix de l'aliénation ou de l'échange n'excède pas 5000 francs l'autorisation est accordée par le préfet. (Voir n° 497.) *Loi du* 10 *mai* 1838, *art.* 29; *Règl. Int., art.* 193 *et* page 270; *Règl. Trav. pub.* 1849, *art.* 8.)

496. Les immeubles ayant pour objet l'*utilité publique* (routes nationales et départementales, ponts, chemins vicinaux de grande communication, etc.), sont acquis en se conformant aux dispositions de la loi du 3 mai 1841 après que l'utilité publique a été déclarée soit par une loi, soit par un décret, soit par un arrêté du préfet s'il s'agit de chemins vicinaux. Les conventions amiables faites avant ou après un jugement d'expropriation, ne sont passées qu'après qu'une décision ministérielle a autorisé l'ordonnateur à traiter avec le propriétaire. (*Règl. Trav. pub.* 1843, pages 120 *et* 121; *Circ.* 4 *mai* 1844, *n°* 141.)

[1] Pour les acquisitions concernant le ministère des finances le ministre détermine les cas dans lesquels elles doivent être autorisées par la loi, par un décret ou par une décision ministérielle. (*Règl. Fin., art.* 76.)

497. S'il s'agit de terrains et immeubles à acquérir pour les travaux nécessaires aux routes nationales, départementales ou vicinales, et dont le prix ne dépasse pas 5000 *francs*, les préfets sont autorisés à approuver dans la limite des crédits qui leur sont ouverts, les propositions des ingénieurs en chef des ponts et chaussées relatives à ces dépenses, et aussi aux frais accessoires qu'elles occasionnent. (*Règl. Trav. pub.* 1849, *art.* 8; *Circ. n°* 176.)

498. Les actes d'acquisition d'immeubles passés au nom de l'Etat, indiquent : les noms, prénoms et demeures des vendeurs; la situation et la contenance des biens; l'identité du vendeur avec celui désigné à la matrice des rôles; l'autorisation obtenue de qui de droit s'il s'agit de biens de mineurs, interdits, absents ou incapables; communes, établissements publics, etc.; la position respective des époux et à quel titre ils agissent, si la cession est faite par mari et femme; ces actes mentionnent en outre la représentation des titres établissant la possession, et donnent les renseignements de nature à constater la validité et la régularité de la vente. (*Règl. Trav. pub.* 1843, page 141; *Int.*, page 231.)

499. Les propriétés privées reconnues nécessaires aux travaux militaires, ne peuvent être acquises, en cas d'urgence, qu'en vertu d'un décret qui a déclaré à la fois l'utilité publique et qu'il y avait une urgence ne permettant pas d'accomplir les formalités prescrites par la loi. (*Loi du* 30 *mars* 1831; *Loi du* 3 *mai* 1841, *art.* 3 *et* 4.)

500. S'il s'agit de travaux ordinaires de terrassement ou de fortifications sans qu'il y ait eu déclaration d'*utilité publique*, les acquisitions se régularisent, sauf l'exception portée à l'article 502, en suivant le droit commun et après qu'elles ont été autorisées par décisions ministérielles. (*Règl. Guerre*, pages 198 *et* 199.)

501. Le prix d'un immeuble acquis pour cause d'utilité publique, n'est compté à celui qui en a fait la transmission, qu'après que ses droits comme vendeur et sa qualité pour passer le contrat ont été reconnus, et que toutes les prescriptions relatives à la forme de l'acte de vente, aux formalités hypothécaires et aux publications et certifications administratives, ont été ponctuellement observées. (*Loi* 3 *mai* 1841.) (Voir Titre VI, *Ordonnancement*, Chap. VII.)

502. Si un immeuble nécessaire au service de la guerre, n'ayant

pas l'utilité publique pour objet, a été acquis selon les règles du droit commun, la somme revenant au vendeur ne lui est accordée qu'autant qu'indépendamment de la justification de ses droits pour aliéner, il a rempli les formalités de purge des hypothèques légales exigées par l'article 2194 du Code civil. Toutefois, si le prix d'acquisition n'excède pas 500 francs, il y a lieu seulement à la transcription de l'acte de vente aux hypothèques et à la production d'un certificat de non inscription. (*Circ.* 18 *octobre* 1848, *n°* 167; *Règl. Int.*, page 231.) (Voir Titre VI, Chapitre VII.)

503. Le sol des routes départementales *créées depuis le décret du* 16 *décembre* 1811 appartient *aux départements* lorsque l'affectation au domaine public vient à cesser. Dans le même cas, le sol des routes qui existaient à l'époque de ce décret est la propriété *de l'État*. Néanmoins les départements ont droit pour ces dernières routes, aux prix de ventes ou soultes d'échange des terrains devenus inutiles par suite des changements de tracé, ainsi qu'aux arbres plantés sur le sol des routes dont il s'agit.

CHAPITRE XIII.

Loyers.

504. Les loyers des bâtiments ou terrains nécessaires au service de l'Etat, doivent être consentis par baux, ou par des conventions écrites. Ils sont payables par trimestre ou par semestre. Il ne peut être stipulé aucun payement par avance imputable sur la fin de la jouissance. (*Règ. Int., art.* 61; *Inst. pub., art.* 35; *Cult., art.* 205.)

505. Tout bail à passer pour le compte de l'Etat doit être préalablement autorisé par le ministre. Il est soumis à l'approbation du pouvoir exécutif s'il doit avoir plus de neuf ans de durée[1]. (*Règl. Int., art.* 61; *Trav. pub.*, page 118; *Fin., art.* 75.)

[1] Pour le département des finances cette disposition est modifiée; l'article 75 du règlement de 1846 substitue l'autorisation ministérielle à l'approbation du pouvoir exécutif.

506. Toutefois, lorsqu'il s'agit de terrains, magasins, etc., nécessaires aux services des travaux publics ou départementaux ne dépassant pas 500 francs, les loyers sont autorisés par le préfet. (*Règl. Int., art.* 61; *Fin., art.* 75; *Trav. pub.* 1849, *art.* 8.)

507. A l'égard des baux de loyers de bâtiments ou terrains nécessaires au service départemental dont le prix excède 20,000 fr. pour toute la durée du bail, ou qui sont consentis pour plus de 6 ans sans faculté de résiliation de la part des parties contractantes, ils doivent être préalablement approuvés par le ministre. Un décret est nécessaire si le bail a plus de neuf ans. (*Règl. Int., art.* 194; *Déc.* 22 *octobre* 1825.)

508. Lorsque des baux pour des bâtiments servant de caserne de gendarmerie sont renouvelés, les extraits à remettre au Payeur pour les actes nouvellement passés doivent mentionner l'approbation qu'a donnée le ministre à ces nouvelles locations. (*Circ.* 8 *août* 1833, *n*°. 78.)

509. Il y a lieu d'informer le ministre de l'intérieur ou des travaux publics de tout renouvellement de bail quelle qu'en soit la durée, à moins cependant que le prix annuel n'excède pas 500 fr.; le préfet, dans ce cas, donne l'approbation nécessaire [1]. (*Règl. Int., art* 194; *Trav. pub.* 1849, *art.* 8.)

CHAPITRE XIV.

Dépenses de réparations et d'entretien.

510. Les dépenses pour réparation ou entretien des bâtiments de l'Etat, et les travaux à faire dans les bâtiments des cours d'appel et des maisons centrales de force et de correction, n'ont lieu qu'autant qu'ils ont été préablement autorisés par le ministre.

[1] Le droit de passer un bail pour un loyer ne dépassant pas 500 francs, implique naturellement celui de renouveler un bail expiré.

Toutefois, s'il s'agissait de travaux d'une urgence incontestable, le préfet pourrait les ordonner, sauf à en rendre compte immédiatement au ministre. (*Règl. Int., art.* 55 *et.* 57)

511. Les travaux d'entretien et de réparations ordinaires dépendant du service des ponts et chaussées, ont lieu sur adjudications et réadjudications qui sont valables sur la seule approbation du préfet. (*Ordon.* 10 *mai* 1829, *art.* 4 *et* 17; *Règl. Int., art.* 195; *Règl. Trav. pub., art.* 37.)

512. Les travaux d'entretien pour des routes départementales et ceux de simple réparation des ponts et ouvrages d'art, ont également lieu d'après les devis des ingénieurs des ponts et chaussées, sur l'approbation du préfet lorsque les fonds sont alloués au budget départemental. (*Règl. Int., art.* 195 *et* page 250.)

513. Les travaux ordinaires pour réparations et entretien des bâtiments de préfectures, sous-préfectures, tribunaux, casernes, maisons d'aliénés, encore bien qu'il s'agirait d'édifier des murs, placer de nouvelles poutres ou toitures, peuvent être ordonnés et réglés sur la seule approbation du préfet. Seulement si le prix de ces grosses réparations s'élève à plus de 50,000 francs, elles ne peuvent être entreprises qu'après l'approbation du ministre. (*Règl. Int.,* page 240.)

CHAPITRE XV.

Matériaux et effets mobiliers.

514. Les matériaux et effets mobiliers qui sont de nature à être utilisés, peuvent être réemployés pour les besoins du service dont ils proviennent. Ils doivent être décrits, pesés et mesurés, et leur cession être prévue dans les devis et détails estimatifs, en déduction du travail à faire. Cette cession a lieu à prix déterminé pour la démolition, le transport et la façon, et elle ne peut être stipulée qu'avec l'entrepreneur du travail même. (*Ord.* 31 *mai* 1838, *art.*

18; *Règl. Int., art.* 60.) (Voir, pour les *effets mobiliers non réemployés,* le Chap. Ier, Titre IV.)

CHAPITRE XVI.

Subventions.

515. Les subventions que réclament divers services, sont autorisées par la loi du budget, ou résultent de décisions motivées du ministre. Elles doivent se rapporter à des dépenses faites ou à des besoins démontrés pendant l'année qui sert de dénomination à l'exercice de ce budget. (*Règl. Int., art.* 64; *Inst. pub.,* pages 10 *et* 142.)

516. Celles accordées pour travaux à des édifices religieux ou autres bâtiments communaux considérés comme monuments historiques, ne sont délivrées qu'autant qu'il est légalement constaté que les travaux ou les dépenses ont été exécutés, ou sont en cours d'exécution. (*Règl. Int.,* page 279; *Inst. pub.,* page 143.)

517. S'il s'agit d'achats de maisons, constructions, ou réparations pour les maisons d'école et achat de mobilier, les subventions ne sont allouées que sur certificat du maire constatant l'avancement des travaux pour les constructions et réparations, la date de l'acte d'achat des bâtiments et du mobilier pour les acquisitions, et indiquant la somme que fournit la commune. (*Inst. pub.,* page 143.)

518. Les subventions allouées sur *les fonds de l'Etat* pour les dépenses de l'instruction primaire sont accordées à chaque commune individuellement par un arrêté du ministre. Celles portant sur les *fonds départementaux* sont accordées sur des états dressés par les préfets et approuvés par le ministre. (*Mêmes règl.*)

519. A l'égard des subventions accordées à des théâtres pour encourager leur exploitation, et de celles pour travaux de ponts communaux ou autres objets analogues, les ordonnateurs ne doivent les accorder qu'autant que les conditions des traités, cahiers des

charges ou adjudications, ont été fidèlement observées. (*Règl. Int.*, pages 212, 216 *et* 286.)

520. Celles que peuvent recevoir les communes en vertu de la loi du 21 mai 1836 pour les chemins vicinaux de petite vicinalité, ne peuvent être payées sans qu'au préalable l'ingénieur en chef, ou l'agent-voyer en chef, n'ait certifié la nature spéciale de la dépense qui motive la subvention et que les travaux sont exécutés ou en cours d'exécution. (*Règl. Int.*, page 297.)

521. Les subventions ayant pour objet d'encourager la création de chaires nouvelles dans les colléges communaux, et d'aider à l'entretien et à l'augmentation des bibliothèques, collections et mobiliers scientifiques, ne peuvent être accordées qu'avec la désignation expresse de l'objet auquel elles seront appliquées, et qu'autant que leur emploi est justifié dans la forme indiquée pour les dépenses analogues des académies, des facultés et de l'instruction primaire. (Déclaration de prise en charge; inscription aux catalogues, etc.) (*Arrêté du min. de l'Inst. publ.* 14 *nov.* 1845; *Circ.* 13 *octob.* 1846, *n°* 159.)

TITRE VI.

Ordonnancement.

On a vu dans le titre précédent sur quelles bases reposait, pour chaque nature de dépenses, la constatation des droits des créanciers de l'Etat; comment, avant de faire ouvrir les caisses du trésor, il fallait qu'il fût reconnu par le liquidateur, qu'il y avait eu *service fait* pour la durée et pour l'objet annoncés; c'est après que la dette a été ainsi justifiée et le droit du créancier légalement établi, que l'ordonnateur, dans la mesure des crédits dont il dispose, délivre à la partie, c'est-à-dire au créancier *réel* et *dénommé*, le mandement de payer qu'il présentera au Payeur.

Il y a deux sortes d'ordonnateurs; les ordonnateurs *directs*, ce sont les ministres; et les ordonnateurs *secondaires* qui sont les agents placés sous les ordres des ministres à qui ceux-ci délèguent une portion de leurs crédits. Les premiers délivrent, sans intermédiaire, des ordonnances de payement au profit ou au nom d'un ou de plusieurs créanciers de l'Etat à qui ils adressent des lettres d'avis ou extraits d'ordonnances de payement. Les ordonnateurs secondaires, en vertu des délégations ministérielles qu'ils reçoivent, émettent des mandats de payement sur la caisse des Payeurs au nom des ayant-droit; la remise qu'il leur font directement de ces mandats, tient lieu de lettres d'avis.

Les pièces justificatives des créances ordonnancées sont préalablement remises par ces ordonnateurs au Payeur chargé de procéder à leur vérification, et d'en suivre s'il y a lieu, auprès d'eux, la régularisation.

Les dispositions qu'embrassent l'ordonnancement des dépenses publiques, sont résumées dans les articles suivants :

CHAPITRE Ier.

Dispositions générales.

522. Aucune dépense faite pour le compte de l'Etat, ne peut être acquittée par le Payeur du trésor public, si elle n'a été préalablement ordonnancée soit par les ministres, soit par les ordonnateurs secondaires en vertu de leurs délégations. (*Ordon.* 31 *mai* 1838, *art.* 58.)

523. Les actes par lesquels les ministres disposent des crédits qui leur sont accordés, reçoivent le titre d'*ordonnances ministérielles*; elles doivent toujours être signées par le ministre, et en cas d'empêchement par le sous-secrétaire d'Etat, ou le chef qui le supplée légalement. (*Même ordon., art.* 60 *et* 61; *Règl. min*els : *Fin., art.* 110; *Int., art.* 79; *Guerre, art.* 63.)

524. Toute ordonnance ministérielle pour avoir cours, doit porter sur un crédit régulièrement ouvert, et se renfermer dans les distributions mensuelles de fonds autorisées par le chef du pouvoir exécutif sur la demande du ministre des finances. (*Même ordon., art.* 59 *et* 38.)

525. Les ordonnances ministérielles se divisent en ordonnances *de payement* et en ordonnances *de délégation.* Les premières sont celles que le ministre délivre directement au profit d'un ou de plusieurs créanciers de l'Etat; les secondes sont celles par lesquelles le ministre autorise les ordonnateurs secondaires à disposer d'un crédit déterminé, au moyen de mandats expédiés au nom des créanciers du trésor et que ces ordonnateurs signent. (*Même ordon., art.* 61.)

526. Chaque ordonnance énonce l'*exercice* et le *chapitre* du budget auxquels elle s'applique; les *articles* et *paragraphes* qu'elle concerne y sont, de plus, s'il y a lieu, indiqués d'après la nomenclature générale des dépenses annexée à chaque règlement ministériel. (*Ordon.* 31 *mai* 1838, *art.* 61; *Règl. Fin., art.* 115; *Règl. Int., art.* 82.)

527. Une même ordonnance de payement ne peut comprendre des créances payables par le Caissier-Payeur central du trésor, et des créances payables par d'autres comptables, si ce n'est pour les dépenses de la dette publique. Une ordonnance de délégation peut comprendre des créances payables à Paris et des créances payables dans les départements. (*Règl. Fin., art.* 115.)

528. Toutes les dispositions prescrites pour les ordonnances de payement délivrées directement par les ministres, sont applicables aux mandats que les ordonnateurs secondaires délivrent en vertu des ordonnances de délégation. (*Ordon.* 31 *mai* 1838, *art.* 66.)

529. Les ministres ordonnancent au profit du trésor sur leurs crédits, les prix d'achats ou de loyers de tous les objets qui sont mis à leur disposition pour le service de leur département respectif par les autres ministères. (*Ord.* 31 *mai* 1838, *art.* 19.)

530. Le remboursement des avances que les ministères se font réciproquement est également l'objet d'ordonnances délivrées par les ministres auxquels les avances ont été faites, au profit de ceux qui les ont effectuées et qui doivent en obtenir le rétablissement à leur crédit. (*Même ordon., art.* 19.)

531. Les fonctions d'ordonnateur et d'administrateur sont incompatibles avec celles de comptable. Aucune manutention de deniers ne peut être exercée que par un agent placé sous les ordres du ministre des finances, responsable envers lui de sa gestion et justiciable de la Cour des Comptes. (*Même ordon., art.* 67.)

SECTION Ire. — ORDONNANCES DE PAYEMENT.

532. Des lettres d'avis de l'expédition des ordonnances de payement, ou extraits d'ordonnances, sont délivrées aux titulaires des créances pour les accréditer auprès des agents du trésor sur la caisse desquels les payements sont assignés. Les ordonnateurs sont chargés de leur remise aux ayant-droit. Ces lettres prouvent l'identité des personnes qui les présentent ; elles leur tiennent lieu de certificat d'individualité. (*Ordon.* 31 *mai* 1838, *art.* 63 ; *Règl. Fin., art.* 116 ; *Déc. minle.* 19 *déc.* 1818.)

533. Les lettres d'avis sont remises aux créanciers de l'Etat sur la justification de leur individualité, ou à leurs réprésentants sur la représentation de titres ou de pouvoirs en due forme. Elles contiennent l'extrait des ordonnances, avec l'énonciation de l'exercice et du chapitre du budget auxquels elles s'appliquent. (*Même règl., art.* 115 *et* 117.)

534. Pour les départements autres que celui de la Seine, les lettres d'avis de l'expédition des ordonnances de payement sont envoyées directement aux ayant-droit, ou elles leur sont remises par l'intermédiaire des autorités administratives qui en retirent récépissé. Chaque lettre d'avis indique le délai qui doit s'écouler avant que la partie ne puisse se présenter chez le Payeur. (*Règl. Fin., art.* 117; *Modèle Fin. n°* 17.)

535. La remise au caissier central du trésor public de tout avis portant extrait d'une ordonnance expédiée au nom ou au profit du trésor, est notifiée au chef du contrôle central établi au ministère des finances. (*Règl. Fin., art.* 117.)

536. Les extraits d'ordonnances transmis aux Payeurs sont accompagnés des pièces justificatives des créances ordonnancées sur le trésor; ces comptables les vérifient et s'assurent que, régulières de tous points, elles constituent réellement les droits des créanciers de l'Etat. (*Ordon.* 31 *mai* 1838, *art.* 6; *Circ.* 20 *sept.* 1842, *n°* 123, *et* 26 *août* 1843, *n°* 132.)

SECTION II. — ORDONNANCES DE DÉLÉGATION.

537. Les ordonnances de délégation sont celles par lesquelles les ministres autorisent les ordonnateurs secondaires à disposer d'une partie de leurs crédits. Des lettres d'avis de l'expédition de ces ordonnances et qui en contiennent l'extrait, sont délivrées par les ministres, et adressées aux ordonnateurs secondaires pour leur faire connaître le montant des crédits qui leur sont ouverts. Elles énoncent l'exercice et le chapitre du budget auxquels l'ordonnance se rattache. (*Ordon. du* 31 *mai* 1838, *art.* 60 *et* 61, *et Règl. Fin., art.* 116.)

538. Les lettres d'avis, ou extraits d'ordonnances dont il est question à l'article qui précède, sont les titres en vertu desquels les ordonnateurs délivrent aux créanciers qui ont justifié de leurs droits, des mandats de payement sur les caisses du trésor. (*Règl. Fin., art.* 118, *et autres Règl. min*[els].)

539. Les crédits délégués à chaque ordonnateur secondaire pour le même exercice et le même service, sont successivement ajoutés les uns aux autres, et forment, ainsi cumulés, un crédit unique par chapitre, article ou paragraphe, selon le mode d'après lequel ils ont été ouverts. L'ordonnateur qui succède à un autre, ou l'intérimaire qui est chargé du service, dispose des crédits précédemment ouverts au prédécesseur. (*Règl. Fin., art.* 120 *et* 124.)

540. Les crédits de délégation étant ouverts spécialement pour chaque nature de dépense, les ordonnateurs secondaires ne doivent, pour quelque motif que ce soit, en changer l'affectation; ils ne peuvent, non plus, en outrepasser le montant par la délivrance de leurs mandats. (*Règl. Fin., art.* 121, *et autres Règl. min.*)

541. Un crédit de délégation ouvert pour un des chapitres du budget sans distinction spéciale d'articles, peut servir à l'ordonnancement de toutes les dépenses comprises dans ce même chapitre; mais si l'ordonnance porte indication d'*un article* ou d'*un service*, son montant ne peut servir à aucun autre article, ou service, quoique faisant partie du même chapitre. (*Règl. Fin., art.* 120 *et* 121, *et autres Règl. min*[els].)

542. Les mandats que délivrent les ordonnateurs secondaires titulaires des crédits, ou les sous-délégataires, sont émis par article et par partie prenante individuelle ou collective, dans la forme spécialement déterminée par les règlements pour chaque ministère et avec les mentions indiquées par les divers modèles. (*Règl. min. et Circ.* 25 *janvier* 1841, *n*° 119.)

543. Les ordonnateurs secondaires sont chargés de la remise aux ayant-droit des mandats délivrés par eux sur les caisses du trésor. Ils ne doivent, sous leur responsabilité personnelle, en opérer ou autoriser la remise qu'après avoir reconnu l'individualité des ayant-droit, ou la régularité des pouvoirs de leurs représentants. (*Ordon.* 31 *mai* 1838, *art.* 63; *Règl. Fin., art.* 126.)

SECTION III. — DÉLAIS POUR L'ORDONNANCEMENT.

544. Toutes les dépenses d'un exercice peuvent être ordonnancées, savoir :

1° Celles du ministère de la Guerre (sur ordonnances de délégation), 2° Celles du ministère de l'Intérieur (dépenses sur fonds départementaux), 3° Celles du ministère de l'Instruction publique (*Idem.*) 4° Celles du ministère des Finances (*Idem.*)	Jusqu'au 31 mai de la seconde année de l'exercice.
5° Celles à acquitter sur ordonnances de payement, 6° Celles concernant, sauf les exceptions ci-dessus, les divers ministères (sur ordonnances de délégation),	Jusqu'au 30 septembre de la seconde année de l'exercice.
7° Celles à imputer sur le chapitre spécial des exercices clos,	Jusqu'au 31 décemb. de chaque année.

A l'expiration de ces délais les crédits ou portions de crédits cumulés qui n'ont point été employés par des mandats, cessent d'être à la disposition des ordonnateurs secondaires et rentrent au crédit du service. (*Ordon.* 31 *mai* 1838, *art.* 4, 90 *et* 109; 4 *juin* 1843; *Règl. Guerre, art.* 81, *et Fin., art.* 122.)

545. Après les époques rappelées en l'article qui précède, les ordonnateurs secondaires ne peuvent plus émettre aucun mandat pour des dépenses imputables sur les fonds de l'exercice qui vient de finir. (*Mêmes ordon.*)

546. Si par des circonstances extraordinaires ou imprévues, quelques dépenses du ministère de la guerre payables sur mandats, ne peuvent être acquittées par les soins de l'ordonnateur, il en est rendu compte au ministre qui se réserve d'ordonnancer directement ces dépenses; les pièces justificatives sont, à cet effet, transmises au ministère. (*Règl. Guerre, art.* 81 *et* 82.)

547. Toutes créances qui, à défaut de justifications suffisantes, n'ont pu être liquidées et ordonnancées dans un délai de cinq ans à partir de l'ouverture de l'exercice, sont prescrites pour les créanciers domiciliés en Europe. Il est accordé six ans pour les personnes résidant hors du territoire européen. (*Ordon.* 31 *mai* 1838, *art.* 103; *Loi du* 29 *janvier* 1831.)

548. Les dispositions rappelées en l'article qui précède, ne sont pas applicables aux créances dont l'ordonnancement et le payement n'ont pu être effectués soit par le fait de l'administration, soit par suite de pourvois formés devant le conseil d'Etat. (*Même ordon.*, *art.* 104.)

549. Aussitôt que le compte d'un exercice est arrêté, les ministres font dresser l'Etat nominatif des créances non payées à l'époque de la clôture de cet exercice. Les dépenses que les comptes présentent comme restant à payer et qui ont été autorisées par des crédits régulièrement ouverts, peuvent être ordonnancées sur les fonds des budgets courants avant que la loi de règlement de l'exercice qui vient de finir ait été votée. (*Même ordon., art.* 106 *et* 107.)

550. Les rappels des dépenses des exercices clos imputables, d'après l'article qui précède, sur les budgets courants, sont ordonnancées nominativement. (*Ordon.* 31 *mai* 1838, *art.* 109) (Voir *Exercices clos,* page 97.)

551. La solde des corps de troupe et tous les payements pour prestations de solde et autres, payables comme la solde, sont ordonnancés par les officiers de l'intendance militaire. Les suppléants légaux des sous-intendants militaires [1] ne peuvent ordonnancer aucune dépense, excepté pour le payement des frais de route des militaires isolés, et pour le payement à faire à une troupe en marche ou devant partir inopinément, lorsque dans le lieu de passage ou de départ il n'existe pas d'intendant ou de sous-inten-

[1] Les suppléants légaux qui sont les *commandants et majors de place*, les *sous-préfets*, les *conseillers de préfectures* et les *maires*, ne peuvent conséquemment ordonnancer la solde. (*Règl. Guerre, art.* 19.)

dant militaire. (*Ordon.* 20 *décembre* 1837, *art.* 334; *Règl. Guerre, art.* 79.)

552. Les dépenses ayant rapport à la solde, ne peuvent, quelle qu'en soit l'urgence, être acquittées par les Payeurs si elles n'ont été ordonnancées par un intendant militaire ou par le sous-intendant son délégué. Le mandatement par l'un de ces ordonnateurs est indispensable pour couvrir leur responsabilité. (*Déc. du min. de la Guerre; Circ.* 18 *janvier* 1842, *n*° 123.)

553. Les fonds provenant du produit du centime spécial prélevé pour être distribué en secours, pour grêle, incendie, épizootie, etc., et non employés lors de la clôture de chaque exercice, étant transportés par les lois de règlement de comptes, d'exercice en exercice, le réordonnancement de ces secours peut avoir lieu sur les crédits de l'exercice courant. (*Ordon.* 31 *mai* 1838, *art.* 94; *Loi du* 21 *juin* 1826; *Lettre min*[le]. 22 *janvier* 1849.)

SECTION IV. — INDEMNITÉ DE ROUTE ET AVANCES A DES MILITAIRES.

554. Les indemnités de route, ou avances en argent, à payer à des militaires voyageant isolément, et les fournitures de petit équipement à leur faire, sont l'objet de mandats que délivrent les sous-intendants militaires, ou les fonctionnaires qui sont autorisés à les suppléer. (*Ordon. du* 20 *déc.* 1837, *art.* 26 *et suiv.*)

NOTA. Tout ce qui concerne ces indemnités a été réuni au Titre VII, *Payement*, Chap. IV.

SECTION V. — DÉPENSES DU RECRUTEMENT.

555. Les indemnités allouées aux sous-intendants militaires ou adjoints à l'intendance pour frais d'impression ou de bureau et autres relatifs au recrutement, ne peuvent être payées qu'autant que les mandats ont été délivrés par l'intendant militaire de la division. (*Inst. du min. de la Guerre*, 1er *déc.* 1838; *Arrêt C. des C.*; *gestion* 1841, *Morbihan*, 1840.)

CHAPITRE II.

Dépenses départementales.

SECTION Ire. — DISPOSITIONS GÉNÉRALES.

556. L'ordonnancement des dépenses départementales est soumis aux règles prescrites par l'ordonnance du 14 septembre 1822 pour l'ordonnancement et le payement des dépenses de l'Etat. (*Ordon. 31 mai* 1838, *art.* 424.)

557. L'ordonnancement des dépenses de l'instruction primaire (Intérieur) et du cadastre (Finances) a lieu en suivant les allocations spéciales portées aux sections et articles du budget départemental. (*Ordon.* 31 *mai* 1838, *art.* 31 *et* 32; *Circ.* 22 *août* 1838, *n*° 109.)

558. Indépendamment de la spécialité par chapitre du budget législatif, les dépenses départementales dont le payement est réclamé, doivent être ordonnancées par *nature de fonds* conformément aux allocations portées au budget. (Voir n° 230). (*Circ.* 26 *déc.* 1838, *n*° 111, *et* 25 *juillet* 1839, *n*° 113.)

SECTION II. — MOBILIER DES PRÉFECTURES.

559. Le mobilier des hôtels de préfectures à fournir par le département comprend : 1° l'ameublement des appartements de réception du préfet; 2° le mobilier des salles du conseil de préfecture, du conseil général et des commissions; du cabinet du préfet et des bureaux de la préfecture; 3° le mobilier d'au moins six chambres de maîtres avec leurs accessoires [1], et huit chambres de domestiques; 4° les objets nécessaires au service des cuisines et à celui des écuries et remises, ainsi que les ustensiles de jardinage. (*Ordon.* 7 *août* 1841, *art.* 1; *Circ. n*° 120.)

[1] On entend par accessoires, les boudoirs et les cabinets de toilette.

Achats de meubles.

560. L'ordonnancement sur le budget départemental des dépenses relatives aux achats de mobilier destiné aux préfectures, aux bureaux de sous-préfectures et aux tribunaux ne peut avoir lieu qu'autant que l'état des meubles à acheter a été soumis au conseil général et que le ministre à qui le devis a été transmis a donné son approbation, savoir :

Pour l'ameublement des préfectures : à toutes sommes.

Pour l'ameublement des tribunaux : lorsque les achats doivent s'élever à plus de 5,000 francs.

(*Déc.* 22 *octobre* 1825 ; *Règl. Int., art.* 200 *et* page 243.)

NOTA. Les dépenses pour acquisition de mobilier et pour frais d'entretien sont soumises, quant aux crédits, à des règles spéciales. (Voir n° 234.)

561. La décision du ministre de l'Intérieur est nécessaire également pour pouvoir employer en dépense des sommes votées pour *réparations extraordinaires* des mobiliers de préfecture ; ces réparations constituant, en raison du prix où elles s'élèvent, un véritable renouvellement, elles sont soumises à toutes les conditions attachées aux acquisitions nouvelles, c'est-à-dire à la délibération du conseil général et à l'approbation préalable du devis par le ministre. (*Règl. Int., art.* 200 *et* page 242 ; *Circ. du* 20 *nov.* 1841, *n°* 120.)

562. Le conseil général du département, fixe, suivant les convenances locales et les dispositions de l'hôtel, le nombre de salles dont les appartements de réception du préfet doivent être composés. Le nombre de chambres de maîtres plus haut fixé peut être augmenté, si le conseil général le juge convenable. (*Circ.* 20 *novemb.* 1841, *n°* 120.)

Entretien.

563. Les dépenses concernant l'entretien du mobilier existant dans une préfecture et dont l'ordonnancement appartient au préfet du département, sont soumises, pour cet ordonnancement, aux règles indiquées aux articles ci-après. (*Circ.* 28 *fév.* 1842, *n°* 122.)

564. Les préfets, dans les mandats qu'ils délivrent, ne peuvent,

sans un vote du conseil général, appliquer les sommes appartenant au *fonds d'entretien*, à des *acquisitions* de meubles ou à des *remplacements*.

N'est pas considéré comme *remplacement* la fourniture de la *partie* d'un meuble existant. (*Circ. du min. de l'Int.* 30 *déc.* 1841; *Circ. n°* 122.)

565. Est réputé objet *d'entretien*, et, conséquemment, n'exigeant pas l'autorisation préalable du ministre de l'Intérieur, le blanchissage des rideaux des appartements des préfectures. (*Circ. du* 28 *fév.* 1842, *n°* 122.)

566. Les dépenses d'entretien du mobilier des préfectures, ne peuvent excéder le 20e de la valeur totale du mobilier. Elles sont ordonnancées sur le fonds voté pour cet objet au budget départemental de l'exercice. (*Règl. Int.*, page 242.)

567. Ne sont pas considérés comme pouvant être payés sur le fonds d'entretien, les articles ci-après :

Un objet nouveau non destiné à réparer un meuble dans ses parties; le remplacement des carreaux de vitres; la restauration ou la peinture des boiseries; la pose des bourrelets; le ramonage des poêles et des cheminées; le frottage des appartements et la fourniture des balais, paillassons, corbeilles à papier, etc. (*Circ. min. de l'Int.*, 30 *déc.* 1841, *et du direct. de la Compt. gén.*, 28 *février* 1842, *n°* 122.)

568. Les tableaux, les bustes, les statues et autres objets d'art, ne peuvent être acquis qu'autant que des allocations spéciales sont votées par le conseil général pour cet objet et qu'elles sont comprises à la 2e section du budget départemental. (*Circ.* 20 *nov.* 1841, *n°* 120; *Règl. Int.*, page 209.)

569. Les objets mobiliers nécessaires au service des écuries et des remises, dont l'ordonnance du 7 août 1841 autorise l'achat au compte des départements, sont les *rateliers*, *sceaux*, *crics*, *chevalets*, *coffre à avoine*, etc. Il est interdit d'y comprendre les effets de harnachement et de sellerie. (*Circ. C. G.* 20 *nov.* 1841, *n°* 120.)

570. Le linge, la vaisselle, les porcelaines, les cristaux et l'argenterie, sont des meubles domestiques; ils sont à la charge du préfet; on ne peut conséquemment les comprendre dans aucun devis pour en faire supporter la dépense au département. (*Circ. C. G.* 20 *nov.* 1841, *n°* 120.)

571. Relativement aux acquisitions qui sont faites pour des sous-préfectures, il n'y a d'admissible à l'ordonnancement, que les dépenses se rapportant aux tables, aux chaises et aux rayons des bureaux, et celles relatives aux divers meubles affectés au cabinet de travail du sous-préfet. (*Circ.* 20 *nov.* 1841, n° 120.)

SECTION III. — PRODUITS ÉVENTUELS.

572. Jusqu'à ce que les produits éventuels qui peuvent avoir été recouvrés, puissent être mis en dépense au moyen d'ordonnances de délégation ministérielle, ces produits sont versés dans la caisse du receveur général, et portés, par lui, au compte des produits éventuels appartenant au département. L'ordonnancement des dépenses sur ces fonds ne peut avoir lieu hors de la limite des crédits ouverts par les budgets départementaux. (*Loi du* 10 *mai* 1838, *art.* 23; *Circ.* 25 *février* 1845, *n°* 148.)

573. Les ordonnances de délégation que le ministre a pu émettre en vertu de l'article 10 de la loi du 10 mai 1834 pour l'emploi de la plus value des produits accidentels, ne peuvent autoriser la délivrance des mandats par les ordonnateurs secondaires, que dans la mesure des crédits ouverts au budget départemental. (*Circ.* 30 *mars* 1844, *n°* 140, *et* 25 *février* 1845, *n°* 148.)

NOTA. Voir, pour l'application de la plus value réalisée sur les produits éventuels, le titre : *Crédits*, n° 247 et suivants.

SECTION IV. — OBJETS DIVERS.

574. Les dépenses concernant l'impression des listes électorales et du jury, ne peuvent être ordonnancées et payées qu'après que l'impression est terminée et que les mémoires de frais ont été fournis et arrêtés par le préfet. L'ordonnancement, par *à-compte,*

des dépenses de cette nature est formellement interdit. (*Circ. C. G.* 31 *juillet* 1840 *et* 25 *juillet* 1839.)

575. Les restes à payer en fin d'exercice, compris dans les comptes des dépenses départementales, ou portés dans les budgets de ces dépenses au chapitre des exercices clos, peuvent être mandatés par les préfets sur le budget courant sans être assujétis aux formalités relatives aux créances de l'Etat, et sauf à se renfermer dans les délais prescrits pour l'admission des créances non périmées. (*Ordon.* 31 *mai* 1838, *art.* 116.)

576. Lorsqu'un département est appelé à faire des dépenses au compte d'un autre département pour le service des prisons; pour celui des transports des condamnés, ou pour celui des aliénés, et des enfants trouvés, les mandats sont délivrés dans le département où se fait le service et sont assignés sur les crédits de ce département. Ensuite, quand le moment du règlement est arrivé, le préfet du département débiteur délivre un mandat au profit du receveur général du département où s'est fait la dépense qui en encaisse le montant au compte des produits éventuels, et en fournit son récépissé mentionnant cet encaissement. (*Circ. du* 18 *janv.* 1843, *n*° 127.)

CHAPITRE III.

Ordonnancement sur exercices clos.

577. Une créance mandatée qui n'a pas été acquittée sur les crédits de l'exercice auquel elle a rapport dans les délais de la durée de cet exercice, ne peut plus être ordonnancée que sur exercices clos d'après les règles déterminées pour les dépenses de cette origine. (*Ordon.* 31 *mai* 1838, *art.* 92; *Règl. min*els.)

578. Les dépenses qui, bien que liquidées en temps utile, n'ont pu être ordonnancées avant la clôture de l'exercice, et qui font partie des restes à payer de cet exercice sont ordonnancées sur l'exercice courant, avec imputation sur les dépenses des exercices

clos, en se renfermant dans la limite du montant, par chapitre, des dépenses à payer. (*Ord.* 31 *mai* 1838, *art.* 98 *et* 99.)

579. Lorsque des créances reconnues *après la clôture d'un exercice*, s'appliquent à des services pour lesquels la nomenclature de la loi annuelle des finances réserve la faculté des crédits supplémentaires, elles ne peuvent être ordonnancées qu'au moyen de crédits ouverts par décret ou ordonnance. (*Règl. Trav. pub., art.* 134; *Int., art.* 153.)

580. Les rappels de dépenses des exercices clos imputables sur les budgets courants sont ordonnancés nominativement [1]. Les ordonnances ne sont valables que jusqu'à la fin de l'année pendant laquelle elles ont été émises. L'annulation a lieu d'office par les agents du trésor. Les ministres ne réordonnancent ces rappels que sur une nouvelle réclamation des créanciers. (*Ord.* 31 *mai* 1838, *art.* 109; *Circ.* 15 *juin* 1838, *n°* 108; *Lettre du dir. du mouvem. des fonds du* 3 *décemb.* 1838.)

581. Les ordonnances et mandats concernant des créances à payer sur exercices clos d'après les états nominatifs remis au ministre des finances (voir n° 331), relatent avec la désignation du chapitre de la dépense et de l'exercice qu'elle concerne le numéro d'ordre de chaque créance, pour que de leur côté les Payeurs puissent indiquer ce numéro dans leurs relevés annuels. (*Ord.* 31 *mai* 1838, *art.* 106; *Circ.* 20 *janvier* 1848, *n°* 162.)

582. La vérification, par créance individuelle, et la formation des états nominatifs n'ont pas lieu pour les arrérages de rentes perpétuelles et pour les intérêts de cautionnements dont la dépense résulte de titres inscrits au trésor sur les livres de la dette publique. Il n'est établi pour ces deux services que des bordereaux sommaires par nature de dette. (*Même ordon., art.* 112; *Règl. Fin., art.* 196.)

[1] Lorsque le payement a lieu, les payeurs doivent rapprocher le mandat de l'extrait d'ordonnance de délégation pour s'assurer que les indications réclamées par la Cour des Comptes sont données. (*Circ.* 20 *Janvier* 1848, *n°* 162.)

CHAPITRE IV.

Réimputations.

583. Une dépense qui, après avoir été imputée à un chapitre d'un budget, est reconnue ne pouvoir être maintenue à ce chapitre, peut, à la demande d'un ordonnateur secondaire, être *réimputée*, c'est-à-dire reportée du chapitre où elle figure par erreur, à celui auquel elle doit appartenir. Le chiffre primitif des payements se trouve, alors, modifié du montant de cette dépense. (*Circ.* 24 *mars et* 31 *août* 1843, *n*os 128 *et* 133. *Règl. Int., art.* 134, *et autres Règl. min*els.)

584. Les demandes de réimputation sont diversement suivies par le Payeur à qui elles sont adressées, selon que le payement auquel elles ont rapport appartient à la *gestion courante* (celle de l'année en cours), ou à la *gestion expirée*. La gestion est *expirée* lorsque le compte annuel du Payeur a été transmis au trésor. Le certificat de réimputation est dans tous les cas adressé par l'ordonnateur au Payeur, attendu que lui seul peut indiquer la date précise du payement. (*Circ.* 1er *nov.* 1833, *n*o 79; 24 *mars* 1843, *n*o 128, *et* 31 *août suivant, n*o 133; *Circ. min. de la Marine* 26 *avril* 1847, *n*o 82 *bis, et du mouvem. gén. des fonds* 11 *juin* 1847.)

585. Dès que le Payeur a fait l'envoi de son compte au ministère des finances, il en donne avis aux ordonnateurs avec lesquels il est en rapport, qui, ainsi, se trouvent avertis que la gestion de l'année à laquelle se rapporte ce compte est terminée. (*Circ.* 20 *nov.* 1841, *n*o 120; 24 *mars et* 31 *août* 1843, *n*os 128 *et* 133.)

SECTION Ire. — GESTION COURANTE.

586. Lorsque le payement pour lequel une demande de réimputation est faite, appartient à la gestion courante, le certificat de l'ordonnateur secondaire remis au Payeur, est, après avoir été inscrit au registre spécial tenu à cet effet (voir no 589), adressé, en fin de mois, au ministère des finances à l'appui des bordereaux de développement pour être ultérieurement annexé au mandat primitif

délivré par cet ordonnateur. (*Circ.* 20 *nov.* 1841, *n°* 120; 24 *mars et* 31 *août* 1843, *n°s* 128 *et* 133.)

587. Si le mandat est encore entre les mains du Payeur, il opère lui-même la rectification et il joint à l'appui le certificat qu'on lui a adressé. (*Même inst.*)

588. Il doit être remis au Payeur, par les ordonnateurs, un certificat de réimputation pour *chacun* des mandats dont le changement d'imputation est réclamé, et non un seul certificat pour plusieurs acquits payés. (*Lettre du dir. de la C. G.* 23 *sept.* 1842.)

589. Il est tenu dans les bureaux du Payeur un registre spécial sur lequel sont inscrits, par ordre de numéros, au moment de leur réception, les certificats de réimputation transmis par les ordonnateurs secondaires. Ces certificats sont ensuite mentionnés aux carnets d'ordonnances, où l'on indique, au moyen d'un tableau, l'augmentation ou la diminution que doit subir le chiffre des payements primitifs. (*Circ.* 24 *mars* 1843, *n°* 128, *et* 31 *août suivant*, *n°* 133.)

590. Les bordereaux de développement mensuels que le Payeur adresse au ministère à l'appui de sa balance, présentent dans des relevés distincts, les modifications que les certificats de réimputation qu'il a reçus ont produites. Ces pièces rectificatives accompagnent les bordereaux; un état-enveloppe, qui les renferme, en donne le détail par chapitre et par article, selon que cette subdivision est ou non réclamée. (*Circ.* 24 *mars*, *n°* 128, *et* 31 *août* 1843, *n°* 133.)

591. Si les modifications à opérer concernent le budget départemental, le Payeur est dispensé de notifier les rectifications à la comptabilité générale tant que ces modifications n'affectent pas les *natures de fonds;* mais ils n'en enregistrent pas moins chaque jour les pièces destinées à apporter des changements à ce budget. (*Circ.* 24 *mars* 1843, *n°* 128.)

592. Les relevés sommaires destinés, en fin d'année, à accompagner le compte final, présentent, dans un cadre à ce destiné, pour les opérations qui ont eu lieu dans l'année, le tableau des rectifications faites. Ces relevés doivent offrir le résultat définitif, en plus ou en moins, à ajouter ou à diminuer pour arriver au chiffre vrai

des payements effectués pendant l'année pour laquelle le compte est rendu [1]. (*Circ.* 24 *mars* 1843, *n°* 128.)

SECTION II. — GESTION EXPIRÉE.

593. Lorsque la gestion pendant laquelle a eu lieu le payement à réimputer est *expirée*, l'ordonnateur, après avoir donné au Payeur l'information nécessaire par l'envoi du certificat de réimputation, adresse au ministre que la dépense concerne, l'état de changement d'imputation, et celui-ci en fait l'envoi au ministre des finances; l'opération ayant lieu de ministère à ministère, au moyen d'un virement, le Payeur y reste étranger. (*Circ.* 20 *nov.* 1841, *n°* 120; 24 *mars et* 31 *août* 1843, *nos* 128 *et* 133; *Circ. mouvem. des fonds* 22 *juin* 1846 *et* 11 *juin* 1847.)

594. Toutefois, les Payeurs, d'après les avis que les ordonnateurs leur font parvenir, ont à mentionner le changement d'imputation qui est demandé, dans la colonne d'observations de leur bordereau sommaire mensuel. Ils doivent également annoter à leur carnet, pour mémoire, la réimputation à opérer au ministère ordonnateur de la dépense. (*Même instruct.*)

595. Afin qu'il existe entre les écritures de l'administration de la marine et celle des Payeurs une parfaite concordance, les ordonnateurs de la marine sont tenus d'informer les Payeurs des virements et autres changements qui ont successivement lieu en vertu d'ordres particuliers, tant en ce qui a rapport à la gestion *courante* qu'en ce qui concerne la gestion *expirée.* (*Circ. min. de la Marine* 26 *avril* 1847, *n°* 82 *bis*; *Circ. mouvem. des Fonds* 11 *juin* 1837.)

CHAPITRE V.

Mandats égarés.

596. Lorsqu'un avis d'ordonnance, ou un mandat, délivré par un ordonnateur a été perdu, il peut en être réclamé un duplicata

[1] Quelques détails particuliers sont réclamés s'il s'agit du budget départemental. (Voir la circulaire du 24 mars 1843, n° 128, *page* 4.)

en produisant : 1° une déclaration motivée, sur timbre, faite par la partie intéressée affirmant la perte qu'elle a faite avec obligation de rembourser la somme ordonnancée dans le cas où il y aurait double payement; 2° une attestation du Payeur, portant que l'ordonnance, ou le mandat, n'a pas été acquitté par lui, et qu'il n'a pas été compris dans les remises qu'on lui a faites des mandats, ou ordonnances, payés hors du chef-lieu sur son visa. (*Inst.* 1er *janv.* 1840, page 31 ; *Circ.* 25 *sept.* 1840; *Règl. min*els.)

597. Les pièces ci-dessus indiquées sont adressées à l'ordonnateur de la dépense qui délivre à la partie un duplicata de l'ordonnance, ou du mandat égaré. Les pièces produites sont jointes à ce duplicata. (*Mêmes circ. et règl.*)

CHAPITRE VI.

Accréditation des ordonnateurs.

598. Le Payeur ne considère comme régulières et comme pouvant conséquemment être admises au payement, que les ordonnances revêtues de signatures qui ont été accréditées près de lui par les directeurs du ministère. Il est, à cet effet, informé de chaque accréditation par une lettre particulière portant la signature de la personne accréditée. (*Règl. Fin., art.* 119.)

599. Lorsqu'un intérimaire remplaçant un ordonnateur est appelé à disposer des crédits, ou qu'un nouvel ordonnateur vient prendre le service, la signature de l'un ou de l'autre doit être préalablement accréditée par le fonctionnaire supérieur auprès du Payeur chargé de payer les mandats. (*Règl. min*els.)

600. Si un ordonnateur secondaire de la guerre est nommé à une nouvelle résidence, le général de la division, ou le général de brigade commandant la subdivision, est tenu d'envoyer au Payeur une expédition de l'ordre du jour annonçant cette nomination. En cas de mutation d'un intendant divisionnaire, l'ordre du jour doit être revêtu de la signature et du cachet du nouveau titulaire. (*Déc. min*le. *Guerre*; *Circ.* 20 *sept.* 1842, *n*° 123.)

601. Indépendamment de la formalité ci-dessus, tout ordonnateur secondaire en remettant ou déléguant son service, doit notifier au Payeur la disposition nécessitant cette remise ou délégation en faisant apposer sur cette notification la signature ou le cachet de son successeur ou intérimaire. (*Déc. min*le. *Guerre; Circ.* 20 *septemb.* 1842, *n*o 123)

602. En cas de mutation par décès, la signature d'un nouveau titulaire est accréditée dans les mêmes formes, savoir : celle d'un sous-intendant militaire ou d'un adjoint par l'intendant divisionnaire; celle de ce dernier par le général commandant la division, et de celle des officiers ordonnateurs des dépenses de l'artillerie ou du génie, par le membre de l'intendance militaire chargé de la surveillance des établissements. (*Mêmes déc. et circ.*)

603. Quand un préfet est absent du département, les mandats doivent être signés par le membre du conseil de préfecture qu'il a choisi pour le représenter.

Lorsqu'il est simplement absent du chef-lieu de la préfecture et non du département, il peut choisir pour le remplacer soit un membre du conseil de préfecture soit le secrétaire général. (*Arrêtés du* 17 *nivose an IX; Règl. Int., art.* 93.)

CHAPITRE VII.

Forme et libellé des mandats et ordonnances.

604. Les mandats à émettre par les ordonnateurs secondaires en vertu des ordonnances de délégation, tiennent lieu de lettres d'avis aux titulaires des créances. Ils sont établis dans la forme du modèle donné par le règlement spécial de chaque ministère. Ils sont soumis, quant à leur délivrance, à toutes les dispositions relatives aux ordonnances de payement. (*Ord.* 31 *mai* 1838, *art.* 66; *Règl. min*els.)

605. Les ordonnances des ministres, et les mandats des ordonnateurs secondaires, doivent désigner la partie prenante par son

nom et au besoin par ses prénoms, si la qualité qui doit y être indiquée, ne suffit pas pour constater l'individualité. (*Règl. min*[cls]. : *Int., art.* 81; *Trav. pub., art.* 82; *Fin., art.* 129.)

606. Si une ordonnance, ou mandat, est au nom d'une femme sous puissance de mari, le nom de son mari doit y être indiqué, à moins, toutefois, qu'il ne soit produit une autorisation spéciale de ce dernier. (*Inst. du* 1er *janv.* 1810, *art.* 152.)

607. Le nom du tuteur ou du curateur est également mentionné sur un mandat si la créance à payer appartient à un mineur ou à un incapable au nom duquel a eu lieu le mandatement. (*Même Inst.*)

608. Les ordonnances de payement sont individuelles ou collectives. Si le nombre de créanciers au profit desquels doit être délivrée une ordonnance collective ne permet pas que le nom de chacun d'eux soit indiqué dans le corps même de l'ordonnance, il y est suppléé au moyen d'un bordereau nominatif arrêté par le liquidateur. Cette disposition s'applique aux mandats. (*Règl. Fin., art.* 130.)

609. Lorsque l'intérêt du service exige que la partie prenante, chef ou agent d'un établissement public, soit désignée par son *titre* seulement, on peut se dispenser de la présenter nominativement. Dans ce cas, la qualité et la signature de cette partie sont certifiés par l'autorité compétente. (*Inst. pub. : Règl., art.* 68.)

610. Les mandats de payement émis en vertu des ordonnances de délégation mentionnent, indépendamment de l'exercice, les numéros et titres des chapitres et articles de la nomenclature générale des dépenses auxquels ils se rapportent; les numéros et titres, s'il y a lieu, des autres subdivisions; le montant des crédits alloués, et la date du dernier crédit accordé.

Pour les dépenses départementales ils rappellent, en outre, le numéro de l'article du budget général applicable à chaque *nature de fonds.* (*Ordon.* 31 *mai* 1838, *art.* 61; *Circ. C. G.* 25 *fév.* 1845, *n°* 148; *Circ. du* 22 *août* 1838, *n°* 109; 26 *déc.* 1838, *n°* 111.)

611. Lorsqu'un sous-chapitre comprend plusieurs paragraphes présentant chacun une série distincte d'articles de dépenses, l'indication des numéros des paragraphes doit précéder celle des numéros d'articles. (*Mêmes ordon. et circ.*)

612. Les mandats de payement sont datés, et chacun d'eux porte un numéro d'ordre. La série de numéros est unique par exercice pour tous les mandats émanés d'un même ordonnateur secondaire. Les ordonnateurs dont la circonscription comprend plusieurs départements et qui délivrent des mandats sur différents Payeurs, ont, en outre, une série spéciale pour les mandats payables dans chaque département. (*Règl. Fin., art.* 125.)

613. Les mandats doivent être revêtus de la signature même de l'ordonnateur. L'usage d'une griffe est interdit; un mandat qui porterait une griffe au lieu d'une signature, ne pourrait être admis au payement. (*Instruct. du* 1er *janvier* 1810; *Règl. Fin., Observ. générales.*)

614. Tout avis d'ordonnance et tout mandat de payement, qui, dans leur libellé, soit dans la partie imprimée soit dans celle manuscrite, présentent des ratures ou des surcharges non approuvées, ne peuvent être ni acquittés ni visés. Le porteur doit faire préalablement régulariser ces pièces. (Voir pour la *manière d'opérer les régularisations*, no 356.) (*Règl. minels., Observ. préliminaires.*)

615. Toute ordonnance de payement d'un ministre et tout mandat émis par un ordonnateur secondaire, doivent indiquer le nombre et la nature des pièces justificatives qui s'y trouvent jointes. (*Règl. Fin., art* 134 *et autres Règl. minels.*)

616. Lorsque plusieurs pièces justificatives de dépenses sont produites à l'appui d'une ordonnance ou d'un mandat, elles doivent être accompagnées d'un bordereau énumératif, à moins toutefois que ces pièces ne soient énumérées dans l'ordonnance ou dans le mandat même. (*Règl. Fin., art.* 135, *et Règl. minels.*)

617. Une lettre d'avis d'ordonnance ministérielle, ne peut pas porter une autre signature que celle du chef qui a visé l'ordonnance remise au Payeur. Il y a irrégularité si cette identité n'existe pas. (*Lettre du min. des Fin. au min. de la Guerre* 18 *juin* 1828.)

618. Lorsque les préfets font payer à des propriétaires de terrains expropriés pour cause d'utilité publique, des indemnités pour lesquelles ces propriétaires ont des frais à supporter, les mandats qu'ils délivrent, ainsi que les certificats des ingénieurs, doivent rappeler, pour mémoire, le chiffre intégral de l'indemnité, la somme

des frais à retenir et la somme nette revenant au propriétaire dépossédé. (*Circ.* 26 *mars* 1846, *n*° 157.)

619. Avant de délivrer aux parties, les ordonnances ou mandats émis à leur profit, l'administration à Paris, et les ordonnateurs secondaires dans les départements, ont à faire établir d'une manière ostensible sur ces pièces, les mots : *à faire timbrer*, lorsque, d'après le titre 3 de la loi du 13 brumaire an 7, il y a lieu à la perception du droit de timbre. (*Règl. min*els.)

620. Quand le titulaire au profit duquel un mandat a été délivré est décédé, ce mandat doit être libellé ainsi : *Les héritiers du S*r.... C'est ensuite au Payeur à se faire justifier des droits des individus à l'hérédité. (*Règl. min*els., *Observ. générales.*)

621. Si la partie désignée au mandat est une femme non mariée, sa qualité de fille majeure (ou mineure) doit être exprimée au mandat. (*Jug. de la Cour des Comptes.*)

622. Les mandats d'indemnités pour pertes, par suite de grêles, incendies, épizootie, etc., sont faits au nom collectif des habitants des communes qui ont souffert de ces événements. Un état joint au mandat désigne les individus à secourir et indique la somme afférente à chacun. Les mandats délivrés pour le logement des troupes sont également établis collectivement. Des états d'émargement présentent la somme revenant à chaque habitant compris sur ces états. (*Circ. C. G.* 30 *août* 1839; *id. du min. de l'Agric. et du Comm.* 5 *août* 1839.)

623. Les mandats d'indemnités pour pertes par suite de *grêles, inondations, incendies*, etc., doivent faire connaître le *motif* pour lequel le secours a été accordé, et énoncer la décision ministérielle qui a alloué ce secours. (*Arrêt de la Cour des Comptes du* 5 *janvier* 1844. *Règl. Agric. et Comm. page* 135.)

624. Les mandats pour subventions allouées aux sociétés d'agriculture, sont faits au nom des trésoriers de ces sociétés. Ils doivent rappeler les motifs de la décision qui a accordé le secours ; énoncer l'objet de ce secours, et mentionner s'il est donné *sans condition*, ce qui dispense le trésorier de la société de justifier au Payeur de l'emploi ultérieur de la somme remise par le trésor. (*Circ.* 25 *févr.* 1845, *n*° 148.)

625. Les mandats délivrés au profit d'une commune ou d'un établissement public doivent être faits au nom des receveurs municipaux ou des trésoriers des services hospitaliers, qui, seuls, ont qualité pour donner l'acquit. (*Règl. Fin.* page 169.)

626. Ceux émis par des ordonnateurs secondaires pour secours accordés à des individus atteints d'aliénation mentale, peuvent être délivrés, soit au nom des tuteurs légaux de ces aliénés, soit au nom des receveurs, directeurs ou économes des établissements où ils sont placés, soit au nom de leurs supérieurs ecclésiastiques. (*Règl. Cultes, art.* 201.)

627. Les mandats de traitement des fonctionnaires administratifs [1] indiquent *le taux du traitement annuel*; ils énoncent, s'il y a mutation, *l'époque de l'installation*; *la retenue de moitié* s'il y a eu obtention de congé, *la date de l'autorisation de ce congé*, et enfin *le décompte* de la somme à payer d'après ces bases. (*Règl. Int.*, page 221; *Règl. Justice, art.* 168.)

NOTA. Ces règles peuvent s'appliquer à tous les mandats.

628. Lorsque les préfets ordonnancent les traitements des ecclésiastiques, leurs mandats doivent contenir l'indication exacte des *noms*, *prénoms* et *date de naissance* des titulaires. Ils mentionnent, en outre, pour les vicaires généraux, chanoines, curés et desservants si ces ecclésiastiques jouissent, ou non, d'une pension; dans le premier cas, ils en rappellent le chiffre; pour les curés et desservants, ils font connaître *l'âge* des titulaires. (*Règl. Cultes*, page 164.)

629. En cas d'augmentation du traitement d'un desservant de succursale pour cause d'âge, le mandat doit contenir la déclaration du préfet portant que l'acte de naissance lui a été représenté. (*Idem.*)

630. Les ordonnateurs secondaires ont aussi à reproduire sur les mandats qu'ils délivrent pour traitement aux ecclésiastiques, le numéro d'ordre sous lequel chaque partie prenante est portée sur l'état trimestriel à produire au Payeur. (*Circ. C. G.* 30 *septembre* 1847, *n°* 161.)

[1] Préfets, sous-préfets, secrétaires généraux et conseillers de préfecture.

631. Les mandats des ordonnateurs secondaires ayant pour objet le prix des loyers de bâtiments ou terrains pour le compte de l'Etat, doivent rappeler le numéro et la date du mandat de premier payement auquel a été joint l'*extrait du bail*, et indiquer l'époque à laquelle *ce bail finit*; si la jouissance a lieu par tacite reconduction, ils l'expriment. (*Règl. Int.*, page 247.)

632. Ceux délivrés par les ingénieurs en chef des ponts-et-chaussées, soit à un entrepreneur, soit à un agent de l'administration, régisseur, soit directement à un ayant-droit, pour une dépense imputable sur *la somme à valoir* d'une entreprise, doivent mentionner que le payement porte sur *la somme à valoir*. (*Règl. Trav. pub.*, page 110.)

633. Afin d'éviter qu'un vendeur illétré ne puisse prétendre avoir vendu son bien à l'Etat le double du prix mandaté et n'avoir touché le montant du mandat qu'à titre d'à-compte, il est recommandé à l'ordonnateur de stipuler dans ce mandat, que la somme à payer représente le montant du prix convenu. (*Circ.* 25 *juillet* 1839, *n°* 113.)

634. A moins d'une urgence très positive et constatée, les ordonnateurs doivent indiquer sur les ordonnances et mandats, les délais qu'ils fixent pour l'ouverture des payements autres que la solde. Ces délais sont de quinze jours, à partir de l'ordonnance de payement ou de délégation, dans le département de la Seine, et de trente jours dans les autres départements. (*Circ. C. G.* 30 *décembre* 1839, *n°* 115; *Règl. Int., modèles nos* 3 *et* 9; *Circ.* 24 *mars* 1848, *n°* 164.)

635. L'autorité chargée de liquider et d'ordonnancer les traitements des fonctionnaires de l'Etat, des départements ou des communes, ayant à recevoir la déclaration de ces fonctionnaires s'ils cumulent, ou non, des pensions avec leur traitement civil, il doit être fait mention de cette déclaration sur l'ordonnance ou le mandat émis par l'ordonnateur. (*Arrêté du Chef du Pouvoir exécutif du* 14 *octobre* 1848; *Circ. de la C. G. du* 18 *octobre* 1848, *n°* 167.)

CHAPITRE VIII.

Pièces justificatives des dépenses.

Observation particulière.

M. le Président de la Cour des Comptes, dans un discours de rentrée, le 4 novembre 1844, s'est exprimé ainsi au sujet des justifications à produire à l'appui des mandats et ordonnances :

« L'ordonnateur pouvait autrefois fixer lui-même, sans règle » préalable et selon sa volonté, sur chaque dépense, la limite et la » nature des justifications à produire. Aujourd'hui, ces justifi- » cations ne sont plus livrées à son arbitraire ; les règles sont » tracées à l'avance, qui, seules, peuvent servir de bases à vos » arrêts. Les deniers de l'Etat ne doivent pas être livrés au pou- » voir discrétionnaire des ordonnateurs. »

En effet, des nomenclatures préparées par une commission spéciale, et arrêtées entre le ministre des finances et ses collègues des autres départements ministériels, ont déterminé, par nature de services, les pièces à remettre au Payeur à l'appui des ordonnances et des mandats ; divisées par chapitres et articles, elles sont devenues pour les ministres, pour les ordonnateurs secondaires et pour les Payeurs, la *règle unique à suivre* ; les pièces qu'elles énoncent comme devant être fournies à l'appui des payements, l'ordonnateur doit les produire ; le Payeur ne peut se dispenser de les exiger.

Il n'était pas possible d'insérer dans le présent recueil, à l'égard de ces pièces, ce qui est renfermé dans les neuf nomenclatures annexées aux règlements ministériels [1] ; on s'est donc borné à rappeler, pour le *personnel* et pour le *matériel*, celles des dispositions générales contenues dans les instructions et les règlements qui se rattachent spécialement à la justification des dépenses, et l'on a

[1] Imprimées seules, elles formeraient plus d'un volume.

renvoyé, pour le détail des pièces à produire, à la nomenclature spéciale arrêtée pour chaque ministère.

Une exception, toutefois, a été faite.

Comme il a été ultérieurement établi, par des décisions supérieures, relativement aux acquisitions de terrains, bâtiments, etc., nécessaires pour les routes nationales et départementales et pour les chemins vicinaux de grande communication, que l'on se conformerait, quand l'utilité publique a été déclarée, aux prescriptions du règlement du ministère des travaux publics du 16 septembre 1843, il y a, aujourd'hui, à combiner les dispositions de ce règlement, selon les cas qui se présentent, avec celles du règlement du ministère de l'intérieur : c'est un rapprochement à faire. On a donc pensé que résumer, par nature d'acquisitions, ces diverses dispositions, était faire une chose utile; ainsi, pour les acquisitions d'immeubles seulement, on trouvera dans ce Code, l'indication des pièces à produire; pour les autres dépenses on devra recourir à chaque règlement.

SECTION Ire. — DISPOSITIONS GÉNÉRALES.

636. Tout extrait d'ordonnance de payement, et tout mandat résultant d'une ordonnance de délégation, doivent, pour être payés à l'une des caisses du trésor public, être appuyées de pièces qui constatent que leur effet est d'acquitter, en tout ou en partie, une dette de l'Etat *régulièrement justifiée*. Le Payeur est tenu de s'assurer, sous sa responsabilité, que cette condition est observée. (*Ordon.* 31 *mai* 1838, *art.* 64 *et* 317.)

637. Les ministres des divers départements joignent, aux ordonnances directes qu'ils délivrent, les pièces justificatives des créances ordonnancées par eux sur le trésor; les ordonnateurs secondaires les annexent aux bordereaux d'émission de mandats qu'ils adressent à la fin de chaque journée au Payeur. Celui-ci les retient; procède à leur vérification, et en suit, s'il y a lieu, la régularisation près des ordonnateurs. (*Ordon.* 31 *mai* 1838, *art.* 62; *Ordon.* 16 *nov.* 1831, *art.* 2.)

638. Les pièces justificatives qui, d'après les règlements, doivent

appuyer le payement de la somme revenant aux créanciers de l'État, sont énoncées sur les ordonnances et mandats. Le nombre, seul, de ces pièces est indiqué, si elles sont énumérées dans un bordereau récapitulatif. (Voir n° 616.) (*Décret 24 messidor an 12 et Règl. min^els.*)

639. Lorsqu'une même dépense donne lieu à la délivrance de plusieurs ordonnances ou mandats d'à-compte, les procès-verbaux d'adjudication, marchés, extraits de cahiers des charges, etc., sont produits à l'appui de la première ordonnance ou du premier mandat. A l'égard des à-compte subséquents, il suffit de rappeler les justifications déjà fournies et d'indiquer les numéros des ordonnances ou mandats antérieurs auxquels les pièces ont été annexées. (*Règl. min^els., Observ. gén.*)

640. S'il résulte des pièces indiquées à l'article qui précède, soit lors d'un payement d'*à-compte*, soit pour un payement de *solde*, que le prix d'adjudication, ou celui porté à la soumission, se trouve dépassé par le payement réclamé, ce payement n'a lieu qu'autant que l'excédant de dépense a été autorisé par l'autorité compétente. (*Règl. Trav. pub.*, page 110.)

641. Les certificats de payement des ingénieurs et des architectes, joints à l'appui des mandats délivrés à des adjudicataires pour prix de travaux faits, doivent, pour être admis, mentionner la date de l'approbation de l'adjudication. (*Idem.*)

642. Les pièces à joindre à un mandat, ou à une ordonnance, pour justifier un payement, doivent être revêtues du visa soit du fonctionnaire administratif délégué par le ministre pour le suppléer, soit de l'ordonnateur secondaire. Lorsque ces pièces sont énumérées dans un bordereau (Voir n° 616), le visa de ce bordereau dispense du visa des pièces. (*Règl. Int.*, page 181; *Inst. pub.*, page 115; *Régl. Fin.*, page 170.)

643. Lorsque des arrêtés des préfets portent décision, les délégués de ces magistrats ne peuvent les signer; ils doivent être revêtus de la signature du fonctionnaire lui-même. (*Règl. Int.*, p. 181.)

644. La production des pièces destinées à appuyer un payement, ne s'effectue légalement que par l'envoi direct, ou le dépôt, soit au ministère que la dépense concerne, soit à l'ordonnateur secondaire des comptes, factures, marchés, soumissions ou autres documents exigés par les règlements. (*Règl. Int., art.* 145.)

645. Les titres produits en justification des dépenses publiques, doivent toujours indiquer la date *précise,* soit de l'exécution ou de la livraison des travaux ou fournitures, soit de l'exécution de tout service qu'il s'agit de payer. (*Règl. min*cls.)

646. A défaut de toute pièce justificative à produire en minute ou en original, il peut y être suppléé au moyen de copies ou extraits certifiés par les ordonnateurs ou agents compétents; les extraits énoncent *les motifs* qui établissent les droits des créanciers, et relatent toutes les conditions de l'exécution du service et de la régularité du payement. Si un extrait n'est pas suffisamment développé, le Payeur peut en exiger un plus complet. (*Règl. min*cls., *Observ. préliminaires.*)

647. Lorsque, dans les pièces produites au Payeur, il y a des noms ou prénoms écrits de manière différente, ou qu'il existe des interversions de prénoms, la partie prenante est renvoyée pour les faire rectifier soit devant l'ordonnateur qui a admis ces pièces, soit devant l'officier public qui les a délivrées selon le cas. Un acte de notoriété est réclamé si la circonstance l'exige. (*Inst. min*les.)

648. Les pièces justificatives à produire à l'appui de tout mandat ou ordonnance, doivent être remises au Payeur, encore bien que, pour cause d'opposition, une portion seulement de la somme mandatée serait payée. Un extrait qui est remis à la partie, facilite, au besoin, le moyen de renvoyer, pour les payements ultérieurs, à ce premier payement. (*Inst. du min. de la Guerre,* 1er *janvier* 1806.)

649. Si, par suite d'insuffisance de crédits ou d'empêchement quelconque, une dépense *en partie acquittée* ne peut être soldée entièrement et doit figurer dans les restes à payer de l'exercice qui va finir, les pièces justificatives de la dépense n'en doivent pas moins être produites avant la clôture de l'exercice, au comptable qui a payé les à-compte, pour qu'il les rattache au dernier payement. A l'égard des créances pour lesquelles aucun à-compte n'a été payé, les pièces sont conservées par l'ordonnateur. (*Règl. Fin., art.* 146 *et autres Règl. min*els.)

650. Dans le cas où, par suite d'erreur ou de circonstance im-

prévue, les à-compte ou avances excèdent le montant de la créance liquidée, les pièces justificatives sont, sur la demande de l'ordonnateur et par les soins du comptable, rattachées à la dernière ordonnance ou dernier mandat. Les sommes perçues en trop sont immédiatement reversées au trésor. (Voir nº 311.) (*Règl. Fin., art.* 147 *et autres Règl. min*els.)

651. Lorsque, dans le cours d'une gestion, ou à la clôture d'un exercice, il y a lieu d'annuler une ordonnance de payement accompagnée de pièces justificatives, les Payeurs sont tenus de joindre ces pièces à leur état d'annulation, et d'en faire le renvoi à la direction du mouvement général des fonds qui se charge de les restituer aux ordonnateurs. (*Circ.* 20 *août* 1835, *nº* 90, *et* 30 *mars* 1844, *nº* 140.)

652. S'il a été procédé à un ou à plusieurs payements d'à-compte, et que l'ordonnance à annuler dans l'année ou en fin d'exercice soit une ordonnance de *solde*, on considère cette ordonnance comme non avenue, et les pièces justificatives remises au Payeur sont, après vérification, jointes au dernier payement d'à-compte fait par ce comptable. (*Circ. Comptabilité générale* 18 *juillet* 1836, *nº* 95, 30 *mars et* 1844, *nº* 140.)

653. Dans le cas prévu à l'article qui précède, il est formé par le Payeur, au moment de l'annulation, un extrait d'ordonnance destiné à faire connaître la direction que les pièces justificatives ont reçues. (Voir nº 324.)

654. Les formules, ou bulletins, dont il vient d'être question, étant plus tard annexées à l'ordonnance de rappel sur l'exercice clos, s'il arrive que le Payeur appelé à acquitter ce solde ne soit pas celui qui a payé les à-compte, ce comptable désigne à la direction de la Comptabilité générale et à la Cour des Comptes celui de ses collègues qui, ayant retenu les pièces, a encouru la responsabilité de leur admission. (*Même circ.*)

655. Quand à la clôture d'un exercice, le Payeur remet aux ordonnateurs secondaires les états des mandats qui, n'ayant pas été acquittés dans les délais fixés, ont dû être annulés (Voir Titre VII, Chap. III), il y joint, s'il s'agit de créances *intégrales*, toutes les pièces justificatives produites à l'appui de ces mandats et qu'il avait

conservées, pour les y annexer lors du payement. (*Ordon.* 30 *mars* 1844, *n*° 140.)

656. Un ordonnateur qui délivre un mandat pour le payement d'un *solde* de fournitures ou achats, sur un Payeur qui n'a pas acquitté les *à-compte*, est tenu de faire parvenir au Payeur qui a payé les à-compte, un bulletin indiquant le lieu de payement du solde, la date et le numéro de l'ordonnance ou mandat à laquelle les pièces justificatives se trouvent annexées, afin que ce comptable puisse faire inscrire les indications nécessaires sur les mandats d'à-compte. (*Circ.* 6 *sept.* 1837, *n*° 103.)

657. De son côté le Payeur appelé à acquitter seulement *le solde* d'un achat ou fourniture, fait connaître à son collègue qui a acquitté les *à-compte*, le mois dans lequel l'ordonnance de parfait payement a été délivrée (mention que celui-ci porte au dernier mandat d'à-compte), le numéro, la date et le montant des mandats d'à-compte relatés dans les pièces de liquidation, afin que ce comptable puisse en vérifier la conformité; la réponse de ce dernier, attestant, s'il y a lieu, l'exactitude des déclarations, est jointe à l'ordonnance de solde. (*Même circ.*)

658. Plusieurs mois avant l'expiration d'un exercice en cours, les Payeurs sont tenus, sous leur responsabilité, de réclamer près des ordonnateurs, les pièces justificatives des dépenses qui, jusqu'alors, n'auraient donné lieu qu'à des émissions d'ordonnances ou de mandats d'à-compte, afin de les joindre à ces ordonnances ou mandats. Si la remise de ces pièces éprouve des retards, ils en informent le ministre des finances. (*Circ.* 18 *juillet* 1836, *n*° 95.)

659. Les mémoires, factures, décomptes, lettres de voitures ou pièces quelconques annexées aux ordonnances et mandats, ne peuvent énumérer des quantités en poids ou mesures autres que les *poids et mesures décimaux*. (*Loi du* 4 *juillet* 1837, *Règl. min*[els].)

660. Lorsque des pièces justificatives de dépenses qui, présentant des ratures, altérations ou surcharges (Voir n° 356), doivent être revêtues, pour être admises, d'une approbation régulière, cette approbation est donnée au moyen de renvois dans la forme suivante :

Ratures : Approuvé la rature de...... mots.

Altérations de sommes : Bon pour la somme de
Surcharges : Approuvé les mots..... altérés ou surchargés.

Ces renvois sont signés par ceux qui ont arrêté les mémoires ou autres titres; par les souscripteurs des quittances, et par l'agent administratif qui a visé les pièces. Il en est de même de tout renvoi ajoutant des énonciations omises. (*Règl. Fin.*, page 172.)

661. Les signatures griffées sont interdites sur toutes pièces justificatives de payements à produire aux Payeurs, comme sur les mandats et ordonnances. (*Règl. Fin.*, page 172.)

662. Les mémoires ou factures de fournitures d'objets matériels, et les mémoires de travaux et services se rapportant au matériel qui sont produits à l'appui des ordonnances ou mandats, doivent être totalisés en chiffres, avec énonciation en toutes lettres; être datés et signés par les créanciers de l'Etat, et donner le détail des objets fournis. (*Règl. Fin.*, page 174; *Jug. Cour des Comptes* 1845 *et* 1846.)

663. Tout mandat, ou ordonnance, délivré au nom d'un comptable pour des sommes revenant à la commune, à un hospice, à un dépôt de mendicité ou d'aliénés, à des maisons de secours, ou tout autre établissement dont ce comptable est l'agent, doit être appuyé d'une quittance détachée d'un registre à souche. Elle est timbrée si la somme à recevoir excède 10 francs. (*Loi du* 13 *brumaire an* 7; *Ordon. du* 8 *déc.* 1832; *Circ.* 28 *mai* 1833 *et* 16 *nov.* 1835; *Règl. min*els.)

664. Lorsque les préposés des douanes ont droit à des primes pour captures de déserteurs et autres, ces primes sont acquittées sur la production des états nominatifs d'usage, et sur la quittance à souche du receveur principal des douanes. (*C.* 18 *oct.* 1848, *n*o 167.)

665. Toute pièce à produire à l'appui d'une ordonnance ou d'un mandat de payement, et dont la désignation est suivie de la lettre *T* dans la nomenclature annexée au règlement, doit être timbrée, ou visée pour timbre, lorsque la créance qu'elle concerne excède 10 francs, ou si, inférieure à cette quotité, elle forme le solde d'une créance excédant 10 francs. (*Règl. Fin.*, page 172.)

666. Le visa pour timbre a lieu gratis, s'il s'agit d'acquisitions ou

de dépossession de biens pour cause d'utilité publique. (*Loi du* 31 *mai* 1841, *art.* 59.)

667. Les Payeurs n'admettent pas à l'appui des mandats de payement, des pièces qui, passibles de droits d'enregistrement, n'auraient pas acquitté ces droits. (*Arrêt Cour des Comptes* 1844; *Circ.* 30 *mars* 1844, *n°* 140; *Règl. Int., art.* 285, 286 *et* 287.)

NOTA. Les actes ayant rapport aux cessions de terrains ou expropriations pour cause d'utilité publique sont enregistrés *gratis*. (*Loi du* 3 *mai* 1841, *art.* 59.)

668. Lorsque l'avis de l'ordonnance ou le mandat sont quittancés par le créancier réel de l'Etat, il n'est pas nécessaire de fournir de quittance isolée et distincte; l'avis d'ordonnance ou le mandat sont, s'il y a lieu, soumis au timbre à *l'extraordinaire*. (*Règl. Fin.*, page 182.)

669. Les dépenses ayant pour objet les rasages de barbes, les fournitures de vinaigre ou toutes autres de même nature concernant des individus placés dans les maisons de détention, sont soumises aux justifications ordinaires; elles ne sont acquittées par les Payeurs, qu'autant que les mandats délivrés aux personnes intermédiaires sont appuyés de quittances régulières des créanciers réels. Celles excédant 10 francs doivent être sur timbre. (*Lettre du dir. de la C. G. du... octobre* 1839.)

670. Les greffiers comptables des maisons centrales qui effectuent des remboursements aux détenus sur le produit de leur pécule, sont tenus de joindre à leurs mandats, les pièces constatant la légalité de ces remboursements. (*Circ. n°* 155.) Elles sont affranchies du timbre.

671. Les devis, états ou mémoires, soit pour travaux neufs aux édifices départementaux, soit pour travaux d'entretien ou de réparations et d'ameublements à produire au Payeur à l'appui de mandats de payement, ne peuvent être reçus, s'ils ne sont vérifiés et réglés par l'architecte du département.

NOTA. La responsabilité des architectes est indiquée à l'article 58 du règlement de l'intérieur 1840, et à un arrêté ministériel du 18 juin 1812.

(*Règl. minels. : Int.*, page 229; *Arrêt de la Cour des Compt.* 1841.)

672. Dans les certificats qu'ils délivrent pour constater la destruction des loups, et faire, par suite, obtenir la prime accordée par l'Etat, les maires doivent mentionner sur ces pièces que l'une des pattes antérieures, ou les oreilles, de ces animaux a été coupée, afin que le même animal ne puisse être représenté avec réclamation de prime. (*Lettre de la C. G. 10 juin* 1846.)

673. Les certificats par lesquels les ingénieurs, ou architectes, font connaître le réemploi d'objets mobiliers cédés à un entrepreneur en déduction de son entreprise, doit indiquer *la nature* des objets cédés, *leur quantité* et *leur prix*. Le Payeur n'admet lesdits certificats qu'autant que ces détails y sont complètement donnés. (*Règl. Trav. pub., art.* 11 *et* page 87; *Ordon.* 31 *mai* 1838.)

674. Dans les cas où l'administration des forêts concourt volontairement à la dépense des routes nationales ou des chemins vicinaux de grande communication, le Payeur doit exiger, à l'appui des mandats qui lui sont présentés pour ces travaux, une déclaration du conservateur, annonçant que l'administration donne son consentement au payement de tout ou partie du contingent. (*Circ.* 30 *août* 1839, n° 114.)

675. Il ne suffit pas qu'un mandat, ou toute autre pièce y annexée, donne la date d'une décision ministérielle en vertu de laquelle une indemnité, un secours, une gratification, etc., ont été accordés; l'ordonnateur est tenu de produire, à l'appui de son mandat, l'extrait ou copie de cette décision, énonçant les motifs qui établissent les droits du créancier. (*Arrêts de la Cour des Compt.* 1842, 1844 *et* 1845; *Règl. min*els*., Observ. prélim.*)

676. S'il s'agit de secours ou d'indemnités, etc., accordés à plusieurs individus, il est remis à l'appui du mandat une copie de l'état arrêté par le ministre, afin de justifier que les personnes dénommées et la somme à payer à chacune d'elles, sont bien celles arrêtées par la décision ministérielle. (*Mêmes arrêtés et règl.*)

677. Toutes les pièces et états émanés des ministères ou des bureaux des ordonnateurs, doivent être établis conformément aux modèles joints aux règlements ministériels adoptés pour l'exécution de l'ordonnance du 31 mai 1838, et qui précèdent chacune des no-

menclatures annexées à ces mêmes règlements. (*Lettre des minist., en tête des Règlements.*)

678. Les mandats présentés pour obtenir le payement du prix des poudres à feu livrées par la régie des contributions indirectes, doivent être appuyés de la facture quittancée de l'entreposeur tenant lieu d'acquit à caution, afin de justifier que le créancier réel de l'Etat a été soldé. (*Arrêt de la Cour des Comptes, gestion de* 1844.)

679. Lorsque des livres ont été achetés pour être placés dans les préfectures et les sous-préfectures, on doit produire au Payeur, indépendamment du certificat d'inscription de ces livres sur le catalogue de la bibliothèque départementale rappelant les numéros de l'inscription, une liste certifiée conforme, par le préfet, à celle approuvée par le ministre, des ouvrages dont l'achat a été autorisé. (*Arrêt de la Cour des Comptes* 1845 *et* 1846; *Règl. Int.*, page 283.)

680. Les Payeurs n'ont pas seulement à examiner si les pièces comptables produites pour justifier les payements sont celles indiquées par les règlements et formalisées comme ils le prescrivent, ils ont aussi à veiller à ce que les pièces renferment l'expression exacte et fidèle des faits qu'elles ont pour but de constater. (*Circ.* 20 *janvier* 1848, *n°* 102.)

681. Avant de solder à un entrepreneur, ou fournisseur, le prix des travaux ou fournitures qu'il a effectués, le Payeur, auquel on produit avec le certificat de l'ingénieur en chef, ou de l'architecte, le procès-verbal de réception définitive des travaux (ou objets à livrer) et le procès-verbal d'adjudication, s'assure qu'il y a concordance entre toutes les pièces et que le montant de l'adjudication n'a pas été dépassé. (*Ordon.* 31 *mai* 1838, *art.* 62, 64, 65 *et* 69; *Règl. Trav. pub.* 1843, page 110.)

682. Il y a irrégularité, quand des états de travaux exécutés en régie, comprennent comme chefs d'ateliers ou comme simples ouvriers employés à ces travaux, des employés de bureaux, temporaires ou permanents, sans qu'une autorisation spéciale de l'administration ne l'autorise. Il est recommandé aux Payeurs de veiller à ce que cette irrégularité ne se produise pas dans leur département. (*Circ.* 20 *janvier* 1848, *n°* 102.)

683. La dépense des aliénés dans les hospices ou hôpitaux civils,

ne se justifie par un *traité*, que lorsque les malades sont placés définitivement dans ces établissements ; dans ce cas seulement, une copie du traité est remise au Payeur à l'appui des mandats. Le traité n'est pas produit s'il s'agit de soins donnés aux aliénés pendant leur séjour passager à l'hospice. (*Circ.* 3 *août* 1849, *n*° 174.)

684. Les Payeurs sont autorisés à admettre dans les bordereaux que produisent les officiers d'administration des hôpitaux comme pièces justificatives, les frais de passe de sacs par eux supportés à l'occasion de leur service, attendu que le décret du 1er juillet 1809, qui met ces frais à la charge des créanciers, ne peut les concerner. (*Décision min*le.; *Circ. du* 20 *janvier* 1848, *n*° 162.)

685. Les pièces justificatives à produire pour les dépenses concernant les travaux effectués sur les routes nationales, d'après la nomenclature jointe au règlement du ministre des travaux publics de 1843, sont celles à exiger *exclusivement*, pour les dépenses relatives aux routes départementales et aux chemins vicinaux de grande communication (voir la section III ci-après). (*Circ.* 4 *mai* 1844, *n*° 141 ; *Lettre de la C. G.* 4 *mai* 1847.)

686. Les dispositions concernant le service des ponts et chaussées, rappelées dans le règlement ministériel du 16 septembre 1843, étant généralement la reproduction des instructions contenues dans le *cahier des clauses et conditions générales* joint à la circulaire des ponts et chaussées du 25 août 1833, ces dernières instructions, en ce qui peut avoir rapport aux pièces justificatives à produire, ne cessent pas d'être applicables dans les cas où elles peuvent être invoquées. (*Lettre du min. des Trav. pub.* 25 *sept.* 1843.)

687. Lorsque les sommes dues à des créanciers de l'Etat sont réclamées par suite de legs faits de biens meubles et immeubles au profit d'une commune, d'une église, fabrique, hospice, ou tout autre établissement public, le mandat émis doit être accompagné de l'acceptation du don ou legs par le pouvoir exécutif. S'il s'agit d'un don ou legs en argent, ou objet mobilier, n'excédant pas 300 francs, l'acceptation est autorisée par le préfet. (*Ordon. du* 2 *avril* 1817; *Loi du* 18 *juillet* 1837, *Code civil, art.* 910 *et* 937 ; *Jug. de la Cour des Comptes* 1843.)

688. La disposition du règlement qui exige, pour justification de la dépense des *frais de tournées*, un arrêté de liquidation portant décompte des myriamètres parcourus et des jours de déplacement (Voir n° 422), n'est pas invoquée s'il s'agit du payement des indemnités de déplacement allouées aux agents *chefs du service forestier d'un département en entier*; elles sont payées sans justification, sur la simple signature de ces agents. (*Circ.* 30 *sept.* 1847, *n°* 161.)

SECTION II. — DÉPENSES DU PERSONNEL.

689. Les dépenses du *personnel* pour lesquelles des pièces justificatives sont produites aux Payeurs à l'appui des ordonnances ou mandats, sont notamment la *solde*, les *traitements*, les *salaires*, les *indemnités*, les *pensions* et les *secours*. (*Ordon.* 31 *mai* 1838, *art.* 65 *et Règl. min*els.)

Art. 1er. — *Solde et Traitements.*

690. Les pièces à produire pour justifier les dépenses de la solde, ont pour base des états d'effectif ou états nominatifs énonçant : le grade ou l'emploi ; la position de présence ou d'absence ; le service fait ; la durée du service, et la somme due en vertu des lois, règlements et décisions. (*Ordon.* 31 *mai* 1838, *art.* 65.)

691. Les états nominatifs de traitement des officiers de l'armée, sont arrêtés par les sous-intendants militaires et quittancés par les conseils d'administration ou commandants de détachements. Ils mentionnent les décisions qui ont concédé des allocations particulières pour la solde des sous-officiers et soldats. Les états d'effectifs sont dressés par quinzaine et d'avance. (*Règl. Guerre*, page 161.)

NOTA. Il en est de même pour la solde de la marine. Les états nominatifs et d'effectif sont arrêtés par les commissaires aux revues. (*Règl. Marine*, page 193.)

692. Lorsque des magistrats figurent pour la première fois, pour leurs appointements, sur des états d'émargement, les chefs des

cours et tribunaux qui remettent ces pièces pour être jointes aux mandats de payement, ont à faire connaître quelle était la position antérieure de ces magistrats, et quel est le traitement dont ils jouissaient. (*Circ.* 24 *janvier* 1839.)

693. En cas d'absence, soit pour cause d'un service public ou de maladie, soit en vertu d'un congé ou pendant les vacances, l'émargement dont les états nominatifs des magistrats doivent être revêtus, peut être donné par le premier président de la Cour d'appel et par le président du tribunal s'il s'agit d'un conseiller ou d'un juge, d'un greffier ou d'un commis-greffier; et par le procureur général et par le procureur de la République s'il s'agit d'un officier du parquet. (*Règl. Justice, art.* 167.)

694. Lorsque le premier président ou le procureur général, le président du tribunal ou le procureur de la République, sont dûment absents ou empêchés, la faculté d'émarger les états de traitement tant pour eux que pour les autres parties prenantes, est attribuée au magistrat chargé de les remplacer. (*Règl. Justice, art.* 168.)

695. En cas de décès d'un magistrat, la date du décès peut être énoncée sur l'état de traitement; mais le décompte de ce qui revient à ses héritiers, ne doit être payé qu'en vertu d'un mandat sur la production par les ayant-droits des titres d'hérédité prescrits par les règlements. (*Même règl., art.* 170.)

696. Si le magistrat porté sur un état d'émargement, est ou a été en congé, cet état fait connaître quelle est l'autorité qui a délivré le congé; sa durée; l'époque à laquelle il a commencé, enfin la date de la reprise des fonctions du titulaire qui s'était absenté. (*Même règl., art.* 170.)

697. Les états d'émargement doivent encore rappeler, d'une manière précise, quand il y a lieu, les causes de non payement de tout ou partie du traitement affecté à la place; la date de la cessation du payement et l'époque où le nouveau titulaire est entré en jouissance du traitement. (*Idem.*)

698. Lorsque, pour cause de congé, le mandat d'un fonctionnaire public administratif porte une retenue qui se trouve être moindre que le taux de moitié fixé par les règlements, le préfet est

tenu de produire au Payeur la copie, ou l'extrait, de l'autorisation qu'il a obtenue pour accorder cette réduction sur le prélèvement prescrit. (*Règl. Int.*, page 221; *Justice, art.* 168.)

699. Les états nominatifs à fournir chaque trimestre par l'ordonnateur, à l'appui des mandats concernant le traitement du personnel des cultes, doivent énoncer le grade ou l'emploi; la position de présence ou d'absence; le service fait; sa durée et la somme due. Si ces états ne concordaient pas, pour leur montant, avec celui des mandats auxquels ils se rattachent, ils devraient être refusés. (*Règl. Cultes, art.* 167.)

700. Les vicaires-généraux, chanoines, curés et desservants recevant leur traitement à dater du jour de leur prise de possession, une expédition du procès-verbal de cette prise de possession doit toujours être mise à l'appui du mandat délivré par le préfet à leur profit. (*Ordon. du* 13 *mars* 1832, *art.* 2 *et* 3; *Règl. Cultes, art.* 173, 178 *et* 182.)

701. Lorsque des représentants du peuple chargés de fonctions accidentelles, comme un commandement temporaire ou une mission extraordinaire dont la durée ne doit pas dépasser six mois, se présentent pour toucher les traitements attachés à ces fonctions, les Payeurs ont à se faire produire une attestation des questeurs de l'Assemblée nationale, portant que lesdits représentants n'ont point reçu leur indemnité pendant le temps de leur mission particulière. (*Circ.* 3 *août* 1849, *n°* 174.)

Art. 2. — *Salaires.*

702. Les états de journées mis à l'appui de mandats délivrés pour salaires alloués à des experts employés à des travaux de routes départementales, doivent indiquer le prix fixé pour chaque journée de travail; être réglés par un certificat de l'architecte, ou de l'ingénieur, et être arrêtés par le préfet. (*Règl. Int.*, page 235; *Trav. pub.*, page 115.)

703. S'il s'agit de salaires à accorder à des conducteurs de routes départementales chargés de faire des expertises, les états ou les mandats mentionnent l'approbation ministérielle, et il est remis au Payeur une copie de la décision. (*Règl. Int.*, page 275.)

704. Les mandats individuels pour le salaire des cantonniers des routes nationales et départementales, sont appuyés du décompte mensuel de l'ingénieur de l'arrondissement et du certificat de payement délivré par le même agent. (*Règl. Trav. pub.* 1849, *art.* 24 *et* 30.)

705. Les salaires dus aux conservateurs des hypothèques, en raison des formalités qu'ils ont eu à remplir par suite d'acquisitions d'immeubles faites par les communes ou les départements, ne leur sont payés qu'autant qu'ils produisent des états indicatifs des formalités auxquelles les actes ont donné lieu. (Voir n° 446.) (*Circ. des* 26 *août* 1843, *n°* 132, *et* 13 *octob.* 1846, *n°* 159.)

706. Pour les salaires accordés *au mois* à des agents auxiliaires chargés des travaux temporaires, il doit être produit des certificats de l'ingénieur des ponts et chaussées attestant le *service fait*. Pour les salaires d'ouvriers réglés à la journée, les états d'attachement ou de journées qui sont remis au Payeur, doivent être dûment émargés des parties, arrêtés par l'ingénieur et visés par l'ordonnateur. (*Règl. Trav. pub. de* 1843, page 112, *et de* 1849, page 137.)

Art. 3. — *Indemnités et encouragements.*

707. Toutes les fois qu'une indemnité est accordée à un fonctionnaire administratif en raison d'un service dont il a été chargé, le mandat de l'ordonnateur doit être appuyé d'une copie de la décision qui a accordé cette indemnité. Il en est de même pour les encouragements donnés par l'Etat : les motifs de la rémunération doivent être précisés dans la décision. (*Règl. min. : Int., art.* 48 *et* page 221 ; *Inst. pub., art.* 30 ; *Cultes,* page 180 ; *Arrêt de la Cour des Comptes, gestion* 1843.)

708. Si des indemnités accordées pour l'année et par trimestre à des artistes, à des auteurs dramatiques et autres, sont réclamées par un fondé de pouvoirs de ces artistes et auteurs, un certificat de vie de la partie indiquée au mandat doit être produit. Les états nominatifs sont arrêtés par le ministre compétent. (*Règl. Int.*, page 213 ; *Inst. pub.*, page 155.)

709. A l'égard des indemnités *ordinaires* accordées aux ingénieurs et conducteurs des ponts et chaussées sur les travaux des routes départementales (Voir n° 415), le décompte arrêté par le préfet doit rappeler, par sous-chapitres du budget, les sommes dépensées sur l'exercice. Il suffit que le certificat de payement indique le montant total des dépenses faites, s'il s'agit d'un à-compte. (*Règl. Int.*, page 274 *et* 275.)

Pour le payement des indemnités *extraordinaires*, le mandat doit être appuyé de la décision du ministre des travaux publics rendue par suite de la proposition du préfet, conformément au vote du budget départemental. (*Mêmes règl. et pages.*)

710. Les indemnités fixes ou temporaires, et les droits de présence accordés aux membres des cinq académies de l'Institut, sont payées sur états nominatifs par académie, dûment certifiés, et en produisant un bordereau sommaire de dépense arrêté et visé au secrétariat de l'Institut. (*Règl. Inst. pub.*, page 145.)

711. Les indemnités pour frais de voyage accordées aux ingénieurs des ponts et chausssées, ne sont payées qu'autant que le certificat de payement, ou la copie de la décision ministérielle, fait connaître la distance qui a été parcourue et la somme due par myriamètre. (Voir n° 422.) (*Règl. Trav. pub.*, page 98 *et* 99.)

712. Les indemnités accordées aux vicaires par les ordonnances des 5 juin 1816 et 25 août 1819, ne leur étant payées qu'à compter de la date de leur prise de possession, les mandats qui leur sont délivrés pour les recevoir doivent être appuyés des procès-verbaux d'installation dressés par les bureaux des marguilliers. (*Ordon.* 13 *mars* 1832, *art.* 2 *et* 3; *Règl. Cultes, art.* 188.)

713. Quand il est accordé à des curés, à des desservants ou à des vicaires, des indemnités de binage (Voir n° 414), des certificats sur la durée et la réalité du binage, délivrés par les curés ou desservants du canton que les évêques ont chargé de ce soin, sont remis aux préfets pour être joints aux mandats de payement. (*Règl. Cultes, art.* 191.)

714. Si des indemnités pour logement de troupe sont réclamées, l'état des habitants à qui ces indemnités sont dues, joint à chaque mandat, doit être émargé de chaque partie prenante, ou, si elle

est illettrée, du comptable et de deux témoins. Il n'y a pas lieu à émargement quand l'administration municipale pourvoit elle-même aux frais; on produit, dans ce cas, la quittance à souche du comptable. Lorsqu'il y a un entrepreneur, la copie du marché est remise au Payeur. (*Circ. du* 31 *juillet* 1840, *art.* 193.)

715. Les indemnités des ingénieurs secrétaires de la commission des phares, dans les ports maritimes, et l'indemnité allouée au conducteur des appareils à l'atelier central, ne peuvent être payées qu'autant que l'on produit au Payeur des états arrêtés par le ministre et émargés des parties prenantes. (*Règl. Trav. pub.*, page 133.)

715 *bis.* Sauf le cas où il s'agit d'un à-compte remis à titre d'avance, les frais de tournées des inspecteurs et sous-inspecteurs des écoles primaires, réglés à forfait par le ministre à la fin de chaque trimestre sur les rapports et documents fournis par les recteurs et les préfets, ne sont payés que lorsque l'on joint au mandat la copie, ou extrait, de la décision qui fixe l'indemnité. (Voir n° 425.) (*Règl. Trav. pub.*, page 129, *Circ. Inst. pub.* 25 *janvier* 1849.)

716. Si les frais de tournée des recteurs et inspecteurs des académies sont mandatés à titre d'à-compte, le mandat est accompagné de l'état approximatif de frais, dressé par le recteur. (Voir n° 427.) Quant au solde, il n'est payé que sur le décompte des frais de la tournée dûment réglé et arrêté, présentant le montant total de la dépense, l'à-compte payé, et le restant à payer pour solde. (*Règl. Inst. pub.*, page 128.)

716 *bis.* Les inspecteurs généraux, après avoir reçu (Voir n° 428) les deux tiers du montant présumé de leurs frais de tournée, ne touchent le solde de ces frais, à leur retour, qu'en produisant l'état total desdits frais certifié par l'inspecteur et visé par le ministre, indiquant la somme totale due, le montant de l'avance faite, et le restant à payer. (*Même règl.*, page 123.)

717. Les conservateurs des forêts ne peuvent recevoir le montant des frais de tournée qui leur sont alloués lorsqu'ils se rendent dans les forêts, où dans lieux où se vendent les bois, qu'autant que les mandats sont accompagnés d'un arrêté de liquidation portant décompte du nombre des jours de déplacement. (*Règl. Fin.*, p. 295.)

717 *bis*. Pour les indemnités de tournées ordinaires et extraordinaires que les inspecteurs généraux et particuliers des finances ont à toucher (voir nº 432), ils doivent produire des états certifiés au ministère des finances, et pour les missions particulières, des états indicatifs des distances parcourues, dûment arrêtés, et relatant la date des ordres de service ou des décisions ministérielles. (*Règl. Fin.*, page 243.)

718. Lorsqu'en exécution du décret du 5 juillet 1848, des ordonnances ou mandats sont délivrés, sur les propositions d'un conseil d'encouragement, à des associations librement contractées entre ouvriers, et entre patrons et ouvriers, les pièces à fournir à l'appui des mandats, sont 1º une expédition de la proposition du conseil approuvée par le ministre; 2º une expédition (T) de l'acte stipulant les conditions des avances et les engagements contractés par les emprunteurs; 3º un extrait (T) de l'acte de société indiquant le nom de l'associé délégué pour recevoir les fonds. (Il n'est pas exigé si le contrat de prêt contient ces indications.) (*Circ.* 18 *octobre* 1848, *nº* 167.)

Art. 4. — *Pensions d'élèves dans les écoles.*

718 *bis*. Lorsqu'il est délivré des mandats sur les Payeurs pour prix de pensions des elèves entretenus aux frais des départements, dans les écoles militaires, vétérinaires, des arts et métiers, etc., l'ordonnateur est tenu de joindre à ces mandats, des états nominatifs des élèves, lesquels sont remis, comme rôles de perception, au receveur général du lieu d'établissement. (*Circ.* 25 *juillet* 1839, *nº* 113.)

Art. 5. — *Secours.*

719. Lorsque des secours sont alloués pour pertes par suite de grêles, incendies, orages, épizootie, inondations, etc. (Voir nº 466), les procès-verbaux que dressent les maires, pour évaluer le dommage que les habitants ont éprouvé, doivent relater la position de fortune de chaque perdant. (*Règl. Agric. et Comm.*, page 135.)

719 *bis*. Les états nominatifs destinés à recevoir l'émargement des individus auxquels ces secours ont été alloués et qui accompagnent les mandats de payement, ne peuvent être admis qu'autant qu'ils mentionnent, pour chaque réclamant, sa position de *non-assuré*. (*Règl. min. Agric. et Comm.*, page 135.)

720. Lorsque l'Etat accorde de secours à des desservants âgés ou à d'autres ecclésiastiques, ou à d'anciennes religieuses, ces secours ne peuvent être payés, si les mandats ne sont accompagnés des copies ou extraits des décisions ministérielles qui les ont alloués. (*Règl. Cultes*, page 171.)

720 *bis*. Aucun secours, ou indemnité, ne peut être payé soit à des gardes des forêts de l'Etat blessés dans l'exercice de leurs fonctions, soit à des veuves ou à des orphelins de ces agents, sans une décision spéciale de l'administration des forêts, dont une copie ou extrait a été jointe au mandat. (*Règl. Fin.*, page 294.)

721. Les payements des secours accordés aux pensionnaires de l'ancienne liste civile, ne sont effectués, par les Payeurs, qu'autant qu'on leur produit, avec l'état de distribution, les certificats et pièces indiqués à la nomenclature jointe au règlement ministériel. (*Règl. Fin.*, page 227.)

722. A l'égard des secours temporaires accordés à d'anciens magistrats, et à leurs veuves, ou à des employés de l'administration de la justice, le payement n'est pas effectué, si les ordonnances directes, ou les mandats des ordonnateurs, ne sont pas accompagnés d'états collectifs arrêtés par le ministre. (*Règl. Justice*, *art.* 157.)

Art. 6. — *Intérêts de cautionnement et remboursement de capitaux.*

Intérêts annuels.

722 *bis*. Les états nominatifs des titulaires de cautionnement en exercice à la fin de chaque année, formés au ministère des finances, et où l'on indique le montant des intérêts acquis à chacun d'eux au 31 décembre pour l'année courante, servent de base aux ordon-

nances ministérielles de payement de ces intérêts. Ces états, accompagnés d'un extrait de l'ordonnance, sont transmis en fin d'année aux Payeurs. (Voir nº 294.) (*Règl. Fin.*, page 192; *Ordon.* 31 *mai* 1838, *art.* 245.)

723. Aussitôt que chaque Payeur a reçu l'état concernant son département, il fait préparer les quittances des parties prenantes, et il adresse ces quittances, avant le 31 décembre, après les avoir visées, au receveur général chargé de les transmettre aux receveurs particuliers, afin que les intéressés puissent être payés soit par ces derniers, soit par les percepteurs, dans les premiers jours du mois de janvier. (*Idem.*)

724. Les Payeurs reçoivent, en outre, dans le cours de chaque mois (Voir nº 295), des états comprenant les intérêts de cautionnement ordonnancés isolément, ou cumulativement sur leur caisse avec des capitaux à rembourser. Ils renvoient successivement ces documents au trésor, après les avoir annotés des payements faits aux parties. (*Idem.*)

Remboursement des capitaux.

725. Les pièces justificatives de libération produites par les titulaires, au moyen desquelles le remboursement d'un cautionnement en numéraire fourni au trésor peut être obtenu, sont adressées aux Payeurs par la direction du mouvement général des fonds avec les extraits des ordres de payement, pour être annexées, après vérification, aux lettres d'avis représentées. (*Règl. Fin.*, page 196.)

726. Le Payeur, à qui appartient l'appréciation de ces pièces, n'opère le remboursement aux titulaires ou à leurs héritiers, qu'autant qu'on lui a produit toutes les justifications exigées, selon la classe dans laquelle les titulaires sont rangés par la nomenclature annexée au règlement [1]; et, si ce sont des héritiers qui réclament, qu'après que ces héritiers ont justifié de leurs droits, comme il est

[1] Les classes de titulaires sont nombreuses. Pour chacune, il y a des justifications particulières exigées. On ne pouvait mieux faire que de renvoyer, pour ces justifications, aux détails précis que l'on trouve dans la nomenclature jointe au règlement ministériel de 1846.

expliqué à l'article ci-après. (*Règl. précité; Lettre du dir. de la dette inscrite* 18 *janvier* 1835.)

727. Lorsque ce sont des héritiers d'un titulaire décédé qui réclament le remboursement d'un cautionnement, ces héritiers ont à remettre, indépendamment des pièces indiquées à la nomenclature annexée au règlement ministériel, un certificat de propriété délivré par un juge de paix, ou par un notaire (selon les cas), et un acte de décès rédigé sur timbre et légalisé. (Voir, au Titre VII, le Chapitre X : *Titre d'hérédité.*) (*Règl. Fin.*, page 199.)

728. Si le cautionnement dont le remboursement a été ordonnancé appartient à un titulaire qui a été reconnu en débet, le comptable qu'on lui a substitué d'office, est tenu de produire au Payeur la copie de la décision ministérielle qui a prescrit le prélèvement, pour débet, sur la somme à payer pour le remboursement dont il s'agit. (*Règl. Fin.*, page 200 ; *Nom. de* 1826, page 38.)

Art. 7. — *Rentes et Pensions sur l'Etat.*

§ 1er. — Rentes perpétuelles.

729. Les pièces justificatives établissant les droits des titulaires de rentes cinq pour cent, quatre et demi, quatre et trois pour cent, d'après lesquelles les Payeurs des départements peuvent admettre les quittances d'arrérages de ces rentes, sont : les bulletins nominatifs mobiles établis par le décret du 9 novembre 1849, et dont le dépôt leur est confié. Ceux concernant les rentes directes leur sont transmis par la direction de la dette inscrite ; ceux relatifs aux rentes départementales leur sont remis par les receveurs généraux. (*Décret* 9 *nov.* 1849 ; *Circ.* 2 *janvier* 1850, *dette inscrite, et* 20 *février* 1850, *n°* 177 ; *Compt. générale.*)

730. Le payement des rentes doit être appuyé des pièces suivantes :

1° La quittance signée soit du titulaire, soit du porteur de l'extrait d'inscription, donnant toutes les indications réclamées par les règlements ; (*Modèles nos* 2 *et* 3 ; *Arrêté minel.* 10 *nov.* 1849.)

2° Le certificat de vie pour tout titulaire de rente provenant de dotation, reversible ou autre, comme pour tout usufruitier de rente dont la nu-propriété appartient soit à l'Etat, soit à des particuliers, lorsque, dans ce dernier cas, la condition en est imposée par l'inscription. (*Règl. Fin.*, page 181.)

NOTA. Voir, pour ce qui concerne le *payement des rentes*, le Titre VII, Chap. VI :

§ 2. — Pensions et Rentes viagères.

731. Les pièces justificatives d'après lesquelles les Payeurs opèrent le Payement des pensions et des rentes viagères dues par l'Etat, sont, *pour Paris*, les états d'arrérages arrêtés par le chef agent comptable du grand-livre, et *pour les départements*, les registres permanents où sont inscrits les titulaires de ces rentes et pensions. Il est produit, en outre, par ces derniers, un certificat constatant leur existence. Cet acte leur est délivré par un notaire. (*Règl. Fin.*, page 216.)

NOTA. Tout ce qui a rapport au payement des arrérages de rentes viagères et pensions, est indiqué au Titre X, Chapitre V.

SECTION III. — DÉPENSES DU MATÉRIEL.

732. Les dépenses du matériel pour lesquelles, aux termes de l'article 65 de l'ordonnance du 31 mai 1838, il est remis des pièces justificatives à l'appui des ordonnances ou mandats, sont notamment celles relatives : 1° aux *achats d'immeubles*; 2° aux *travaux de construction*, *d'entretien* et *de réparation* de bâtiments, de fortifications, de routes, de ponts et de canaux; 3° aux *achats de denrées et matières*; 4° aux *travaux de confection*, *d'entretien* et *de réparations d'effets mobiliers*; 5° aux *loyers d'immeubles et d'effets mobiliers*. Les pièces à produire pour appuyer les payements sont indiquées, suivant la nature de la dépense, par les nomenclatures annexées aux règlements ministériels. (Voir l'*Observation particulière*, page 161.) (*Ordon. 31 mai 1838, art.* 65.)

Art. 1er. — *Achats d'immeubles.*

§ 1er. — Dispositions générales.

733. Lorsqu'il a été fait des acquisitions, ou échanges, d'immeubles nécessaires au service des routes nationales et départementales, et que le prix de ces acquisitions ne dépasse pas 5,000 fr., il doit être produit, à l'appui du mandat de payement, une copie de l'arrêté du préfet rendu en conseil de préfecture autorisant l'achat. (*Loi du* 10 *mai* 1838, *art.* 29; *Règl. Trav. pub.* 1849, *art.* 8; *Circ. n°* 176; *Règl. Int., art.* 193.)

734. Si des terrains et immeubles, qui ont été acquis pour l'Etat ou pour les départements, sont d'une valeur supérieure à 5,000 fr., le payement n'est légalement fait qu'autant que le mandat est appuyé d'un décret qui a autorisé l'aliénation. (*Même loi et règl.*)

735. Sont exceptées, toutefois, de la disposition qui précède, les acquisitions de terrains ayant lieu pour cause d'utilité publique. (Voir n° 751 et suivants.) (*Loi du* 3 *mai* 1841.)

736. Lorsque des terrains nécessaires à des travaux de terrassement et de fortifications, exécutés par l'artillerie ou le génie militaire, et pour lesquels il n'y a pas déclaration d'utilité publique, sont acquis par l'Etat, une décision ministérielle autorisant l'achat est suffisante; elle est produite à l'appui du mandat de payement. S'il s'agit de travaux *d'urgence*, on doit représenter au Payeur le décret qui les a autorisés. (*Règl. Guerre,* pages 198 *et* 199.)

737. Les acquisitions d'immeubles, pour le service des *bâtiments civils*, sont soumises, quant aux pièces à produire pour en toucher le prix aux caisses du trésor public, savoir : aux dispositions de la loi du 3 mai 1841, s'il y a eu *déclaration d'utilité publique*, et, dans le cas contraire, aux règles du droit commun. (Voir, dans ce dernier cas, le § suivant). (*Règl. Trav. pub.,* page 121, *et Int.,* pages 58 *et* 230.)

738. Les acquisitions faites pour les édifices diocésains étant soumises aux règles du droit commun, les mandats destinés à en acquitter le prix, sont appuyés d'une expédition du décret d'auto-

risation et des pièces hypothécaires indiquées, pour les achats d'immeubles, au paragraphe ci-après. (*Règl. Cultes*, page 177.)

§ 2. — Acquisitions à l'amiable, sans que l'utilité publique soit déclarée. (Droit commun.)

739. Aucun mandat, ou ordonnance, ayant pour objet le payement du prix d'un immeuble acquis par l'Etat, ne peut être acquitté à une caisse du trésor, si l'ordonnateur ne l'accompagne d'une copie ou extrait du décret, ou ordonnance, qui a autorisé l'acquisition du terrain ou bâtiment vendu et en a approuvé le prix, sauf, toutefois, s'il s'agit de terrains et immeubles acquis pour le service des routes nationales ou départementales dont le prix ne dépasse pas 5,000 francs. Dans ce cas, c'est l'autorisation du préfet qui est produite. (*Rég. min*els. : *Int., art.* 62; *Cultes, art.* 206; *Trav. pub.* 1849, *art.* 8.)

740. Les mandats ou ordonnances de payement sont appuyés d'un contrat (T) de vente en forme, notarié ou administratif, passé par les personnes ayant qualité pour vendre, relatant les noms et prénoms de tous les vendeurs, la position (mariés, majeurs ou mineurs) de chacun d'eux, et mentionnant la transcription au bureau des hypothèques de l'arrondissement où le bien se trouve situé. (*Règl. min*els.)

741. Au contrat de vente, transcrit comme il est expliqué à l'article qui précède, le vendeur est tenu de joindre un certificat (T) délivré quinze jours après la transcription, par le conservateur des hypothèques, constatant que l'immeuble acquis n'est grèvé d'aucune hypothèque inscrite. (*Règl. Int.*, page 231.)

742. L'acquisition, dans cette circonstance, n'ayant pas lieu pour cause d'*utilité publique*, le prix n'en est payé qu'après que l'on a produit les pièces constatant que les formalités prescrites, pour la purge des hypothèques légales, par l'article 2194 du Code civil, ont été remplies. Ces pièces sont :

1° Le certificat (T) de dépôt du contrat au greffe pour y être affiché ;

2° L'exploit de notification (T) au procureur de la République et aux parties intéressées ;

3° Le certificat d'affiche pendant deux mois (T) ;

4° L'exemplaire certifié de la feuille d'annonces judiciaires du département, contenant l'insertion de l'exploit ;

5° Le certificat (T) du conservateur des hypothèques, constatant qu'aucune inscription n'a été requise sur l'immeuble acquis, pendant les deux mois de l'affiche du contrat dans l'auditoire du tribunal. (*Règl. min*els. : *Int.* page 231 ; *Cultes*, 177 ; *Guerre*, 199.)

743. Lorsqu'il s'agit du payement d'une indemnité pour prix de terrains dont le montant n'atteint pas 100 *francs*, il y a dispense des formalités de la purge des hypothèques légales et de toutes les autres formalités hypothécaires. (*Circ. C. G.* 25 *octobce* 1830, *n*° 64.)

744. La même exemption existe à l'égard des acquisitions faites à l'amiable pour le compte du ministère de la guerre, de biens dont la valeur n'excède pas 500 fr. ; seulement l'acte de vente doit être transcrit au bureau des hypothèques, et il doit être produit au Payeur un certificat négatif d'inscriptions, délivré dans la quinzaine de la transcription. (*Déc. du pouvoir exécutif* 30 *juillet* 1848 ; *Circ. n*° 167.)

745. Lorsque le certificat d'un conservateur des hypothèques, délivré quinze jours après la transcription d'un acte de vente, constate l'existence d'hypothèques *légales* ou *conventionnelles*, l'administration, au lieu de faire aux créanciers inscrits la notification prescrite par l'article 2183 du Code civil, peut poursuivre la mainlevée, en enjoignant au vendeur de faire lever les inscriptions, à défaut de quoi elle déposera le prix de la vente à la caisse des dépôts et consignations. Un arrêté du préfet prescrit et motive cette consignation. [1] (*Règl. Int.*, page 230 ; *Cultes*, 176 ; *Circ.* 17 *déc.* 1834, 20 *sept.* 1842 ; *Inst. gén. des Fin.* : *Circ. n*° 117.)

[1] Pour les acquisitions concernant le département de la guerre, la consignation s'opère sur la copie de l'ordre du ministre. (*Regl. Guerre*, *art.* 199.)

Pour celles relatives au département de la marine, on suit ce qui est prescrit pour le département de la guerre. (*Règl. Marine*, *page* 211.)

746. S'il s'agit d'une indemnité réglée à l'amiable avant jugement, pour *l'élargissement d'un chemin vicinal de grande communication*, ou pour *ouverture* ou *redressement*, les formalités à remplir, sont celles qui s'appliquent aux terrains acquis pour les routes nationales; on se conforme à ce que prescrit la loi du 3 mai 1841. (Voir plus loin le § 7 de cette section.)

747. Si la cession d'un immeuble a été faite par une commune, une fabrique, un hospice, ou tout autre établissement public, ou par le département, il est produit au Payeur, à l'appui du mandat, une copie du décret ou de l'ordonnance qui, après la délibération du conseil municipal, du conseil d'administration ou du conseil général, suivant le cas, a autorisé l'aliénation. (*Loi des* 17 *juillet* 1837, *art.* 46, *et* 10 *mai* 1838; *Ordon.* 31 *octobre* 1831.)

748. Quand la vente de l'immeuble est faite par le tuteur d'un mineur, même le père ou la mère, le mandat destiné à acquitter le prix de cette vente doit être appuyé de la délibération du conseil de famille, homologuée par le tribunal civil de l'arrondissement. (*Code civil*. *art*. 457.)

749. Lorsque la vente est consentie par un mari et sa femme, le mari doit justifier qu'il n'est pas marié sous le régime dotal; autrement, il aurait à prouver qu'il a fait le remploi régulier de la portion du prix de l'aliénation revenant à sa femme. La pièce à produire, pour cette justification, est le contrat de mariage, en forme, des époux, ou un certificat du notaire détenteur du contrat, ou, s'il n'existe pas de contrat, un acte de notoriété délivré par le maire [1]. (*Ar. de la Cour des Comptes* 1838; *Lettre de la Compt. générale* 30 *déc.* 1842.)

749 *bis*. Dans le cas où l'immeuble aliéné est un bien personnel de la femme, le contrat de vente à passer avec l'administration, ne peut être fait sans le concours de cette femme; mais le recouvrement du prix stipulé étant une des actions mobilières que le Code civil laisse le soin au mari d'exercer seul, il peut, seul, quittancer

[1] Dans les ventes d'immeubles dotaux, pour cause d'utilité publique, l'autorisation d'accepter les offres de l'administration est donnée par le tribunal civil. (*Règl. Trav. pub.*, page 121.)

le mandat comme administrateur de la communauté, si le contrat de mariage, qui doit être représenté, ne contient aucune disposition qui s'y oppose. (*Lett. du sous-secrét. d'Etat des Fin.*, 8 *juillet* 1850.)

750. Dans les cas où l'administration forestière est appelée à acquérir soit des maisons pour le logement des gardes, soit des scieries, soit des terrains, on doit produire, pour obtenir le prix de ces acquisitions faites de gré à gré, les pièces exigées pour le droit commun. (Voir le *Règl. Fin.*, page 292.)

§ 3. — Acquisitions d'immeubles après l'utilité publique déclarée. (Législation spéciale.)

751. Les pièces à produire pour obtenir le prix des acquisitions faites pour cause *d'utilité publique*, de terrains ou bâtiments nécessaires à la construction des routes nationales ou départementales, ponts, canaux, chemins vicinaux de grande communication [1], sont celles exigées par loi spéciale du 3 mai 1841, selon qu'on a suivi l'un des trois modes ci-après :

1° Acquisitions à l'amiable avant le jugement d'expropriation ;

2° Conventions amiables après le jugement d'expropriation ;

3° Indemnités réglées par le jury après le jugement d'expropriation. (*Règl. Trav. pub.*, page 121 *et suiv.*; *Circ. du* 4 *mai* 1844, *n°* 141, *et* 13 *octobre* 1846, *n°* 160.)

§ 4. — Acquisitions avant le jugement d'expropriation.

Celles dont le prix de vente n'excède pas 500 fr.

752. Lorsque le prix d'une acquisition de terrains nécessaires pour la construction d'une route, d'un pont, etc., ne dépassant pas 500 francs, l'autorisation d'acquérir a été donnée par le préfet (Voir n° 733); une copie de l'arrêté préfectoral qui a autorisé l'achat, doit appuyer le mandat de payement. (*Loi du* 10 *mai* 1838, *art.* 29; *Règl. Trav. pub.* 1849, *art.* 8; *Circ. n°* 176.)

[1] Voir, pour les chemins vicinaux de grande communication, le § 7 ci-après.

753. Dans le cas où l'administration croit devoir faire usage, à l'occasion d'une acquisition de terrains dont le prix est inférieur à 500 francs, de la faculté que lui donne l'article 19 de la loi du 3 mai 1841, de ne pas remplir les formalités hypothécaires, la mention de cette dispense doit être inscrite sur le mandat de payement. (*Règl. Trav. pub.*, page 121.)

754. Les pièces à joindre au mandat de payement pour en justifier la légalité, sont :

1° Le certificat de l'ingénieur, rappelant la date de l'approbation du projet;

2° La copie de l'arrêté du préfet autorisant l'acquisition ;

3° La copie du contrat de vente [1] indiquant la route pour laquelle l'acquisition est faite. (*Règl. Trav. pub.*, page 121.)

755. Afin de fortifier l'authenticité des actes qui doivent être passés avec une personne illettrée, il est prescrit au préfet, de s'adjoindre un conseiller de préfecture pour la passation des actes de cette nature. (*Circ.* 25 *juillet* 1839, *n°* 113.)

756. Lorsque le vendeur n'est pas l'individu dénommé à la matrice des rôles, le contrat d'acquisition doit indiquer comment la propriété est passée du propriétaire désigné à la matrice des rôles, à celui qui consent la vente. En cas d'inexactitude à la matrice, c'est au vendeur à prouver l'erreur ou l'inexactitude, par la production d'un acte authentique. Le certificat du maire supplée cet acte. Les justifications, ainsi données, sont énoncées au contrat. (*Règ. Trav. pub.*, page 121.)

757. S'il s'agit de biens de *mineurs*, d'*interdits*, d'*absents* et autres incapables, le tuteur ou curateur, au moyen d'une autorisation du tribunal, peut accepter les offres de l'administration. Le contrat la rappelle. Il en est de même pour les immeubles *dotaux*, et pour ceux dépendant d'un *majorat*; pour les biens *des communes*, des *établissements publics* et des *départements*; le contrat, dans ce cas, doit mentionner l'autorisation donnée par le conseil muni-

[1] Tous les actes ayant pour objet la transmission des biens pour cause d'utilité publique, sont visés pour timbre et enregistrés gratis. (*Loi du* 3 *mai* 1841, *art.* 53.)

cipal, le conseil d'administration, ou le conseil général, au maire, aux administrateurs, et au préfet, d'aliéner les immeubles. Une copie de l'autorisation donnée est remise au Payeur. *(Loi du 3 mai 1841, art. 13; Règl. des Trav. pub., page 121.)*

NOTA. Pour les maris et femmes vendeurs, ayant à établir qu'ils ne sont pas mariés sous le régime dotal, voir n° 749.

758. Lorsqu'une inscription hypothécaire, ou tout autre obstacle, s'opposant à la remise des deniers entre les mains d'un vendeur, la somme due par l'État doit être versée à la caisse des dépôts et consignations, l'arrêté du préfet qui a prescrit la consignation et indiqué le lieu où le versement devait être fait, est remis en double expédition au Payeur. Le récépissé de versement est ensuite annexé au mandat. *(Règl. Trav. pub., page 121.)*

Celles dont le prix de vente excède 500 fr.

759. Lorsque le prix des acquisitions de biens dépasse 500 fr., ce prix n'est payé qu'autant que le mandat de l'ordonnateur est appuyé des pièces justificatives ci-après.

1° Le certificat de l'ingénieur rappelant la date de l'approbation du projet des Travaux;

2° La copie ou extrait de la décision ministérielle autorisant à traiter si la somme est supérieure à 5,000 fr.; l'arrêté d'approbation du préfet pour les sommes de 5,000 fr. et au-dessous;

3° La copie du contrat d'acquisition mentionnant la transcription, au bureau des hypothèques, de la situation, et indiquant la route pour laquelle l'acquisition est faite;

4° Le certificat du maire constatant la publication du contrat dans la commune où le bien est situé;

5° L'extrait du journal dans lequel le contrat a été inséré;

6° Le certificat du conservateur des hypothèques, délivré quinze jours après la transcription, indiquant s'il existe, ou non, des inscriptions sur les propriétaires et usufruitiers désignés au contrat, et des certificats de radiation si des inscriptions existantes ont été radiées;

NOTA. L'inscription d'office, prise contre l'Etat, n'empêche pas le payement.

7° Le certificat du préfet, délivré huit jours après les publications et affiches, constatant qu'aucun tiers ne s'est fait connaître à l'administration comme intéressé au règlement de l'indemnité. (*Loi du 3 mai* 1841, *art.* 21 ; *Règl. Trav. pub.* 1843, page 121 ; *Règl. Trav. pub.* 1849, *art.* 8.)

NOTA. Si, par suite d'inscriptions hypothécaires ou toute autre cause, le prix de vente doit être consigné, voir n° 758.

A l'égard des biens appartenant à des mineurs, des interdits, des communes, hospices, etc., voir n° 757.

Si le vendeur n'est pas l'individu dénommé à la matrice des rôles, voir n° 756.

§ 5. — Conventions amiables après le jugement d'expropriation.

760. Lorsque la vente des immeubles est faite *à l'amiable* après jugement d'expropriation, le prix de cette vente n'est acquitté qu'après qu'il a été produit au Payeur les pièces ci-après [1] :

1° Certificat de l'ingénieur, motivant le payement des intérêts, s'il en est dû ;

2° Copie ou extrait du jugement d'expropriation, relatant la mention de la transcription, et énonçant la date de la notification au propriétaire [2] ;

3° Certificat du maire, constatant que le jugement a été publié

[1] Le règlement du ministre *de l'Intérieur* établit, pour ces ventes à l'amiable après jugement, des dispositions différentes de celles que ce § indique ; mais, d'après la circulaire du 4 mai 1844, n° 141, et celle du 19 octobre 1846, n° 159, ce sont les pièces ici mentionnées que le Payeur devait exiger. (*Lettre de la Compt. gén. des 24 février* 1846 *et* 4 *juin* 1847.)

[2] D'après la loi du 3 mai 1841, art. 20, il y aurait à justifier, par un certificat du greffier, qu'il n'y a pas eu de pourvoi en cassation ; mais, comme ce jugement ne peut être attaqué que pour cause d'incompétence, le règlement des *Travaux publics* n'exige pas cette pièce, et la Comptabilité générale a, par lettre du 4 juin 1847, décidé qu'on ne devait pas la demander.

dans la commune de la situation, en vertu de l'article 15 de la loi du 3 mai 1841 ;

4° Extrait du journal dans lequel le jugement a été inséré ;

5° Copie ou extrait de l'autorisation *du ministre*, pour traiter, si la somme dépasse 5,000 francs; *du préfet*, si elle n'excède pas 5,000 francs ;

6° Copie ou extrait du contrat, contenant règlement de l'indemnité [1];

7° Certificat du conservateur des hypothèques, délivré quinze jours, au moins, après la transcription, indiquant s'il existe ou non des inscriptions sur les propriétaires et usufruitiers désignés; (L'inscription d'office n'empêche pas le payement.)

8° Si le certificat indique des inscriptions qu'on ait fait radier, le certificat du conservateur constatant ces radiations ;

9° Certificat du préfet, délivré huit jours, au moins, après les publications et affiches, constatant qu'aucun tiers ne s'est fait connaître à l'administration comme intéressé au règlement de l'indemnité. (*Loi du* 3 *mai* 1841, *art.* 21 ; *Règl. Trav. pub.* 1843, page 123 ; *Trav. pub.* 1849, *art.* 8.)

NOTA. Si les deniers ne pouvant être versés au propriétaire, doivent être consignés, voir n° 758.

Dans le cas où le prix de vente étant inférieur à 500 francs, l'administration ne juge pas nécessaire de remplir les formalités d'hypothèques, voir n° 753.

761. Quand la convention amiable passée après jugement d'expropriation, est faite avec une personne autre que celle établie dans le jugement d'expropriation, la convention approuvée par l'administration doit établir la cause de ce changement. (*Règl. Trav. pub.*, page 121.)

NOTA. Si l'immeuble cédé à l'amiable appartient à des mineurs, interdits, ou absents, ou s'il s'agit de biens de communes, d'hospices ou de dé-

[1] L'acte, suivant le règlement de l'Intérieur, doit constater que les titres établissant la possession ont été représentés; mais il a été reconnu, par lettre de la Comptabilité générale du 4 juin 1847, que cette disposition ne devait pas être appliquée.

partement, le contrat mentionne l'autorisation donnée d'accepter les offres de l'adminisiration. (Voir n° 757.) (*Règl. Trav. pub.*, page 121.) (Pour les justifications concernant les biens dotaux, voir n° 749.)

§ 6. — Refus des offres. — Indemnités réglées par le jury,

762. Lorsque les offres faites par l'administration aux propriétaires dépossédés ayant été rejetées, le jury a été appelé à fixer le montant de l'indemnité à allouer, le payement de cette indemnité est effectué, quand les pièces suivantes ont été produites au Payeur :

1° Le certificat de l'ingénieur, motivant le payement des intérêts lorsqu'il en est dû, et en établissant le décompte ;

2° Copie ou extrait du jugement d'expropriation, relatant la mention de la transcription, et énonçant la date de la notification [1]; (Voir, pour la dispense des formalités hypothécaires, n° 753.)

3°. Certificat du conservateur des hypothèques délivré quinze jours, au moins, après la transcription, indiquant s'il existe, ou non, des inscriptions sur les propriétaires et usufruitiers énoncés dans la décision du jury ;

NOTA. L'inscription d'office n'empêche pas le payement.

4° Certificat du maire, constatant que le jugement a été publié dans la commune de la situation ;

5° Copie ou extrait de la décision du jury, suivie de l'ordonnance d'exécution, qui fixe l'indemnité d'expropriation ;

6° Si le certificat du conservateur constate des inscriptions, un certificat attestant leur radiation. (*Règl. Trav. pub.*, page 123.)

NOTA. Dans le cas où les inscriptions continuent de subsister; ou si le propriétaire dépossédé refuse de recevoir l'indemnité, nonobstant les offres à lui faites; ou si l'administration a contesté le droit de l'exproprié à une indemnité; ou, enfin, si un obstacle quelconque s'oppose

[1] Le règlement de l'intérieur (page 233) veut qu'on remette au Payeur un certificat du greffier, constatant qu'il n'y a pas eu pourvoi dans les trois jours; il a été reconnu que le règlement des travaux publics n'exigeant pas cette pièce, on pouvait cesser de la demander. (*Lettre de la Compt. générale 4 juin 1847.*)

au versement des deniers entre les mains du propriétaire dépossédé, et que pour l'une ou l'autre de ces causes, l'indemnité réglée par le jury doive être consignée, voir, pour cette consignation, n° 758.

763. Les autorisations à donner par les tribunaux et par les conseils municipaux d'administration ou généraux, lorsqu'il s'agit d'acquisitions de biens de mineurs, d'interdits ou d'incapables, pour en accepter le prix, ne sont pas exigées par le Payeur lorsque l'indemnité est fixée par le jury; les droits des incapables étant, dans ce cas, sauvegardés par le jugement. (*Inst. min[les].*)

§ 7 Acquisitions de terrains pour chemins vicinaux de grande communication.

764. Les dépenses relatives aux acquisitions de terrains pour chemins vicinaux de grande communication, se distinguent de la manière suivante :

1° Acquisitions de terrains, faites à l'amiable, en cas *d'élargissement* des chemins ;

2° Indemnité réglée par voie d'expertise, pour le même objet ;

3° Acquisitions, de gré à gré, pour *ouverture* ou *redressement* des chemins, l'utilité publique étant déclarée ;

4° Expropriations, ayant pour objet *l'ouverture* ou le *redressement* des chemins.

Sauf quelques exceptions qui sont ci-après indiquées, les pièces justificatives destinées à appuyer ces dépenses, sont celles exigées par la loi du 3 mai 1841, et par le règlement des travaux publics de 1843. (*Circ. 4 mai 1844, n° 141, et 19 octobre 1846, n° 159; lettre C. G. des 24 février 1846 et 4 juin 1847.*)

Acquisitions à l'amiable pour élargissement des chemins.

765. Les pièces à produire au Payeur, à l'appui d'un payement soldant le prix d'acquisition de terrains cédés à l'amiable à l'administration, pour *élargissement de chemins* vicinaux de grande communication, sont :

1° L'arrêté du préfet attribuant le sol au chemin, désignant les parcelles et contenant l'offre d'indemnité ;

2° La convention amiable (T), relatant la mention de la transcription au bureau des hypothèques de l'arrondissement ; (Voir, pour la dispense des formalités hypothécaires n° 753.)

3° Le certificat du maire, constatant que le contrat a été publié dans la commune de la situation des biens ;

4° Le certificat du conservateur des hypothèques, délivré quinze jours, au moins, après la transcription, indiquant s'il existe, ou non, des inscriptions hypothécaires sur le propriétaire ;

5° Le certificat du préfet délivré huit jours, au moins, après les publications et affiches, constatant qu'aucun tiers ne s'est fait connaître à l'autorité administrative, comme intéressé au règlement de l'indemnité ;

6° S'il existe des inscriptions, le certificat du conservateur, attestant qu'elles ont été radiées. (*Règl. Int.*, page 293 ; *des Trav. pub.*, page 121 ; *Circ. 4 mai* 1844, *n°* 141, *et* 19 *octobre* 1846, *n°* 159 ; *Lettre C. G. 4 juin* 1847.)

NOTA. Dans le cas où, par suite d'inscriptions hypothécaires, ou pour toute autre cause, la somme à payer doit être consignée, voir n° 758.

Pour le cas où la vente est faite par des mineurs, des interdits, des communes, hospices, etc., voir n° 757.

Indemnité réglée par voie d'expertise.

766. Dans le cas où l'indemnité offerte pour l'élargissement d'un chemin vicinal, est trouvée insuffisante par le propriétaire, elle est réglée par voie d'expertise par le juge de paix. La convention amiable est alors remplacée par une copie, ou extrait, de la décision qu'a rendue ce magistrat sur le rapport des experts. (*Règl. Int.* page 293.)

767. Les pièces à produire, dans ce cas, au Payeur, à l'appui des mandats, sont :

1° L'arrêté du préfet attribuant le sol au chemin, désignant les parcelles et contenant l'offre de l'indemnité ;

2° La copie, ou extrait, de la décision du juge de paix, rendue sur le rapport des experts (T) ;

3° Les formalités hypothécaires. (Comme à la page 193, n° 765, pour les indemnités à l'amiable.)

NOTA. Il est permis de viser pour timbre, et d'enregistrer *gratis*, tous les actes relatifs aux acquisitions et à l'expropriation des terrains ayant pour objet le service des chemins vicinaux de grande communication. (*Arrêts de cassation du* 21 *août* 1838; *Circ.* 13 *octobre* 1846, *n°* 159.)

Acquisitions de gré à gré pour ouverture ou redressement des chemins.

768. L'acquisition des terrains nécessaires à *l'ouverture* ou au *redressement* des chemins vicinaux de grande communication, est soumise aux dispositions combinées des lois des 21 mai 1836, et 3 mai 1841. Les mandats de payement doivent être appuyés des pièces ci-après, savoir :

1° La délibération du conseil général;

2° L'arrêté d'autorisation du préfet,

3° La copie, ou l'extrait (T), de la Convention passée avec le propriétaire;

4° La transcription du contrat, et sa publication, si le prix excède 500 fr.; dans la forme établie au n° 765, page 193, 3°, 4°, 5° et 6°. (En cas de dispense des formalités hypothécaires pour les ventes d'un prix inférieur à 500 fr., voir n° 753). (*Règl. Int.,* page 295; *Trav. pub.,* page 121; *Circ.* 4 *mai* 1844, *n°* 141, *et* 14 *octobre* 1846, *n°* 159; *Lettre C. G.* 4 *juin* 1847.)

NOTA. S'il existe des inscriptions; si des tiers ont fait notifier leurs prétentions, etc., voir n° 758; et si la propriété appartient, en tout ou en partie, à des mineurs, interdits, absents, aux communes, hospices, etc., Voir n° 757.

Expropriations ayant pour objet l'ouverture ou le redressement des chemins de grande communication.

769. Quand il y a lieu d'exproprier des terrains reconnus nécessaires au service des chemins vicinaux de grande communication, les mandats délivrés par les préfets, et qui ont pour objet de faire obtenir au propriétaire dépossédé le payement du prix de ces terrains, doivent être appuyés des pièces ci-après indiquées :

Dans le cas où les offres sont acceptées :

1° La délibération du conseil général;

2° L'arrêté d'autorisation du préfet;

3° La copie, ou extrait, du jugement d'expropriation, mentionnant la transcription au bureau des hypothèques de la situation des biens [1] ;

4° Le certificat du maire, constatant que le jugement a été publié dans la commune de la situation des biens ;

5° L'extrait du journal dans lequel le jugement a été inséré ;

6° La copie, ou extrait, de la décision du ministre, autorisant à traiter avec le propriétaire si la somme dépasse 5,000 fr. ; du préfet, si cette somme n'excède pas 5,000 francs ;

7° La copie, ou extrait, du contrat réglant l'indemnité ;

8° Le certificat du conservateur des hypothèques délivré, quinze jours, au moins, après la transcription, indiquant s'il existe des inscriptions contre le vendeur (ou un certificat de radiation, s'il existe des inscriptions) ;

9° Le certificat du préfet, délivré huit jours, au moins, après les publications et affiches, constatant qu'aucun tiers ne s'est fait connaître comme interressé. (*Règl. Int.*, page 295 ; *Règl. Trav. pub.*, 1843, page 121, *et Trav. pub.* 1849, *art.* 8 ; *Circ.* 4 *mai* 1844, *n°* 141, *et* 19 *octobre* 1846, *n°* 159 ; *Lettre C. G.* 4 *juin* 1847.)

NOTA. Pour la dispense des formalités hypothécaires, dans le cas ou la somme à payer ne dépasse pas 500 fr., voir n° 753.

770. Lorsque la convention passée après le jugement d'expropriation, est faite avec une personne autre que celle nommée dans le jugement, la cause de ce changement doit être établie dans la convention présentée au Payeur. (*Règl. Trav. pub.*, page 123.)

NOTA. Dans le cas où l'immeuble appartient en tout, ou en partie, à des mineurs, des interdits, des communes, hospices, etc., voir n° 757.

Si les offres ont été refusées.

771. Si les offres de l'administration, n'ayant pas été acceptées, l'indemnité est réglée par le jury, le mandat délivré à la partie doit être appuyé des pièces énoncées ci-après, savoir :

[1] D'après une lettre de la Comptabilité générale du 4 juin 1847, il n'y pas lieu à réclamer le certificat de non-pourvoi.

1° La délibération du conseil général;

2° L'arrêté d'autorisation du préfet;

3° La copie, ou extrait, du jugement d'expropriation, mentionnant la transcription au bureau des hypothèques [1]; (si l'indemnité fixée par le jury n'excède pas 500 francs, et que l'administration le juge convenable, elle ne remplit pas les formalités hypothécaires.) (Voir n° 753.)

4° Le certificat du conservateur des hypothèques, délivré quinze jours, au moins, après la transcription, constatant qu'il n'existe point d'inscriptions;

5° S'il existe des inscriptions qu'on ait fait radier, le certificat du conservateur des hypothèques constatant la radiation;

6° La copie, ou extrait, de la décision du Jury, fixant l'indemnité [1]. (*Règl. Int.*, page 295; *Trav. pub.*, page 123; *Lois des* 21 *mai* 1826, *et* 3 *mai* 1841; *Circ.* 4 *mai* 1844, *n°* 141, *et* 19 *octobre* 1846, *n°* 159.)

NOTA. S'il existe des inscriptions sur le bien exproprié qui s'opposent au payement, ou tout autre obstacle quelconque, on suit ce qui est indiqué aux articles précédents. Voir n° 758.

S'il s'agit de mineurs, interdits, communes ou autres incapables, voir n° 757.

D'après le Règl. intérieur, page 295, il y avait à produire un arrêté du préfet, certifiant *la représentation des titres;* par une lettre du 4 juin 1847, le Direct. de la Compt. Gén., a fait observer que le Règl. des Travaux pub. n'exigeant pas cette représentation, on devait cesser de la demander.

§ 8. — Chemins vicinaux. — Travaux d'ouverture et d'élargissement.

Travaux à l'entreprise.

772. Lorsque les travaux d'ouverture et d'élargissement des chemins vicinaux de grande communication ont été effectués, et que le payement en est réclamé, les pièces à produire par les adjudicataires

[1] Le certificat de non-pourvoi n'est pas exigé. (*Lettre de la C. G.* 4 *Juin* 1847.)

ou soumissionnaires, à l'appui des mandats à eux délivrés, sont, selon qu'il s'agit d'un premier à-compte sur le prix de l'adjudication, ou qu'il est payé un à-compte subséquent, ou que la partie intéressée touche un solde, celles exigées par la nomenclature annexée au règlement des travaux publics, pour ces sortes de payements. (*Circ. 4 mai* 1844, *n*° 141 ; *Lettres de la Compt. Gén.* 4 *juin* 1847).

773. Si une entreprise relative à la confection des chemins vicinaux a plus d'une année de durée, il est remis au Payeur, avant le 1er mars, un état dressé par l'ingénieur ou le voyer en chef, présentant la situation de l'entreprise à la fin de l'année. (*Circ.* 4 *mai* 1844, *n*° 141; *Arrêt de la Cour des C.* 1844.)

§ 9. — Chemins vicinaux. — Travaux en régie.

774. Lorsque, à défaut de soumissionnaire, ou a raison de la nature des travaux, ou pour toute autre cause, les travaux d'ouverture ou d'élargissement des chemins vicinaux sont faits en régie, les mandats délivrés pour obtenir des avances du trésor ne sont payés qu'autant qu'ils sont accompagnés de l'arrêté pris par le préfet, pour accréditer le régisseur auprès du Payeur. (*Circ.* 4 *mai* 1844, *n*° 141; *et Règl. int.*, *art.* 111). (Voir, au présent titre, le chapitre XIII, qui concerne les avances pour des services régis par économie.)

775. Si des travaux à la tâche présentent quelque importance, ils sont mandatés individuellement au nom des ayant-droit, sur les certificats de proposition de l'ingénieur. (*Règl. Trav. pub.*, page 114.)

776. Lorsque, dans les dépenses des services en régie, il se trouve compris des fournitures d'ustensiles, d'instruments ou d'outils, les factures ou mémoires ne sont admis, qu'autant qu'ils contiennent la mention de la prise en charge de ces objets, avec indication du numéro d'inscription à l'inventaire. (*Règl. ministère de l'Intérieur*, page 253; *Arrêts de la cour des C.*, 1845, 1846, 1847).

§ 10. — Honoraires d'avoués. — Salaires des conservateurs et frais judiciaires.

NOTA. Les dispositions relatives aux *honoraires d'avoués*, aux *salaires des conservateurs*, et aux *frais judiciaires*, pour achats d'immeubles, sont réunies au Titre V : *Liquidation des dépenses*, nos 445 et suiv.

§ 11. — Intérêts sur prix d'acquisitions de terrains ou sur indemnité de dépossession.

777. Lorsque, dans une acquisition de terrains, pour le service des routes, ponts, etc., les intérêts revenant au vendeur n'ont pas été réglés avec le prix principal de la vente, ces intérêts lui sont payés séparément, sur la production des pièces ci-après désignées :

1° Le décompte d'intérêts établi par l'ingénieur ;

2° L'extrait du contrat, ou de la décision, constatant la somme sur laquelle les intérêts sont dus. (*Règl. Int.*, pages 235, 271 ; *Règl. Trav. pub.*, page 124.)

§ 12. — Prise de possession d'immeubles par urgence.

778. Quand il y a urgence de prendre possession de terrains à exproprier, l'urgence est déclarée par le pouvoir exécutif. La somme offerte par l'administration, et que le tribunal de première instance indique, est consignée à la caisse des dépôts et consignations avant l'envoi en possession. Les pièces à produire à l'appui du mandat, sont :

1° Le certificat de l'ingénieur, relatant la date de l'ordonnance ou du décret ;

2° La copie, ou extrait, du jugement fixant la somme à consigner ;

3° L'arrêté du préfet, en double expédition, prescrivant la consignation à effectuer ;

4° Le récépissé de l'agent de la caisse des consignations. (*Loi du 3 mai* 1841, *art.* 65 ; *Règl. Trav. pub., art.* 113 *et suivants*, *et* page 127.)

§ 13 — Cessions consenties après la prise de possession des immeubles par urgence.

Si la consignation est supérieure à la somme à payer.

779. Lorsque la somme consignée à la caisse des dépôts et consignations, par suite d'une prise de possession d'immeubles par urgence, est supérieure à celle à payer au propriétaire, le mandat destiné à payer le prix des terrains est appuyé des pièces ci-après :

1° Le certificat de l'ingénieur, établissant le décompte des intérêts ;

2° La copie, ou extrait, du jugement, mentionnant la transcription aux hypothèques ; (Voir, pour la dispense de ces formalités, n° 753.)

3° L'extrait de la décision ministérielle, qui autorise à traiter pour les sommes dépassant 5,000 francs, ou de la décision du préfet pour ce qui n'excède pas 5,000 francs ;

4° La copie, ou extrait, de l'acte passé avec le propriétaire ;

5° Le certificat du maire, constatant la publication du jugement ;

6° L'extrait du journal dans lequel le jugement a été inséré ;

7° Le certificat du conservateur des hypothèques, délivré quinze jours après la transcription ;

8° Le certificat du préfet, délivré huit jours après les publications et affiches, constatant qu'aucun tiers ne s'est fait connaître ; (*Loi du* 3 *mai* 1841, *art.* 21, § 2 ; *Règl. des Trav. pub., art.* 113 *et suivants, et* page 127.)

9° L'arrêté du préfet, en double expédition, ordonnant la conversion, en consignation définitive, de la portion de la consignation provisoire égale à la somme due au propriétaire ;

10° La déclaration de l'agent de la caisse des dépôts et consignations, constatant cette conversion ;

11° La déclaration du receveur général, constatant le reversement de l'excédant de la consignation provisoire. (*Règl. Trav. pub., art.* 114 *et suivants, et* page 127.)

NOTA. Le règlement prévoit le cas où la somme à payer est *égale* à la somme consignée, et celui où elle est *supérieure*. Voir ce règl. page 129.

§ 14. — Inscription d'office.

780. Les préfets ont à veiller à ce que le ministère public invite le tribunal, lorsqu'il s'agit d'expropriations d'immeubles, à prononcer la dispense de l'inscription d'office contre l'Etat. Les conservateurs, lorsqu'une disposition d'un jugement ou d'un contrat les en dispense, sont autorisés à ne pas prendre cette inscription. (*Règl. Int.*, page 233; *Circ.* 16 *décemb.* 1842, *n°* 125.)

780 *bis*. Si, pour n'avoir pas suivi ce qui est rappelé en l'article précédent, une inscription a été prise d'office sur le bien acquis par l'Etat, le Payeur peut, néanmoins, payer le prix d'acquisition. (*Règl. Trav. pub.*, page 121; *Lettre C. G.* 4 *juin* 1847.)

781. Les inscriptions sont radiées, par les conservateurs des hypothèques, sur la présentation, soit de la quittance qui constate le payement, soit d'un acte de main-levée; l'acte de radiation représenté au Payeur est joint au mandat de payement. (*Règl. Tr. pub.*, p. 121.)

Art. 2. — *Achats de denrées et matières.*

782. Lorsque des achats de denrées et matières ayant été effectués pour le service de la guerre ou celui de la marine, en vertu d'adjudications ou de marchés, l'Etat doit en acquitter le prix aux adjudicataires ou fournisseurs, il est produit au Payeur, à l'appui des ordonnances et mandats, les diverses pièces qu'indiquent les nomenclatures jointes aux règlements ministériels, selon qu'il s'agit d'un *premier à-compte*, d'*à-compte subséquents*, ou de *payements pour solde*. (*Règl. Guerre*, pages 164 *et suiv.*; *Marine*, pages 200 *et suiv.*) (Voir l'*Observation particulière* mise à la page 161.)

783. Aucun payement ne pouvant être fait à un adjudicataire, ou fournisseur, avant qu'il n'ait été fourni un cautionnement pour répondre de l'exécution des conditions des marchés, les pièces qui justifient légalement de la réalisation de cette garantie, doivent être produites au Payeur lors du payement du mandat de *premier à-compte*. (*Circ.* 4 *mai* 1844, *n°* 141, *et Règl. min*^els^.) (Voir les dispositions concernant les *cautionnements*, à la page 206.)

Art. 3. — *Travaux de constructions et de réparations, de bâtiments, de routes, ponts, etc.*

784. Les travaux de constructions et de réparations, dont le payement, pour être effectué aux caisses du trésor, doit être appuyé de pièces justificatives, sont ceux faits aux bâtiments et édifices nationaux et départementaux; ceux d'entretien des routes, les ouvrages d'art et les travaux neufs de toute nature, adjugés avec publicité et concurrence, conformément aux ordonnances des 10 mai 1829 et 4 décembre 1836. (Voir nos 478 et suivants.) (*Règl. Int.*, pages 228, 250 *et* 268; *Trav. pub.*, page 108.)

785. Quand un entrepreneur met la main à l'œuvre pour commencer ses travaux, il reçoit du préfet du département, une expédition en forme du procès-verbal d'adjudication, du devis et du détail estimatif; lors du dernier payement qui lui est fait pour son entreprise, il est tenu de remettre ces pièces au Payeur. Elles sont jointes au mandat de solde. (*Clauses et conditions de* 1833; *Règl. Int.*, page 271; *Trav. pub.*, page 111.)

786. Lorsque les travaux d'un entrepreneur, ou soumissionnaire, sur les routes, ponts, etc., sont achevés, il est procédé à leur réception provisoire; la réception définive n'a lieu qu'après l'expiration du délai de garantie. Ce délai est de *trois mois* après la réception, pour les travaux d'entretien; de *six mois*, pour les terrassements et les chaussées d'empierrement; et de *un* ou *deux ans* (suivant les conditions du devis), pour les ouvrages d'art. L'entrepreneur est appelé aux réceptions. Le procès-verbal est joint aux pièces produites pour le payement de solde. (*Idem, art.* 35, 38, *et Règl. ci-dessus.*)

787. Les procès-verbaux de réception, les états de situation, et autres pièces analogues, sont communiqués à l'entrepreneur et acceptés par lui. En cas de refus, il déduit ses motifs dans les dix jours qui suivent la présentation des pièces; passé ce délai, ces pièces sont censées acceptées. Le procès-verbal de présentation y est annexé; le tout est joint au mandat de solde. (*Clauses et conditions gén.*, *art.* 32.)

788. Les entrepreneurs et fournisseurs n'obtiennent le payement des ordonnances, ou mandats, délivrés à leur profit, qu'autant qu'ils produisent, à l'appui, les pièces justificatives indiquées, suivant la nature des dépenses et selon qu'il s'agit d'un à-compte ou d'un solde, aux nomenclatures jointes aux règlements ministériels. (Voir l'*Observation particulière* qui se trouve à la page 161.)

789. Lorsque, par suite de circonstances particulières, il n'y a pas eu d'adjudication publique, et que l'administration a accepté une soumission isolée, toutes les dispositions du règlement, en ce qui concerne les travaux aux prix du devis, ou d'adjudication, ou les dépenses imputables sur la somme à valoir, reçoivent leur entière application ; dès-lors, les pièces à produire à l'appui des ordonnances et mandats de payement, au sujet de cette soumission, sont celles qu'indiquent les nomenclatures ministérielles. (*Règ. Trav. pub.* 1843, page 112.)

Art. 4. — *Travaux exécutés par l'administration des forêts.*

Frais d'abatage et de façonnage des coupes.

790. L'administration des forêts fait exploiter, par entreprise sur soumission, ou par économie, les coupes qui doivent débarrasser le sol des brins malvenants et surperflus, et aussi les coupes qui, aux ventes publiques, n'ont pas trouvé d'adjudicataires. Ces travaux sont autorisés par le ministre des finances, quand leur prix excède 500 francs. (*Règl. Fin.*, page 288.)

791. Les mandats ayant pour objet le payement de ces dépenses, ne sont visés ou acquittés par le Payeur, qu'autant que l'ordonnateur les a appuyés des pièces indiquées à la nomenclature jointe au règlement du ministère des finances du 26 janvier 1846, et formalisées comme cette nomenclature l'indique. (*Même Règl.*) (Voir l'*Observation particulière* qui se trouve à la page 161.)

Travaux d'entretien et d'amélioration.

792. Les travaux d'entretien et d'amélioration dans les forêts (maisons de gardes, scieries, chemins, ponts, fossés, etc.), faits

par suite d'adjudication ou de soumission, sont préalablement autorisés par le ministre ou par le directeur général de l'administration, dans les limites déterminées par les ordonnances et règlements. Si ces travaux ne sont pas de nature à être adjugés ou soumissionnés, ils peuvent être exécutés en régie. (*Règl. Fin.*, page 290.)

793. Les conservateurs des forêts, ordonnateurs secondaires, sont autorisés à délivrer des mandats d'à-compte jusqu'à concurrence des cinq sixièmes du service fait. Les pièces à produire à l'appui, soit des mandats du premier à-compte, soit de ceux de payement de solde (comme pour payement intégral), et celles concernant les travaux en régie, sont indiquées dans la nomenclature qui accompagne le règlement ministériel du 26 janvier 1846. (*Idem.*)

NOTA. La même nomenclature fait connaître quelles sont les pièces qui doivent appuyer les mandats de payement relatifs : 1° aux frais de délimitation et de bornage; 2° aux frais d'aménagement; 3° aux dépenses du matériel de l'école forestière; 4° au rachat des droits d'usage; 5° aux frais de cantonnement des usagers; 6° aux frais d'arpentage des coupes de bois. *Idem.*, pages 292 et 293.

Art. 5.— *Achat, confection et réparation d'objets mobiliers.*

794. Les achats d'objets mobiliers, au compte du trésor, pour les archevêchés, évêchés, préfectures, palais de justice, etc., sont préalablement soumis à l'approbation du ministre compétent, excepté, toutefois, lorsqu'il s'agit de l'ameublement des tribunaux, et que la dépense ne s'élève pas à plus de 5,000 francs; dans ce cas, le préfet approuve la dépense. Les décisions sont jointes aux mandats. (*Règl. Int., art.* 200; *Cultes, art.* 204 *et* page 172.)

795. L'autorisation du ministre est nécessaire également, et doit aussi être produite, quand il est question de l'emploi des sommes votées pour réparations *extraordinaires* des mobiliers de préfecture. (*Règl. Int., art.* 200; *Cultes, art.* 204 *et* page 172.)

NOTA. Diverses règles particulières sont applicables au *mobilier des préfectures*. Les voir au Chap. II, Section II du présent titre.

796. La fourniture des marteaux forestiers, des pinces à plomber les filets, des plaques des gardes, a lieu sur marchés passés de gré à gré. La dépense est soumise à l'approbation du ministre des finances. Les pièces qui doivent appuyer le payement sont indiquées par le règlement ministériel des finances. (Voir page 288.)

797. Lorsque des impressions, pour le service des forêts, sont faites dans les départements, les mémoires arrêtés et visés par les conservateurs, doivent être réglés par l'imprimerie nationale à Paris. (*Règl. Fin.*, page 288.)

798. Le mobilier fourni par l'Etat aux fonctionnaires publics, est l'objet d'inventaires formés par les divers chefs de services. Ces inventaires sont déposés aux archives du ministère des finances, ou au secrétariat général des préfectures. Les meubles successivement acquis y sont inscrits. Les numéros d'inscription sont ensuite indiqués sur les certificats de prise en charge. (A la fin de chaque année, et à chaque mutation de fonctionnaire responsable, les inventaires sont recolés par les agents de l'administration des domaines.) (*Ordon.* 31 *mai* 1838, *art.* 162; *Règl. Int., art.* 173; *Règl. Cultes, art.* 156.)

799. Les ordonnances et les mandats de payement concernant l'achat ou la réparation des objets mobiliers nécessaires au service des différents ministères, doivent être appuyés, suivant la nature des dépenses, des pièces indiquées aux nomenclatures respectives annexées aux règlements ministériels. (Voir *l'Observation particulière* qui se trouve à la page 161.)

NOTA. Chaque nomenclature indique, par chapitre et article, selon la nature de la dépense, les pièces justificatives que le Payeur doit exiger.

Art. 6. — *Dépenses de l'administration des contributions directes.*

800. Le directeur des contributions directes, en sa qualité d'ordonnateur secondaire dans son département, est tenu d'avoir égard, pour la liquidation des traitements du premier commis, de l'inspecteur et des contrôleurs placés sous ses ordres, et la délivrance des mandats, aux positions de présence ou d'absence des titulaires d'em-

plois, et aux mutations survenues dans l'effectif du personnel de sa direction depuis la dernière liquidation. (*Règl. Fin.*, page 260.)

801. Les dépenses dont l'ordonnancement est attribué au directeur des contributions directes, sont : celles du personnel ; les dépenses diverses, telles que frais de bureau, frais d'impression et de confection des avertissements aux contribuables ; frais d'assiette, d'impression et d'expédition des matrices et rôles pour les redevances de mines, pour la vérification des poids et mesures, et pour le droit annuel dû par des chefs d'école ; les secours, et les dépenses imprévues. Les mandats concernant ces dépenses ne sont acquittés qu'autant qu'ils sont accompagnés des pièces indiquées, selon la nature de la créance, par la nomenclature jointe au règlement ministériel des finances du 26 janvier 1846. (*Règl. précité*, page 261.) (Voir l'*Observation particulière* qui se trouve à la page 161.)

Art. 7. — *Cautionnement des entrepreneurs et fournisseurs.*

802. Il ne peut être fait aucun payement à un entrepreneur, ou adjudicataire, assujéti par le cahier des charges à un cautionnement, avant qu'il n'ait justifié de la réalisation de cette garantie. L'ordonnance ou le premier mandat de payement doit être appuyé de la pièce indiquant la réalisation du cautionnement et la valeur y affectée. (*Règl. Int.*, page 182 ; *Trav. pub.*, page 86 ; *Guerre, art.* 118 ; *Marine, art.* 91 ; *Fin., art.* 173 ; *Circ.* 4 *mai* 1844, *n°* 141.)

803. Le cautionnement d'un entrepreneur, ou fournisseur, est fourni, soit en *immeubles*, soit en *numéraire*, soit en *rentes sur l'Etat*, au gré de la personne à qui cette garantie est imposée par les règlements. (*Idem, et Clauses et Condit. gén. de* 1833, *art.* 2.)

804. Il ne peut y avoir dispense du cautionnement que dans quelques cas rares, et notamment pour le service de la guerre. Cette dispense ne s'accorde pas en raison d'une solvabilité présumée ; cette faveur s'exerce seulement lorsqu'il s'agit de fourni-

tures et de travaux sans importance, et de nature à être effectués instantanément. (*Circ. C. G. 4 mai 1844, nº 141.*)

805. Si le cautionnement d'un entrepreneur, ou fournisseur, n'a pas été réalisé dans le délai fixé par le cahier des charges, l'adjudicataire, ou soumissionnaire, est tenu de produire un certificat de l'ordonnateur, constatant que le retard ne provient pas du fait du créancier, ou que le ministre a accordé une prolongation. (*Règl. Int.*, page 182; *Trav. pub.*, page 111; *Guerre*, page 140.)

806. Si la condition du cautionnement n'a pas été mentionnée dans un marché, le Payeur est en droit de demander que l'ordonnateur déclare, d'une manière formelle, que le fournisseur n'y a point été assujéti, ou qu'il a été dispensé de le fournir. (*Lettre du direct. de la C. G.* 2 *déc.* 1848.)

807. Le montant du cautionnement d'un entrepreneur de travaux, de constructions, réparations, etc., ne peut pas excéder le trentième de l'estimation des travaux, déduction faite de toutes les sommes portées *à valoir*, pour cas imprévus, indemnités de terrains et ouvrages en régie. (*Clauses et Cond. gén.* 1833, *art.* 2.)

808. Si un entrepreneur dispensé du cautionnement a une saisie-arrêt à sa charge, le Payeur en donne immédiatement connaissance à l'ordonnateur, en lui remettant un état sommaire des oppositions; il envoie, le même jour, un duplicata de sa lettre au ministre ordonnateur. (*Circ. 4 mai* 1844, nº 141.)

809. Lorsque le cautionnement a été fourni en *immeubles*, les pièces à produire au Payeur, sont :

1º La copie, ou extrait, de l'acte de cautionnement, relatant le bien hypothéqué;

2º Le bordereau de l'inscription hypothécaire, mentionnant l'inscription prise, sa date et son numéro. (*Mêmes Règl. et Circ.*)

810. Si le cautionnement est réalisé en *numéraire*, l'entrepreneur, ou le fournisseur, est tenu de remettre le récépissé, ou la déclaration, du versement qu'il a effectué à la recette générale des finances ou à la recette particulière. (Ce versement est fait pour le compte de la caisse des dépôts et consignations.) (*Idem.*)

811. Dans le cas où le cautionnement a été réalisé en *rentes sur* *l'Etat*, il doit être produit, à l'appui de l'ordonnance ou du mandat présenté au Payeur, un certificat du directeur chargé du contentieux des finances, constatant le dépôt au ministère, des inscriptions de rentes. (*Idem.*)

Art. 8. — *Loyers.*

812. Les baux, pour loyers de bâtiments ou terrains nécessaires au service de l'Etat, n'étant passés qu'après une autorisation supérieure préalablement obtenue (Voir n° 504 et suiv.), la pièce contenant cette autorisation doit être produite au Payeur, à l'appui du premier payement[1]. (*Règl. Int.*, page 247; *Trav. pub.*, page 119; *Cultes*, page 174; *Guerre*, page 197.)

813. Si des baux concernant des bâtiments servant de casernes de gendarmerie, sont renouvelés, les extraits, ou copie de ces actes, remis au Payeur à l'appui des mandats, doivent mentionner l'approbation donnée par le ministre à cette nouvelle location. (*Circ.* 8 *août* 1833, *n°* 78.)

814. La copie, ou extrait, d'un bail, produite à l'appui du premier payement d'un loyer, peut servir pour tous les payements subséquents, en rappelant sur chaque mandat, le numéro de celui de premier payement et l'époque de la fin du bail; si le bail, étant expiré, la jouissance a lieu par tacite reconduction, le mandat doit l'exprimer. (*Règl. Int.*, page 243; *Arrêts de la Cour des Comptes.*)

815. Pour que la copie, ou extrait, de bail annexée à un mandat de payement puisse être exempte de timbre, il faut qu'elle fasse mention de l'enregistrement de l'original de cet acte. (*Idem*; *Règl. Guerre*, page 197.)

816. Lorsque des communes, ayant pris à bail des maisons destinées à l'établissement de leur école primaire, obtiennent des subventions pour aider au payement de ce bail, la somme allouée peut être payée, encore bien que la commune n'ait pu se procurer d'instituteur, ou que cet instituteur n'ait exercé qu'une partie de l'année.

[1] Pour les baux au compte de l'administration des finances, l'autorisation est donnée par le ministre ou par son délégué spécial. (*Règl. Fin.*, *art.* 75.)

Dans ce cas, le certificat d'exercice est remplacé par un certificat du maire, visé par le préfet, constatant l'existence de la location. (*Circ.* 30 *sept.* 1847, *n°* 161.)

817. Les sommes dues pour logement de troupes, dans des bâtiments appartenant à des particuliers, sont payées à chacun des habitants qui ont logé les militaires, sur états émargés. Ces états sont annexés au mandat quittancé pour ordre, par le comptable qui a effectué les payements. (*Circ.* 31 *juillet* 1840, *n°* 193, *et Inst. min*les.)

818. Il n'y a pas lieu à la formation des états d'émargement indiqués à l'article qui précède, lorsque l'administration pourvoit, elle-même, à ces frais. Le receveur municipal, en pareil cas, reçoit les fonds; la quittance à souche est produite à l'appui du mandat. Un extrait du marché est remis au Payeur, si les logements ont été confiés à un entrepreneur. (*Même Circ.*)

819. Les pièces à exiger à l'appui d'un mandat, pour prix du loyer d'un bâtiment, ou terrain, affermé au nom de l'Etat, sont celles indiquées ci-après :

1° Certificat de l'ingénieur (pour le ministère de l'Intérieur et des Travaux publics);

2° Copie (T), ou extrait, du bail ou sous-bail[1];

3° Copie, ou extrait, du décret, de la décision ministérielle, ou de l'arrêté (selon les cas, voir n° 504) qui a autorisé la location;

4° (Pour le ministère de la Guerre) états (T) arrêtés par les chefs d'établissement, et quittancés par les propriétaires. (*Voir les Règl.* : *Int.*, page 247; *Trav. pub.*, page 119; *Guerre*, page 197; *Cultes*, page 175.)

820. S'il s'agit de subventions, destinées à compléter des loyers de maisons, d'école, ou d'indemnités de logement, il est produit : un certificat délivré par les membres du comité local de surveillance de l'école, ou, s'ils s'y refusent, un certificat du maire, ou du sous-préfet, visé par le préfet. (*Règl. Inst. pub.*, page 141.) (Voir, dans le cas où il n'existe pas d'instituteur, n° 816.)

[1] On a vu, n° 815, qu'il y a exemption du timbre, si la pièce produite fai mention de l'enregistrement de l'acte original. (*Règl. Guerre*, page 197.)

Art. 9. — *Indemnités pour dommages.*

821. Les indemnités à accorder à des propriétaires, à raison de dommages causés à leurs possessions, sont réglées séparément de celles dues pour la cession ou l'expropriation du sol ; celles allouées aux réclamants, ne sont payées qu'autant que les mandats des ordonnateurs sont appuyés des pièces suivantes :

Pour les dépenses du ministère de l'Intérieur.

Indemnités à l'amiable.

1° Le certificat de l'architecte, ou de l'ingénieur en chef, visé par le préfet;

2° Le procès-verbal d'expertise (timbré, s'il n'est pas fait par des agents administratifs);

3° La décision ministerielle qui fixe la somme à payer, si elle dépasse 1,000 francs; autorisation du préfet, si elle est de 1,000 francs et au-dessous;

4° La convention passée entre le préfet et le propriétaire.

Indemnité fixée par justice ou par voie arbitrale.

1° Les pièces 1° et 2° ci-dessus;

2° L'expédition (T) du jugement fixant l'indemnité, ou la déclaration (T) des arbitres. (*Règl. Int.*, page 235; *Règl. Trav. pub.* 1849, *art.* 8.)

Pour les Dépenses du ministère des Travaux publics.

Indemnité à l'amiable.

1° Certificat de l'ingénieur;

2° Procès-verbal d'expertise, ou rapport évaluatif[1]; (*Régl. du* 10 *sept.* 1830, *cité dans un arrêt de la C. des Compt., gestion* 1844.)

[1] L'acceptation du propriétaire réclamant le dommage est nécessaire, puisque c'est elle qui constitue l'arrangement amiable.

3° Arrêté du préfet. Il doit être homologué par décision ministérielle, ou s'y référer, si le dommage excède 1,000 francs.

Indemnité réglée après contestation.

1° Certificat de l'ingénieur;

2° Extrait de la décision du conseil de préfecture, ou du décret rendu en appel. (*Règl. Trav. pub.* 1843, page 119; *Règl. Trav. pub.* 1849, *art.* 8.)

Art. X. — *Subvention pour encouragement aux colléges communaux.*

822. Lorsqu'il est accordé des subventions pour encourager la création de chaires nouvelles dans les colléges communaux, et pour subvenir à l'entretien et à l'augmentation des bibliothèques, collections et mobiliers scientifiques, leur emploi est justifié dans la forme indiquée pour les dépenses analogues des académies, des facultés et de l'instruction primaire. (*Règl.*, page 126 *et suiv.*; *Loi* 19 *juillet* 1845; *Arrêté du min. de l'Inst. pub.* 14 *nov.* 1845; *Circ.* 13 *octob.* 1846, *n°* 159.)

823. Si les allocations de subventions à ces colléges ont pour objet des acquisitions de livres, instruments de physique ou autres objets analogues, on doit produire au Payeur, à l'appui des mandats, la facture des fournisseurs. (La partie prenante désignée au mandat ne peut être que la personne qui, ayant effectué la fourniture, a le droit direct à la somme à payer.) (*Circ.* 13 *octobre* 1846, *n°* 159.)

824. La réception des objets acquis pour le collége communal est certifiée par le principal du collége. La facture est, en outre, revêtue du certificat constatant la prise en charge et l'inscription sur le catalogue de l'établissement, conformément à l'article 37 du règlement du 16 décembre 1841. (*Même Circ.*)

CHAPITRE IX.

Avances pour des services régis par économie.

SECTION Ire. — OBJET ET MONTANT DES AVANCES.

825. Pour faciliter l'exploitation des services régis par économie, il peut être fait aux agents spéciaux de ces services, sur les ordonnances du ministre ou sur les mandats des ordonnateurs secondaires, des avances dont le total ne doit pas excéder 20,000 francs, à charge, par eux, de produire au Payeur, dans le délai d'un mois, les quittances des créanciers réels. (*Ordon. du* 31 *mai* 1838, *art.* 72.)

NOTA. Il existe des exceptions pour le services des *remontes* et pour celui des *haras*, voir nos 846 et 847.

826. Aucune nouvelle avance ne peut, dans cette limite de 20,000 francs, être faite par le Payeur, qu'autant que toutes les pièces justificatives de l'avance précédente ont été produites, ou que la portion dont il reste à justifier a moins d'un mois de date. (*Mêmes ordon. et art.*; *Circ. du* 20 *août* 1835, *n°* 90, *et* 16 *novemb. suiv., n°* 91.)

827. Néanmoins, si le Payeur qui aurait refusé d'acquitter un mandat ayant pour objet une nouvelle avance non autorisée, était requis par l'ordonnateur secondaire de payer, il devrait procéder au payement, sauf à rendre compte de l'incident au ministre. (*Lettre du dir. de la C. G.* 22 *sept.* 1837.)

828. Les avances faites aux divers agents chargés de services en régie peuvent être partielles, c'est-à-dire que l'avance de 20,000 francs autorisée, peut être divisée en plusieurs avances; seulement il faut que, réunies, elles ne dépassent pas le taux de 20,000 francs, et que la portion non justifiée n'excède pas la limite d'un mois. (*Circ.* 31 *octobre* 1828, *n°* 56.)

829. Les règles établies aux articles qui précèdent, quant à la limite de 20,000 francs, et à la fixation du délai accordé pour produire les justifications (Voir n° 862), sont de rigueur; elles s'appliquent au régisseur accrédité chez le Payeur, sans égard au nombre de régies dont il peut être chargé. Aucune nouvelle avance ne peut être faite à un même individu, si la limite, soit quant à la somme, soit quant au délai, se trouve dépassée. (*Lettre de la C. G. du* **2** *nov.* **1844.**)

830. S'il arrive que des dépenses pour salaires d'ouvriers et autres aient été faites et non payées avant le **31** décembre, c'est-à-dire dans la première période d'un exercice, elles peuvent être soldées dans le cours de l'année suivante, au moyen d'une avance au régisseur; mais, dans ce cas, le certificat de payement et le mandat; doivent indiquer expressément la nature des travaux auxquels l'avance est applicable, et l'époque à laquelle ces travaux ont été exécutés. (*Circ.* 26 *août* 1843, *n*° 132.)

831. Les avances pour les services en régies doivent être restreintes à ce qui est strictement nécessaire, comme payement pour salaires d'ouvriers, menus achats, et toutes autres dépenses qui, par leur nature et leur peu d'importance, ne paraissent pas susceptibles d'oppositions [1]. S'il s'agit de sommes dues à des tâcherons ou à des fournisseurs de matériaux, ces sommes, autant que possible, doivent être mandatées directement. (*Circ.* 26 *août* 1843, *n*° 132, *et* 30 *décemb.* 1845, *n*° 153.)

832. Dans aucun cas, un entrepreneur ou régisseur qui a reçu des fonds du trésor, à titre d'avances, pour des services dont la surveillance lui est confiée, ne peut être chargé de payer avec ces fonds des indemnités qui pourraient être dues à des propriétaires pour cession de terrains, ou qui seraient réclamées pour dommages. (*Mêmes Circ.*)

833. Si des agents de services régis par économie ont à payer, par exception, sur mémoires ou factures, des dépenses plus considérables que celles mentionnées en l'article qui précède, ils doivent préalablement s'assurer auprès du Payeur (à Paris, auprès du

[1] Autoriser les agents à solder des dépenses plus considérable, c'est laisser à leur appréciation d'importantes justifications, dont la loi veut que le contrôle soit soumis à l'ordonnateur et au Payeur. C'est ensuite ôter à des tiers les moyens de former opposition sur leurs débiteurs créanciers de l'État. (*Circ. n*° 126.)

conservateur des oppositions), qu'il n'existe aucune saisie-arrêt sur le créancier. Les agents qui négligent cette information, sont responsables des conséquences vis-à-vis du trésor, ou des tiers, dont les intérêts sont compromis. Le Payeur, de son côté, aurait à répondre envers qui de droit, d'une négligence qui lui serait imputée. (*Circ. 20 décemb. 1842, nº 126.*)

834. Une opposition mise entre les mains du Payeur, contre un *régisseur*, ne met pas obstacle à la remise de l'avance à lui faire. Le Payeur peut passer outre au payement de la somme mandatée; mais en même temps, il avise de cet état de choses le signataire du mandat, et lui envoie un état sommaire de la saisie-arrêt, en lui demandant un accusé de réception. Le jour même, il adresse un duplicata de sa lettre au ministre ordonnateur. (*Circ. 4 mai 1844, nº 141.*)

835. Dans le cas où, par d'autres causes que par une opposition, le Payeur aurait des motifs sérieux de suspecter la solvabilité d'un régisseur pour lequel une avance lui serait réclamée, il devrait prendre, à l'égard de cet individu, les précautions qui sont indiquées à l'article qui précède. (*Même Circ.*)

SECTION II. — ETABLISSEMENTS OU SERVICES CONSIDÉRÉS COMME ÉTANT SUSCEPTIBLES D'OBTENIR DES AVANCES.

836. Les services pour lesquels le trésor peut faire des avances sur les mandats des ordonnateurs secondaires, sont, d'après les règlements ministériels, ceux indiqués ci-après :

Ministère des Affaires étrangères.

Agents qui se rendent à une nouvelle destination. (Ils reçoivent une somme équivalente à trois mois de leur traitement.)

Les frais de courriers et les missions extraordinaires.

Ministère de la Justice.

Dépenses d'administration centrale.

Dépenses des Cultes.

Dépenses de matériel de l'administration centrale.

Ministère de l'Instruction publique.

Dépenses de l'administration centrale. (Personnel et Matériel.)

Etablissements scientifiques ou littéraires.

Dépenses de matériel des académies et des facultés.

Dépenses des écoles normales primaires.

Ministère de l'Intérieur.

A PARIS :

Service intérieur de l'administration centrale.

Archives de l'Etat.

Administration centrale des lignes télégraphiques.

Ecole nationale des beaux-arts.

Conservatoire de musique.

Service de secours aux réfugiés, aux condamnés politiques ou autres.

DANS LES DÉPARTEMENTS :

Service des lignes télégraphiques.

Ateliers des travaux publics en régie.

Subventions à l'agriculture.

Ministère de l'Agriculture et du Commerce.

A PARIS :

Service intérieur de l'administration centrale.

Ecole vétérinaire d'Alfort.

Dépôt des remontes, des haras, et service des courses annuelles de chevaux aux frais de l'État.

Conservatoire des arts et métiers, et exposition des produits de l'industrie nationale.

Service des secours aux colons de Saint-Domingue et réfugiés y assimilés.

DANS LES DÉPARTEMENTS :

Les écoles vétérinaires et les bergeries de l'État.

Les subventions aux sociétés et comices d'agriculture autres que celles allouées à forfait, et en général les allocations sur le fonds des encouragements à l'agriculture.

Les haras et dépôts d'étalons.

Les écoles d'arts et métiers.

Les établissements thermaux non affermés et dont l'État est propriétaire.

Les dépenses éventuelles, ou par urgence, du service sanitaire.

Les secours collectifs pour pertes matérielles.

Ministère des Travaux publics.

A PARIS :

Service intérieur de l'administration centrale.
Ecole des ponts et chaussées.
Ecole des mines.
Atelier central des phares.
Atelier central des ponts à bascule.
Divers services d'études.
Services autorisés pour expériences.

DANS LES DÉPARTEMENTS :

Les ateliers de routes nationales, ceux des travaux de navigation, des ports maritimes de commerce, et les autres travaux publics qui ne sont pas exécutés par des entrepreneurs.

NOTA. L'administration a particulièrement recours à la voie de régie pour l'exécution des travaux publics, dans les cas suivants :

1° Lorsqu'une entreprise étant mise en adjudication, il ne se présente pas de soumissionnaire, ou que les conditions proposées sont inacceptables ;

2° Quand l'exécution d'un ouvrage languit faute de matériaux, d'ouvriers, etc., de manière à faire craindre qu'il ne soit pas achevé à l'époque voulue ; (le préfet prend, dans ce cas, un arrêté qui ordonne l'établissement d'une régie aux frais de l'entrepreneur.)

3° Lorsqu'il s'agit de travaux à exécuter *par urgence*, et qui ne peuvent admettre les délais d'une adjudication. (*Régl. Trav. pub.*, page 112.)

Ministère de la Guerre.

Dépenses d'administration centrale. (Personnel et Matériel.)

Dépôt de la guerre.

Magasins des vivres et des fourrages, en ce qui concerne les frais de manutention, lorsque ces frais ne sont pas réglés à forfait, et par abonnement, avec les agents desdits services.

Magasins de l'habillement, du campement et du harnachement. (*Idem.*)

Hôpitaux en régie.

Magasins d'hôpitaux.

Dépôts de remonte et leurs succursales.

Parcs des équipages militaires.

Dépôt central de l'artillerie, arsenaux, directions, manufactures d'armes et fonderies en régie.

Gérences et établissements du génie.

Ecoles militaires et écoles régimentaires de l'artillerie et du génie.

Hôtel des invalides de la guerre et sa succursale.

Ministère de la Marine.

Dépenses d'administration centrale. (Personnel et Matériel.)

Hôpitaux en régie.

Etablissement d'Indret.

Ministère des Finances.

A PARIS :

Service intérieur de la Cour des Comptes, de l'administration centrale du ministère, et de l'administration des Postes.

DANS LES DÉPARTEMENTS :

Frais d'abatage et de façonnage des bois non adjugés; travaux d'entretien dans les forêts non susceptibles d'être mis en adjudication, et les dépenses d'entretien des paquebots des Postes.

SECTION III. — ACCRÉDITATION DES RÉGISSEURS. — GARANTIES A EXIGER.

Art. 1er. — *Accréditation.*

837. Lorsque des travaux concernant les ministères de l'Intérieur et des Travaux publics, doivent être exécutés *en régie*, le premier payement que le Payeur fait au régisseur, doit être appuyé d'une copie de l'arrêté que le préfet a dû prendre pour ordonner l'établissement de la régie. Dans cet arrêté, l'ordonnateur indique approximativement le montant de la dépense à faire. (*Circ. du* 4 *mai* 1844, *n*o 141; *Règl. Int., art.* 111; *Trav. pub.*, page 114.)

838. L'arrêté qui ordonne l'établissement de la régie, n'a pas seulement pour objet de déclarer le but de cette régie et l'utilité des travaux, il accrédite auprès du Payeur, l'agent désigné qui, sans cela, n'aurait aucun droit à se porter intermédiaire entre l'Etat et ses vrais créanciers. (*Même Circ.*)

839. Les avances subséquentes ont lieu, sans nouvel arrêté, sur la demande faite par l'agent du service et approuvée par l'ordonnateur. Ce dernier certifie que le nouveau payement ne porte pas l'avance au-delà de la limite fixée par l'article 72 de l'ordonnance du 31 mai 1838. (Voir no 825.) (*Inst. min. de l'Int., art.* 111.)

840. Le maire d'une commune peut être admis à remplir les fonctions de régisseur pour des travaux régis par économie, pourvu, toutefois, que les régies s'appliquent à des services en dehors des intérêts de la commune, c'est-à-dire qui appartiennent au service général ou au service départemental. (*Circ.* 4 *mai* 1844, *n*o 141.)

841. Chaque fois que l'administration croit devoir changer de régisseur, un nouvel arrêté doit être pris par le préfet pour accréditer le nouvel agent auprès du Payeur. (*Règl. Int., art.* 111.)

842. L'arrêté par lequel le préfet autorise l'exécution des travaux par la voie de régie, explique si cette régie est au compte de l'Etat, du département, ou à celui d'un entrepreneur en défaut. (*Même Règl.*, page 251; *Règl. Trav. pub.*, page 111.)

Art. 2. — *Engagements des régisseurs et Inscription des avances.*

843. Les avances à faire aux agents des services régis par économie, ayant lieu sous la condition de rapporter, dans le délai d'un mois, la justification complète de l'emploi des fonds (Voir n° 825), le régisseur titulaire d'un mandat est tenu de remettre au Payeur, avant le payement, l'obligation par lui souscrite de produire, dans ce délai, les pièces justificatives de la dépense. (*Ord. du* 31 *mai* 1838, *art.* 72; *Règl. du min. des Trav. pub.*, pages 113 *et* 115.)

844. Si, dans le mois, à dater du jour du payement, le régisseur ne produit pas les justifications de l'emploi de la somme qui lui a été avancée, le Payeur, après avoir réclamé ces justifications à l'ordonnateur, demande, s'il ne les obtient pas, le reversement des fonds remis par le trésor. (Voir n° 880.) (*Circ.* 28 *mai* 1833, *n°* 76.)

NOTA. Les pièces justificatives produites, sont énumérées dans un bordereau formé en double expédition; voir n° 869.

845. Pour les travaux exécutés en régie, par des régisseurs appartenant au service des travaux publics, il est fait usage d'un livret de caisse (Modèle n° 1 *bis*), où ces avances sont mentionnées par l'indication des numéros et des dates des mandats délivrés au régissseur, et par l'inscription, en toutes lettres, et de la main du Payeur (ou de l'agent de la recette qui le supplée), des sommes qui lui sont successivement remises. (*Règl. Trav. pub.* 1849, *art.* 12; *Circ.* 12 *février* 1850, *n°* 176.)

SECTION IV. — DISPOSITIONS SPÉCIALES A PLUSIEURS SERVICES.

Service des Remontes.

846. Lorsqu'il s'agit de fonds réclamés pour le service des remontes, des avances peuvent être faites, en exécution de l'article 72 de l'ordonnance du 31 mai 1838, aux agents spéciaux régisseurs, avant l'entière justification des avances précédentes, pourvu,

toutefois, que l'emploi dont les sommes restent à justifier, réunies au montant de la nouvelle avance, n'excèdent pas 20,000 francs, quelle que soit la date des avances antérieures. (*Ord.* 31 *mai* 1838, *art.* 72.)

Service des Haras.

847. La disposition exceptionnelle portée en l'article qui précède, peut être appliquée au service des haras, pour les dépenses relatives à la conduite des étalons, si ces dépenses n'ont pu être justifiées dans le mois de la date de l'avance faite au régisseur. (*Circ. min. du Comm.* 19 *juin* 1834, *n°* 9.)

Travaux publics : Entrepreneurs en défaut et régies au compte de l'État.

848. Lorsque l'exécution d'un ouvrage languit faute de matériaux, d'ouvriers, etc., de manière à faire craindre qu'elle ne soit pas achevée aux époques prescrites, le préfet prend un arrêté qu'il notifie à l'entrepreneur, pour ordonner l'établissement d'une régie aux frais de cet entrepreneur. (*Règl. Trav. pub.*, page 112.)

849. Les travaux en régie s'exécutent sous les ordres immédiats des ingénieurs, qui organisent eux-mêmes les ateliers d'ouvriers et les transports, etc. Les conducteurs dirigent les ateliers, et tiennent les rôles de journées, les états des fournitures, des transports de matériaux, des travaux à la tâche, etc. (*Idem.*)

850. Dans les cas prévus ci-dessus, le certificat de proposition de payement de l'ingénieur des ponts et chaussées est accompagné d'une copie de l'arrêté du préfet qui a ordonné l'établissement de la régie. (Voir n° 837.) Quand la mise en régie a été approuvée par l'administration supérieure, la date de cette approbation est relatée audit certificat. (*Même Règl.*, page 114.)

851. Si l'entreprise est continuée en régie, et qu'il n'y ait pas lieu de payer un solde à l'entrepreneur, l'ordonnateur doit remettre au Payeur, aussitôt après le règlement définitif des travaux, un décompte établissant la liquidation de cet entrepreneur. Les excédants de prix et de dépenses sont prélevés sur les sommes qui peuvent lui être dues, sans préjudice des droits à exercer contre lui et sa cau-

tion, en cas d'insuffisance. (*Règl. Trav. pub., art.* 101 ; *Clauses générales de* 1833, *art.* 21.)

852. Les reversements pour trop payé dans les circonstances exprimées aux articles précédents, sont suivis à la dilligence du préfet. Si le débiteur refuse d'obtempérer à l'ordre de reversement qui lui est donné, le débet est constaté par une décision ministérielle; cet acte est transmis au ministre des Finances, qui fait poursuivre le recouvrement par l'agent judiciaire du trésor. (Voir nº 882.) (*Règl. Trav. pub., art.* 121 *et* 124.)

853. Lorsque la régie amène une diminution dans les prix et les frais des ouvrages, l'entrepreneur, ou sa caution, ne peut réclamer aucune part des bénéfices. Ils sont acquis à l'administration. (*Clauses et cond. générales, art.* 21.)

854. Les dépenses concernant les épuisements et les travaux par attachement qui sont imputables *sur la somme à valoir*, peuvent être faites en régie, par un agent des ponts et chaussées désigné comme régisseur. En pareil cas, les mandats doivent indiquer que les payements portent *sur la somme à valoir*. (*Règl. Trav. pub.* 1843, page 110.)

NOTA. Dans certains cas, les dépenses sont soldées par l'entrepreneur. Il paye comptant toutes les fournitures. Il est tenu de payer à vue, en présence d'un employé désigné par l'ingénieur, les rôles ou états de travaux, à la journée ou à la tâche, et de les faire quittancer. Il est ensuite remboursé par des mandats à son profit. Voir nº 1122 et suivants. (*Même Règl.*, pages 110 *et* 111.)

Tables décennales de l'État civil.

855. Les Payeurs sont autorisés à faire, sur les mandats des préfets, des avances aux greffiers des tribunaux civils, pour subvenir à l'achat des papiers timbrés destinés à la confection des tables décennales des actes de l'état civil. Les mandats qui leur sont présentés ne sont pas passibles du droit de timbre. (*Déc. min*lle 21 *mars* 1828 ; *Circ. C. G. du* 26 *août* 1843, *nº* 132.)

Travaux de charité.

856. Lorsque des subventions ayant été accordées à des communes, pour des travaux de charité, des mandats sont délivrés au

nom du receveur municipal, il suffit que la quittance à souche de ce comptable soit produite; mais, si les ateliers sont confiés à un agent spécial, cet agent doit être accrédité, auprès du Payeur, par un arrêté du préfet (Voir n° 838), et il est tenu, conformément à la promesse qu'il souscrit préalablement, de produire, dans le délai d'un mois, les pièces justificatives de l'emploi de la somme avancée par le trésor. (*Circ. des* 16 *novemb. et* 23 *décemb.* 1835, *nos* 91 *et* 92.)

Service de la Guerre.

857. Les avances de fonds, pour les dépenses du ministère de la Guerre et de la Marine, sont autorisées par exception : 1° pour les achats, par commission, des denrées nécessaires au service des subsistances militaires, sauf établissement, dans le mois, d'un décompte en quantités et en deniers, du service fait. Si la somme, formant les cinq sixièmes du montant des achats effectués d'après ce décompte, est inférieure à l'avance reçue, l'ordonnateur prescrit de reverser immédiatement l'excédant; 2° pour les frais de postes des officiers supérieurs et autres chargés de missions; 3° pour les indemnités aux officiers employés aux travaux géodésiques. (*Règl. Guerre, art.* 118 *et* 119.)

858. Les avances sont également autorisées par exception : 1° pour les frais de conduite aux officiers militaires et civils, et autres agents voyageant par ordre; 2° pour les frais de tournées aux examinateurs; 3° et, s'il y a lieu, pour les frais de passage, à bord des navires de commerce. (*Règl. Marine, art.* 93.)

859. Le décompte dont il est question à l'article 857, pour l'achat des denrées, et, s'il y a lieu, la déclaration de reversement, sont remis, sur récépissé, par les soins de l'ordonnateur, au Payeur, pour être réunis au mandat d'avance. Le payement étant ramené, par cette justification, à la limite du service fait, se trouve converti en payement d'à-compte. (*Même Règl., art.* 119.)

860. Aux armées, le délai dans lequel les avances doivent être converties en à-compte, peut être étendu par une décision du ministre de la Guerre, ou par un arrêté du général commandant en

chef, sans pouvoir, toutefois, être prolongé au-delà de deux mois. (*Règl. Guerre, art.* 119.)

Service des Contributions directes.

861. Le service de la confection des rôles des contributions directes, est classé parmi les services régis par économie. Des avances sont faites, sur les mandats du directeur, au premier commis de chaque direction. Les pièces justificatives d'emploi sont remises dans le délai fixé par les règlements (un mois); elles consistent en décomptes des travaux effectués, portant quittances des calculateurs et expéditionnaires qui ont exécuté les travaux. (Ces quittances sont exemptes de timbre.) (*Circ.* 20 *janvier* 1848.)

NOTA. La dépense de l'impression des cadres, ordonnancée par le ministre, est justifiée par le mémoire de l'imprimeur énonçant la réception par le directeur, et que les prix sont ceux qui ont été stipulés par ce supérieur. (*Même Circ.*)

SECTION V. — JUSTIFICATION D'EMPLOI DES SOMMES AVANCÉES PAR LE TRÉSOR.

862. La justification de l'emploi, dans le délai d'un mois, des avances faites au régisseur, se compose, lorsqu'il s'agit de fournitures et de matériaux :

1° De la copie du marché qui règle les conditions des fournitures;

2° Des mémoires et factures, ou états quittancés par les fournisseurs, indiquant la date du service fait [1];

3° Des certificats de réception et prise en charge des objets;

4° Et de la déclaration d'emploi des matériaux livrés. (*Règl. Int.* 1840, page 253, *et des Trav. pub.* 1843, page 112.) (Voir, pour la formation des factures et mémoires, et les indications qu'ils doivent contenir, les nos 473, 491 et suivants.)

863. A l'égard des sommes qui ont été employées en journées d'ouvriers, le régisseur est tenu de rapporter les états d'attachement, ou rôles de journées quittancés, indiquant les noms et pro-

[1] On admet une facture pour toutes fournitures dont le prix total n'excède pas 500 francs. (*Ordon. du* 31 *mai* 1838, *art.* 56.)

fession des ouvriers, les prix convenus par journée de *tant* d'heures; le nombre des journées de travail de chaque ayant-droit, le produit total, et l'acquit des parties prenantes. (*Règl. Int.* 1840, page 253; *Règl. Trav. pub.* 1849, page 137.)

864. Lorsque des individus portés sur les rôles de journées, ne sachant pas signer, ne peuvent donner leur quittance, la mention en est faite dans la colonne d'émargement; deux témoins affirment cette circonstance, ainsi que le payement, conjointement avec l'agent qui a remis les fonds. Si la somme due excède 150 francs, la quittance doit être notariée. (*Circ. du* 17 *décembre* 1834, *n°* 87.)

865. Quand les dépenses faites par le régisseur comprennent des fournitures, ou réparations, il est remis au Payeur, pour chacune de ces fournitures, ou réparations, des quittances distinctes; il doit en être également produit pour les fournitures de pavés et de bornes kilométriques.

Les quittances de sommes au-dessus de 10 francs, sont soumises au timbre. (*R. Tr. pub.* 1849, page 181; *Loi du* 13 *brum. an* 7.)

866. Pour les sommes payées aux trésoriers des sociétés d'agriculture, il n'y a pas de pièces justificatives à exiger, lorsque le ministre a alloué le secours, sans *condition déterminée*; si, au contraire, ce secours a un but déterminé, les pièces doivent être produites dans le délai d'un mois. Afin de pouvoir suivre l'une ou l'autre disposition, les mandats doivent exprimer les motifs de la décision, et l'objet de l'allocation [1]. (*Circ. Compt. Gén.* 25 *février* 1845, *n°* 148.)

867. Toutes les pièces remises au Payeur, pour justifier l'emploi des sommes avancées par le trésor, doivent être certifiées, non seulement par le régisseur, mais encore par l'ingénieur chargé de la surveillance de la régie, et visées par le préfet. (*Lettres du Direct. de la Compt. Gén. des* 18 *avril et* 28 *sept.* 1841.)

868. Relativement aux instruments, machines, outils et tous autres objets mobiliers, achetés pour être employés à la construction des routes nationales, départementales et vicinales, des

[1] Au lieu d'émettre les mandats au moment où la décision est rendue, on ne doit les délivrer qu'au moment où il devient nécessaire d'effectuer les dépenses. (*Circ.* 25 *février* 1845.)

ponts, etc., et qui soient susceptibles *de conservation*; les certificats que délivrent les ingénieurs en chef, doivent constater l'inscription de ces objets sur un inventaire, avec indication du numéro d'inscription à cette pièce. (*Règl. Trav. pub.*, page 115; *Décision ministérielle du* 1er *avril* 1844.)

NOTA. Lorsqu'un entrepreneur a acheté des outils ou fourni des machines avec ses fonds, il lui est alloué 2/40e des sommes qu'il a payées. Voir n° 382.

869. Les agents spéciaux, chargés de la surveillance des services en régie, forment des bordereaux, en double expédition, des pièces et quittances fournies par les parties prenantes, pour les travaux ou fournitures effectuées [1]. Ils les soumettent à la vérification et au visa de l'ordonnateur, qui les transmet ensuite, avec les pièces, au Payeur : ce comptable leur remet une expédition desdits bordereaux, après l'avoir revêtue de sa déclaration de réception. Les dépenses doivent être présentées sur ces bordereaux dans l'ordre établi par les nomenclatures. (*Règl. Int., art.* 112; *Règl. Trav. publ.* 1843, *art.* 94, *et* 1849, page 181; *Guerre, art.* 122; *Fin, art.* 170.)

870. En cas de retard, de la part d'un agent, d'un service régi par économie, dans la remise des pièces qu'il doit produire au Payeur, ce comptable s'adresse à l'ordonnateur, et lui donne, à ce sujet, toutes les indications nécessaires ; celui-ci est tenu de prendre immédiatement les dispositions propres à faire cesser le retard [2]. (*Règl. Int. et Trav. publ., art.* 95 *et* 113.)

871. Si quelques obstacles se présentent relativement à ces jus-

[1] *Modèles* n° 14, pour le ministère de l'Intérieur ; n° 18, pour le ministère des Travaux publics, Règl. 1849; n° 18, pour la Marine; n° 15, pour l'Instruction publique; n° 9, pour la Justice; n° 30, pour la Guerre; n° 33, pour les Finances.

[2] Le Payeur met sa responsabilité à couvert, en s'adressant ainsi à l'ordonnateur, aussitôt que le régisseur a dépassé le terme qui lui est accordé sans justifier l'emploi de la somme avancée. Il rappelle au compte du régisseur (Voir n° 877) l'époque à laquelle il a réclamé les pièces. Les demandes de cette nature ne peuvent être faites qu'à l'ordonnateur de la dépense.

tifications, le Payeur en rend compte au directeur de la Comptabilité générale, afin que le ministre, en étant instruit, fasse cesser les difficultés survenues. (*Circ.* 28 *mai* 1833, *n°* 76.)

872. Quand la régie se rapporte à des travaux dont la durée est de plus d'une année, outre les pièces indiquées dans la présente section, à remettre pour justifier l'emploi de sommes avancées; il y a à produire à l'appui du dernier paiement d'un exercice, s'il s'agit de construction ou d'entretien des routes départementales, le décompte général, arrêté par le préfet, de la dépense faite dans le cours de l'exercice, présentant d'une part, le montant détaillé, par date et par numéro de mandats, de toutes les sommes payées, par avances, au régisseur pour chaque route; de l'autre, le montant des dépenses auxquelles lesdites sommes ont été employées, et dont la justification a été successivement produite au Payeur. (*Inst. du min. de l'Int.*, page 253.)

Avances non justifiées en fin de mois.

873. Lorsque, pour des avances reçues dans le mois, les pièces justificatives d'emploi ne sont pas parvenues au Payeur, et n'ont pu, par conséquent, être comprises dans son envoi mensuel, il est établi un relevé (modèle n° 10) des mandats qui ont été payés, pour lesquels les justifications restent à produire à la fin dudit mois ; ce relevé est formé en double expédition [1]. Ces deux bordereaux accompagnent les éléments relatifs à l'envoi des acquits de payement. (*Circ.* 19 *déc.* 1848, *n°* 169.)

SECTION VI. — RESPONSABILITÉ DU PAYEUR.

874. Le Payeur est responsable, envers le trésor, du montant des sommes avancées s'il y a débet de la part d'un agent chargé d'un service régi par économie; mais, seulement dans les circonstances suivantes :

[1] Une de ces expéditions reste à la Comptabilité Générale, pour servir à contrôler la production ultérieure des pièces justificatives.

1° De toutes la partie du débet excédant la somme de 20,000 fr., fixée pour le maximum de l'avance qui peut être faite;

2° De la partie du débet de 20,000 fr. et au-dessous, qui représenterait des avances ayant plus d'un mois de date. (*Circ. des* 20 *août et* 16 *novembre* 1835, *n*os 90 *et* 91.)

875. La responsabilité du Payeur, dans les deux cas prévus à l'article qui précède, cesse d'être encourue, si le comptable justifie qu'à l'expiration du mois, il a réclamé auprès de l'ordonnateur les pièces justificatives non fournies, et qu'il n'a fait depuis lors aucune autre avance au régisseur en retard. (*Même Circ.*)

SECTION VII. — ECRITURES A PASSER, ET COMPTES A OUVRIR AUX RÉGISSEURS.

876. Afin de connaître le montant, par ministère, des avances faites, et des pièces justificatives fournies, les Payeurs, après avoir fait écriture à leur livre journal, des sommes acquittées et des justifications produites, doivent ouvrir à leur grand livre, pour les deux exercices en cours d'exécution, deux comptes d'ordre, l'un intitulé : *Trésor S/C de payement d'avances aux agents des services régis par économie*; l'autre : *Ministère de....... S/C payement d'avances, aux mêmes agents.* Celui-ci est *débité* journellement, *au crédit du premier compte,* du montant des sommes payées, et lors de la remise des pièces justificatives, le compte *Trésor S/C de paiement*, etc., est débité au crédit du C/ *du Ministère*, auquel la dépense appartient [1]. (*Circ. du* 24 *octobre* 1837, *art.* 104.)

877. Les Payeurs tiennent, en outre, un carnet spécial (modèle n° 9), sur lequel ils ouvrent, à chaque agent chargé d'un service régi par économie, un compte ou ils présentent, dans une première partie, la date du visa et celle du payement des mandats d'avances

[1] Au moyen de ces comptes d'ordre, par ministère, le Payeur connaît les sommes pour lesquelles il a des pièces à réclamer. Le solde que présente ces comptes, se contrôle par les articles du carnet spécial (n° 877), pour lesquels les justifications sont attendues.

délivrés par l'ordonnateur; dans une seconde, ils portent la date de la remise de pièces justificatives, et le montant de ces justifications [1]. (*Même Circ.*)

SECTION VIII. — ENVOI MENSUEL DES PIÈCES JUSTIFICATIVES.

878. A l'expiration de chaque mois, les pièces justificatives de l'emploi des avances, que les Payeurs ont recueillies, et qui se rapportent à des acquits des mois antérieurs, sont adressées à la direction de la Comptabilité générale, en un seul envoi, avec les acquits du mois. Elles sont accompagnées d'un bordereau (modèle n° 12) en simple expédition, indiquant les acquits de payement auxquels ces justifications doivent être rattachées. (*Circ.* 19 *décembre* 1848, *n°* 169.)

879. Il est recommandé aux payeurs d'apporter tous leurs soins à ce que les avances se justifient dans le mois de la remise des fonds aux régisseurs. Ils doivent, en suivant d'après leurs écritures la situation des avances, et en se concertant avec les ordonnateurs, chercher à prévenir les retards dans les justifications. (*Même Circ.*)

SECTION IX. — REVERSEMENTS.

880. Toute avance, ou portion d'avance, dont l'emploi n'a pas été justifié dans le délai prescrit (un mois), doit être immédiatement reversée dans l'une des caisses du trésor, par le régisseur à qui les fonds ont été comptés. Un ordre de reversement est délivré par l'ordonnateur. (Voir n° 882.) Le régisseur est tenu de s'y conformer sans délai. (*Règl. Min. Int., art.* 110 *et* 136; *Guerre, art.* 120; *Trav. pub., art.* 120; *Fin., art.* 176; *Marine, art.* 119.)

NOTA. Pour le service des remontes et des haras, il existe des exceptions. Voir n°s 846 et 847.

[1] Ces comptes font connaître les payements effectués depuis plus d'un mois, et pour lesquels il n'y a pas eu de pièces remises. On y mentionne la date des demandes qui ont été faites aux ordonnateurs pour réclamer ces pièces.

881. Le débiteur est tenu de rapporter, pour sa décharge, au Payeur, une ampliation du récépissé à talon que lui a délivré le receveur général, ou particulier, des finances. Le récépissé original est, en même temps, adressé par l'ordonnateur, au ministère chargé de l'administration du service, pour être, si l'exercice est *encore ouvert*, rétabli au crédit de ce service. (*Règl. Int., art.* 137; *Guerre, art.* 146 *et* 147; *Trav. pub., art.* 120 *et* 121; *Fin., art.* 176; *Mar., art.* 119 *et* 120.)

NOTA. Si l'exercice *est clos*, le reversement a également lieu au trésor, et figure aux *produits divers*.

882. Les reversements sont suivis à la diligence du ministre, ou du préfet; l'ordonnateur délivre l'ordre en vertu duquel le versement à lieu; cet ordre indique le numéro, la date et le montant de l'ordonnance ou mandat, sur lequel doit porter le reversement, les motifs qui le déterminent, et la somme à reverser. (*Mêmes règl. et art.*)

883. En cas de refus de payement de la part des débiteurs, une ampliation de l'ordre de reversement est transmise au ministre ordonnateur, qui statue. (Pour les dépenses du ministre des finances, elle est envoyée au secrétariat général de ce ministère.) L'arrêté ministériel qui constate le débet, est transmis au ministre des finances, qui en fait poursuivre le recouvrement par l'agent judiciaire du trésor. (*Mêmes Règl.*)

884. Lorsque la contestation est du ressort des tribunaux, l'instance est suivie par le ministre ordonnateur ou ses délégués, et le jugement est également adressé au ministre des finances, pour être remis à l'agent judiciaire du trésor, chargé d'en suivre l'effet. (*Mêmes Règl. Int., art.* 137; *Guerre, art.* 147.)

885. Toute avance de quelque nature qu'elle soit, qui reste à justifier lors de la clôture de l'exercice, constitue une créance de l'Etat, dont le remboursement est susceptible d'être poursuivi par l'agent judiciaire du trésor. (*Règl. Fin.* 1846, *art.* 172.)

CHAPITRE X.

Créanciers et Faillite.

886. Lorsque des créanciers de l'Etat tombent en faillite, le payement des sommes qui leur sont dues, ne peut être effectué qu'autant que les dispositions des articles 454 et suivants du code de commerce, et la loi du 28 mai 1838, qui règlent les formes spéciales à suivre dans ces circonstances, ont été observées.

Les pièces à exiger par le Payeur, à l'appui d'un payement de cette nature, sont :

1° L'extrait du jugement du tribunal de commerce, déclaratif de la faillite;

2° L'extrait du jugement du même tribunal, portant nomination des syndics de la faillite;

3° L'acte de nomination du juge commissaire, à moins que le jugement déclaratif de la faillite n'ait fait cette nomination; (ce juge doit être un des membres du tribunal.)

4° L'autorisation donnée par le juge commissaire aux syndics, de recevoir les créances, à moins que les lettres d'avis du ministère, ou les mandats délivrés par les ordonnateurs, ne soient visés par ce juge. (*Code de Comm., art.* 454, 471, 463 *et* 485, *et Loi du* 28 *mai* 1838.)

887. L'extrait du jugement, portant nomination de syndics, doit les indiquer tous; si un seul syndic est chargé des recouvrements, le jugement fait connaître ce syndic. S'il a été nommé plusieurs syndics, ils ne peuvent agir que collectivement. (*Code de Comm., art.* 452 *et* 465.)

CHAPITRE XI.

Timbre des Pièces justificatives, des Ordonnances et des Mandats.

Les dispositions de la loi du 13 brumaire an 7, sur le timbre dont les pièces de dépenses sont passibles, avaient été diversement interprétées. Les nomenclatures annexées aux règlements ministériels, en indiquant celles de ces pièces soumises au timbre, ont aplani les difficultés. C'est dans ces nomenclatures, comme pour les pièces justificatives à produire, que se trouve la règle. Dans les articles qui suivent, on a seulement présenté les principales dispositions concernant cet impôt.

SECTION Ire. — DISPOSITIONS GÉNÉRALES.

888. Sont soumis au droit de timbre, les actes administratifs assujettis à l'enregistrement, et généralement tous actes et écritures, extraits, copies et expéditions, soit publics, soit privés, devant ou pouvant faire titre ou être produits pour obligation, décharge, justification, demande ou défense. *(Loi du 13 brumaire an 7, art. 12.)*

889. Le timbre des quittances fournies à l'Etat, ou délivrées en son nom, est à la charge des particuliers qui les donnent ou les reçoivent. Il en est de même pour tous les autres actes, entre l'Etat et les citoyens. (*Loi du* 13 *brumaire an* 7, *art.* 29.)

890. Les mandats et les ordonnances de payement des mémoires et factures des fournisseurs et marchands, doivent être soumis à la formalité du timbre avant que ces fournisseurs, et autres créanciers, ne se présentent aux caisses du trésor, pour recevoir le payement de leurs créances. (*Décision du Min. des Fin. du* 7 *janvier* 1830; *Circ.* 30 *sept.* 1829, *n°* 60.)

891. Toute pièce produite à l'appui d'une ordonnance, ou d'un mandat, et qui, à sa dénomination dans les nomenclatures, est

suivie de la lettre (T), doit être revêtue du timbre lorsque la dépense qu'elle concerne excède dix francs, ou si la somme à payer, quoique inférieure à cette quotité, forme le solde d'une créance excédant dix francs. *(Loi du* 13 *brumaire an* 7; *Ord.* 8 *déc.* 1832; *Circ.* 28 *mai* 1833, *et* 16 *nov.* 1835.)

892. Les ordonnateurs secondaires, en se conformant aux indications données, quant à l'application du timbre, par les nomenclatures jointes aux règlements ministériels, doivent revêtir, quand il y a lieu, les mandats qu'ils émettent, des mots : *à faire timbrer.* Ces indications, indispensables, avertissent les parties, afin quelles se conforment à la loi. *(Règl. min*[els]*; Obs. prélim.)*

893. Lorsque des titres, factures ou mémoires timbrés portent quittance, ou que la quittance est produite séparément sur papier timbré, l'acquit donné *pour ordre* au bas des avis d'ordonnances ou mandats, n'entraîne pas l'obligation de soumettre ces dernières pièces au timbre. *(Règl. Int.; Observ. prélim.; Circ. du min. de la Marine du* 6 *juillet* 1845; *Circ.* 30 *sept.* 1829, *n°* 60.)

894. Si l'avis de l'ordonnancé, ou le mandat, sont quittancés par le créancier réel de l'Etat, il n'est pas nécessaire de fournir une quittance isolée et distincte; l'avis de l'ordonnance, ou le mandat, est soumis, s'il y a lieu, au timbre à l'extraordinaire. *(Idem.)*

895. Les connaissements et les lettres de voitures pour transport de marchandises ou munitions, qui sont produites par les armateurs ou les capitaines, au soutien des dépenses faites pour le service de l'État, sont soumis à la formalité du timbre. *(Circ.* 13 *oct.* 1846, *n°* 159.)

896. Quand le titulaire de l'avis d'ordonnance, ou du mandat, n'est qu'un intermédiaire entre l'Etat et ses créanciers, la quittance qu'il donne, en touchant les fonds, n'est qu'une formalité d'ordre ne nécessitant pas le timbre; les droits sont perçus, s'il y a lieu, sur les quittances que l'intermédiaire est tenu de rapporter ultérieurement. *(Règl. Int.; Observ. prélim., Circ. du min. de la Marine du* 6 *juillet* 1845.)

897. Les relevés numériques des journées de traitement, produits à l'appui des mandats par les hospices civils, pour le service

de la marine et de la guerre, ne sont passibles que du droit de timbre de 35 centimes, quelle que soit la dimension du papier employé pour ces pièces. (*Circ.* 26 *mars et* 13 *octobre* 1846, nos 157 *et* 159.)

898. Les Payeurs ont à examiner, si, pour les pièces produites à l'appui des payements qu'ils effectuent, on a perçu régulièrement les droits de timbre dont elles sont passibles. Il leur est prescrit d'exercer ce contrôle, et de rejeter les pièces regardées comme irrégulières, sauf à l'ordonnateur secondaire, s'il y a dissentiment, à en référer au directeur des domaines. (*Circ. du* 30 *mars* 1844, *n°* 140.)

899. Sont assujetties à la formalité du timbre, les quittances que donnent les receveurs municipaux aux Payeurs, pour les secours accordés par l'Etat, et applicables, soit à l'établissement, à l'agrandissement, ou à l'entretien des écoles primaires, et au supplément de traitement des instituteurs, soit aux travaux à faire pour entretien et réparations des chemins vicinaux, alors même que les indigents sont employés à ces travaux. (*Circ. de la Compt. gén. du* 16 *novemb.* 1835, *n°* 91.)

900. Les quittances souscrites pour les primes distribuées par les comices agricoles et les sociétés d'agriculture, sont soumises à la formalité du timbre lorsqu'elles sont souscrites séparément, et qu'elles dépassent 10 francs ; mais un état collectif émargé, revêtu du timbre de dimension, est une justification régulière du payement de ces primes. (*Circ. C. G. du* 20 *sept.* 1842, *n°* 123.)

901. Lorsque, hors le cas de déclaration d'*utilité publique*, le prix de terrains cédés pour chemins vicinaux, et ordonnancé par un mandat, doit être versé, pour cause d'inscriptions hypothécaires, ou autres, à la caisse des dépôts et consignations, le coût du timbre du récépissé que délivre l'agent de cette caisse, est prélevé sur le montant de la consignation si, outre le prix du terrain, le mandat comprend encore le coût du timbre ; si, au contraire, la somme consignée ne comprend que le prix de cession de l'immeuble, le montant du timbre est acquitté au moyen d'un mandat de payement, émis sur le fonds destiné à faire face au payement des indemnités. (*Circ. C. G.* 20 *déc.* 1843, *n°* 136 ; *Lettre* 7 *mars* 1845.)

902. Les cantonniers des chemins vicinaux de grande communication, ne pouvant être considérés comme des agents de l'Etat, les quittances de leurs traitements sont sujettes au timbre, quand ces traitements excèdent annuellement la somme de 300 fr. (*Même Circ. du* 20 *décemb.*; *Déc. minist. du* 18.)

903. Lorsque les mandats et autres pièces, relatifs aux expropriations pour cause d'utilité publique, faites en vertu de la loi du 3 mai 1841, sont, par leur nature, assujettis au timbre, le visa pour timbre est donné gratis; les actes doivent être visés, lors même qu'ils ne seraient pas soumis à l'enregistrement. (*Loi du* 3 *mai* 1841, *art.* 58; *Circ.* 20 *nov.* 1841, *n°* 120; *des* 16 *déc.* 1842, *n°* 125, *et* 13 *oct.* 1846.)

SECTION II. — EXEMPTIONS DU DROIT DE TIMBRE.

904. Ne sont pas soumis à la formalité du timbre, les actes, copies, et autres pièces ci-après indiquées :

1° Les copies des marchés passés avec les fournisseurs et entrepreneurs, par les corps de troupes, pour le service de l'habillement et du harnachement accordé à ces fournisseurs; (*Circ.* 6 *déc.* 1844, *n°* 147.)

2° Les quittances pour les secours accordés aux indigents; les décomptes des pensions d'aliénés indigents entretenus aux frais d'un département, dans un hospice situé en dehors de sa circonscription, et les quittances délivrées par le receveur de cet hospice, pour la libération dudit département; (*Décision min*[lle]. *du* 28 *juill.* 1845; *Circ. Compt. gén. du* 30 *déc. suiv.*, *n°* 152.)

3° Les quittances de 10 francs et au-dessous; (*Loi du* 13 *brum. an* 7, *art.* 16.)

4° Les quittances des traitements des fonctionnaires et employés salariés par l'Etat; (*Idem.*)

5° Les quittances d'indemnités pour incendie, inondations, épizootie, et autres cas fortuits; (*Idem.*)

6° Les pièces justificatives relatives au payement des frais de gîte et geôlage; (*Circ.* 30 *déc.* 1839, *n°* 152.)

7° Les états émargés par les fournisseurs des maisons centrales de détention, et les quittances données pour dépenses faites sur le pécule des condamnés; (*Décision minist.; Circ.* 13 *octobre* 1846, *n°* 159.)

8° Les mandats relatifs aux avances faites aux greffiers des tribunaux civils, pour la confection des tables décénales de l'Etat civil; (*Circ.* 26 *août* 1843, *n°* 132.)

9° Les mandats ayant pour objet des avances faites par le trésor à des régisseurs comptables, pour des services régis par économie; (*Règl. Trav. pub.*, page 113; *Int.*, page 251.)

10° Les factures produites à l'appui des mandats de remboursement d'avances, par les comptables du département de la Guerre, gérant de clerc à maître, et les quittances données par eux, sur les ordonnances et mandats, lorsqu'il est justifié, toutefois, que les quittances des créanciers réels, formant le titre libératoire pour l'Etat, sont délivrées sur timbre; (*Circ. de la Compt. gén. du* 30 *déc.* 1845, *n°* 152.)

11° Les mandats accordés pour subventions aux hôpitaux et hospices; aux bureaux de charité; aux sociétés maternelles; aux institutions de bienfaisance; aux maisons de refuge, ou d'insensés; aux communes pour travaux de charité, et enfin les subventions, à titre de souscriptions, pour contribuer à des œuvres de charité; (*Circ.* 30 *mars* 1844, *n°* 140.)

12° Les états de journées et les quittances que produisent les dépôts de mendicité, pour obtenir le payement de la nourriture des mendiants renfermés dans l'établissement, soit à la charge du département limitrophe, soit à la charge du département; (*Circ.* 30 *mai* 1846, *n°* 158; *Décision min^lle^.* 3 *janvier précédent.*)

13° Les procurations données par les sous-officiers, ou soldats, pour toucher les arrérages qui leur sont dus pour les pensions dont ils jouissent sur le budget de l'Etat; (*Décret du* 21 *décemb.* 1808.)

14° Les pouvoirs donnés, soit en France, soit à l'étranger, par les pensionnaires de l'ancienne liste civile; (ils sont de plus affranchis de la formalité de l'enregistrement.) (*Circ.* 30 *mai* 1846, *n°* 158; *Décision min^lle^.* 15 *avril précédent.*)

15° Les pièces relatives au service forestier, en ce qu'elles ont rapport, savoir :

1° Aux traitements, salaires et indemnités;

2° Au prix de travaux à la journée, faits au compte *direct* du gouvernement;

3° Aux frais de justice urgents ;

4° A la portion contributive dans les frais de réparation des chemins vicinaux;

5° Aux frais d'arpentage et de réarpentage, de copies de plans, etc.;

16° Sont affranchies également du timbre, les copies, ou extraits, des arrêtés ou décisions des fonctionnaires ou employés, qui sont joints aux mandats ;

17° Les certificats relatifs à l'avancement, à l'achèvement, ou la réception des ouvrages;

18° Les quittances pour remboursements de moins de mesure et autres restitutions. (*Nomenc. jointe à la Circ. de la Compt. gén. du* 18 *juillet* 1833.)

905. Ne sont pas, non plus, assujettis à la formalité du timbre, les états de remboursement des frais de poursuites, en matière de forêts, qui sont tombés en non-valeurs. (*Circ.* 30 *mai* 1846, *n°* 158.)

906. Les marchés et adjudications, passés par l'administration de la Marine, pour la fourniture des munitions, matières brutes, et objets ouvrés nécessaires à son service, peuvent, ainsi que ceux consentis pour le service du ministère de la Guerre, être établis sur papier non timbré, sauf visa pour timbre et enregistrement, après approbation de ces marchés par le ministre. (*Décis. min*[lle]. 9 *janv.* 1850 ; *Circ. n°* 176.)

CHAPITRE XII.

Émission des mandats et leur envoi au visa du Payeur.

SECTION Ire. — ENVOI DES BORDEREAUX ET PIÈCES.

907. Les ordonnateurs secondaires font parvenir, chaque soir, au Payeur du département, des bordereaux, formés par exercice et par ministère, des mandats qu'ils ont délivrés sur leur caisse, dans la journée. Ils y joignent les pièces justificatives des créances dont ils ont ordonnancé le payement. (Voir n° 637.) (*Ord.* 31 *mai* 1838, *art.* 62, *et Règl. min*^els^.; *Circ. du minist. des Fin. aux préfets, des* 15 *nov.* 1827 *et* 25 *déc.* 1831.)

908. Chaque bordereau journalier des mandats émis, indique, par numéro d'ordre, l'exercice, le chapitre et l'article du budget sur lesquels la dépense est imputée; la désignation de la partie; l'objet de la dépense; la localité dans laquelle le mandat doit être payé; la somme à payer; le nombre de pièces se rapportant à chaque mandat, et le nombre de mandats communiqués au Payeur pour recevoir son visa. (*Règl. min*^els^.; *Circ. des* 14 *déc.* 1842, *n°* 124, *et* 30 *déc.* 1845, *n°* 153.)

909. Pour la sûreté des payements, et afin de prévenir toutes altérations de sommes, ou substitutions, l'envoi du bordereau journalier des mandats émis par les *ordonnateurs secondaires*, doit être fait avant la remise des mandats aux parties, de manière à ce que celles-ci ne se présentent, pour toucher, chez le Payeur, ni le jour, ni même le lendemain de l'émission des mandats. (*Lettre du min. des Fin. à celui de la Guerre, du* 18 *juin* 1828; *Circ. des minist. des Fin. et de l'Int. aux préfets, des* 15 *nov.* 1827 *et* 30 *nov.* 1840, *et de la Compt. gén. aux Payeurs, du* 16 *décemb.* 1842.)

910. Le Payeur, si le bordereau d'émission d'un mandat ne lui a pas été préalablement remis par l'ordonnateur, est autorisé à refuser, à la partie qui se présente à sa caisse, le payement de la somme mandatée à son profit. (*Circ. Sec*^at^. *G.* 15 *nov.* 1827, *n°* 169.)

SECTION II. — VÉRIFICATION ET CLASSEMENT DES PIÈCES.

911. Les pièces justificatives que les ordonnateurs secondaires ont adressées avec les bordereaux d'émission, sont retenues par le Payeur (Voir nº 637) chargé de procéder immédiatement à leur vérification et à leur classement, et de les joindre ultérieurement aux mandats qu'elles concernent. (*Ordon.* 31 *mai, art.* 62; *Circ. de la Compt. gén. des* 20 *sept. et* 16 *déc.* 1842, *et* 26 *août* 1843, *nº* 133.)

912. Si la vérification des pièces remises par les ordonnateurs, fait reconnaître que parmi ces pièces il y en a d'irrégulières, ou si la production faite est incomplète, le Payeur adresse au signataire du mandat les demandes nécessaires, afin d'obtenir les régularisations et compléments de justification exigés par les règlements. (*Même Ordon. et Circ.*)

913. Dans le cas où le Payeur a sollicité, sans succès, auprès des ordonnateurs secondaires, la rectification des irrégularités que peuvent présenter les pièces justificatives, et lorsque les raisons données par ces ordonnateurs, ne paraissent pas motiver suffisamment le refus de satisfaire aux réclamations du comptable, celui-ci réclame l'intervention de la direction de la Comptabilité générale, pour faire lever la difficulté. (*Circ.* 26 *août* 1843, *nº* 132.)

914. Quand un ordonnateur secondaire reconnaît qu'un mandat, avant sa délivrance à la partie ou son payement, doit subir, dans son imputation, ou dans la somme mandatée, un changement de nature à modifier le montant des émissions faites sur un exercice, il établit d'abord la rectification sur le mandat, et s'il ne donne pas par écrit avis de cette rectification, il annote, sur le bordereau même, la modification, afin que le Payeur puisse, de son côté, mettre ses écritures en conformité [1]. (*Circ.* 31 *août* 1843, *nº* 133.)

[1] Ces sortes de rectifications se font jusqu'au moment où le Payeur envoie ses bordereaux de développement du mois à la Comptabilité générale. Les erreurs ne peuvent plus ensuite se rectifier qu'en vertu de certificats de réimputation. (Voir *Réimputations*, nº 583.) (*Circ. nº* 133.)

SECTION III. — VISA DES MANDATS.

915. Les mandats délivrés sur la caisse des Payeurs, et qui sont payables hors de leur résidence, sont envoyés à ces comptables, par les ordonnateurs secondaires, avec les bordereaux d'émission et les pièces justificatives, afin qu'ils y apposent leur *visa* ou *autorisation de Payer*. Ces mandats sont renvoyés ensuite à l'ordonnateur (voir n° 923) chargé d'en assurer la remise aux ayant-droit. (*Ord.* 16 *novemb.* 1831, *art.* 2, *et* 31 *mai* 1838, *art.* 62 *et* 63. [1])

916. Avant de viser des ordonnances ou mandats, pour être payés par d'autres comptables que lui, le Payeur s'assure que la dépense porte sur des ordonnances ministérielles régulières, et qu'il y a conformité, de tout points, entre les indications données par les mandats présentés, et celles qui résultent du bordereau d'émission sur lequel ils figurent. (*Ord.* 31 *mai*, *art.* 317.)

917. Le *vu bon à payer* du Payeur ne peut être apposé que que sur le mandat, ou la pièce en tenant lieu; il n'est jamais conditionnel. Le Payeur indique la localité dans laquelle le payement aura lieu, sauf au receveur des finances à donner, sur la demande du créancier, une autre désignation pour le payement. Il est tenu note, dans ce cas, sur un carnet, des changements d'assignation. (*Inst. Gén. des Fin.; Circ. n°* 117, *et Circ.* 20 *déc.* 1837, *n°* 105.)

918. Si après avoir apposé le visa à un mandat, une saisie est faite entre les mains d'un Payeur, contre le titulaire de ce mandat, un avis est immédiatement donné au comptable qui se trouve, par le visa, chargé du payement, afin d'arrêter, si cela se peut encore, la délivrance des fonds. (*Circ.* (*Contentieux*) 31 *mars* 1846.)

919. Le *vu bon à payer* doit être signé par le Payeur. Il est in-

[1] En 1848, des circonstances particulières ayant exigé que des mesures fussent prises pour assurer les payements aux caisses du trésor, on prescrivit (*Circ. n°* 164) de communiquer au Payeur *tous* les mandats émis sur sa caisse.

terdit à ce comptable de faire usage d'une griffe ; c'est en cas d'empêchement, seulement, qu'il peut se faire suppléer par un fondé de pouvoirs pour ce travail. (*Inst.* 1er *janv.* 1810 ; *Circ. du* 20 *déc.* 1837, *n°* 105.)

920. Il est prescrit aux Payeurs de remplir sur chaque mandat, au *nota* disposé à cet effet, le millésime de la seconde année de l'exercice, indiquant le délai pendant lequel les mandats sont payables aux caisses du trésor, afin que les parties, étant ainsi averties, ne laissent pas écouler ce délai sans se présenter pour toucher, et que les comptables autorisés à payer, connaissent l'époque précise, jusqu'à laquelle ils peuvent faire le payement. (*Circ.* 20 *nov.* 1841, *n°* 120.)

921. Les mandats imputables sur les crédits des ministères de la Guerre et de la Marine, qui ont pour objet d'acquitter *la solde des troupes*, des ouvriers, ou toute autre dépense relative au personnel, sont dispensés de la formalité du visa ; ils sont acquittés à présentation. (*Lettre du Direct. de la Compt. Gén. du* 22 *juin* 1836.)

922. Il y a également dispense du visa :

1° Pour le payement de la solde des militaires en route, et pour les payements nécessités pour le passage des troupes ;

2° Pour le payement des arrérages de rentes. (*Inst. Gén. des finances*; *Circ. n°* 117.)

SECTION IV. — RENVOI DES MANDATS A L'ORDONNATEUR.

923. A moins de circonstances extraordinaires, l'examen des pièces annexées aux mandats auxquels elles ont rapport, et le visa de ces mandats, doivent s'effectuer de manière à ce que ces documents ne restent pas plus de 24 heures dans les bureaux du Payeur. (*Inst. min*elles [1].)

924. Le Payeur, en renvoyant les mandats revêtus de son visa à l'ordonnateur secondaire, y joint le bordereau d'émission sur le-

[1] C'est le délai pendant lequel on garde un exploit de saisie, avant de le viser. (Voir le titre XI.)

quel il mentionne, par une déclaration écrite, le nombre de mandats qu'il a visés et restitués à l'ordonnateur. Ce dernier en donne un reçu, en spécifiant également le nombre des mandats qui lui sont parvenus; il renvoie ensuite, sans retard, au Payeur, le bordereau que ce comptable fait entrer dans sa comptabilité. (*Circ. de la Compt. gén.* 14 *décembre* 1842, *n*° 124, *et* 30 *décemb.* 1845, *n*° 153.)

925. Sous aucun prétexte, les Payeurs ne doivent s'écarter de la marche prescrite par l'article précédent. Toute déviation de leur part à cette règle, engagerait leur garantie personnelle. (*Mêmes Circulaires.*)

926. La remise des mandats aux titulaires, étant un soin exclusivement dévolu à l'ordonnateur secondaire, obligé, pour sa responsabilité, d'en retirer récépissé, un Payeur ne peut, en aucun cas, consentir à remettre lui-même un mandat à la partie qui le lui réclame. (*Mêmes Circulaires.*)

927. Lorsque des mandats soumis au visa du Payeur sont frappés d'opposition, il en est donné connaissance à l'ordonnateur, en lui remettant les mandats sans être visés. Les lignes imprimées destinées à recevoir l'indication du lieu de payement, sont biffées, et, dans le cadre destiné à indiquer l'objet de la dépense, le Payeur inscrit ces mots : *Opposition au payement,* sans signature, mais avec paraphe. (*Circ.* 14 *déc.* 1842, *n*° 124.)

928. Les comptables n'ont pas à suivre cette marche à l'égard des mandats qui sont délivrés pour le payement des *traitements.* Dans ce cas, le visa est donné en établissant, au-dessous du chiffre exprimé, le montant de la retenue à effectuer d'après la loi, et le net à payer à la partie.

929. Si la somme à payer, étant le prix d'un bien grevé d'hypothèques, doit être consignée dans un chef-lieu d'arrondissement, le Payeur mentionne dans son *visa,* qu'il autorise, non *le payement,* mais *la consignation* de la somme mandatée. Les pièces sont jointes au mandat, avec un état portant déclaration de versement. (Voyez, Titre VII, Ch. XVII, *Consignations.*) (*Circ.* 20 *sept.* 1842, *n*° 123.)

SECTION IV. — ENREGISTREMENT DES ÉMISSIONS. — BORDEREAUX A REMETTRE.

930. Au fur et à mesure que les bordereaux d'émission de mandats des ordonnateurs secondaires parviennent au Payeur, celui-ci fait passer, à son livre-journal, les écritures nécessaires pour constater ces émissions, et en établir le montant par ministère et exercice. Il rappelle, dans ses enregistrements, le numéro et la date des bordereaux qui lui ont été remis. (*Circ.* 28 *mai* 1833, *n*° 76.)

931. Il est fait ensuite enregistrement aux comptes respectifs, tant au grand-livre qu'aux carnets d'ordonnances, des sommes formant le montant des émissions faites, pour le payement des dépenses de chaque ministère, sur les délégations accordées. Le Payeur, en consultant ces documents, s'assure qu'il n'est pas émis des mandats pour des sommes supérieures au montant des crédits alloués. (*Circ.* 28 *mai* 1833, *n*° 76, *et* 31 *août* 1843, *n*° 133.)

932. A la fin de chaque mois, le comptable fait connaître au ministère, par la balance des comptes du grand-livre, et aux ordonnateurs secondaires, par le bordereau sommaire qu'il leur remet, le montant, par exercice, ministère et service, des mandats de payement, délivrés depuis le commencement de l'exercice. Les ordonnateurs, après avoir revêtu ces bordereaux de leur visa, les transmettent immédiatement à leur ministère respectif. (*Ordon.* 31 *mai* 1838, *art.* 251.)

933. Les bordereaux d'émission, après avoir été enregistrés aux divers livres de Comptabilité, sont classés, dans les bureaux du Payeur, par ministère et par exercice. Au moment du payement, ou en fin de mois, chaque somme mandatée, qui a été payée, est annotée à son bordereau respectif. Le Payeur établit ensuite, d'après les bordereaux mêmes, à la fin de l'exercice, le relevé des mandats non payés qu'il doit annuler dans ses écritures. (*Inst. min*lles.; *Circ.* 30 *sept.* 1827, *n*° 53.)

CHAPITRE XIII.

Responsabilité des Ordonnateurs et des Chefs de service.

Section Ire. — Ordonnateurs.

934. La responsabilité imposée aux ordonnateurs, peut être encourue, si les titres produits pour obtenir la liquidation d'une créance à la charge du trésor public, n'offrent pas la preuve des droits acquis aux créanciers de l'État. (*Ordon.* 31 *mai* 1838, *art.* 39 *et* 40.)

935. Les ministres ne peuvent, sous leur responsabilité, dépenser au-delà des crédits qui leur ont été ouverts pour chacun des chapitres de leur budget. De leur côté, les préfets et les autres ordonnateurs secondaires sont tenus, aussi sous leur responsabilité, de se renfermer, quant aux dépenses pour lesquelles ils délivrent des mandats, dans la limite des règlements et des autorisations spéciales qui leur ont été données par leurs ministres respectifs. (*Ordon.* 31 *mai* 1838, *art.* 14; *Règl. Int., art.* 6, *et autres Règl. min*els.; *Circ. Compt. gén.* 31 *août* 1843.)

936. En cas de rejet, de la part de la Cour des Comptes, de payements faits sur pièces qui *ne constatent pas régulièrement une dette de l'Etat*, l'administration est appelée à statuer sur le recours à exercer, non pas seulement contre la partie prenante, mais aussi contre le signataire du mandat. (*Ordon.* 31 *mai* 1838, *art.* 320.)

Chefs de service non ordonnateurs.

937. Les directeurs et chefs des établissements dépendant du ministère de l'Intérieur; les architectes; les chefs des services administratifs ressortissant au ministère des Finances; les préfets maritimes; les recteurs et les chefs d'établissements de l'Instruction publique; les directeurs des usines et établissements de la Marine; les commandants d'escadres ou de divisions; les officiers commandants des bâtiments de l'Etat, et les agents chargés de missions

spéciales, sont tenus, sous leur responsabilité, de se renfermer, quant aux dépenses, dans la limite des autorisations qui leur ont été données par le ministre, ou qui résultent des règlements. (*Règl. Int., art.* 6; *Idem, Trav. pub., art.* 7, 53 *et* 54; *Idem, des Fin., art.* 8; *Idem, Marine, art.* 6.)

CHAPITRE XIV.

Contrôle du Payeur.

938. Les fonctions de Payeur portent en elles un caractère de contrôle qui pèse nécessairement sur les ordonnateurs des dépenses publiques. Aucune autorité n'a le droit de se montrer blessée de ce contrôle exercé au nom du ministre. Les budgets départementaux sont envoyés aux Payeurs du trésor public, afin qu'ils en surveillent l'exécution. (*Lettre du direct. de la Compt. gén. au préfet du Morbihan,* 19 *juillet* 1839; *Circ. Compt. gén.* 20 *août* 1835, *n°* 90, *et* 31 *août* 1843, *n°* 133.)

939. Dans la vérification à laquelle il procède, le Payeur s'assure si la date de la dépense constate un droit réel à la charge de l'exercice auquel on l'impute; si l'objet de cette dépense ressortit bien au service particulier que le crédit a en vue d'assurer; si, en un mot, la dépense est légalement mandatée. (*Circ.* 20 *sept.* 1842, *n°* 123.)

940. Relativement aux pièces justificatives remises par les ordonnateurs secondaires, ou par le ministère, il voit si ces pièces désignent suffisamment le créancier envers lequel l'Etat doit se libérer; si elles constituent un titre valable pour ce créancier; si ce dernier a rempli les engagements qu'il a contractés; si les actes produits sont, de tous points, concordants entre eux, et en due forme, selon ce qui est prescrit par la nomenclature jointe au règlement ministériel. (*Lettre du direct. de la Compt. gén. des* 14 *mai et* 19 *juillet* 1839; *Circ.* 25 *janvier* 1841, *n°* 119.)

941. En matière de transmission d'immeubles, le Payeur examine s'il y a parfaite régularité dans les formalités de la vente; il discute la valeur des actes produits; il s'assure de la conformité des noms des réclamants avec ceux portés à ces actes, et il se fait remettre toutes copies, ou extraits, sur lesquelles reposent les circonstances de la cession et la preuve de sa régularité. (*Lettres C. G.* 14 *mai et* 19 *juillet* 1839; *Circ.* 25 *janvier* 1841.)

942. La vérification des pièces justificatives jointes aux *ordonnances de payement*, pour reconnaître si ces pièces sont régulières et constituent légalement les droits des créanciers, n'est pas imposée à la direction du mouvement général des fonds chargée de transmettre ces pièces au Payeur; c'est à ce comptable qu'appartient, sous sa responsabilité, l'examen des pièces avant d'effectuer le payement des ordonnances, et le soin d'obtenir, s'il y a lieu, le complément des justifications. (*Circ. des* 20 *sept.* 1842, *n*° 123, *et* 26 *août* 1843, *n*° 132.)

TITRE VII.

Payement des Dépenses.

Le payement des ordonnances et des mandats émis sur les caisses du trésor, est l'action qui engage, le plus directement, la responsabilité du comptable. Il est dès-lors bien important pour lui, que ce payement soit effectué selon les règles établies.

Les principales conditions sous lesquelles il peut avoir lieu, ont été déjà indiquées aux titres *Crédits* et *Ordonnancement*. La première de ces conditions est la production, au Payeur, de toutes les pièces nécessaires, pour lui démontrer qu'il acquitte une dette de l'Etat dans la main d'un créancier réel.

Le payement matériel aux parties dénommées aux ordonnances et mandats, a aussi ses prescriptions particulières. L'Etat n'est régulièrement libéré, qu'après que ces prescriptions ont été exactement observées.

Le présent titre est destiné à les faire connaître.

L'allocation régulière du crédit sur lequel repose le payement; l'application de ce crédit au service qu'il a en vue d'assurer, et la justification, par pièces en forme, du droit du créancier, sont, sans doute, des garanties essentielles; les Payeurs s'attachent à les obtenir. L'intérêt de leur responsabilité, d'ailleurs, le leur commande; mais suffisent-elles, ces garanties, pour prouver, comme le veut l'ordonnance de 1838, que la dette de l'Etat est *régulièrement justifiée?* la réalité du service que l'on va solder; la légalité de certaines allocations; l'exactitude des faits, quant aux marchés passés, aux travaux effectués, aux fournitures faites, aux prix exigés par les fournisseurs, tout cela est-il toujours suffisamment établi par les pièces produites? Le trésor, sur l'exhibition de pièces bien formalisées, se libère, c'est vrai, mais ne paye-t-il jamais plus qu'il n'est dû?

On l'a dit, dans une autre circonstance, le véritable intérêt du trésor, c'est le contrôle *réel*, le contrôle *effectif* du service fait. Or, ce contrôle vrai des dépenses publiques qui, seul, peut assurer l'emploi légal des fonds de l'Etat, on ne pourrait affirmer qu'il est, dans toutes les occasions, assez complet, pour ne laisser aucune incertitude.

Il faut bien reconnaître, ensuite, que le trésor manque d'une garantie réelle contre les erreurs et les fraudes ; il n'a pas, pour être à l'abri de leurs effets, la responsabilité *effective, matérielle*, de l'agent qui a proposé ou ordonné de payer. Quel recours peut-on exercer, le cas échéant, contre un ordonnateur, ou tout autre agent, qui s'est éloigné ; qui, peut-être, n'appartient plus à l'administration, et contre lequel il n'existe qu'une responsabilité morale ou insuffisamment définie? Sous ce rapport, les dispositions des règlements sont encore vagues et incomplètes [1].

CHAPITRE Ier.

Remise des fonds.

943. Les fonds réclamés pour l'acquittement des dépenses publiques, sont remis aux Payeurs, par les receveurs généraux chargés exclusivement de pourvoir aux nécessités du service sur tous les points de leur département. A Paris, les fonds sont faits par le caissier-payeur central du trésor. (*Circ. des* 2 *et* 29 *janvier* 1824, *nos* 1 *et* 3 ; *Ordon.* 31 *mai* 1838, *art.* 307.)

944. Les Payeurs des départements sont tenus de remettre aux receveurs généraux, le 20 de chaque mois, un état faisant connaître, par dizaine, approximativement, leurs besoins pour le mois suivant. Ils y indiquent les sommes partielles nécessaires à chacune des

[1] Le ministre des Finances, à qui un rapport étendu sur le contrôle des dépenses publiques et sur la responsabilité des ordonnateurs, a été adressé le 22 juin 1849, a répondu, le 7 juillet, qu'il avait lu ce travail avec un vif intérêt, et qu'il avait donné des ordres pour qu'il fût examiné.

époques qu'ils désignent ; si leurs évaluations sont susceptibles d'être modifiées, ils le font savoir. (*Inst. gén. des Fin., Circ. nº* 117 ; *Circ.* 23 *décembre* 1828.)

945. Les fonds sont demandés aux receveurs généraux, en raison des dépenses à payer immédiatement. Les Payeurs font en sorte de prévenir, autant qu'il est en eux de le faire, les stagnations de fonds dans leur caisse. (Voir nº 186.) (*Circ.* 23 *déc.* 1828.)

946. Pour mettre les receveurs généraux à même de satisfaire, à temps, aux demandes de fonds qui leur sont faites, les Payeurs se concertent avec les ordonnateurs secondaires ; ils s'éclairent, auprès d'eux, pour connaître, à l'avance, leurs besoins pour le service qu'ils dirigent, afin de pouvoir former l'état dont il est plus haut parlé (nº 963.) [1] (*Circ.* 23 *décembre* 1828, *et* 24 *mars* 1848, *nº* 164.)

947. Les receveurs généraux ont également à pourvoir aux demandes que pourrait leur faire le trésorier des finances en Afrique. Celui-ci en délivre son récépissé dans la forme ordinaire ; les recouvrements de sommes dues en France, qui sont effectués en Afrique, et pour lesquels le trésorier donne son récépissé, sont considérés comme envois de fonds à ce dernier. (*Inst. gén. des Fin., art.* 605.)

948. Les Payeurs délivrent immédiatement, aux receveurs généraux, des récépissés à talon, des sommes qu'ils ont reçues. Il est formellement défendu de leur remettre, au lieu de récépissés, des bons provisoires. (*Ordon.* 12 *mai* 1833 ; *Circ. du* 28, *nº* 76 ; *Inst. gén. des Fin., Circ. nº* 117 ; *Circ.* 3 *août* 1849, *nº* 174.)

949. Les récépissés délivrés aux receveurs généraux sont visés dans les vingt-quatre heures, par les préfets, sur la réquisition du

[1] Aucun règlement n'oblige les ordonnateurs à satisfaire à ces demandes ; l'administration le reconnait. Mais les dépenses n'étant faites qu'au moyen des recettes courantes, et non avec des réserves, il est évident que le trésor ne peut, en cas d'insuffisance de ces recettes, y faire ajouter par des dispositions spéciales, qu'autant que les besoins, déterminés à l'avance, ont pu être comparés aux ressources ; c'est aux payeurs à obtenir, par des moyens officieux, ces renseignements. (*Lettres de la Dir. du Mouv. des fonds du* 6 *sept.* 1839, *et du* 29 *sept.* 1840 ; *Circ. du* 24 *mars* 1848, *nº* 164.)

comptable qui a effectué le versement; ils ne sont libératoires qu'à cette condition. (*Ord.* 12 *mai* 1833; *Circ. du* 28, *n°* 76.)

950. Les fonds provenant des retenues que les Payeurs ont exercées pour le compte du trésor, ou pour celui de la caisse des dépôts et consignations, sont gardés, par ces comptables, pour servir à l'acquittement de leurs dépenses; ils en délivrent également des récépissés à talon au receveur général. (*Mêmes Inst. et art.*)

NOTA. Pour les versements faits par le receveur général, *en pièces de dépenses*, voir le Chapitre XVI du présent titre.

951. La direction du mouvement général des fonds, dans les feuilles d'autorisation qu'elle adresse aux Payeurs, les 1er, 11 et 21 de chaque mois, donne à ces comptables le droit de prendre, dans les caisses des receveurs généraux, les sommes qui leur sont nécessaires, suivant les payements à effectuer. Elle avise, en même temps, ces derniers, des crédits spéciaux mis à la disposition des Payeurs. (*Circ.* 23 *déc.* 1828; *Inst. gén. des Fin.*, *Circ. n°* 117.)

952. Dans le cas où un receveur général n'a pas à sa disposition des ressources suffisantes pour satisfaire aux demandes du Payeur, il doit réclamer des fonds immédiatement dans les départements voisins. L'expédition de ces fonds est faite directement au Payeur. Les envois de l'espèce sont ensuite régularisés par la direction du mouvement général des fonds, conformément aux règlements. (*Inst. gén. des Fin., Circ. n°* 117.)

953. Lorsqu'un Payeur est dans la nécessité de réclamer du receveur général, des sommes excédant celles pour lesquelles ces comptables ont reçu des avis préalables, ils doivent en faire la demande formelle motivée sur un cas d'urgence. Ces versements, au reste, ne peuvent jamais excéder les exigences du service. (*Inst. gén., Circ., n°* 117.)

954. Le préposé d'un Payeur, ayant besoin de fonds pour solder les dépenses de son arrondissement, adresse au Payeur une demande motivée, indiquant, approximativement, les mandats qu'il aura à acquitter. Le Payeur en informe le receveur général, en lui désignant le lieu, l'époque et l'importance de l'envoi qu'il doit faire immédiatement, soit directement, soit par l'intermédiaire des rece-

veurs particuliers. (*Circ. du* 20 *mai* 1826 ; *Mouv. des fonds, n*° 1 ; *du* 31 *juillet* 1826, *n*° 49 ; *Inst. gén., Circ. n*° 117.)

NOTA. Il est des points où le Préposé-Payeur est autorisé à encaisser les fonds perçus dans son arrondissement. Il s'en charge en recette ; ses récépissés sont transmis à la recette générale et échangés contre ceux du Payeur. (*Lettre Mouv. gén. des fonds* 12 *août* 1835.)

955. A l'expiration de chaque dizaine, le Payeur adresse à la direction du mouvement général des fonds, un état indiquant, jour par jour, les sommes qui lui ont été remises. Cet état présente, en même temps, les dépenses journalières effectuées pendant la dizaine, et la moyenne des en-caisses journaliers pour cette période. Semblable document lui est remis par les Préposés-Payeurs, et adressé par son intermédiaire au ministère. (*Circ.* 28 *déc.* 1836, *n*° 99 ; *Lett. Mouv. gén. des fonds* 10 *janv.* 1837.)

956. Le Caissier-Payeur central du trésor est appelé, comme les receveurs généraux, à faire des remises de fonds, aux Payeurs, pour les besoins de leur service. Ces derniers comptables remettent immédiatement, après les avoir fait viser à la préfecture, des récépissés à talon des sommes qu'ils ont reçues ; ils en font écriture sous le titre : *Envoi du caissier-payeur central.* (*Circ.* 28 *mai* 1833, *n*° 76 ; *Circ.* 25 *sept.* 1840, *n*° 117.)

957. Si quelques circonstances extraordinaires venaient déranger les combinaisons d'après lesquelles le receveur général doit pourvoir à tous les besoins du service des dépenses du département, le Payeur devrait en informer immédiatement le directeur du mouvement général des fonds. (*Circ.* 29 *janv.* 1824, *n*° 3.)

958. Les receveurs généraux acquittent les mandats que les trésoriers des finances, en Afrique, sont autorisés à délivrer sur eux, pour transmissions de fonds de masse, ou autres, relatives au service militaire. Ces opérations sont considérées comme fonds reçus par le trésorier. (*Inst. gén. des Fin., Circ. n*° 117.)

CHAPITRE II.

Dispositions générales sur le payement.

959. Le payement des ordonnances et mandats délivrés sur les caisses du trésor, est effectué : par le *Caissier-Payeur central*, à Paris; par un Payeur unique, dans chaque département; par les Payeurs d'armées; par les Payeurs en Algérie; par les Trésoriers coloniaux, et par les Préposés-Payeurs [1]. (*Ordon.* 1er *nov.* 1829, *art.* 1er; 27 *décembre* 1823, *art.* 3, *et* 31 *mai* 1838, *art.* 306.)

960. Tout extrait d'ordonnance, et tout mandat résultant d'une ordonnance de délégation, doivent, pour être payés à l'une des caisses du trésor public, être appuyés de pièces constatant que leur effet est d'acquitter, en tout ou en partie, une dette de l'Etat régulièrement justifiée. (*Ordon.* 31 *mai* 1838, *art.* 64.)

961. Le ministre des Finances pourvoit à ce que les ordonnances et mandats de payement, qui n'excèdent pas la limite du crédit sur lequel ils doivent être imputés, soient acquittés dans les délais et dans les lieux fixés par l'ordonnateur. (*Même Ordon., art.* 68.)

962. Ces ordonnances et mandats, lorsqu'ils sont appuyés de justifications complètes et régulières, sont payables sur la quittance de la partie prenante, ou de son représentant dûment autorisé. (*Mêmes Ordon. et art., et Règl. min*els.)

963. Dans aucun cas, et quelle que soit l'urgence, les dépenses publiques, à quelque nature de service qu'elles appartiennent, ne peuvent être payées, si elles n'ont été légalement mandatées sur la caisse des Payeurs. (Voir n° 551.) Les comptables ne peuvent, sur ce point, substituer leur responsabilité à celle des ordonnateurs secondaires. (*Circ.* 20 *sept.* 1842; *Compt. gén., n°* 123.)

964. Avant de procéder au payement des ordonnances, ou mandats, les Payeurs doivent s'assurer, sous leur responsabilité :

[1] Les receveurs des Finances, les percepteurs et les receveurs des revenus publics, chargés de payer les dépenses sur le visa des Payeurs, sont des délégués de ces derniers. (*Voir n°* 4.)

1° Que la dépense porte sur des ordonnances qui leur ont été transmises par le trésor, en original, ou en extrait, et que le montant de ces ordonnances n'a pas été dépassé ;

2° Que la date de la dépense constate un droit à la charge de l'exercice auquel on l'impute, et que l'objet de cette dépense ressortit bien au service particulier que le crédit a en vue d'assurer ; (*Circ. du* 20 *sept.* 1842, *n°* 123.)

3° Que l'avis de l'émission des mandats a été donnée par l'ordonnateur secondaire ;

4° Que les pièces justificatives ont été produites à l'appui de la dépense ;

5° Que la quittance donnée sur les ordonnances, ou mandats, est celle des ayant-droit. (*Ordon. du* 31 *mai* 1838, *art.* 317 ; *Circ.* 20 *sept.* 1842, *n°* 123.)

965. Le payement des ordonnances et des mandats émis par les ordonnateurs, n'est exigible qu'à la caisse du Payeur sur laquelle ils ont été tirés, et à la date qui s'y trouve indiquée. (*Circ.* 30 *déc.* 1839, *n°* 115, *et* 30 *déc.* 1845, *n°* 153.)

NOTA. Si le Payeur a des fonds, il peut ne pas attendre le délai fixé par l'ordonnateur, et payer aussitôt après l'arrivée des feuilles d'autorisation. (*Circ. Mouv. des fonds,* 2 *août* 1833.)

966. Lorsque les billets de banque ont cours légal, les Payeurs doivent appliquer à l'acquit des dépenses publiques, assez de billets de banque pour qu'ils puissent, au besoin, et comme règle générale, limiter l'emploi du numéraire aux seuls payements et appoints inférieurs à la somme de 100 francs. (*Circ. Mouv. des fonds* 10 *juin* 1848, *n°* 22.)

967. Il y a, toutefois, exception à la règle qui précède : 1° en faveur des ouvriers employés au service direct de l'Etat, tels que ceux des ponts et chaussées, et des établissements de la guerre et de la marine ; 2° en faveur de l'armée, pour la partie de la dépense de solde, qui constitue le *prêt* des sous-officiers et soldats, payable d'avance et par quinzaine. (*Même Circ.*)

968. Le payement des ordonnances et des mandats, est effectué, pour celles des parties qui résident au chef-lieu de département, à

la caisse du Payeur, et pour celles résidant dans les arrondissements de sous-préfectures, chez les receveurs des finances, les percepteurs, ou autres receveurs des revenus publics, sur le *vu bon à payer* du Payeur. (Voir Chap. XII.) (*Ordon.* 31 *mai* 1838, *art.* 308 *et* 309; *Inst. gén. des Fin.; Circ. n°* 117.)

969. Lorsqu'elle le juge convenable, l'administration peut autoriser le payement, à Paris, de la créance réclamée. Ce payement a lieu au moyen d'un récépissé que délivre le Payeur, au nom du caissier-payeur central, pour le montant du mandat dont il fait dépense. (*Lettre Mouv. gén. des fonds* 30 *août* 1837.)

970. Dans le *vu bon à payer* que délivre le Payeur pour faciliter le payement d'une ordonnance, ou mandat, dans les arrondissements, il désigne le lieu où il existe un comptable, et où la partie devra se présenter pour être payée. Le payement n'est exigible, toutefois, qu'autant que le comptable a les fonds nécessaires pour l'effectuer. (*Inst. de la Direct. du Mouv. des fonds; Circ.* 18 *déc.* 1839; *Dette insc., n°* 2.)

971. L'époque jusqu'à laquelle les ordonnances et mandats sont payables aux caisses des Payeurs, ou de leurs suppléants, est celle de la clôture de l'exercice fixée pour chaque ministère[1]. Mention est faite sur lesdites ordonnances et mandats, du jour où ils doivent, pour dernier délai, être présentés, soit chez les divers comptables, dans les arrondissements, soit au chef-lieu du département; passé ce délai, les sommes non-payées sont annulées et réordonnancées. (Voir le Titre VI, *Ordonnancement.*) (*Règl. min*els.)

972. Avant de payer une créance d'exercice clos, les Payeurs rapprochent le mandat qu'on leur présente, de l'extrait d'ordonnance de délégation, pour s'assurer que toutes les indications : de noms et prénoms des parties prenantes; de l'exercice auquel les créances appartiennent; des numéros et de la désignation des chapitres budgétaires; des numéros d'ordre, etc., ont été exactement données. Ils refusent le payement de toute lettre d'avis, ou mandat, ne relatant pas exactement les indications portées dans les extraits d'ordonnances. (*Circ.* 15 *juin* 1838, *n°* 108; 31 *juillet* 1840,

[1] Voir la Section III du Chapitre III.

n° 116, § 2; 20 *janvier* 1848, *n*° 162, § 7; *Lettre du Direct. du Mouv. des fonds* 3 *déc.* 1838.)

973. Les décisions du ministre des Finances, en matière de dépenses, sont suffisamment notifiées à MM. les préfets, lorsqu'elles sont portées à leur connaissance par les agents du trésor que ces décisions concernent. Un préfet ne peut se refuser à y avoir égard, sous le prétexte qu'elle ne lui a pas été notifiée directement par le ministre. (*Lettre du Direct. de la Compt. gén. du* 22 *déc.* 1835.)

974. Lorsqu'un Payeur, ou son délégué, acquitte un mandat pour avances faites à un agent des ponts et chaussées, régisseur chargé de travaux publics, il est tenu d'inscrire ce payement sur le *livret de caisse* dont cet agent est porteur, et qui lui est représenté. (*Règl. Trav. pub.* 1849, *art.* 12.)

975. Un Payeur acquittant une ordonnance de solde, pour des dépenses publiques, à l'égard desquelles des ordonnances d'à-compte ont été délivrées sur un département autre que le sien, est tenu d'en donner immédiatement avis à celui de ses collègues qui a payé les à-compte. Il lui fait connaître le mois dans lequel l'ordonnance, pour parfait payement, a été délivrée; la date, le numéro, et le montant des mandats d'à-compte relatés dans les pièces de liquidation, afin qu'il en puisse vérifier la conformité avec ses registres. (*Circ. du* 6 *sept.* 1837, *n*° 103, *et* 30 *mars* 1844, *n*° 140.)

976. Le comptable qui a reçu l'information dont il est parlé ci-dessus, atteste, par sa réponse, s'il y a lieu, l'exactitude des déclarations qu'on lui a données; sa réponse est jointe à l'ordonnance de solde. Dans le cas où cette communication révèlerait une inexactitude dans le payement final, il serait fait, sans retard, par le Payeur qui a acquitté le solde, des démarches, pour faire opérer le reversement des sommes payées en trop. (*Mêmes Circ.*)

977. Il est donné communication au directeur de la Comptabilité générale, par le Payeur qui a acquitté les à-comptes, des renseignements qu'il a reçus du comptable ayant payé les soldes, afin que le rattachement de ces à-compte au solde, s'opère à la Cour des Comptes. (*Mêmes Circ.*)

CHAPITRE III.

Règles d'acquittement.

SECTION Ire. — INDIVIDUALITÉ.

978. Le Payeur à qui l'on présente une ordonnance, ou un mandat, délivrée sur sa caisse, doit mettre tous ses soins à s'assurer que c'est bien au créancier véritable de l'Etat qu'il va effectuer le payement. Il est tenu de faire signer la partie en sa présence. Il peut, au besoin, exiger, par la légalisation, la justification des signatures qui ne lui sont pas suffisamment connues. (*Circ.* 26 *janv.* 1832, *n*o 69; 24 *janv.* 1839, *n*o 112, *et* 5 *mai* 1849, *n*o 173.)

979. Un mandat, ou une ordonnance, délivré sur une caisse publique, n'est pas plus un billet au porteur qu'un effet de commerce. Il est payable à la partie désignée et non à une autre personne. Le comptable qui doit acquitter ce mandat, répond de la validité de la signature apposée à la quittance. Aucune personne, si elle n'a pas qualité suffisante, ne peut servir d'intermédiaire officiel entre le titulaire du mandat et le Payeur. (*Circ. C. G.* 30 *déc.* 1845, *n*o 153; 5 *mai* 1849, *n*o 173.)

980. Les créances sur le trésor devant être soldées, sans frais, aux ayant-droit, c'est un devoir pour les Payeurs de repousser l'intervention, toujours onéreuse, des agents d'affaires, lorsqu'ils s'aperçoivent que ces derniers cherchent à s'interposer entre le trésor et ses créanciers, pour toucher les sommes revenant à ces derniers.

981. Aucun émargement ne doit être donné pour des personnes absentes, notamment sur les états trimestriels de traitement des magistrats, que dans le cas d'*empêchement légitime*, clairement exprimé. (*Circ.* 24 *janv.* 1839, *n*o 112.)

982. Aucun payement ne devant s'effectuer que sur la quittance de la partie prenante, désignée à une ordonnance ou mandat, cette condition est sous-entendue, dans tous les cas où, pour abréger, elle n'aurait pas été exprimée dans la nomenclature des pièces à

produire qui accompagne chaque règlement ministériel. (*Règl. min*els. : *Observ. prélim.*)

983. Le payement effectué sur une lettre d'avis ministérielle est valable, quand bien même il serait reconnu que la signature apposée à l'acquit n'est pas celle de la partie. La lettre d'avis, seule, prouve au Payeur l'identité de la personne qui lui présente cette pièce, et à laquelle elle tient lieu, d'ailleurs, de certificat d'individualité. (*Décis. du min. des Fin.* 19 *déc.* 1818.)

984. Lorsqu'une ordonnance, ou mandat, a été délivrée, au nom d'une compagnie ou d'une maison de commerce, le porteur de la lettre d'avis est tenu de déposer une expédition d'un acte de notoriété, ou l'acte de société, indiquant le nom des personnes associées et le nom de celles ayant la signature. Il doit, en outre, justifier de la durée de la société, si l'acte n'en parle pas. Une circulaire légalisée peut être produite, si elle donne ces justifications. (*Inst. du min. de la Guerre,* 1er *janv.* 1806.)

985. Les lettres d'avis, ordonnances, ou mandats, sur lesquelles les noms des parties, ou les sommes, paraissent altérés ou raturés, sont réputées nulles, s'il n'y a approbation, et si les sommes mandatées ne sont écrites, en toutes lettres, par le signataire de ces pièces. (*Inst. min*lle. 1er *janvier* 1810.)

986. Les mandats ayant pour objet des frais de capture de déserteurs dus à des gendarmes, sont quittancés par le conseil d'administration de la gendarmerie. C'est à ce conseil que l'on doit les payer, et non aux agents qui ont fait l'arrestation des individus, et qui sont portés aux états indicatifs joints auxdits mandats. (*Règl. Guerre,* page 158.)

987. Un adjoint au maire d'une commune étant naturellement appelé à suppléer ce dernier, il peut acquitter un mandat qui aurait été délivré au nom du maire, en cette qualité, et faire, pour cet objet, par procuration authentique, toutes les délégations que le maire ferait lui-même. (*Lett. du min. des Fin.* 25 *novemb.* 1816.)

988. Un conseiller de préfecture ne peut suppléer le préfet, pour toucher le montant d'un mandat fait au nom de ce magistrat, qu'en vertu d'une délégation spéciale. L'arrêté de délégation, ou la déclaration analogue du ministre de l'Intérieur, doit être jointe à l'appui du premier payement. (*Lettre du Directeur des dépenses 6 mai* 1820.)

989. Lorsque des indemnités ayant été accordées aux habitants d'une commune pour secours, à raison de *grêles, incendies, épizooties*, etc. (Voir n° 466), les états collectifs ont été émargés de chacun des individus secourus, le comptable qui a remis les fonds est tenu de signer, pour ordre, le mandat délivré par le préfet. (*Règl. Fin.*, page 171; *Agric.*, page 135; *Circ.* 30 *août* 1839, *n°* 114, *et* 31 *juillet* 1840, *n°* 116.)

NOTA. Il en est de même pour les indemnités de logement de militaires, payés sur mandats collectifs, voir n° 714.

990. A l'égard des individus illettrés, auxquels des secours, ou indemnités, ont été alloués, le payement n'est régulier qu'autant que l'état est revêtu, vis-à-vis de leurs noms, de la signature de deux témoins présents à la déclaration qu'ils ont faite, qu'ils ne savaient signer, et de celle du comptable qui a reçu cette déclaration et qui a payé. (*Mêmes Circ.*)

991. La remise des mandats visés par le Payeur sur les percepteurs, doit avoir lieu dans le mois, lors même que la somme accordée aux habitants, pour secours ou indemnités, ne leur aurait pas été entièrement payée. Il est donné, dans ce cas, par le receveur général, un récépissé de reversement indiquant l'origine de la somme versée et le nom des tiers intéressés. Ce récépissé est joint au mandat comme pièce justificative. (*Mêmes Circ.*)

992. Outre le récépissé dont il est parlé à l'article qui précède, le Payeur se fait remettre, par le receveur général, une déclaration de reversement. Cette déclaration est adressée à l'ordonnateur secondaire avec le bordereau sommaire mensuel, afin que les sommes non employées puissent être retablies au crédit de chaque ministère. (*Mêmes Circ.*)

993. Si le nom de la partie désignée à un mandat, n'est pas entièrement conforme à celui apposé au *pour acquit*, il y a défaut d'identité. Dans ce cas, le payement doit être différé jusqu'à la rectification régulière de ce mandat. (*Inst. min*lles 1846.)

994. Les subsides mensuels accordés aux réfugiés politiques, ne doivent être payés aux titulaires indiqués sur les mandats, qu'autant que ces titulaires se présentent, *en personne*, à la caisse, pour toucher, et qu'ils sont munis de l'extrait de leur bulletin individuel. La date de chaque payement est mentionnée dans le cadre disposé à cet effet sur le bulletin. (*Circ. C. G. 4 mai* 1844, n° 259; 14 *août* 1848, *n°* 166; *Règl.* 1er *juin* 1848, *art.* 5.)

995. Lorsque des capitaines de navires ont des sommes à toucher pour prix de frêt ou nolis, ces sommes peuvent être payées sur la quittance que donnent les courtiers, si les connaissements de ces capitaines ont été passés à leur ordre. Le connaissement, dans ce cas, reste joint au mandat de payement. (*Code de Comm., art.* 281.)

996. Le traitement d'un employé absent pour cause d'altération de facultés mentales, et qui se trouve dans un établissement public, peut être acquitté jusqu'à concurrence de trois mois, au chef de cet établissement, sur la représentation d'un certificat délivré par ce chef, et par le maire, pour constater l'état de l'individu. La signature du maire doit être légalisée. (*Règl. Fin.*)

997. Quand une personne, au profit de laquelle un mandat, ou ordonnance, a été délivré, a cessé d'exister, le payement de ce mandat, ou de cette ordonnance, est suspendu; on ne peut plus le faire qu'aux héritiers ayant justifié de leurs droits par la production des actes d'hérédité, tels que les règlements les prescrivent. (Voir Chap. XI, au présent Titre.)

Si l'ordonnateur a connaissance du décès, il indique, lui-même, sur le mandat, que le payement sera fait *aux héritiers*. (*Règl. Min*els.)

998. On ne peut payer un mandat fait au nom d'*un seul* entrepreneur, si le certificat de payement, ou toute autre pièce produite à l'appui de mandat, indique qu'il y a *deux* personnes intéressées, à moins que le droit de toucher seul, n'ait été conféré à l'un d'eux. (*Lettres min*lles *des* 30 *octobre* 1838, *et* 12 *février* 1839.)

999. Tout mandat de payement, au nom ou au profit d'un établissement public, est payable à l'agent comptable de cet établissement, qui délivre une quittance à souche de la somme touchée. Il acquitte, en outre, le mandat *pour ordre*. Aucune autre quittance ne peut être admise. (*Règ. m*els. : *Ob. gén.*; *Circ.* 28 *mai* 1833, *n°* 76.)

1000. Les mandats concernant la pension des élèves des écoles vétérinaires; des arts et métiers, et autres; les sommes mandatées pour traitement des enfants trouvés, des aliénés (ou des femmes publiques), placés hors du département, sont payés sur l'acquit provisoire du receveur général du département débiteur. Ce comptable s'engage à rapporter, dans le mois, le récépissé à talon délivré par le receveur général, ou par le comptable de l'établissement chargé du recouvrement de la pension : ce récépissé est destiné à devenir la pièce justificative de la dépense. (*C.* 25 *juil.* 1839, *n°* 113.)

1001. Lorsqu'une créance sur l'État est payable à plusieurs héritiers, et que tous les héritiers ne produisent pas leurs titres, celui de ces héritiers qui se présente avec des pièces régulières, peut être admis à recevoir la portion qui lui revient. Le surplus est versé à la caisse des dépôts et consignations. Le récépissé joint au mandat tient lieu de quittance pour la portion non payée. (*Inst. générale Fin.* : *Circ. n°* 117 ; *Circ.* 25 *sept.* 1840 ; *Circ.* 17 *déc.* 1834, *en note.*)

1002. Si, lorsqu'on lui présente un mandat destiné à acquitter le prix d'une acquisition d'immeubles, le Payeur reconnaît que la partie désignée est une femme sous puissance de mari, il se fait justifier que cette femme a été autorisée à consentir l'aliénation du bien dont il s'agit. La signature du mari apposée à la quittance, équivaut à l'autorisation. La femme peut toucher seule, si elle justifie qu'elle est séparée de biens [1]. (*Inst. du* 1er *janv.* 1810, *art.* 152 ; *Code civil, art.* 776 ; *Circ.* 17 *déc.* 1834.)

1003. Un mari qui, sous le régime de la communauté, a vendu, avec le concours de sa femme, un bien personnel à celle-ci, peut, quoique sa femme figure au mandat de payement, recevoir seul, comme chef de la communauté, la somme due par le Trésor. (Voir n° 749 *bis.*) (*Lettre min^lle^.* 8 *juillet* 1850.)

1004. Un tuteur de mineur, même le père ou la mère, ne peut toucher ce qui revient à ce mineur pour une cession de terrain, sans y avoir été autorisé par une délibération du conseil de famille, homologuée par le tribunal civil, ou par délibération de ce tribunal s'il s'agit de ventes faites pour cause d'utilité publique. (*Code civil, art.* 457 ; *Arrêt C. des C.* 1838 ; *Loi* 3 *mai* 1841.)

[1] Si le mari était condamné à une peine infamante, l'autorisation devrait émaner de la justice. (*Code civil, art.* 221 *et* 276.)

1005. Le mineur émancipé ne peut toucher le prix d'une vente d'immeubles sans l'assistance de son curateur, qui donne quittance concurremment avec lui, et qu'après y avoir été autorisé par une délibération du conseil de famille homologuée par le tribunal de première instance. (*Code civil, art.* 482 *et suiv.*)

NOTA. Si la vente a lieu pour cause d'*utilité publique*, voir l'article qui précède.

1006. Une personne en état d'interdiction, est assimilée au mineur pour sa personne et pour ses biens; les dispositions de l'article 457 du Code lui sont applicables, dans le cas où une vente de biens lui appartenant, aurait donné lieu à la délivrance d'un mandat ou d'une ordonnance à son profit. (*Code civil, art.* 509.)

1007. Lorsqu'une personne à qui il est dû une solde de non-activité, un secours, une gratification, etc., est décédée dans un hospice, les sommes lui revenant peuvent être payées à l'hospice, s'il y a eu abandon. Elles ne sont payées aux héritiers, dans le cas contraire, qu'autant qu'il est justifié qu'il n'est rien dû à l'établissement où le décès a eu lieu. (*Avis du Cons. d'Etat du* 3 *nov.* 1809.)

1008. Les sommes qui peuvent être dues par l'Etat à un condamné, ne peuvent être acquittées à ses héritiers, qu'après que ceux-ci ont justifié de leurs droits dans les formes légales ordinaires. (Voir le Chap. XI du présent Titre.) (*Circ.* 13 *oct.* 1846, *n°* 159.)

1009. Le directeur des domaines peut être appelé à faire recevoir, chez le Payeur, les sommes dues par l'État à des créanciers (ou à leurs héritiers) qui auraient subi une condamnation civile. Les pièces à produire, avant d'effectuer le payement, sont : les mémoires et titres justifiant la créance, et l'extrait du jugement qui a prononcé la condamnation civile et ordonné la confiscation. (*Code civil, art.* 22 *et suiv.*; *Inst.* 1*er* *janv.* 1810.)

1010. Lorsque des pensionnaires de l'Etat, ont à acquitter, par suite de condamnations criminelles ou correctionnelles, les amendes et frais auxquels ils ont été condamnés, les sommes à leur retenir pour qu'ils puissent se libérer, sont déterminées par le ministre; elles sont prélevées sur le montant des ordonnances, mandats ou quittances présentés au Payeur, puis ensuite versées au receveur des domaines. (*Circ.* 28 *avril* 1818; *Loi du* 11 *avril* 1831; *Nomenc. de* 1826, page 8.)

1011. Si une personne ayant obtenu un secours, ne se présente pas elle-même pour toucher, et que ce secours doive être payé à un porteur de procuration, le Payeur ne peut acquitter au mandataire la somme allouée, que sur l'exhibition d'un certificat de vie du titulaire du mandat. (*Règl. Int.*, page 213.)

SECTION II. — QUITTANCES. — RÉGULARITÉ DU MANDEMENT.

1012. La quittance que donne une partie prenante, sur une ordonnance, ou un mandat, doit être signée au moment même où a lieu le payement, et porter le lieu, la date du jour où l'on se présente à la caisse. Si un mandat n'est pas payé le jour où il est quittancé, la date de la quittance doit être rectifiée et la rectification approuvée. (*Circ.* 18 *janv.* 1837, *n*° 100.)

1013. Tous les acquits payés, soit à la caisse des Payeurs, soit pour leur compte, par les receveurs des finances dans les arrondissements, doivent être frappés du timbre *payé*, indiquant le mois et l'année du payement. Il est apposé à l'encre rouge, au fur et à mesure des payements ou du versement des pièces. (*Même Circ.*)

1014. Si la quittance que donne le titulaire d'un mandat est produite séparément (comme quittance à souche, acquit au bas d'une facture, etc.), l'avis d'ordonnance, ou le mandat, n'en doit pas moins être quittancé *pour ordre*, par celui au nom duquel cet avis, ou ce mandat, a été délivré. (*Règl. min*cls. : *Observ. prélim.*)

1015. Quand des mandats présentés à l'acquittement expriment des retenues faites parce qu'il y a eu un trop payé sur un mandat précédent, la quittance de la partie est donnée pour le *brût*. La somme qui a été retenue est reversée ensuite, par les soins du Payeur, à la caisse du receveur général des finances. (*Circ.* 28 *fév.* 1842, *n*° 122.)

1016. Il n'y a pas de quittance à apposer au pied d'un mandat, si la somme qui le compose, formant un premier mois de traitement, doit revenir en entier à la caisse des retraites, en vertu des règlements. (Voir n° 397.) (*Inst. de la Compt. gén.*)

1017. Un mandat, quoique portant le *vu bon à payer*, ne peut plus être payé dans les arrondissements après le 20 du mois à l'expiration duquel l'exercice est clos. (*Ordon.* 31 *mai* 1838, *art.* 91 *et* 92; *Circ.* 20 *nov.* 1841, *n°* 120.)

1018. Lorsqu'un titulaire de créance sur l'État est décédé, la somme qui lui revient ne peut être payée, par suite de legs, à *une commune*, à *une fabrique*, à *un hospice*, ou à tout autre établissement légataire, que s'il est justifié que ces établissements publics, religieux ou de charité, ont été autorisés à accepter le don fait des biens meubles ou immeubles du décédé [1]. (*Loi du* 18 *juillet* 1837, *art.* 910 *et* 937 *du Code civil*; *Ordon. du* 2 *avril* 1817; *Arrêt de la Cour des Comptes, gestion du Morbihan* 1844.)

1019. La solde des troupes en station, ou toute autre dépense payable comme la solde, ne peut être payée qu'autant qu'elle a été régulièrement mandatée par l'intendant militaire, ou par un membre de l'intendance. (Voir n° 551.) Quelle que soit l'urgence, le Payeur doit se refuser au payement, s'il n'y a pas mandatement par cet ordonnateur; tout ordonnancement de solde devant avoir lieu par un officier de l'intendance, sauf le cas prévu par l'article 334 du règlement de la Guerre du 20 décembre 1837. (*Déc. du minist. de la Guerre*; *Circ.* 18 *janvier* 1842, *n°* 123; *Règl. Guerre, art.* 79; *Ord.* 20 *déc.* 1837.)

1020. Lorsque les *dimanches* et *jours fériés* coïncident avec ceux où la solde due aux corps de troupes est exigible, les Payeurs sont tenus de pourvoir ces jours-là à l'acquittement de la solde, mais seulement si la caisse des corps n'offre pas de suffisantes ressources pour l'effectuer, ce dont ils doivent être informés à l'avance par l'ordonnateur; ce dernier leur indique, dans ce cas, l'importance des payements à faire, et ils se procurent les fonds nécessaires, la veille ou l'avant-veille du jour du payement. (*Circ. Compt. gén.* 21 *décembre* 1841.)

1021. Les états de solde aux officiers des corps de troupes, ne pouvant être payés que le premier du mois qui suit celui pour lequel ces états sont formés, les quittances que donnent les membres du

[1] L'autorisation est donnée par un décret. L'acceptation des dons ou legs en argent ou objets mobiliers n'excédant pas 300 f., peut être autorisée par le Préfet. (*Ord. du* 2 *Avril* 1817, *art.* 1er.)

conseil d'administration de chaque corps, ne doivent pas porter une date antérieure à celle du jour du payement. (*Circ.* 18 *janv.* 1837, *n°* 100, *et* 31 *juillet* 1850, *n°* 181.)

1022. L'émargement à donner par les ayant-droit sur des états nominatifs joints, dans certains cas, aux mandats, peut toujours être suppléé par des quittances séparées, qui, alors, sont annexées aux états produits au Payeur. (*Règl. Fin.* 1846, *art.* 15.)

1023. Les signatures griffées sont interdites sur les ordonnances, lettres d'avis, ou mandats, et sur toutes pièces produites à l'appui. Le payement devrait être refusé, si cette prescription avait cessé d'être observée. (*Règl. Fin.* 1846; *Circ.* 20 *déc.* 1837, *n°* 105.)

1024. Les trésoriers des invalides de la marine autorisés à toucher des sommes mandatées au profit de marins ou autres personnes appartenant à l'administration de la marine, ne pouvant donner des quittances pour des individus qui ne font pas partie du corps de la marine, il est interdit aux Payeurs d'admettre des pièces qui seraient quittancées pour ces personnes. (*Arrêt de la C. des C.* 1844.)

SECTION III. — PARTIES PRENANTES ILLETTRÉES.

1025. Lorsque des parties prenantes étant illettrées, ne peuvent donner quittance sur les mandats ou états collectifs, la déclaration en est faite au comptable (Payeur, caissier ou trésorier) chargé du payement, qui la transcrit sur ces pièces, la signe et la fait signer par deux témoins présents, comme lui, au payement. (*Décret du* 18 *messidor an* 11, *art.* 3; *Ord.* 31 *mai* 1838, *art.* 318; *Circ.* 17 *déc.* 1834, *n°* 87.)

NOTA. On doit veiller à ce qu'on ne fasse indûment constater par deux témoins qu'une personne ne sait signer, quand, dans la réalité, elle sait écrire. (*Arrêt de la Cour des Comptes* 1844.)

1026. La même formalité est prescrite aux agents des services régis par économie. Sur toute pièce qu'ils présentent, comme sur tout état destiné à recevoir des émargements, ils doivent mentionner la déclaration énoncée en l'article précédent, à l'égard des parties illettrées auxquelles il est fait des payements. (*Mêmes Déc., Ordon. et Circ.*)

1027. Le payement, en présence de témoins, quand une partie est illettrée, n'a lieu, toutefois, que pour le payement des sommes ne s'élevant pas à 150 francs; pour celles de 150 francs et au-dessus, le Payeur doit exiger qu'il soit produit une quittance notariée, ou, à défaut, une procuration en forme. (*Ordon.* 31 *mai* 1838, *art.* 318, *art.* 1341 *du Code civil.*)

1028. Dans les quittances notariées, il doit être exprimé que la somme a été reçue *du Payeur du département*, par les mains de M..... (le comptable qui paye); il faut aussi y rappeler l'objet du payement, la date et le numéro du mandat. (*Circ.* 30 *déc.* 1839, *n*° 115.)

1029. La quittance notariée n'est pas réclamée, quoique la somme à payer soit de 150 francs et au-dessus, si le payement a pour objet des *secours pour grêle et incendie*, ou tous autres; les payements de l'espèce peuvent être constatés par deux témoins, et par le comptable qui effectue ces payements. (*Circ. C. G.* 30 *déc.* 1839, *n*° 115.)

1030. Elle cesse également d'être exigée, s'il s'agit du pécule-réserve revenant à des condamnés illettrés sortant de la maison où ils étaient détenus. (*Circ.* 30 *sept.* 1847, *n*° 161.)

1030 *bis*. La preuve testimoniale de l'acquittement est aussi admise, quand il s'agit de l'achat des chevaux pour le service de la remonte de l'armée, quoique la somme à payer excède 150 francs. (*Inst. gén. Fin.; Circ. n*° 117.)

1031. Lorsqu'il s'agit du payement du prix d'un immeuble, ou d'une indemnité de terrains montant à plus de 150 francs, et que la partie prenante est illettrée, la quittance, si le bien a été acquis pour cause d'*utilité publique*, en exécution de la loi de 1841, peut être donnée dans la forme des actes administratifs, conformément à ladite loi. (*Circ. des* 25 *juillet et* 30 *déc.* 1839, *n*os 113 *et* 115; *Loi du* 3 *mai* 1841.)

NOTA. Cette disposition s'applique aux acquisitions faites pour chemins vicinaux de grande communication. (*Lettre min*le. 4 *juin* 1847.)

1032. La quittance administrative est donnée devant le préfet, ou devant le sous-préfet, sans pour cela que le payement soit fait en sa présence ; l'acte exprime seulement qu'il est destiné à donner quittance à M...., Payeur à...., pour tel objet, etc. Cette quittance est enregistrée et visée pour timbre gratis. (*Circ.* 30 *déc.* 1839, *n°* 115.)

1033. A l'égard des mandats payés à des militaires pour avances à eux faites en argent, l'intendant ou le sous-intendant qui délivre ces mandats, doit seulement, si ces militaires sont illettrés, y mentionner qu'ils ne savent signer. (*Règl. de Guerre et Ord. du* 20 *déc.* 1837, *art.* 36.)

1034. Lorsque, dans le nombre de propriétaires ayant vendu indivisément et conjointement des parcelles de terrains pour travaux publics, sans énoncer les droits respectifs de chacun dans la propriété de ces immeubles, l'un de ces propriétaires illettrés donne quittance du prix de vente, il est indispensable que cette pièce soit signée par tous les vendeurs conjointement. (*Arrêt de la Cour des Comptes* 1842.)

SECTION IV. — ORDONNANCES ET MANDATS NON PAYÉS A ANNULER.

1035. L'époque de la clôture du payement à faire par le trésor public, sur les ordonnances directes ou de délégation des ministres, est fixée, savoir :

Au 30 *avril de la* 2ᵉ *année*, pour les dépenses du ministère de la Marine (Ordonnances de délégation), effectuées sur les chapitres intitulés : *Dépenses des colonies.* (Voir n° 318.) (*Circ.* 8 *février et* 26 *juillet* 1844, *nos* 137 *et* 144.)

Au 30 *juin* (*Idem.*), pour les dépenses (Ordonnances de délégation) des ministères de l'*Instruction publique*, de l'*Intérieur*, des *Finances* (Dépenses sur les fonds départementaux) et de la *Guerre.*

Au 31 *octobre* (*Idem.*), pour les dépenses (Ordonnances de payement et de délégation) des minstères de la *Justice*; de l'*Instruction publique* et des *Cultes*; de l'*Intérieur*; des *Travaux publics*; du

Commerce; de la *Guerre*; de la *Marine*; des *Finances* et des *Affaires étrangères.*

Au 31 *décembre de chaque année,* pour les dépenses des exercices clos. (*Ordon.* 31 *mai* 1838, *art.* 91 *et* 111, *et* 4 *juin* 1843.)

1036. Sont annulées également, à l'époque de clôture d'exercice, les mandats qui, frappés d'opposition, n'ont été acquittés que pour une portion, soit à la partie saisie, soit au saisissant. (*Inst. min*^lles.)

1037. Si les créanciers n'ont pas réclamé, avant les époques ci-dessus fixées, le payement des mandats et ordonnances délivrés à leur profit, lesdits mandats et ordonnances sont annulés sans préjudice des droits de ces créanciers, et sauf réordonnancement jusqu'au terme de déchéance. (*Ordon.* 31 *mai* 1838.)

1038. Lorsque les ordonnances de payement, qui, conformément à l'article qui précède, ont été annulées dans les écritures du Payeur, s'appliquent à une *créance intégrale,* les pièces sont jointes, par le comptable, au bordereau mensuel des changements de dispositions et annulations, qu'il adresse à la direction du mouvement général des fonds; si, au contraire, elles ont pour objet un *parfait payement,* elles sont conservées pour être annexées au dernier mandat d'à-compte acquitté. (Voir n° 651.)

1039. Il est fourni à chacun des ordonnateurs secondaires, des divers ministères, un relevé (Modèle n° 21 et 22) des mandats et ordonnances non payés aux époques de clôture de payement indiquées à l'article 1035; le Payeur remet un relevé négatif, si aucune annulation n'a eu lieu [1]. Les pièces qui avaient été mises à l'appui des mandats sont adressées aux ordonnateurs, ou retenues, selon que ces mandats concernent, ou non, des créances intégrales. (Voir n° 651.)

[1] Il existe, pour les divers ministères, des modèles dissemblables; quelques règlements, même, n'en donnent pas. On a adopté, pour former ces états, les modèles n°s 21 et 22, donnés par le règlement de la Guerre.

CHAPITRE IV.

Frais de route et avances en argent à payer à des militaires isolés.

SECTION Ire. — MANDATS PROVISOIRES.

1040. Les mandats délivrés par les sous-intendants militaires, ou leurs suppléants (Voir n° 551), pour frais de route ou avances à des militaires isolés, ou pour fournitures d'effets de petit équipement, sont acquittés par le Payeur, le receveur, ou le percepteur, désigné par ces mandats. La partie prenante y met son acquit, excepté, toutefois, les sous-officiers et soldats; ceux-ci n'ont à quittancer que les mandats pour les avances en argent. (*Ordon. du* 20 *déc.* 1837, *art.* 36; *Inst. gén.; Circ. n°* 117; *Circ.* 28 *mars* 1838, *n°* 106.)

1041. Le militaire à qui il est délivré un mandat pour une *avance en argent*, et qui ne sait pas signer, le déclare au sous-intendant qui en fait mention sur ce mandat. Le Payeur n'a pas à exiger d'autre formalité pour acquitter la somme due. (*Mêmes Or. et Inst.*)

1042. Les mandats, soit individuels, soit collectifs, délivrés ainsi qu'il est expliqué à l'article ci-dessus, ne peuvent être acquittés que par les *Payeur, receveur* ou *percepteur* sur lesquels ils sont tirés. Ils sont payables à vue dans le délai fixé par l'ordonnateur. L'intervention de tout intermédiaire officieux pour ce payement est interdite. (*Ord.* 20 *et* 25 *déc.* 1837, *Circ.* 31 *juillet* 1850, *n°* 181.)

1043. Ils doivent être présentés au Payeur, ou aux comptables qui le suppléent, *dans le jour même* ou au plus tard *le lendemain* du jour de leur délivrance aux parties prenantes; toutefois, le délai de présentation à l'acquittement, est de dix jours pour les mandats d'indemnité de route, lorsque le titulaire se trouve dans le lieu de sa destination. (*Ord. du* 20 *déc.* 1837, *art.* 39; *Circ.* 28 *mars* 1838, *n°* 106.)

1044. Les mandats destinés au payement du prix des effets de petit équipement qui sont délivrés aux militaires de passage, doivent être présentés, par le distributeur, à la caisse du Payeur ou de ses suppléants, *dans les cinq jours* de leur date. (*Ord. du* 20 *déc.* 1837, *art.* 39; *Circ.* 28 *mars* 1838, *n°* 106.)

1045. Si les effets dont il s'agit ont été fournis par des *corps de troupe*, les mandats de payement faits au nom de ces corps, peuvent n'être présentés à l'acquittement, chez le Payeur, que l'avant-dernier jour de chaque mois. (*Même Ordon., art.* 40, *et Circ. de la Compt. gén. des* 28 *mars* 1838, *n°* 106, *et* 20 *nov.* 1841, *n°* 120.)

1046. Un Payeur ne peut acquitter les mandats pour indemnité de route, avances, ou fournitures, s'ils lui sont présentés après les délais fixés par les articles précédents, autrement que sur la réquisition du sous-intendant militaire. Si le retard a une cause indépendante de la volonté du titulaire, le sous-intendant peut autoriser le payement; dans le cas contraire, il en est référé à l'intendant, qui prescrit l'acquittement, prononce la déchéance, ou en réfère au ministre. (*Mêmes Inst.*)

1047. Les mandats présentés à une caisse du trésor, ne sont acquittés qu'autant que la délivrance de ces mandats a été mentionnée sur la feuille de route de la partie prenante, avec indication de la nature de la dépense. Le Payeur est tenu, sous sa responsabilité, de s'assurer de cette mention pour les mandats qu'il acquitte. Il refuse le payement, si cette mention n'a pas été faite sur la feuille. Les effets fournis aux sous-officiers et soldats, sont inscrits sur leurs livrets. Si le militaire allègue qu'il n'a pas de livret, on doit annoter ce motif sur la feuille de route. (*Ordon. du* 20 *déc.* 1837, *art.* 34 *et* 42, *et Circ. du* 28 *mars* 1838, *n°* 106.)

1048. Les Payeurs n'ont pas à vérifier, avec rigueur, la forme des feuilles de route produites avec les mandats; ils se bornent à reconnaître si les feuilles de route *sont signées* par les fonctionnaires de qui elles doivent émaner, et si elles mentionnent exactement la délivrance des mandats, ou coupons, qu'ils sont chargés d'acquitter. Le reste leur est étranger. (*Circ. des* 28 *mars* 1838, *n°* 106, *et* 20 *nov.* 1841, *n°* 120.)

1049. Les Payeurs, ainsi que les receveurs et les percepteurs, sont tenus, sous leur responsabilité, d'inscrire les payements de toute nature qu'ils font à des officiers sans troupe, militaires, employés comptables de la guerre, ou à des corps ou détachements, sur les livrets ou sur les feuilles de route dont ces militaires, comptables, ou officiers sont porteurs. *(Ordon.* 31 *mai* 1838, *art.* 317 *et* 319; *Inst. gén. des Fin.*; *Circ. n°* 117; *Circ.* 28 *mars* 1838, n° 106.)

1050. Lorsqu'un militaire est absent de son corps par congé, mission, etc., et qu'il a été autorisé à toucher sa solde isolément, le titre en vertu duquel il s'est absenté est considéré comme livret de solde; le Payeur y inscrit tous les payements qu'il lui fait. *(Mêmes Ordon. et Inst.)*

SECTION II. — LIQUIDATION ET REMBOURSEMENT.

1051. Les mandats individuels ou collectifs, délivrés par les sous-intendants militaires ou leurs suppléants, ne constituent, dans les mains du Payeur qui les a acquittés ou à qui le receveur général les a versés, que des *bons provisoires*. *(Ordon. du* 20 *déc.* 1837; *Cir.* 28 *mars* 1838, *n°* 106.

1052. Le dernier jour de chaque mois, le Payeur fait former, pour être remis au sous-intendant militaire de sa résidence, un état par nature de services (Guerre, Marine, Ville de Paris: sapeurs-pompiers, garde républicaine, *Modèle n°* 125, *nomenc. Dupont.*) de tous les mandats qui ont été payés dans le département. Il joint à cet état de remboursement, fait en double expédition, tous les mandats acquittés. *(Ordon. du* 20 *déc.* 1837, *art.* 44; *Circ.* 28 *mars* 1838, *n°* 106.)

1053. Le sous-intendant militaire, après s'être assuré que les mandats annexés à l'état de remboursement figurent à chaque relevé pour les payements qu'ils énoncent, arrête ce document à la somme à ordonnancer, et il remet l'une des expéditions au Payeur avec le mandat de remboursement. Ce mandat est compris dans les dépenses du mois. *(Mêmes Ordon. et art. et Circ.)*

1054. Les mandats qui n'ont pas été portés dans l'état de remboursement du mois où ils ont été acquittés, peuvent figurer dans l'état *du mois suivant* [1]. S'ils y sont omis, ils restent à la charge du Payeur, à moins que, sur sa réclamation, le ministre n'en ordonne autrement. (*Même Ordon., art.* 45; *Circ.* idem.)

1055. L'intendant divisionnaire à qui les mandats acquittés sont ultérieurement transmis avec des relevés sommaires et une expédition de l'état de remboursement, rejette ceux des mandats qui lui sont signalés comme étant irréguliers, ou qu'il reconnaît tels, et les renvoie avec une feuille de rectification énonçant à la charge de qui (Payeur ou signataire du mandat) doit rester la somme dont il refuse l'allocation. (*Ordon. du* 20 *déc.* 1837; *art.* 48.)

1056. Dès que le sous-intendant a reçu la feuille de rectification de l'intendant, il en fait parvenir au Payeur une ampliation à laquelle il annexe les mandats rejetés pour que le remboursement en soit opéré immédiatement. (*Même Ordon., art.* 49.)

1057. Le montant des mandats que l'intendant a rejetés comme devant être mis à la charge des officiers ou fonctionnaires qui les ont délivrés, est imputé *d'office,* sur leur traitement par le Payeur signataire de l'état de remboursement où ces mandats sont inscrits. (*Même Ordon., art.* 50.)

CHAPITRE V.

Dépenses du personnel de la Marine payées sur quittances provisoires et délégations.

SECTION Ire. — QUITTANCES PROVISOIRES.

1058. L'usage de payer les appointements des officiers entretenus et des divers agents de la Marine au moyen de quittances provisoires individuellement présentées aux Payeurs, est maintenu temporai-

[1] Ceux payés en décembre, qui ne peuvent figurer dans l'état de ce mois, sont régularisés dans le mois qui suit, au titre de l'exercice suivant. (*Circ.* 31 *juillet* 1840, nº 116.)

rement à l'égard des officiers de la Marine et des officiers de santé, ainsi que pour le payement des frais de route des officiers et marins voyageant isolément. Pour toutes les autres parties du personnel de la Marine, ce mode de payement est supprimé. (*Lettres du ministre de la Marine du* 16 *avril* 1844, *du Direct. de la Compt. gén. du* 10 *juin suivant.*)

1059. Les quittances provisoires, que supprime l'article précédent pour diverses dépenses du personnel de la Marine, sont remplacées par des états collectifs d'émargement, ou des états spéciaux de délégation, disposés de manière à régulariser immédiatement les payements effectués aux caisses du trésor. (*Mêmes lettres.*)

1060. Les frais de route dus aux marins congédiés, forment l'objet d'un état spécial dressé, de concert, entre les bureaux des revues, et le conseil d'administration du bord; et après que le montant de cet état a été perçu par le caissier d'administration sur mandats réguliers, les payements individuels se font à bord du bâtiment. La somme revenant aux individus leur est remise en même temps que se fait leur décompte de solde. (*Idem.*)

Section II. — Délégations.

1061. Les délégations à payer à des familles de marins domiciliées au port, chef-lieu, sont soumises aux règles suivantes :

Un livret est remis aux individus en faveur desquels des délégations ont été souscrites, et dans la dernière quinzaine de chaque trimestre, le bureau des revues dresse, par bâtiment et par partie prenante, l'état des délégations à payer. Les payements sont, ensuite, effectués à la caisse du Payeur en présence d'un délégué du commissaire aux revues et du syndic des gens de mer. (*Circ. du ministre de la Marine du* 16 *avril* 1844.)

1062. Lorsque les payements sont terminés, ce qui doit avoir lieu dans un délai de quarante-huit heures au plus, les retardataires ne peuvent plus recevoir le montant de leurs délégations qu'en vertu de mandats individuels et définitifs. (*Même Circ.*)

1063. Les états de délégation acquittés chez le Payeur, en présence du délégué du commissaire aux revues et du syndic, sont arrêtés, de concert, par les préposés au payement, et l'opération est ensuite régularisée par l'expédition d'un mandat définitif auquel les états sont rattachés comme pièces justificatives. (*Même Cir.*)

CHAPITRE VI.

Payement des Rentes perpétuelles.

SECTION Ire. — ÉTABLISSEMENT DES RENTES 5 POUR CENT, 4 1/2, 4 ET 3 POUR CENT.

1064. Le nouveau grand-livre sur lequel les parties comprises dans la liquidation de l'ancienne dette constituée ont été inscrites en rentes 5 pour cent pour le tiers du montant de la liquidation totale, a été créé par la loi du 8 nivôse, an VI. Le renouvellement des rentes en séries a eu lieu à partir du 22 septembre 1831 ; ce classement est celui actuellement suivi au trésor. (*Déc. minist.* 12 *septembre* 1831.)

1065. Les rentes 5 pour cent, inscrites au grand-livre de la dette publique, se divisent en inscriptions *directes* et en inscriptions *départementales*. Les inscriptions directes, sont celles dont les comptes individuels sont tenus à Paris ; elles sont réparties en douze séries de numéros. Chaque série comprend les titulaires dont les noms commencent par les lettres ci-après :

1re Série, lettres	A-C.
2e Série,	B.
3e Série,	D.
4e Série,	E, F, G.
5e Série,	H, I, J, K, M.
6e Série,	L, N, O.
7e Série,	P, Q, R.
8e Série,	S à Z.
9e Série,	

10e Série, (Caisse d'épargne.)
11e Série,
12e Série, (Chemins de fer.)

Au nombre des inscriptions *directes*, figurent aussi :

1° Les rentes au porteur, créées en vertu de l'ordonnance du 29 avril 1831 ; classées en neuf séries, par coupures, depuis 10 francs jusqu'à 5,000 francs ;

2° Les rentes appartenant à la caisse d'amortissement ;

3° Les rentes formant des majorats sur demandes ;

4° Les rentes portées au compte courant des banquiers, grands capitalistes et agents de change, ainsi que celles appartenant à divers établissements publics et religieux ;

5° Les rentes provenant de dotations reversibles ;

6° Les rentes portées sous le nom de *portions non réclamées*, après l'expiration du délai de prescription légale, et celles pour lesquelles, en cas de mutation, les justifications voulues n'ont pas été fournies.

NOTA. Il peut exister des rentes dont la nu-propriété appartienne à l'Etat, et l'usufruit à des particuliers ; cette espèce d'inscription rentre, pour le payement des arrérages, dans la classe des rentes viagères, et leur est assimilée.

Il existe, en outre, des rentes au nom de particuliers dont la nu-propriété et l'usufruit appartiennent à des titulaires différents. La justification de l'existence des usufruitiers, n'est exigible qu'autant que la condition en est exprimée dans l'inscription.

1066. Les inscriptions *départementales* sont portées dans un compte particulier du grand livre de la dette publique. Un seul article y est ouvert par département. Les livres auxiliaires renfermant le détail de chaque inscription individuelle, sont tenus par les receveurs généraux. Leur exactitude est contrôlée par un registre spécial, tenu dans les bureaux de la préfecture.

1067. Aucun changement dans les comptes individuels, ne peut avoir lieu sans le concours des préfets ; le ministre des Finances en est toujours informé. (*Règl. Fin.*, page 180.)

1068. Les rentes 4 1/2, 4 et 3 pour cent, se divisent comme celles 5 p. 0/0 en inscriptions *directes* et en inscriptions *départementales*. Les inscriptions directes nominatives ne composent qu'une série de numéros ; celles au porteur sont classées en neuf séries, selon leur importance. (*Règl. Fin.*, pages 178 à 184.)

SECTION II. — TRANSFERTS ET MUTATIONS.

1069. Le transfert des rentes s'opère sur la production de l'extrait d'inscription rapporté par le rentier, et sur une déclaration de transfert signée de lui, ou de son fondé de pouvoirs. L'individualité du titulaire de la rente à tranférer, est garantie par un agent de change, ou par un notaire. En cas de mutation, par suite de décès d'un rentier, ses héritiers ne sont immatriculés en son lieu et place, qu'en rapportant le titre, et en justifiant de leurs droits d'hérédité. (*Règl. Fin.*, page 181.)

SECTION III. — CERTIFICATS D'INSCRIPTION PERDUS.

1070. Le titulaire qui a perdu son certificat d'inscription, déclare cette perte devant le maire de son domicile, en présence de deux témoins attestant son individualité. Le ministre des Finances, à qui cette pièce est adressée, fait opérer, au Trésor, après que la régularité en a été reconnue, un transfert de forme, en faisant porter la rente à compte nouveau, et il est remis au rentier un extrait de la nouvelle inscription. (*Règl. Fin.*, page 180; *Décret du 3 messidor an* XII.)

SECTION IV. — PAYEMENT.

1071. Les arrérages des rentes cinq, quatre et demi, et quatre pour cent, sont payables, chaque semestre, les 22 *mars* et 22 *septembre*; ceux des rentes trois pour cent, s'acquittent également par semestre, aux époques des 22 *juin* et 22 *décembre*. (*Règl. Fin.*, pages 184 et 185.)

1072. L'ordonnancement collectif, par département, des rentes directes et départementales inscrites sur les livres du Trésor, est soumis à la signature du ministre, dans les quinze jours qui précèdent l'échéance d'un semestre. (*Décret 9 nov. 1849, art. 1er.*)

Art. 1er. — *Bulletins nominatifs.*

1073. Des bulletins individuels nominatifs, sont remis entre les mains des Payeurs du Trésor public. Ils sont établis par la direction de la dette inscrite, en ce qui concerne les rentes directes, et par les receveurs généraux pour les rentes départementales, dans la forme du modèle no 1, joint à l'arrêté ministériel du 10 novembre 1849. Ils forment une matrice mobile permanente, pour la vérification du droit et la constatation du payement. (*Idem.*)

1074. Les bulletins, disposés de manière à pouvoir faire un service de dix années, pour chaque inscription, indiquent le nom du titulaire, la nature et le montant de la rente, et la somme à payer par semestre; on y mentionne, s'il y a lieu, *au recto,* les oppositions, les main-levées, etc.

Les bulletins des rentes directes sont frappés du timbre sec de la direction de la dette inscrite; ceux des rentes départementales sont remis à la préfecture, qui, après en avoir reconnu l'exactitude, les frappe également d'un timbre sec. (*Arrêté minel. 10 nov. 1849.*)

1075. Les bulletins sont envoyés par la direction de la dette inscrite et par les préfets aux Payeurs, après avoir été classés par nature de rente, par ordre de séries, et par numéros d'inscription. Les Payeurs les conservent ainsi classés dans des casiers appropriés à cet usage. (*Décret du 9 nov. 1849, art. 1er; Arrêté minel. du 10, art. 2.*)

Art. 2. — *Rentes nouvelles.*

1076. A chaque semestre, les rentes nouvellement inscrites, ou dont le payement est demandé dans un département autre que celui où elles étaient d'abord payables, donnent lieu à la délivrance de bulletins dans la forme ci-dessus indiquée. A la réception de ces bulletins, le Payeur en opère le classement dans son casier, comme il est expliqué à l'article précédent. (*Arrêté min*el. 10 *nov.* 1849, *art.* 3; *Circ. Dette inscrite* 2 *janvier* 1850.)

Art. 3. — *États de payement et de déduction.*

1077. Les receveurs généraux sont spécialement chargés du payement des rentes dans les départements; ils reçoivent des Payeurs, après que ceux-ci les ont pointés avec les bulletins et visés, les relevés par nature de rentes, séries et numéros, des sommes qu'ils ont à payer par semestre pour les rentes directes. Un état analogue est par eux formé pour les rentes départementales. Chaque receveur général remet cet état au Payeur, qui le lui renvoie après vérification et visa. Ces relevés, sans autre désignation que le numéro d'inscription, le montant de chaque rente et la somme exigible par semestre, sont établis pour cinq ans. (*Mêmes Arrêté et article.*)

1078. Les déductions opérées dans le cours du semestre par suite de transfert ou de changement de département, sont notifiées aux Payeurs par des états émanés de la direction de la dette inscrite. A la réception des états de déduction, les Payeurs en font pour eux une copie, et communiquent les originaux au receveur général de leur département; celui-ci procède immédiatement à la radiation des inscriptions à déduire, et renvoie ces états au Payeur.

Le receveur général dresse un semblable état de déduction pour les rentes du livre auxiliaire de son département, et en adresse une copie au Payeur. (*Arrêté min*el. 10 *nov.* 1849, *art.* 3.)

1079. Les Payeurs retirent du casier, les bulletins de rentes comprises dans les états de déduction; ils les frappent d'un timbre d'annulation, et les renvoient, par liasse, avec l'état original de déduction, à la direction de la dette inscrite, qui contrôle cette annulation. (*Mêmes Arrêté et article; Circ. Dette inscrite* 2 *janvier* 1850.)

1080. Le timbre d'annulation est apposé au recto des bulletins. Il doit porter, outre le mot *annulé*, le nom du département, et l'indication du semestre pour lequel l'annulation a eu lieu. (*Circ. Dette inscrite 2 janvier* 1850.)

1081. Les bulletins concernant les rentes départementales déduites, sont également frappés du timbre d'annulation et renvoyés au receveur général, qui, après avoir contrôlé cette opération, dépose aux archives de la préfecture les bulletins annulés.

Dans le cas où les bulletins retirés font foi qu'il y a des semestres arriérés, les Payeurs dressent un tableau de ces restes à payer et y émargent plus tard les payements. (*Arrêté min*[el]., *art.* 3.)

Art. 4. — *Payement aux parties.*

1082. La reconnaissance des titres de rentes au moment du payement, a lieu, à Paris, par le caissier central du trésor, et par le contrôleur central au vu des bulletins eux-mêmes. Dans les départements, la vérification des titres et le payement sont effectués par les receveurs des finances, et contrôlés par les Payeurs du Trésor, au moyen des relevés des bulletins nominatifs, et des bulletins conservés par ces comptables, ainsi qu'il est expliqué aux articles qui précèdent. (*Mêmes Arrêté et art.*)

1083. Les formules de mandats et de quittances à employer pour le payement des rentes à Paris et dans les départements, sont établies conformément aux modèles n°s 2 et 3, joints à l'arrêté ministériel du 10 novembre 1849. Elles doivent mentionner la date du payement, ainsi que le nom et le domicile du porteur du titre. (*Même Arrêté, art.* 5.)

1085. L'acquit des porteurs, quel que soit le nombre des titres d'inscription présentés au payement, est donné, à Paris, au bas d'un mandat *collectif* délivré par le caissier-payeur central sur sa caisse; dans les départements, les rentiers porteurs d'une ou de plusieurs inscriptions fournissent aussi une seule quittance, pourvu que la série et le numéro de chaque inscription, les noms des titulaires et le montant des rentes soient indiqués à ce *bordereau-quittance.* (*Mêmes Arrêté et art.; Décret 9 nov.* 1849, *art.* 3.)

1086. Les rentes départementales devant être considérées comme formant une nature de rente distincte, elles nécessitent l'établissement de quittances spéciales. (*Circ.* 20 *février* 1850, *n°* 177.)

1087. Lorsque l'intervention des receveurs généraux est réclamée pour les rentes dont le payement est demandé dans un autre département que celui où il a été ordonnancé, les quittances à fournir, appliquées, dans ce cas, à la comptabilité du Caissier-Payeur central, ne doivent contenir que des rentes d'une même série. (*Circ. Compt. gén.* 20 *février* 1850, *n°* 177.)

1088. Les quittances d'arrérages de rentes visées par l'administration à Paris, pour le payement des arrérages dus sur les inscriptions de rentes transférées, ou sur lesquelles des mutations se sont opérées dans l'intervalle d'un semestre à un autre, peuvent être admises, par les Payeurs, dans la forme qui leur est particulière. (*Circ. du... avril* 1850, *n°* 179.)

1089. Lorsqu'une quittance est *collective*, les rentes y sont portées d'abord dans l'ordre des séries auxquelles elles appartiennent; puis, pour chaque série, dans l'ordre numérique des inscriptions. La même quittance ne peut servir qu'au payement d'un seul semestre. (*Même Circ.*)

1090. Toutefois, l'obligation de fournir une quittance spéciale pour chaque échéance, ne s'étend pas aux semestres non payés sur des *exercices clos*; un seul acquit peut être donné pour les divers semestres incombant à ces exercices, en substituant, en tête de la formule, les mots *exercice clos*, à l'indication du semestre, et en faisant figurer, dans la colonne du *montant du semestre*, le détail de chaque échéance, par inscription, avec mention de l'échéance en regard de la somme à payer. (*Même Circ.*)

1091. Les semestres de rentes sont payés par ancienneté d'échéance. Dans aucun cas, le semestre qui vient d'échoir, ni aucun semestre arriéré, ne peut être payé avant un semestre d'une plus ancienne échéance qui n'aurait pas été acquitté. (*Décision min*[lle]. 14 *août* 1812.)

Art. 5. — *Payement dans les arrondissements.*

1092. Les titulaires, ou porteurs de rentes, payables dans les départements, peuvent, sur leur demande, être payés à la caisse des receveurs d'arrondissement, ou chez le percepteur des contributions directes de leur résidence.

A cet effet, les receveurs généraux remettent, pour chaque nature de rentes, aux receveurs particuliers de leur département respectif, un relevé, certifié par eux, des inscriptions à payer dans les divers arrondissements. (*Arrêté min*el. 10 *nov*. 1849.)

1093. Les receveurs particuliers conservent entre leurs mains ces relevés, qui sont périodiques comme l'état général d'où ils ont été extraits. Ils rapprochent, à chaque payement, les inscriptions qui leur sont présentées, des indications portées sur ces relevés, et, après en avoir reconnu l'identité, ils estampillent les titres au moyen des timbres dont ils sont dépositaires; ils émargent le relevé des inscriptions et procèdent au payement, sur la remise qui leur a été préalablement faite des quittances, par les porteurs des titres. (*Même Règl., art.* 7.)

1094. Au fur et à mesure que les payements ont été effectués et émargés, les receveurs particuliers enregistrent la quittance, avec détail, sur un carnet spécial. (Modèle n° 254.) Les receveurs généraux font, de leur côté, le même enregistrement, mais seulement à l'égard des payements effectués dans l'arrondissement chef-lieu. (*Circ.* 20 *février* 1850, *n°* 177.)

1095. Les rentiers qui demandent à être payés à la caisse du percepteur de leur résidence, adressent leur quittance, *non signée*, au receveur particulier de l'arrondissement avec l'extrait de leur inscription; celui-ci, après avoir estampillé le titre, et après avoir apposé sur la quittance son *vu bon à payer* à la caisse du percepteur de la circonscription indiquée, renvoie les deux pièces à la partie qui n'a plus qu'à se présenter chez ce dernier comptable pour donner quittance et toucher le montant de ses arrérages. (*Arrêté* 10 *nov*. 1849, *art*. 3.)

Art. 6. — *Constatation du payement.*

1096. Indépendamment des timbres-estampilles que le Caissier-Payeur central et le contrôleur doivent apposer au dos des extraits d'inscriptions, le Caissier-Payeur central doit revêtir le bulletin matrice d'un timbre constatant le payement et tenant lieu de l'émargement fait, dans les départements, sur les états d'arrérages (Voir n° 1097). Ce timbre et un signe de contrôle, sont appliqués au dos des bulletins dans des cases ménagées à cet effet. (*Arrêté* 10 *nov.* 1849, *art.* 6.)

1097. Dans les départements, l'acte du payement est constaté par les receveurs généraux, au moyen d'émargements sur les états déposés entre leurs mains. Le contrôle du Payeur s'exerce et se constate dans la forme tracée en l'article ci-après : (*Mêm. Arr. et art.*)

1098. Les receveurs particuliers, pour leur arrondissement respectif, et le receveur général pour l'arrondissement chef-lieu, forment des bordereaux détaillés [1] des payements effectués par eux. Ils joignent les quittances à ces bordereaux. Le receveur général, après avoir établi, dans un bordereau sommaire [2], la récapitulation des bordereaux de détail, remet le tout au Payeur, qui confronte les quittances avec les bulletins matrices, revêt les bulletins d'un timbre constatant la date du payement du semestre, vérifie l'exactitude des bordereaux, donne son récépissé au receveur général et rattache les payements à sa comptabilité. (*Même Arr.*, *art* 8, *et Circ.* 20 *fév.* 1850, *n°* 177).

1099. Les quittances accompagnant les bordereaux détaillés, mentionnés en l'article qui précède, doivent être inscrites à ces relevés, par ordre de séries, et classées dans chaque série, suivant l'ordre numérique des inscriptions. Les quittances collectives, comprenant plusieurs séries, prennent rang dans la série à laquelle appartient la première inscription de rente qui a été portée à son ordre. Les quittances de rentes départementales sont inscrites, par échéances, sur les bordereaux ordinaires, à la suite des séries d'inscriptions directes. (*Circ. idem.*)

[1] Modèle n° 1 joint à la circulaire du 20 février 1850, n° 177. Ils sont établis par nature de rente, et par échéances. Il en est fourni un séparé pour les payements sur *exercices clos*, et un autre sur les *exercices périmés*. (*Circ. n°* 177.)

[2] Modèle n° 2. Ils ne comprennent, comme les bordereaux n° 1, que les payements effectués sur la *même nature de rente* et sur la *même échéance*. (*Circ. n°* 177.)

1100. Avant de délivrer leur récépissé, les Payeurs s'assurent que les quittances, sauf celles visées à Paris, sont établies dans la forme du nouveau modèle; qu'il y a accord entre elles et les bulletins, et qu'elles contiennent tous les renseignements exigés pour justifier la validité du payement. (*Circ.* 20 *février* 1850, *n°* 177.)

1101. Aussitôt après la délivrance de leurs récépissés, les Payeurs enregistrent successivement à leur livre de détail, chacune des quittances comprises aux bordereaux détaillés des receveurs des finances, en y reproduisant les développements donnés sur ces quittances lorsqu'elles se rapportent à plusieurs inscriptions de rentes. (*Circ. idem.*)

1102. A la fin de chaque mois, le Payeur dresse un état récapitulatif, par nature de rente (modèle n° 3), des versements qui lui ont été faits dans le même mois, par le receveur général. Un seul état est formé, par chapitre de dépense, pour chaque exercice. On y inscrit le montant des bordereaux sommaires du receveur général relatifs à chaque échéance, dans l'ordre de la date de ces versements. Au bas de cet état, le comptable certifie que les payements effectués, ont été reconnus conformes aux bulletins matrices émanés de la dette inscrite. (*Arrêté min*el. 10 *nov.* 1849.)

1103. Les pièces à produire à l'administration et à la Cour des Comptes, pour la justification des droits des créanciers et des payements, sont, savoir :

Pour les payements effectués à Paris :

Les feuilles journalières de payement, contradictoirement certifiées conformes à la matrice mobile permanente par le payeur central et par le contrôleur central, récapitulées et accompagnées des mandats revêtus de l'acquit des parties.

Pour les payements faits dans les départements :

Les quittances des parties; les états mensuels des payeurs, revêtus du certificat de conformité prescrit par l'article qui précède. (*Décret du* 9 *nov.* 1849, *art.* 4; *Arrêt. min*el *du* 10, *art.* 9.)

Art. 7. — *Restes à Payer.*

1104. A la clôture de l'exercice (le 31 octobre), les Payeurs forment, par nature de rente et par semestre ou échéance, le relevé nominatif des parties de rentes restant à payer à cette époque. Ils conservent ces relevés dans leurs bureaux, pour en justifier à toute réquisition [1]. (*Décret du* 9 *nov.* 1849, *art.* 4.) (Voir pour les annulations n° 1107.)

1105. Le résultat de la comparaison de la masse des payements avec les crédits ouverts, déduction faite des annulations, d'où ressort le montant des restes à payer, est établi par le Payeur en fin d'exercice sur un état sommaire. (Modèle n° 4.) (*Circ. n°* 177.)

SECTION V. — PRESCRIPTION QUINQUENNALE.

1106. Les arrérages de rentes perpétuelles se prescrivent par cinq ans. En conséquence, un semestre de rente resté en payement pendant cinq années, sans que le titulaire se soit présenté pour toucher, doit cesser d'être payé à partir du jour où ces cinq années sont révolues. (*Lois des* 24 *août* 1793, *et* 24 *ventôse an* II; *Ordon.* 13 *oct.* 1819; *Code civil*, *art.* 2277.)

1107. Lorsque l'on cesse de payer des arrérages de rentes, atteints par la prescription quinquennale, le Payeur n'annule pas seulement dans ses écritures les semestres prescrits; il doit aussi faire passer des écritures d'annulation pour les semestres antérieurs portés aux états [2], sauf rétablissement, sur une autorisation supérieure, de ceux que la déchéance n'a pas frappés. (*Déc. min*[lle] 26 *avril* 1825; *Circ.* 21 *janvier* 1831, *n°* 65, *et* 17 *décemb.* 1834, *n°* 87.)

1108. A l'époque de l'échéance de chaque semestre, le Payeur,

[1] Ces états sont la justification du reste à payer, résultant de la comparaison de la masse des payements avec les crédits ouverts.

[2] En un mot, tout ce qui n'a pas été payé sur l'inscription atteinte par la prescription.

après avoir fait l'annulation dont il est parlé à l'article précédent, adresse à la direction de la dette inscrite, un état nominatif des parties de rentes qui ont été annulées dans ses écritures. Il en donne avis au receveur général [1]. (*Circ.* 21 *janvier* 1831, 17 *déc.* 1834, *n°* 87, *et Arrêté ministel* 10 *nov.* 1849.)

SECTION VI. — DISPOSITIONS DIVERSES.

1109. Si le porteur d'un titre d'inscription ne sait pas signer, il le déclare en présence de deux témoins qui certifient, par l'apposition de leur signature, que le payement a été fait en leur présence. Le comptable contresigne, de son côté, cette mention pour attester ce payement. (*Décret du* 18 *messidor an* II, *art.* 3; *Nomenclature de* 1826, *page* 2.)

1110. Le payement peut s'opérer sans la représentation du titre, lorsqu'une rente a été transférée du 8 au 22 d'une échéance; l'extrait d'inscription étant, alors, déposé à l'appui du transfert. Il est, dans ce cas, délivré au titulaire de la rente vendue, une formule de quittance certifiée par l'agent comptable du grand livre et visée au contrôle, qui dispense le porteur de l'obligation d'exhiber au receveur, le certificat d'inscription. (*Règl. Fin. page* 182.)

1111. La représentation du titre n'est pas non plus exigée, quand le certificat d'inscription est déposé au trésor pour cautionnement; un certificat, dit *Certificat d'annuel*, est alors délivré au titulaire, par la direction du contentieux du ministère des finances; cette pièce rappelle le titre d'inscription, certifie son dépôt à la caisse centrale, et son visa au contrôle du trésor. (*Même Règl. page* 182.)

1112. Lorsque les certificats d'inscription sont frappés d'une cote d'inventaire, on doit s'abstenir de payer les arrérages, le décès du titulaire étant alors présumé, et la mutation des inscriptions devant, par suite de ce décès, être opérée au trésor. (Voir

[1] Toutes les lettres de la compt. gén., portant invitation d'annuler les parties non payées, contiennent la recommandation d'en informer le receveur général.

l'article suivant.) (*Arrêté du comité des finances du 3e jour comp. an* III; *Lettre minist*elle 16 *nov.* 1839; *Règl. Fin.*, page 184.

1112 *bis*. Si, cependant, le titulaire de la rente n'est pas décédé, les arrérages peuvent être payés sans mutation d'inscription nonobstant la cote d'inventaire; mais, sur un certificat de l'officier public qui l'a apposée, attestant que le titulaire est vivant, et énonçant le motif de l'apposition de cette cote. Il est fait mention de cette déclaration sur le certificat d'inscription, et elle n'est pas exigée pour les payements ultérieurs. (*Régl. Fin.*, page 184.)

1113. Un propriétaire de rentes qui, ne pouvant toucher par lui-même, ne veut pas confier son titre à un tiers pour recevoir les arrérages échus, peut y suppléer par une procuration en forme. Un extrait de cette procuration est déposé chez le Payeur; un autre est représenté à chaque payement pour recevoir l'estampille. Cette procuration est valable pendant dix ans; mais si le propriétaire touche lui-même un semestre, sa quittance est considérée comme une révocation de son mandat. (*Ord.* 1er *mai* 1816; *Décisions minist*elles 9 *juin* 1816; 8 *février* 1818 *et* 18 *novembre* 1822; *Règl. Fin.*, page 182.)

1113 *bis*. Un fondé de pouvoirs d'un propriétaire de rentes, qui ayant connaissance du décès de son commettant, reçoit, néanmoins, postérieurement à l'époque de ce décès des arrérages de rentes, au nom du titulaire, sans en avoir fait opérer la mutation, est dans le cas d'être poursuivi conformément aux lois. Le payement est valable, quoique le propriétaire soit décédé, si rien n'indique le décès. (*Ordon.* 1er *mai* 1816; *Règl. Fin.*, page 182.)

1114. Une quittance d'arrérages de rentes, peut être d'une somme inférieure au montant du semestre échu. Ce payement partiel a lieu lorsqu'il y a eu mutation au profit de diverses personnes ayant demandé la séparation de leurs titres. On doit s'assurer, en pareil cas, qu'il existe une parfaite concordance entre les titres et le bulletin mobile. (*Circ.* 20 *déc.* 1837, *n°* 139.)

1114 *bis*. Le Caissier-Payeur central du trésor public, peut payer des arrérages de rentes inscrits sur les états des rentiers ayant leur domicile dans les départements. Ces payements ont lieu pour le compte des receveurs généraux, à qui les quittances sont adressées, et qui en fournissent leur récépissé. Les arrérages ainsi acquittés, sont réunis par chaque receveur général à ceux qu'il a lui-même payés; le tout est ensuite versé au Payeur. (*Inst. gén. des Fin.*; *Circ. n°* 117.)

1115. Les rentiers, domiciliés dans les départements, qui ont a toucher des arrérages payables à Paris, ont la faculté de déposer leurs quittances entre les mains des receveurs généraux de leurs départements, qui, après avoir estampillé les titres, adressent les quittances au Caissier-Payeur central, avec une déclaration portant que le timbre a été apposé. Les receveurs généraux, après avoir reçu l'avis de l'encaissement des arrérages, en effectuent le payement aux ayant-droit.

Une marche inverse est suivie à l'égard des rentiers domiciliés à Paris, qui ont des arrérages à recevoir dans les départements. (*Déc. minist*^elle^ *4 mai* 1822; *Règl. Fin.*, page 182.)

1116. Si des arrérages demandés dans un département, ont été compris sur les états de payement remis au receveur général d'un autre département, le receveur du lieu où se trouve le titulaire, transmet la quittance de ce dernier à son collègue. Lorsqu'elle a été reconnue régulière par celui-ci, le payement est effectué; cette quittance est ensuite versée au Payeur à la comptabilité duquel elle appartient. (*Inst. gén. des Fin.*; *Circ.*, *n°* 117.)

1117. Le payement des rentes *au porteur*, n'a lieu qu'à Paris. Il s'effectue sur la remise faite au Caissier-Payeur central du Trésor, du coupon du semestre échu. Ce coupon, avant d'être acquitté, est rapproché du talon préalablement remis par la direction de la dette inscrite. (*Règl. Fin.*, page 184.)

NOTA. Relativement aux rentes appartenant à la caisse d'amortissement, voir le Règl., même page.

1118. Lorsqu'un titulaire de rentes au porteur a négligé de faire renouveler son titre après l'épuisement des deux coupons d'arrérages qui y sont annexés, les arrérages dus sur les semestres antérieurs à la jouissance du nouveau titre à lui délivrés, lui sont payés sur des *quittances à talon*, remises par la dette inscrite pour lui tenir lieu de coupon. (*Circ. des 3 avril et 2 juin* 1836.)

SECTION VII. — OPPOSITIONS.

1119. Sauf l'exception portée en l'article ci-après, il ne peut être reçu par les Payeurs, aucune opposition au payement des arrérages de rentes sur l'Etat. Ces rentes sont insaisissables. (*Loi du* 22 *floréal an* VII, *art.* 7 *et* 8; *Loi du* 8 *nivose an* 6, *art.* 4; *Déc. minist*elle 28 *août* 1836.)

1120. Il y a exception à la disposition qui précède, pour les oppositions que formeraient les propriétaires des inscriptions. L'opposition d'un propriétaire est faite par une déclaration signée de lui, ou d'un fondé de pouvoirs spécial. Elle est annulée de la même manière. (*Loi du* 22 *floréal an* VII, *art.* 7 *et* 8; *Déc. minist*elle 28 *août* 1836.)

1121. Le directeur de la dette inscrite et l'agent judiciaire du Trésor, peuvent, de leur côté, former des oppositions entre les mains des Payeurs, soit sur la demande des propriétaires d'inscriptions, pour obtenir le remplacement des titres, soit pour arrêter le payement des arrérages [1]. Il est fait mention de ces oppositions sur les bulletins mobiles adressés par le ministère. (*Inst.* 1er *janvier* 1806, *art.* 105; *Circ. Dette insc.* 2 *janvier* 1850, *n*o 423.)

CHAPITRE VII.

Payement des Rentes viagères et Pensions.

1122. Les pensions *militaires;* celles de l'*ancien sénat,* de la *pairie*, et celles accordées à titre de *récompense nationale*, sont payables par trimestre. Les pensions *civiles*, les pensions *ecclésiastiques*, celles des *veuves de militaires*, et des *donataires*, sont payables par semestre. Toutes sont personnelles et viagères. (*Loi du* 11 *avril* 1831; *Règl. du min. des Fin.* 1846.)

[1] Les empêchements mis au payement des rentes par la direction de la dette inscrite, sont notifiés aux payeurs par le directeur de la Compt. gén.

1123. Les payements sont ouverts le lendemain des échéances, fixées pour les pensions payables par trimestre : aux 31 mars, 30 juin, 30 septembre et 31 décembre de chaque année, et pour celles payables par semestre : aux 21 juin et 21 décembre. (*Règl. Fin.*, page 216.)

1124. Aucun payement ne peut être fait par les Payeurs des départements, qu'aux titulaires de pensions qui sont portés sur les registres permanents de leur département respectif. (*Règl. Fin.*, page 212.)

1125. Il ne peut être payé pour arrérages de pensions, que les sommes dues aux titulaires, en vertu de leur inscription au registre permanent d'après les titres produits, ou, en cas de décès, d'après l'extrait des registres de l'état civil et sa production dans le délai voulu. Les sommes illégalement acquittées sont reversées, soit par le Payeur, soit par le notaire, selon que le payement illégal est attribué à l'un ou à l'autre. (*Circ.* 6 *décemb.* 1833, *n*o 81 ; *Lettre min*lle. 29 *août* 1846.)

1126. Toute rente viagère, ou pension accordée par l'Etat, est payable au porteur de l'extrait d'inscription sur la représentation qu'il fait de cet acte au Payeur, et en rapportant un certificat d'un notaire, constatant l'existence du titulaire à l'époque de l'échéance de cette rente ou pension. (Voir Titre X.) (*Loi du* 22 *floréal an* 7, *art.* 6.)

1127. Le payement des arrérages d'une rente viagère, ou d'une pension, n'a lieu qu'autant qu'une parfaite identité existe entre les indications données par l'extrait d'inscription, quant aux *noms, prénoms, date de naissance*, etc. du pensionnaire, et celles qui sont mentionnées au certificat de vie délivré par le notaire et présenté au Payeur. (*Loi du* 22 *floréal an* VII.)

1128. Chaque payement fait à un pensionnaire ou à un rentier, est mentionné, à l'aide d'un timbre-estampille, au dos du certificat d'inscription. Ce timbre énonce le terme que l'on a payé. Chaque terme doit être acquitté dans l'ordre des échéances. Le payement est ensuite annoté au registre permanent. (*Même Loi, art.* 7 *et* 9, *et Décision du* 14 *août* 1812.)

1129. Le montant du décompte, à partir du jour de la jouissance de la pension jusqu'à l'expiration du trimestre ou du semestre échu, est annoté du payement effectué, dans l'une des cases placées au dos du titre d'inscription qui est représenté au Payeur. (*Règl. Fin.* 1846.)

1130. La somme revenant au titulaire pour le trimestre ou le semestre échu, ou à ses héritiers pour le temps écoulé depuis le dernier payement effectué jusqu'au jour du décès du pensionnaire, est exprimée dans une quittance imprimée à la suite du certificat de vie, et dans laquelle se trouvent rappelés l'échéance payée, la nature de la pension, le nom du pensionnaire, le numéro de l'inscription, la somme à payer, et la demeure de la personne qui a reçu cette somme. (*Ordon.* 20 *juin* 1817; *Déc. minlle.* 11 *nov.* 1828.)

1131. Lorsque le Payeur découvre, ou est informé, qu'un payement d'arrérages a eu lieu d'après un certificat de vie irrégulier, l rend compte immédiatement au directeur de la dette inscrite, des circonstances de l'affaire; ce directeur ordonne, s'il n'a déjà été effectué, le reversement de la somme indûment reçue, et il s'enquiert, auprès du procureur général de la Cour d'appel, de la part que le notaire a pu prendre à la délivrance illégale de l'acte produit. (*Lettres de la direct. de la Dette inscrite* 3 *sept.* 1844 *et* 29 *août* 1846.)

1132. Les percepteurs placés hors des chefs-lieux de département et d'arrondissement, et les receveurs particuliers des finances, sont tenus de prêter leur ministère, pour la transmission au Payeur du département et le renvoi, sans frais, des certificats de vie et autres pièces, ayant pour objet le recouvrement des arrérages de pensions à payer sur les fonds généraux du trésor. (*Circ.* 20 *nov.* 1847; *Dette inscrite.*)

1133. Il ne peut être reçu aucune opposition, par les Payeurs, sur les arrérages de pensions civiles, ecclésiastiques et militaires, excepté celles que formerait le propriétaire d'un brevet; celles concernant des fournitures d'aliments; celles qui seraient signifiées après le décès du titulaire, ou enfin, celles administratives en cas de débet envers l'Etat ou envers les corps. (Voir Titre XI Chap. II.) (*Loi du* 22 *floréal an* VII *art.* 7; *Arrêtés du* 7 *thermidor, an* X *et* 1 *Pluviose an* XI; *Circ.* 17 *déc.* 1834; *Inst. sur les oppositions, art.* 147.)

1134. Les Payeurs ne peuvent, non plus, recevoir aucune signification de cession, transport ou délégation, d'une pension accordée sur les fonds de l'État. La même disposition s'applique aux pensions militaires des invalides. (*Arrêté du 7 thermidor an* X.)

1135. Un titulaire qui ne pouvant recevoir par lui-même les arrérages de sa pension, désire ne pas confier son titre à un tiers, peut y suppléer par une procuration notariée énonçant les indications de l'inscription. Un extrait de cet acte est déposé chez le Payeur; l'autre reçoit l'empreinte du timbre. Cette procuration est valable pendant dix ans. (*Ord.* 1er *mai* 1816 *et* 9 *janvier* 1818.)

CHAPITRE VIII.

Payement des intérêts de cautionnement ét Remboursesment de capitaux.

SECTION Ire. — DISPOSITIONS GÉNÉRALES.

1136. Les cautionnements en numéraire versés dans les caisses du Trésor, et applicables à la garantie de fonctions publiques ou autres, que les lois et règlements y ont assujetties, sont inscrits au Trésor public, et donnent lieu au payement d'un intérêt annuel fixé à 3 pour cent. (*Ordon.* 31 *mai* 1838, *art.* 243 *et* 244; *Loi du* 4 *août* 1844, *art.* 7.)

1137. Le certificat d'inscription remis au titulaire d'un cautionnement en échange du récépissé à talon constatant le versement de ce cautionnement, énonce le point de départ de la jouissance des intérêts afférents au capital. (*Règl. Fin.*, page 190.)

1138. Les intérêts de cautionnement à la charge du budget de l'État, sont fixés par la loi. Ceux dus aux titulaires sortis de fonctions, ou décédés, ne sont payés qu'au moment où l'on effectue le tremboursement du capital [1]. (*Règl. Fin., art.* 40; *Circ. lithog.* 30 *août* 1839; *Circ.* 17 *déc.* 1834, *n°* 87.)

[1] Il suffit que la notoriété publique indique que les individus ont cessé leurs fonctions, pour que l'on s'abstienne de les payer. (*Nom. Fin.* 1826.)

1139. Aucun payement ne doit être fait, en cas de décès, aux héritiers des titulaires portés sur les états d'intérêts annuels; ces états n'étant valables que pour les payements à faire aux titulaires en fonctions. Cependant, si le remboursement du capital est autorisé sur le même département, avant l'expiration de l'exercice, les intérêts portés sur l'état annuel doivent être payés en même temps que le capital, aux ayant-droit porteurs des lettres d'avis qui les autorisent à toucher les capitaux. (*Inst. gén. Fin., Circ. n°* 117; *Règl. Fin.,* page 194.)

1140. Le remboursement des capitaux de cautionnement et le payement des intérêts, s'effectuent en dehors du budget d'après des ordres de payement signés du ministre et transmis aux Payeurs. Ils s'imputent sur le fonds flottant des cautionnements compris dans le passif de la situation générale des finances. (*Ordon.* 31 *mai* 1838, *art.* 245; *Circ. lithog.* 30 *août* 1839; *Règl. Fin.*, page 192.)

1141. Les intérêts de tout cautionnement fourni à l'Etat à titre de garantie, ne sont payés que dans le département où les titulaires exercent leurs fonctions. Les ordonnances de payement sont exclusivement délivrées sur la caisse du Payeur de ce département. (*Ordon.* 24 *août* 1841; *Circ.* 13 *sept. suiv., n°* 6.)

1142. A l'égard des titulaires inscrits au Trésor avec *affectation de résidence*, tout changement d'emploi ou de résidence qui les oblige à quitter le département, suspend le payement des intérêts ordonnancés à leur profit. Ce payement ne peut plus avoir lieu que dans le département où le titulaire exercera ses nouvelles fonctions. (*Code civil, art.* 2102, *et Circ. du* 13 *sept.* 1841, *n°* 6.)

1143. Il y aurait lieu, cependant, à payer les intérêts ordonnancés par le trésor, si des titulaires, ou des bailleurs de fonds, que ces intérêts concernent, étaient porteurs de lettres d'avis qui les autorisassent à toucher les sommes qui leur sont dues. (*Nom. du* 20 *nov.* 1826; *Circ. du* 17 *déc.* 1834.)

1144. Les receveurs des finances appelés à acquitter, pour le compte du Payeur, des intérêts de cautionnement, sont tenus, sous leur responsabilité, de veiller à l'accomplissement de toutes les formalités concernant cette sorte de payement, et qui sont indiquées à la présente section. (*Inst. gén. des Fin., Circ. n°* 117.)

1145. Les intérêts dus par le Trésor, sur les capitaux de cautionnement des fonctionnaires, ou des fournisseurs et adjudicataires, se prescrivent par cinq ans. (*Code civil, art.* 2277; *Ord.* 31 *mai* 1838, *art.* 117.)

SECTION II. — INTÉRÊTS ANNUELS.

1146. Les intérêts annuels des capitaux de cautionnement ne sont acquittés par les Payeurs, qu'après que ces comptables ont reçu les extraits d'ordonnances de payement certifiés par la direction du mouvement des fonds, avec les états nominatifs arrêtés par le Directeur de la dette inscrite, où sont indiqués les intérêts acquis à chaque titulaire. (Voir n° 294.) (*Règl. Fin.*, page 192.)

1147. Les titulaires, ou les bailleurs de fonds, que les états nominatifs désignent, donnent au Trésor, sur un imprimé qui leur est remis, la quittance du montant des intérêts reçus. Le payement ne peut avoir lieu que sur la représentation : pour les titulaires, de leur certificat d'inscription; pour les bailleurs de fonds, de leur certificat de privilége de second ordre. (*Arrêté du* 24 *germinal an* 8; *Règl. Fin.*, page 194.)

1148. Lorsque les états nominatifs font mention d'oppositions faites au Trésor, à la charge de titulaires ou de bailleurs de fonds dénommés à ces états, on ne peut obtenir le payement des sommes qui y figurent, qu'en produisant le certificat du Caissier-Payeur central du trésor, ou celui du conservateur des oppositions, constatant que les empêchements qui existaient ont été levés. (*Nom. de* 1826, page 16.) (En cas d'oppositions, voir le Titre XI, *Saisies-arrêts ou Oppositions.*)

1149. Les employés des administrations financières, obligés de quitter le département avant de toucher les intérêts qui leur reviennent, sont autorisés à laisser à leur directeur, une quittance signée à l'avance, qu'il remet, à l'époque de l'arrivée des états de payement, au Payeur, avec le certificat d'inscription. Le directeur certifie, sur cette quittance, la signature du préposé qui a quitté sa direction. (*Règl. Fin.*, page 194; *Circ.* 20 *août* 1835, *n°* 90.)

1150. Le Payeur, ou le comptable chargé du payement, est tenu d'exiger des titulaires et des bailleurs de fonds, lorsqu'ils acquittent les intérêts auxquels ils ont droit, la représentation de leur certificat d'inscription, ou de privilége, afin de pouvoir relater sur chaque quittance, le numéro de l'inscription, et s'assurer de l'identité des parties prenantes. (*Inst. gén. des Fin., Circ. n°* 117; *Circ.* 17 *déc.* 1834, *n°* 87, *et* 30 *déc.* 1845, *n°* 151.)

1151. Le payement des intérêts qu'effectue le comptable, est annoté par lui, sur le certificat d'inscription, ou de privilége, qui lui est représenté; il constate sur la quittance, par une mention avec signature, que ce certificat lui a été exhibé, et qu'il y a inscrit le payement des intérêts. (*Inst. gén. des Fin., Circ. n°* 117.)

1152. Si le payement est effectué en vertu d'un transport ou d'un jugement, l'annotation est mise sur *la grosse de l'acte de transport,* ou *du jugement,* laquelle doit toujours être produite au Payeur chargé d'apprécier la portée de cet acte. Une copie est jointe à la première quittance du cessionnaire. (*Circ. du* 30 *déc.* 1845, *n°* 151.)

1153. Les titulaires des cautionnements, ou les bailleurs de fonds, doivent énoncer *en toutes lettres,* sur les quittances qui leur sont remises par le Payeur pour le payement des intérêts annuels [1], la somme dont ils donnent quittance à l'Etat; la date du payement y est également exprimée. (*Inst. gén., Circ. n°* 117; *Circ.* 17 *déc.* 1834, *n°* 87.)

1154. S'il arrivait que par les annotations au certificat d'inscription, on découvrît que l'ordonnancement des intérêts d'un cautionnement n'est pas en rapport, pour les intérêts à payer, avec ces annotations, le payement devrait être suspendu; le Payeur référerait immédiatement de cette circonstance à l'administration. (*Lettre de la Compt. gén. du* 18 *oct.* 1842.)

1155. Les frais de formules de quittances sont à la charge du Trésor. Il est interdit d'exiger des parties prenantes aucune rétribution pour ces frais. (*Circ. du* 27 *juin* 1843.)

[1] Pour les intérêts ordonnancés isolément, la partie représente une lettre d'avis sur laquelle le *pour acquit* est donné.

1156. Chaque année, à l'époque du 1er février, le Payeur fait établir le relevé des parties qui, comprises sur les états des intérêts de cautionnement à payer au 1er janvier, ne se sont pas présentées pour toucher les sommes ordonnancées à leur profit. Il garde ce relevé pour émarger les payements, et il renvoie l'état annuel à la direction de la Comptabilité générale. (*Inst. gén. des Fin., Circ. n°* 117; *Circ.* 17 *déc.* 1834, *n°* 87.)

1157. Au mois de septembre de chaque année, le Payeur adresse un avertissement aux personnes qui, ayant des intérêts à toucher, ne se sont pas présentées, afin qu'elles viennent à sa caisse avant la clôture de l'exercice, pour y recevoir ce qui leur est dû. (*Circ. lith. du* 30 *août* 1839.)

1158. Les intérêts ordonnancés sans le capital, ou par les états annuels, qui n'ont pas été payés aux ayant-droit à l'époque de la clôture de l'exercice (le 31 octobre), ou à la fin du mois de décembre, pour ceux appartenant à des exercices clos, sont annulés. Quant à ceux ordonnancés cumulativement avec les capitaux non acquittés aux mêmes époques, ils sont versés, par les Payeurs, à la Caisse des dépôts et consignations. (*Inst. gén. des Fin., Circ. n°* 117; *Circ.* 22 *oct.* 1838, *n°* 110, *et* 30 *août* 1839, *n°* 114.)

1159. Les états des restes à payer que les Payeurs ont à adresser à l'expiration de l'exercice, doivent, autant que possible, au moyen des avertissements donnés aux parties, ne présenter que les articles grevés d'oppositions ou qui ne sauraient être acquittés par un motif déterminé. Ces comptables indiquent, dans la colonne d'observations, la cause pour laquelle le payement n'a pas été effectué. (Décès, cessation de fonctions, oppositions, etc.) (*Circ. lith.* 30 *août* 1839.)

Certificats d'Inscription ou de Privilége de second ordre adirés.

1160. En cas de perte d'un certificat d'inscription, ou d'un certificat de privilége de second ordre, le titulaire du cautionnement, ou le bailleur de fonds, adresse, au ministère des Finances, une déclaration constatant cette perte. Cette déclaration est rédigée sur papier timbré; la signature du déclarant est légalisée par le maire, et la signature du maire est légalisée par le sous-préfet ou le préfet. Sur la présentation de cette pièce, il est délivré, par la direction de la dette inscrite, un duplicata du titre adiré. (*Règl. Fin.*, page 192.)

SECTION III. — REMBOURSEMENT DE CAPITAUX.

1161. Les payements à effectuer pour remboursement de capitaux de cautionnement aux parties ayant réclamé ces remboursements, ont lieu en vertu des autorisations adressées par la direction du mouvement général des fonds au Payeur, au moyen d'états qu'elle a formés, et qu'elle accompagne de toutes les pièces justificatives de libération produites par les titulaires. (*Règl. Fin.*, page 196.)

1162. Les ordres de payement de capitaux, sont valables jusqu'à l'expiration de l'exercice portant la dénomination de l'année pendant laquelle ces ordres ont été délivrés. Les états d'autorisation de payer indiquent, en même temps, les intérêts dus sur chaque exercice, au titulaire du cautionnement. (*Mêmes Règl. et page.*)

1163. Le payement est fait, soit au titulaire, soit au bailleur de fonds, selon que l'état d'ordonnancement le fait connaître. Il n'a lieu qu'autant que ce même état ne contient aucune mention d'empêchement, et après que les parties ont produit au Payeur, selon les cas et la position des réclamants, toutes les justifications exigées par les règlements. (*Même Règl.*, pages 196 *et* 199.) (Voir Titre XI, Chap. II, Section II.)

1164. Si le titulaire d'un cautionnement étant décédé, les sommes ordonnancées à son profit appartiennent à ses héritiers, le payement n'a lieu que sur la production des titres établissant la qualité desdits héritiers. (*Inst.* 1er *janv.* 1810; *Circ.* 25 *oct.* 1830, *n*o 64.) (Voir Chapitre XI, *Titres d'hérédité.*)

1165. Lorsque le créancier d'un titulaire de cautionnement se présente comme étant autorisé par jugement à recevoir le montant de sa créance sur la somme ordonnancée par le Trésor, le Payeur doit exiger du réclamant les justifications prescrites par le Code de procédure civile (Art. 548), et par les articles 5 et 7 de la loi du 25 nivose an XIII. (*Règl. Fin.*, page 200.)

1166. Les capitaux de cautionnements qui ayant été ordonnancés cumulativement avec les intérêts, n'ont pas été payés aux ayant-droit à l'époque de la clôture de l'exercice (31 octobre), ou à la fin du mois de décembre de chaque année, pour des capitaux réunis à des intérêts appartenant à des exercices clos, sont versés à la Caisse des dépôts et consignations. Les pièces produites à l'appui de l'ordonnancement sont jointes au récépissé de versement. (*Ord.* 31 *mai* 1838, *art.* 121; *Circ.* 18 *nov.* 1831, *n*° 68; 22 *oct.* 1838, *n*° 110; 30 *août* 1839, *n*° 114, *et* 25 *sept.* 1840, *n*° 117.)

CHAPITRE IX.

Payement des obligations et coupons d'intérêts, pour prêts faits à des départements par la Caisse des dépôts et consignations.

1167. Le payement des obligations et des coupons d'intérêts y afférents, souscrits au nom des départements envers la Caisse des dépôts et consignations, doit être effectué directement à Paris, sans frais, et le jour même des échéances. (*Inst. de cette Caisse du* 23 *janv.* 1841; *Circ. du min. de l'Int. du* 27 *mai suiv.*; *Circ. de la Compt. gén. du* 20 *sept.* 1842, *n*° 123; *Règl. Int.*, page 290.)

1168. Pour assurer ce payement, le préfet du département emprunteur, délivre, au nom de la Caisse des dépôts et consignations, un mandat sur le Payeur de sa résidence. Aussitôt que ce mandat est remis au comptable, celui-ci le porte en dépense sans attendre la quittance du Caissier de la caisse des dépôts et consignations, et il fait immédiatement recette d'une somme égale, à titre d'*envoi du Caissier-Payeur central du Trésor*. (*Circ. du* 20 *septembre* 1842, *n*° 123.)

1169. Au moment où le Payeur fait recette du montant du mandat qui a été émis sur sa caisse, il adresse au Caissier-Payeur central un récépissé visé par le préfet, souscrit à sa décharge, et il réclame, en échange, le récépissé du Caissier de la Caisse des dépôts et consignations, pour être joint au mandat qu'il a conservé. (*Circ. du* 20 *sept.* 1842, *n°* 123.)

1170. Il est donné immédiatement avis par ce comptable, tant au directeur général de la Caisse des dépôts et consignations, qu'au directeur du mouvement général des fonds, de l'envoi par lui fait au Caissier-Payeur central, du récépissé qu'il a souscrit en sa faveur pour satisfaire au remboursement dont il s'agit. (*Même Circ.*)

1171. Les Payeurs se font remettre ensuite, par les préfets, pour être produites comme justification des payements, les obligations et coupons d'intérêts qui leur ont été renvoyés par la Caisse des dépôts et consignations. (*Même Circ.; Règl. Int.*, page 290.)

CHAPITRE X.

Payement de taxes à témoins.

1172. Les indemnités de déplacement dues à des personnes entendues comme témoins dans les affaires poursuivies à la requête de l'administration forestière pour délits commis dans les forêts de l'Etat, sont acquittées, sur la représentation des exploits taxés, aux porteurs de ces pièces. (*Règl. Fin.*, page 296.)

1173. Les frais s'appliquant à des délits de pêche commis dans les cours d'eau qui ne sont ni navigables ni flottables, sont, comme ceux concernant les délits commis dans les forêts de l'Etat, à la charge de l'administration des forêts. (*Circ. de l'Admin. des Domaines* 23 *août* 1849.)

1174. Le Payeur ne peut ni acquitter aux parties, ni accepter dans les versements en pièces de dépenses, des taxes à témoins se rapportant à des délits commis dans les bois appartenant aux *départements* ou aux *communes.* (*Circ. de l'Adm. des Domaines* 23 *août* 1849.)

1175. A la fin de chaque mois, les différentes taxes payées pendant cette période, font l'objet d'un bordereau établi en double expédition, dont le montant est remboursé, au moyen d'un mandat du conservateur, au Payeur qui a acquitté ces taxes.

NOTA. Le Payeur opère, au sujet de ces remboursements, comme pour les frais de route payés aux militaires voyageant isolément, voir nº 1051.

CHAPITRE XI.

Titres d'hérédité.

Les actes d'hérédité rappelés dans le présent titre, sont ceux à produire par les ayant-droit après le décès des titulaires des ordonnances ou mandats, afin de pouvoir obtenir le payement des *créances sur l'État*, ordonnancées au profit de ces créanciers.

Il s'agit seulement des créances ordinaires ; ce qui a rapport au payement des arrérages de pensions revenant aux héritiers des pensionnaires de l'Etat, est indiqué au Chapitre X : *Rentes viagères et Pensions*; on renverra, à l'occasion, à ce chapitre, afin d'éviter les répétitions.

1176. Les héritiers d'un créancier de l'Etat ont à justifier de leurs droits de succéder à l'ancien possesseur de la créance, soit que les mandats aient été expédiés en leur nom, soit qu'ils l'aient été au nom de celui qu'ils représentent. (*Inst. du* 1er *janvier* 1810.)

1176 *bis*. Les titres d'hérédité à présenter par les héritiers d'un créancier de l'Etat décédé, pour obtenir du Payeur les sommes revenant à ce créancier, sont ceux ci-après indiqués :

1º L'acte de décès de la personne au profit de laquelle a été délivré le mandat ou l'ordonnance; (*Code civil, art.* 45; *Inst.* 1er *janvier* 1810.)

2º Un certificat de propriété constatant la qualité et le nom des héritiers ayant droit de toucher ce qui est dû par l'Etat; (*Loi du 28 floréal an* VII.)

3° S'il n'est pas fourni de certificats de propriété, les actes notariés établissant les droits des réclamants. (*Inst.* 1er *janvier* 1810; *Circ.* 25 *octobre* 1830, *n°* 64.)

SECTION Ire. — ACTE DE DÉCÈS.

1177. L'acte de décès à produire au Payeur par les héritiers d'un créancier de l'État, doit être délivré sur papier timbré, et être légalisé par le président du tribunal civil de l'arrondissement[1], ou par le juge qui le remplace. (*Code civil, art.* 45; *Inst.* 1er *janvier* 1810.)

1178. Il y a dispense de produire l'acte de décès, quand la date précise du décès n'est pas nécessaire pour déterminer la somme qui était due au défunt; il suffit, dans ce cas, que la date du décès soit relatée dans le certificat de propriété. Il serait indispensable, toutefois, de le produire, si le certificat de propriété était délivré par le juge de paix. (*Circ.* 25 *octobre* 1830.)

1179. Dans le cas où l'acte de décès contient une erreur dans le *nom* du défunt, on doit, s'il n'est pas possible de rectifier cette erreur, la faire constater par un jugement du tribunal civil, là où la succession a été ouverte. Le maire qui a délivré l'acte de l'état civil, mentionne, en marge, la rectification. Sa signature doit être légalisée. (*Nomenc. Fin.* 1826.)

1180. Si l'erreur n'existe que dans les *prénoms*, l'identité peut être établie au moyen d'un acte de notoriété que délivre un notaire. (*Idem.*)

SECTION II. — CERTIFICAT DE PROPRIÉTÉ[2].

1181. Le certificat de propriété à produire au Payeur, est délivré, sauf quelques exceptions, par un *notaire* ou par le *juge de*

[1] Pour les militaires et leurs veuves, il est délivré sur papier libre, et l'ont peut faire légaliser cet acte par le sous-préfet. (Voir le titre X, *Rentes viagères et Pensions.*)

[2] Il n'existe aucune instruction spéciale qui détermine avec précision les pièces

paix, ainsi qu'il est ci-après expliqué. On suit, au sujet de la délivrance de cet acte, ce qui est prescrit pour le payement des arrérages de pension aux héritiers des pensionnaires de l'Etat. (Voir Titre X.) (*Loi du* 28 *floréal an* VII; *Décret du* 16 *sept.* 1806, *et Inst. du* 1er *janvier* 1810.)

1182. Le certificat de propriété est admis par les Payeurs, comme pièce donnant une suffisante justification du droit des héritiers qui réclament la créance d'une personne décédée. Les parties peuvent se borner à produire cet acte; si cependant elles persistent à remettre des copies, ou extraits, des titres, les Payeurs, après examen, les admettent à l'appui des payements. (*Circ.* 24 *oct.* 1830, *n*o 64.)

1183. Ces comptables n'ont point à examiner si les droits des parties ont été exactement établis dans le texte des certificats de propriété qu'on leur produit. Les notaires et les juges de paix supportent seuls, vis-à-vis des tiers, la responsabilité de leurs actes. (*Circ.* 17 *déc.* 1834, *n*o 87.)

1184. S'il existe, dans un certificat de propriété, des erreurs quant *à la date de naissance* du défunt, à *son nom*, ou à *ses prénoms*, la rectification, si l'acte est délivré par le juge de paix, est opérée au moyen de renvois approuvés et signés. Si, au contraire, l'erreur a été commise par un notaire, pour avoir porté à un certificat de propriété des indications erronées qui existaient à d'autres actes, la rectification s'opère au moyen d'un acte de notoriété que le notaire conserve parmi ses minutes. (*Loi du* 26 *messidor an* II.)

1185. Le certificat de propriété délivré par le notaire, ou par un juge de paix, pour toucher une créance ordinaire, doit être légalisé par le président du tribunal civil de l'arrondissement. (*Loi du* 25 *ventose an* XI, *art.* 27 *et* 28.)

Le certificat délivré par un notaire, n'est légalisé qu'autant qu'il en est fait usage, savoir : pour les notaires placés à la

à exiger pour la justification du droit des héritiers. On suit les dispositions combinées de la loi du 28 floréal an VII, sur les *transferts et mutations;* celles du décret du 18 septembre 1806 sur les cautionnements, et celles de l'Instruction du 1er janvier 1810 sur le payement des dépenses publiques.

résidence des Cours d'appel hors du ressort de ces Cours, et pour les autres hors du département. (*Mêmes Loi et art.*)

Art. 1er. — *Certificats à délivrer par le notaire*[1].

1186. Le certificat destiné à établir le droit et la qualité des héritiers d'un créancier de l'Etat, est délivré par un notaire, lorsque celui-ci est détenteur de la minute d'un inventaire, ou d'un partage, ou qu'il y a eu transmission gratuite à titre entre vifs ou par testament. (Voir le Titre X.) (*Loi du* 28 *floréal an* VII; *Décret du* 16 *sept.* 1806; *Inst. du* 1er *janvier* 1810.)

1187. Le certificat de propriété produit pour toucher une créance autre qu'une pension ou secours, n'est pas soumis à la formalité de l'enregistrement, s'il n'est signé que par le notaire sans l'intervention de témoins. (*Décis. min*lle., *Cir. n*o 181.)

1188. Les Payeurs à qui, au lieu du certificat de propriété qu'ils ont dû demander, on produit des titres pour justifier de la qualité des ayant-droit, acceptent ces justifications; ils suivent, selon les cas, les dispositions indiquées plus loin à l'article : *Titres d'hérédité autres que le certificat de propriété.* (*Inst. gén.* 1er *janv.* 1810; *Circ.* 25 *octobre* 1830, *n*o 64.)

1189. Lorsque le certificat de propriété délivré par le notaire est fait en brevet, il doit être revêtu du sceau de cet officier ministériel. Il en est de même de tous les actes notariés, de quelque nature qu'ils soient, qu'on délivre en brevet et que l'on produit aux Payeurs. (*Circ.* 13 *octobre* 1846, *n*o 159.)

Art. 2. — *Certificat à délivrer par le Juge de paix*[1].

1190. Il y a lieu à la délivrance du certificat de propriété par le juge de paix, si, après le décès du créancier au profit duquel un

[1] On indique seulement ici les dispositions spéciales aux créances autres que les pensions; les autres règles sur les *certificats de propriété* sont communes, et on les a résumées au Titre X : *Rentes viagères et Pensions.*

mandat ou une ordonnance a été ou devrait être délivré, il n'y a point eu d'inventaire, ni de partage ou d'acte de transmission gratuite, à titre entre vifs, ou par testament. (Dans ce dernier cas, c'est au notaire détenteur de la minute à rédiger cet acte). Voir nº 1186. (*Inst. 1er janvier* 1810; *Loi du* 28 *floréal an* VII; *Décret* 16 *sept.* 1806; *Circ.* 25 *oct.* 1830.)

1191. Le juge de paix est compétent pour délivrer le certificat de propriété à la veuve d'un titulaire de créance sur l'Etat, s'il se borne à énoncer dans cet acte, qu'elle est commune en biens d'après son contrat de mariage, sans autre stipulation spéciale. (*Circ.* 17 *déc.* 1834, *en note.*)

1192. Le certificat de propriété que délivre un juge de paix, pour toucher chez le Payeur une créance autre que des arrérages de pension militaire, de veuve ou d'orphelins, ou un secours, est soumis à la formalité de l'enregistrement. (*Déc. minelle* 15 *janv.* 1823; *Circ.* 12 *mai suivant; Loi du* 22 *frimaire an* VII; *Circ.* 14 *août* 1848, *nº* 166.)

1193. Lorsque, au lieu d'un certificat de propriété réclamé par le Payeur aux héritiers, ceux-ci lui produisent des titres d'hérédité pour justifier de leurs droits, il ne les admet qu'autant que les diverses formalités prescrites par les règlements ont été rigoureusement remplies. (*Inst. 1er janvier* 1810.) (Voir plus loin l'article : *Titres d'hérédité autres que le certificat de propriété.*)

Art. 3. — *Certificat à délivrer par un Greffier.*

1194. Quand les héritiers du titulaire d'une créance sur l'Etat, ont fait constater leurs droits, ou leurs qualités, par un jugement, le greffier dépositaire de la minute de ce jugement délivre le certificat de propriété à joindre au mandat de payement. Il donne, sur cette pièce, les énonciations prescrites en pareil cas. (*Loi du* 28 *floréal an* VII, *art* 6.)

1195. Si une veuve a été reconnue comme ayant droit à la succession de son mari (Code civil, art. 767), ou si c'est le domaine qui se trouve appelé à recueillir cette succession, le greffier délivre le certificat de propriété en vertu du jugement qui a envoyé la veuve ou le domaine en possession. (*Loi du* 28 *floréal an* VII, *art.* 6; *Art.* 768 *et* 770 *du Code civil.*)

1196. Les certificats de propriété remis par les greffiers, dans les cas spécifiés aux deux articles qui précèdent, sont soumis au droit d'enregistrement. Ils doivent être légalisés par le président du tribunal civil. (*Inst.* 1er *janvier* 1810, *art.* 129 *et* 155; *Loi du* 22 *frimaire an* VII).

SECTION III. — TITRES D'HÉRÉDITÉ AUTRES QUE LE CERTIFICAT DE PROPRIÉTÉ.

1197. Indépendamment des mandats et pièces justifiant la légalité de la créance de la personne décédée, le Payeur, afin de pouvoir acquitter cette créance aux héritiers réclamants, doit exiger, à défaut d'un certificat de propriété (voir n° 1181), un extrait de l'intitulé d'inventaire fait après le décès du créancier. (*Inst. du* 1er *janvier* 1810, page 39.)

1198. Dans cet extrait d'inventaire, sont dénommés le survivant des époux, s'il y en a un, avec la qualification de commun ou non commun en biens, et de créancier, ou non, de la succession, et tous les héritiers avec qualification de seuls habiles à succéder, présents ou absents, majeurs et mineurs, ou héritiers interdits. Cet extrait doit être légalisé par le président du tribunal civil. (*Même Inst. art.*, 138 *et* 155.)

1199. L'inventaire est fait à la requête du tuteur pour les mineurs; à celle du curateur à l'interdiction s'il y a des interdits; en présence du curateur pour les mineurs émancipés; et des maris pour les femmes sous puissance de maris; enfin, en présence d'un notaire autorisé, s'il y a des héritiers absents. (*Même Inst.*, *art.* 139; *Code civil*, *art.* 113.)

1200. A défaut d'inventaire, le Payeur, ainsi qu'il est précédemment indiqué (n° 1190), se fait remettre un acte de notoriété dressé par le juge de paix, constatant qu'après le décès il n'a point été fait d'inventaire, et donnant, sur le survivant des époux et sur les héritiers, les indications dont il est parlé plus haut. (*Inst. du* 1er *janvier* 1810, *art.* 140.)

1201. Le survivant des époux, à moins de preuve de non communauté [1], a droit à la moitié, et l'autre moitié appartient aux héritiers. Les uns et les autres donnent quittance au pied du mandat. L'officier civil autorisé pour les absents, le tuteur et le curateur pour les mineurs non émancipés [2] et les interdits. (Voir plus loin, *absents.*) Les mineurs émancipés signent également l'acquit. (*Inst. du* 1er *janvier* 1810.)

1202. Quand le survivant des père et mère a choisi un tuteur [3], l'acte de nomination est exigé. Si les ayant-droit sont des *mineurs émancipés*, le Payeur se fait remettre l'acte d'émancipation. Il exige la sentence d'interdiction pour les *interdits;* pour *les absents* on doit lui fournir : 1° l'acte de nomination du notaire ; 2° le jugement d'enquête ; 3° le jugement de déclaration d'absence et d'envoi en possession. C'est seulement quand la déclaration d'absence est prononcée qu'il peut payer. (*Même Inst.; Code civil, art.* 119 *et* 155.)

NOTA. Si au dernier mourant, la tutelle revient à l'ayeul paternel, cette circonstance doit être rappelée dans l'intitulé d'inventaire. Pour les mineurs sans parents, on réclame l'avis du conseil de famille. (*Code civil, nos* 119, 155 *et* 402, *Inst.* 1810, *art.* 185 *et* 186.)

1203. Dans le cas où un survivant prétendrait (ou des héritiers) à une partie plus forte dans le payement, que celle résultant de la qualité prise dans l'inventaire, ou constatée dans le certificat de propriété, ces parties donneraient, seules, quittances; mais elles auraient à justifier de leurs droits par un extrait de la liquidation ou du partage, énonçant l'abandon à elles fait, de la somme réclamée, par tous ceux qui pouvaient le faire. (Le notaire autorisé, s'il y a des absents; le curateur, s'il y a un interdit; le tuteur, s'il y a des mineurs, etc. (*Même Inst. de* 1810, *art.* 145.)

[1] La non-communauté se justifie par une copie de l'acte qui établit que cette communauté n'existe pas.

[2] La tutelle après la mort d'un des époux appartient, de plein droit, au survivant des père et mère. (*Code civil, art.* 390.)

[3] Il y a à examiner si le survivant avait qualité pour faire choix. (*Art.* 398 *et suiv. du Code.*)

1204. Si la partie dont les droits sont constatés par un acte d'inventaire, partage, abandon, acte de notoriété, etc., est une femme sous puissance de mari, celui-ci, maître des droits de la communauté, donne quittance [1], à moins que sa femme ne soit séparée de biens ; dans ce cas, en produisant l'acte qui a établi cette séparation, elle est admise seule à toucher. (*Inst. du* 1er *janvier* 1810, *art.* 152.)

1205. Indépendamment des extraits d'inventaire, de partage, de liquidation, d'abandon et autres, que les réclamants ont à produire au Payeur, pour justifier de leur droit à toucher ce qui revient aux personnes décédées, ce comptable doit se faire remettre un extrait de toutes les procurations qui ont été données pour la confection de ces actes [2]. (*Même Inst.*, *art*, 154.)

1206. Quand il s'agit d'une succession acceptée par bénéfice d'inventaire, le Payeur, outre l'intitulé d'inventaire, se fait remettre la sentence du tribunal civil qui a conféré aux réclamants la qualité d'héritiers bénéficiaires. (*Même Inst.*, *art.* 156.)

1207. Si la somme due à une personne décédée revient à un époux survivant son donataire universel en propriété ou usufruit, ou même son héritier à défaut de parents, il doit être exigé, avant tout payement : 1° l'acte de décès ; 2° le certificat de propriété délivré par le juge de paix constatant qu'il n'a point été fait d'inventaire, que le défunt n'a pas laissé d'enfants, ou que le survivant est héritier à défaut de parents ; 3° un extrait du contrat de mariage ou du don mutuel. (*Même Inst.*)

1208. Lorsque la créance à payer par l'Etat, appartient à une personne décédée après avoir testé, le Payeur doit se faire remettre avant d'acquitter les mandats ou ordonnances :

[1] Le mari marié sous le régime de la communauté, pourrait, comme chef de la communauté, donner seul, quittance d'une somme mandatée en son nom et en celui de sa femme, pour vente *d'immeubles*, et quoiqu'il sagisse d'un bien personnel de sa femme, aliéné par acte où celle-ci a figuré, (Voir n° 749 bis) pourvu que le contrat de mariage ne s'y oppose pas.

[2] Tous les actes produits doivent être revêtus de formes authentiques, être légalisés, etc. (*Inst.* 1er *janvier* 1810, *art.* 155.)

1° L'acte de décès, si les sommes sont calculées sur la vie;

2° L'extrait d'intitulé d'inventaire où, à défaut, un acte de notoriété notarié, rappelant les dispositions qui donnent à la partie le droit de se présenter. (*Inst. du* 1er *janvier* 1810.)

1209. Lorsqu'un testateur, créancier de l'Etat, a nommé un exécuteur testamentaire, le Payeur n'acquitte les sommes réclamées, que sur la production, avec l'acte de décès, de l'expédition ou l'extrait du testament, contenant la nomination de l'exécuteur testamentaire, et la saisine consentie à son profit, de tout ou partie du mobilier. Un acte notarié rappelant ces énonciations peut suppléer à l'extrait du testament. La saisine ne peut durer au-delà de l'an et jour. (*Même Inst.*; *Code civil, article* 1025 *et* 1026.)

1210. S'il y a plusieurs exécuteurs testamentaires qui aient accepté, un seul peut agir au défaut des autres.

Les pouvoirs d'un exécuteur testamentaire ne passent pas à ses héritiers. (*Code civil; art.* 1032 *et* 1033.)

1211. Un usufruitier par testament, ne peut recevoir, du Payeur, une somme due par l'Etat à un testateur, sans avoir, préalablement, fait dresser un inventaire et donné caution, ou sans que les *nus*-propriétaires n'aient consenti au payement. (*Déc. min. des Fin.* 19 *déc.* 1820.)

1212. Lorsque, soit à défaut d'héritiers, soit par suite de leur renonciation à une succession, il a été nommé, à la diligence du ministère public, un curateur pour gérer, et que ce curateur réclame une créance due par l'Etat, les Payeurs, après avoir réuni les pièces formant le titre de la personne décédée, se font remettre un extrait du jugement qui a déclaré la vacance; et, au lieu de payer au curateur, ils versent le montant de l'ordonnance, ou du mandat, à la Caisse des dépôts et consignations. Le récépissé est annexé au mandat. (*Code civil, art.* 539, 768, 811 *et suiv.*; *Ord. du* 3 *juillet* 1816, § 13, *art.* 2, *et Circ. de la Compt. gén. du* 20 *août* 1835, *n°* 90.)

1213. Si des héritiers d'un créancier de l'Etat, sont, eux-mêmes, décédés lorsque la somme à payer à ce créancier est réclamée, ceux qui représentent ces héritiers, ont, de leur côté, à produire des actes d'hérédité dans la forme prescrite par les règlements pour justifier de leurs droits (Voir n° 1176). (*Inst. du* 1er *janv.* 1810, *art.* 153 ; *Loi du* 28 *floréal an* VII.)

CHAPITRE XII.

Payements par des Entrepreneurs sur les sommes à valoir.

1214. Les dépenses concernant des épuisements, des travaux par attachement, etc., imputables sur la somme dite *à valoir* portée à une entreprise, peuvent être payées par l'entrepreneur. Le montant de ces dépenses lui est remboursé par des mandats délivrés à son profit, avec un quarantième en sus, pour le dédommager de ses avances de fonds [1]. (*Clauses et Cond. gén.* 1833, *art.* 24 ; *Règl. Trav. pub.* 1843, page 110.)

1215. Sont exceptés de la disposition ci-dessus, les payements que l'on est obligé de faire faire par l'intermédiaire d'un entrepreneur, et qui n'exigent pas, de sa part, des avances de fonds. Aucune rétribution, dans ce cas, ne peut lui être allouée. (Voir n° 380.) (*Clauses et Cond. gén., art.* 25.)

NOTA. Il est des cas où il peut être accordé une indemnité aux entrepreneurs; ils sont déterminés par les règlements, voir n° 440.

1216. Lorsque c'est l'entrepreneur qui a été chargé d'acquitter les dépenses imputables sur la *somme à valoir,* il est tenu de payer à vue, en présence d'un employé désigné par l'ingénieur, les rôles ou états de travaux, à la journée ou à la tâche, et de les faire quittancer par les parties prenantes. Les mandats au moyen desquels il est remboursé, sont appuyés des pièces indiquées à la nomenclature annexée au règlement. (*Règl. Trav. pub.* 1843, pages 110 *et* 111.)

[1] Il peut être alloué, en outre, deux quarantièmes pour fourniture d'outils, frais de conduite des travaux, etc. (Voir n° 382.)

CHAPITRE XIII.

Payements par les Receveurs des Finances, les Percepteurs et autres Receveurs des revenus publics.

SECTION 1re. — DISPOSITIONS GÉNÉRALES.

1217. Les receveurs des finances; les percepteurs sous leurs ordres, et les autres receveurs des revenus publics, sont tenus de faire, sur les fonds de leurs recettes, tous les payements concernant les dépenses publiques pour lesquelles le Payeur est dans le cas de réclamer leur concours. (*Ord.* 31 *mai* 1838, *art.* 308.)

1218. Ces payements ne peuvent être valablement faits par les comptables ci-dessus dénommés, qu'autant qu'on leur présente des ordonnances, lettres d'avis, mandats ou quittances, légalement délivrés au nom des créanciers, et *revêtus du vu bon à payer* apposé par le Payeur du département. (*Même Ord., art.* 309.)

1219. Le payement des ordonnances et mandats portant le *bon à payer*, est effectué par le comptable établi dans la localité désignée par le Payeur [1]. Toutefois, le receveur des finances peut, sur la demande du créancier, assigner un autre lieu. Il tient note, sur un carnet, des changements qu'il a ainsi autorisés. (*Inst. gén. des Fin.; Circ. n*o 117.)

1220. Les receveurs des finances, les percepteurs et les autres comptables, qui effectuent des payements, sans que les lettres d'avis, les ordonnances, mandats ou quittances n'aient été revêtus du *vu bon à payer* du Payeur, sont responsables des effets que peuvent causer les oppositions, ou toute autre cause d'empêchement s'appliquant aux personnes qu'ils ont payées. (*Ord.* 31 *mai* 1838, *art.* 310.)

1221. Le *vu bon à payer* est donné sur les ordonnances et

[1] Le payement a lieu autant qu'il existe des fonds. Un créancier ne peut pas exiger que l'Etat le paye à jour fixe. (*Circ.* 18 *déc.* 1839, *n*o 2, *Dette inscrite.*)

mandats par le Payeur, ou, en cas d'absence, par la personne autorisée légalement à le représenter. La signature du Payeur ne doit pas être apposée à l'aide d'une *griffe*. (*Circ. Compt. gén.* 20 *décembre* 1837, *n°* 105.)

1222. Une ordonnance, ou mandat, quoique portant le *vu bon à payer* du Payeur, ne peut être acquittée, si le titulaire de cette ordonnance, ou de ce mandat, est décédé. Il y a, dans ce cas, des pièces d'hérédité à produire, dont l'examen ne peut appartenir qu'au comptable supérieur responsable, et non à l'agent de la recette qui le supplée seulement pour le payement. (*Inst. min*[lles].)

1223. Le visa donné pour autoriser le payement d'une dépense hors du chef-lieu du département, n'est jamais conditionnel. Il n'est accordé qu'autant que toutes les pièces justificatives indiquées au mandat sont complètement régulières, et qu'elles ont été déposées chez le Payeur chargé, seul, de les vérifier et de les admettre. (*Inst. gén. des Fin.*; *Circ. n°* 117.)

1224. Peuvent être acquittés, sans être revêtus du *vu bon à payer*, les mandats délivrés par les ordonnateurs des Ministères de la *Guerre* et de la *Marine*, pour la solde des troupes dépendant de ces ministères, soit en station, soit en marche, mais après inscription du payement sur les livrets ou sur les feuilles de route. Les mandats pour frais de route doivent être inscrits, avec signature de l'ordonnateur, sur les feuilles dont les militaires sont porteurs. (Voir n° 1047.)

1225. Dans les ports militaires où ne réside pas le Payeur du département, les mandats ayant rapport au personnel, sont acquittés sans être revêtus du visa de ce comptable. S'il existe des oppositions sur les personnes désignées aux mandats, ou aux états d'effectif, le Payeur en avertit l'agent de la recette chargé du payement; celui-ci effectue la retenue indiquée, et il en fait note au mandat qu'il verse pour le *net payé*.

NOTA. Pour les payements faits sur *quittances provisoires* ou sur *délégations*, voir n° 1058.

1226. Lorsqu'il y a lieu de donner des instructions spéciales aux receveurs particuliers des finances et aux percepteurs, relativement aux formalités qu'ils ont à remplir pour l'acquittement des dépenses publiques, les documents que reçoit le Payeur, à ce sujet, sont transmis par lui au receveur général, qui, ensuite, donne à ses subordonnés les instructions convenables. (*Circ.* 28 *mars* 1838, *n*° 106.)

1227. Les receveurs des finances, qui acquittent sur visa des mandats ou ordonnances pour le compte des Payeurs, sont tenus d'apposer sur ces pièces, aussitôt le payement, en marge de l'indication de la somme à payer, le cachet de leur recette. Ils frappent également de ce timbre, au moment où ils sont versés, les mandats acquittés par les percepteurs. (*Circ.* 25 *mai* 1836, *n*° 94; *Inst. gén. des Fin.*, *n*° 117.)

1228. Les mandats d'indemnité de route doivent être présentés au comptable chargé de les acquitter, *dans le jour même*, ou au plus tard *le lendemain* de leur délivrance aux parties. Toutefois, ce délai est de dix *jours*, quand le titulaire se trouve dans le lieu de sa destination. (*Même Ord. du* 20 *déc.*, *art.* 39.)

1229. Les mandats pour indemnité de route, avances, etc., acquittés par les receveurs des finances, percepteurs et autres comptables, doivent être remis au Payeur pour en obtenir le remboursement, dans *le mois* où ils ont été payés; où, au plus tard, dans les premiers jours du mois suivant; autrement, ils restent à la charge des comptables qui les ont acquittés. (*Ordon. du* 20 *déc.* 1837, *art.* 45.)

SECTION II. — OBLIGATIONS PARTICULIÈRES IMPOSÉES AUX COMPTABLES AUTORISÉS A PAYER.

1230. Les obligations imposées à un comptable chargé, dans un arrondissement, de payer les ordonnances ou mandats revêtus du *vu bon à payer* du Payeur du département, sont, notamment, celles ci-après :

1° Faire signer, en sa présence, au-dessous des mots : *pour acquit*, le créancier désigné à l'ordonnance ou au mandat, avec indication *du lieu* et de *la date* du payement, et s'assurer qu'il y à parfaite conformité entre la signature donnée et le nom écrit au mandat ou à l'ordonnance (Voir nº 978);

2º Si la somme portée en toutes lettres, ou en chiffres, à une ordonnance, à un mandat, ou quittance, est surchargée ou altérée, exiger que les altérations ou surcharges soient approuvées (Voir nº 985);

3º Quand la somme à payer n'excède pas 150 francs, et que la partie annonce ne savoir ou ne pouvoir signer, recevoir sa déclaration en présence de deux témoins, la signer et la faire signer à ces deux témoins. Le même mode est suivi pour les sommes supérieures à 150 francs, s'il s'agit de *secours* ou du payement du pécule d'un condamné (Voir nº 1025);

4º Si la somme à toucher est supérieure à 150 francs, rapporter à l'appui du mandat, ou de l'ordonnance, une quittance notariée, ou une procuration donnée à un tiers, qui, alors, signe l'acquit comme mandataire (Voir nº 1027). En matière de dépossession de terrains pour cause d'utilité publique, on admet, au lieu d'une quittance notariée, une quittance administrative (Voir nº 1031);

5º Lorsque le payement est effectué à un fondé de pouvoirs, n'admettre la procuration que si elle est *spéciale pour recevoir;* lorsqu'elle est sous signature privée, la signature du mandant doit être légalisée par le maire, et la signature du maire légalisée par le préfet, ou sous-préfet. Cette procuration est soumise à l'enregistrement (Voir nº 1255, Chapitre XII du présent Titre);

6º Si l'ordonnance, ou le mandat, porte les mots : *à timbrer,* n'effectuer le payement qu'après que cette formalité a été remplie, soit par l'apposition du timbre *à l'extraordinaire,* soit par le *visa pour timbre.* (Voir nºˢ 889 et suiv.) (Le droit de timbre est de 35 centimes, sans égard à la dimension du papier);

7º Mentionner, avec date et signature, sur les livrets, feuilles de route, ou congés des militaires de la guerre ou de la marine, les sommes payées à ces militaires; inscrire aux livrets des conducteurs des ponts et chaussées, lorsque le vu bon à payer indique cet enregistrement, les sommes qui sont comptées à ces agents pour les services en régie (Voir nºˢ 1049 et 845);

8º Inscrire, quand le visa le réclame, sur les bulletins que doivent représenter les étrangers réfugiés en France, les payements faits à ces étrangers en vertu des mandats dont ils sont porteurs (Voir n° 994);

9° Si le mandat, ou l'ordonnance, est délivré au nom d'un receveur d'hospice, d'un receveur municipal ou de tout autre comptable, joindre au mandat payé, la quittance à souche (timbrée si la somme excède 10 francs), et malgré cette production, ou l'annexion d'un état émargé, quittancer le mandat *pour ordre* (Voir n° 999);

10° Ne point acquitter un mandat qui, n'ayant pas été présenté au payement avant la clôture de l'exercice, a dû être annulé dans les écritures du Payeur (Voir n° 1035). La mention du *dernier jour de payement* y ayant été indiquée comme le veulent les règlements, un tel mandat resterait à la charge du comptable;

11° Annoter sur les certificats d'inscription de cautionnement, ou sur le certificat de privilége de second ordre, ou, en cas de transport, sur la grosse de l'acte de transport, le payement des intérêts annuels, et mentionner, avec signature, sur la quittance de la partie, que l'inscription de ce payement a été faite sur le titre (Voir les articles qui suivent);

12° Enfin, ne point acquitter de taxes à témoins, dans les affaires poursuivies à la requête de l'administration forestière, s'il s'agit de délits commis dans les bois appartenant *aux départements* ou *aux communes;* ne payer que les taxes pour délits constatés dans les *forêts de l'Etat* (Voir n° 1172 et suivants).

1231. Le titulaire, ou le bailleur de fonds, qui se présente pour recevoir les intérêts auxquels il a droit, est tenu de représenter au comptable chargé de le payer, son certificat d'inscription sur lequel le payement est annoté. C'est la grosse de l'acte de transport qu'il doit produire, si le payement a lieu par suite de transport. (*Inst. gén. des Fin., Circ. n°* 117.)

1232. La quittance d'après laquelle s'effectue le payement, doit porter en toutes lettres, de la main du titulaire, ou du bailleur de fonds, ou du possesseur d'un transport, la somme reçue. (*Inst. gén. des Fin., Circ. n°* 117.)

1233. En cas de décès d'un titulaire, de démission ou de destitution, le payement doit être suspendu. Il ne peut être fait qu'à ses héritiers, après que ceux-ci ont fourni au Payeur des pièces régulières d'hérédité, et que celui-ci a, de nouveau, autorisé le payement : il en est de même s'il s'agit d'un bailleur de fonds décédé. (*Inst. gén. des Fin., Circ. n° 117 ; Circ. 17 déc. 1834.*)

1234. Les intérêts annuels de cautionnement, ne sont payables qu'aux agents en fonctions ; un titulaire démissionnaire ou destitué, ne touche les intérêts qui lui sont dus, que quand il obtient le remboursement du capital. (*Même Inst. et Circ.*)

SECTION III. — RESPONSABILITÉ DU COMPTABLE PAYANT SUR VISA.

1235. L'accomplissement des formalités et conditions rappelées au présent chapitre, et la quittance régulière et datée de chaque partie prenante, suffisent pour dégager la responsabilité du comptable qui a effectué le payement d'une dépense publique pour le compte du Payeur. (*Ord. 31 mai 1838, art. 310.*)

SECTION IV. — VERSEMENT, AU RECEVEUR GÉNÉRAL, DES MANDATS ACQUITTÉS POUR LE COMPTE DU PAYEUR.

Art. 1er. — *Versements faits par les Percepteurs et Receveurs des revenus publics.*

1236. Les acquits constatant des payements faits par les percepteurs, ou par d'autres receveurs des revenus publics, pour le compte du Payeur, doivent être compris dans le plus prochain versement que ces comptables effectuent, soit à la recette particulière de l'arrondissement, soit à la recette générale. (*Ordon. 31 mai 1838, art. 311 ; Inst. gén. des Fin., Circ. n° 117.*)

Art. 2. — *Versements faits par les Receveurs particuliers.*

1237. Les receveurs particuliers transmettent au receveur général, au moins une fois par dizaine, les acquits dont les percepteurs et les autres comptables ont fait le versement à leur caisse, et ceux qu'ils ont eux-mêmes payés à leur résidence. Ces pièces sont accompagnées d'un bordereau détaillé; elles doivent être frappées du timbre de la recette particulière. (*Inst. des Fin., Circ. n°* 117; *Circ. Compt. gén.* 25 *mai* 1836, *n°* 94.)

1238. Les receveurs généraux ne pouvant verser des acquits au Payeur le *dernier jour* du mois, ni l'*avant-dernier* si le dernier est un jour férié, chaque receveur particulier doit faire en sorte que les pièces formant son envoi, parviennent toujours au chef-lieu du département, l'*avant-dernier jour* du mois (où le jour précédent, en cas de jour férié) au matin, afin que le receveur général en puisse effectuer à temps le versement au Payeur. (*Inst. gén. des Fin., Circ. n°* 117.)

1239. Les receveurs particuliers des finances forment deux bordereaux pour les pièces de dépenses, dont ils font, chaque dizaine, l'envoi au receveur général, l'un pour les lettres d'avis d'ordonnances, les mandats, les quittances de pensions, etc., qu'ils ont acquittés; l'autre pour les quittances de rentes (Voir n° 1240). Il leur est recommandé de s'assurer de la parfaite exactitude de ces bordereaux, avant de les transmettre. (*Inst. gén. des Fin., Circ. n°* 117, *et Circ.* 20 *février* 1850, *n°* 177.)

1240. Le bordereau des payements effectués pour les rentes, est établi par nature de rente et par échéance [1]; il en est fourni un séparé pour les payements sur exercices clos, et un autre pour les payements sur exercices périmés. Les quittances y sont inscrites par ordre de séries, et classées, dans chaque série, suivant l'ordre numérique des inscriptions. Lorsque les quittances, étant collectives, comprennent plusieurs séries, elles prennent rang dans la série à laquelle appartient la première inscription de rente qui y a été portée à son ordre. (*Circ.* 20 *février* 1850, *n°* 177.)

[1] Modèle n° 1er; Circ. n° 177.

CHAPITRE XII.

Procurations et Substitutions.

SECTION Ire. — RÈGLES GÉNÉRALES.

1241. Il est permis à la partie prenante désignée sur un mandat, ou ordonnance de payement, et qui n'en peut, elle-même, toucher le montant, de donner pouvoir de recevoir en son nom, les sommes que l'Etat a à lui payer. (*Code civil, art.* 1984.)

L'acceptation du mandat peut n'être que tacite, et résulter seulement de l'exécution qui lui a été donnée par le mandataire. (*Code civil, art.* 1985.)

1242. La procuration ne peut être donnée que par la personne ayant le droit de recevoir les fonds, et que l'ordonnance ou le mandat désigne (le créancier réel), et non par une autre personne. (*Inst. du* 1er *janvier* 1810, *art.* 23.)

1243. Le pouvoir doit être *spécial* pour toucher la somme à payer, ou au moins général pour le recouvrement de toutes les sommes qui pourront être dues au mandant. Un mandat conçu en termes généraux, n'embrasse que les actes d'administration. Il est insuffisant pour recevoir des fonds à une caisse du Trésor. (*Code civil, art.* 1988; *Inst.* 1er *janv.* 1810, *art.* 23.)

1244. La procuration donnée à une personne pour *suivre* la liquidation et le recouvrement d'une créance sur le Trésor, est insuffisante, si elle ne donne, en même temps, l'autorisation de *recevoir* ce qui peut être dû par l'Etat; le Payeur ne peut l'admettre qu'autant qu'elle contient cette autorisation expresse. (*Déc. min*[lle]. 5 *juin* 1821.)

1245. La procuration en vertu de laquelle un individu se présente à la caisse du Payeur, pour y toucher des fonds, doit être produite et déposée, indépendamment des autres pièces qui établissent et justifient la créance, soit que le mandat ait été expédié au nom du créancier, soit qu'il l'ait été au nom du procureur fondé. (*Inst. du* 1er *janvier* 1810, *art.* 28.)

1246. S'il est question d'aliéner ou d'hypothéquer des biens immeubles, ou de faire un acte quelconque de propriété, le pouvoir qui est donné, doit être exprès pour ces objets. (*Code civil, art.* 1988.)

1247. Un mineur et un interdit, n'étant pas parties capables pour la gestion de leurs biens aux yeux de la loi, ils ne peuvent donner une procuration pour toucher des sommes que le Trésor a à leur payer. Leur tuteur ou curateur, seul, a qualité pour agir en leur nom et faire toucher ce qui leur revient. (*Inst.* 1er *janv.* 1810, *art.* 26.)

1248. Lorsqu'un tuteur donne procuration pour un mineur (ou un curateur pour un interdit), le Payeur doit exiger que ce tuteur, ou ce curateur, rapporte l'acte de sa nomination. (*Inst. min*lles.)

1249. Un mineur émancipé peut donner, seul, une procuration, pour toucher, chez un Payeur, des sommes *mobilières*. Ne sont pas considérées comme telles, celles qui sont le prix de concession ou vente d'immeubles. Dans ce cas le mineur ne peut donner le mandat, qu'assisté de son curateur autorisé spécialement par jugement. (*Inst.* 1er *janvier* 1810, *art.* 27.)

1250. Une femme en puissance de mari, ne peut donner une procuration pour toucher en son nom des créances que l'Etat pourrait lui devoir, à moins qu'elle ne justifie de l'autorisation de son mari, ou qu'elle ne prouve qu'elle est séparée de biens, soit par son contrat de mariage, soit depuis le régime de la communauté qui existait entre eux. (*Inst.* 1er *janvier* 1810, *art.* 24.)

1251. S'il s'agit d'une femme abandonnée de son mari, il faut, pour qu'elle puisse donner une procuration, qu'elle ait été judiciairement autorisée à administrer ses biens. Elle est tenue, dans ce cas, d'en justifier au Payeur. (*Inst. du* 1er *janvier* 1810, *art.* 25.)

1252. La procuration produite pour toucher ce qui revient à un créancier de l'Etat, se joint au mandat de premier à-compte, ou de payement. Le Payeur en donne un extrait qui lui est représenté lors des payements subséquents. Elle sert à tous les payements à faire au commettant, pourvu qu'elle les ait prévus, soit spécialement, soit généralement. Le Payeur indique, sur chacun des mandats suivants, l'ordonnance, ou le mandat, auquel il a joint cette procuration. (*Inst.* 1er *janvier* 1810, *art.* 29.)

1253. Un mandataire a la faculté de se substituer quelqu'un ; il est responsable des actes de ce dernier, mais seulement dans les conditions établies par la loi. (*Code civil, art.* 1994.)

SECTION II. — FORME DES PROCURATIONS.

1254. La procuration peut être donnée, ou par acte public, ou par acte sous seing privé, ou même par lettre. Celles notariées sont faites, au choix de la partie, en brevet ou en minute. Elle peut aussi être verbale, si la preuve testimoniale est reçue conformément à la loi. (*Code civil, art.* 1985 ; *Loi du* 25 *ventose an* XI.)

1255. Quand une procuration est sous seing privé, la signature du mandant doit être légalisée par le maire de la commune qu'il habite (la signature du maire est légalisée par le sous-préfet), être faite sur timbre, et être enregistrée. (*Loi du* 25 *ventose an* XI ; *Circ.* 17 *déc.* 1834 *en note.*)

1256. La procuration notariée, est signée d'un notaire, et de deux témoins, ou de deux notaires. Le sceau du notaire doit y être apposé [1]. Elle est soumise à l'enregistrement. La légalisation de la signature du notaire est nécessaire, si cet officier ministériel habite hors du département où il est fait usage de la pièce. (*Loi du* 25 *ventose an* XI ; *Circ.* 17 *déc.* 1834 *en note ; Circ.* 13 *oct.* 1846, *n°* 159.)

1257. Les pouvoirs donnés par les conseils d'administration à un capitaine trésorier pour recevoir la solde, peuvent être faits sur papier libre. Ils ne sont pas soumis à l'enregistrement, mais seulement au visa de l'intendant ou du sous-intendant. Celui-ci y appose son cachet. Le même mode est suivi, s'il s'agit de pouvoirs donnés par des militaires isolés. (*Inst. min*lle.)

1258. Les procurations données à l'étranger, sont soumises au visa de l'agent français qui y réside. Elles doivent ensuite être légalisées au ministère des affaires étrangères, timbrées et enregistrées.

[1] Le sceau doit être apposé sur tous les actes en brevet.

Si elles sont en langues étrangères, la traduction en est faite par un traducteur juré dont la signature est légalisée par le président du tribunal civil de l'arrondissement. (*Inst.* 1er *janvier* 1810.)

1259. Une personne appartenant à une compagnie, ou raison sociale, n'a pas qualité suffisante pour donner quittance sur une lettre d'avis ou sur un mandat. Elle doit produire un acte de notoriété faisant connaître les noms et prénoms des personnes composant la compagnie, et désignant celle d'entre elles qui a la signature. Si une circulaire est remise pour donner ces indications, les signatures y apposées doivent être légalisées [1]. (*Note du 7 février* 1838.)

1260. Les pouvoirs donnés par les pensionnaires de l'ancienne liste civile, soit en France, soit à l'étranger, pour recevoir les secours que la loi leur accorde, sont exempts de timbre et d'enregistrement. (*Décis. minlle*. 15 *avril* 1846 ; *Circ.* 30 *mai suivant*, *no* 158.)

SECTION III. RÉVOCATION ET CESSATION D'UNE PROCURATION.

1261. L'effet d'une procuration cesse naturellement :

1° Par la mort du commettant ; 2° par celle du procureur fondé (naturelle ou civile) ; 3° par l'interdiction ou la déconfiture, soit du mandant, soit du mandataire ; 4° par la cessation de la cause même, si elle a été donnée pour un objet spécial. (*Code civil, art.* 2003.)

1262. La procuration finit aussi par la révocation du mandataire, et par la renonciation de celui-ci au mandat. La révocation doit être notifiée aux tiers, pour qu'ils puissent y avoir égard. (*Code civil, art.* 2005.)

1263. La révocation d'un pouvoir notifiée au seul mandataire, ne peut être opposée à un comptable qui a payé dans l'ignorance de cette révocation. C'est au mandant, dans ce cas, à exercer son recours contre le mandataire. (*Code civil, même art.*)

[1] On doit justifier, en outre, de la durée de la société.

1264. Une procuration est révoquée par un pouvoir donné postérieurement à un autre individu pour la même affaire, à compter du jour où ce pouvoir a été notifié au premier mandataire. Le Payeur ne peut cesser de faire des payements sur la procuration révoquée, qu'autant qu'il lui est justifié de la notification du nouveau pouvoir. (*Code civil, art.* 2005 *et* 2006; *Inst. de* 1810, *art.* 30.)

1265. Les procurations cessent d'être valables quand elles ont dix années. Le Payeur, dans ce cas, doit en réclamer de nouvelles des mandataires qui ont des fonds à toucher à sa caisse [1]. (*Ord. des* 1er *mai* 1816 *et* 9 *janvier* 1818.)

1266. Si un mandataire ignore la mort de son mandant, ou l'une des causes qui font cesser le mandat, ce qu'il a fait vis-à-vis d'un Payeur, dans cette ignorance, est valide. L'engagement du mandataire est exécuté à l'égard des tiers qui sont de bonne foi. (*Code civil, art.* 2009.)

CHAPITRE XV.

Retenues diverses sur traitements et pensions.

1267. Les retenues que les Payeurs sont appelés à exercer sur les traitements et pensions, et dont ils ont à compter, en fin de mois, sont : 1° Les retenues de 2 p. 0/0 au profit du Trésor, substitué aux droits de l'ancienne dotation des invalides de la guerre ; 2° les retenues progressives au profit du Trésor en vertu du décret du 12 août 1848 ; 3° les retenues au profit du Trésor, pour offres faites

[1] Les ordonnances qui ne donnent aux procurations qu'une durée de dix ans, concernent, il est vrai, les *rentes* et les *pensions*; mais de même qu'on en agit à l'égard de la loi du 28 floréal an VII pour les actes d'hérédité, en appliquant les dispositions de cette loi d'une manière générale, de même aussi il semble permis de généraliser la mesure pour les procurations, d'autant que la Cour des Comptes ayant le droit, dix ans après les comptes rendus, de détruire les pièces, il pourrait arriver que des procurations annexées à ces pièces fussent détruites. (*Notes du Ministère des Finances.*)

à l'Etat; 4° Les retenues à divers titres (contributions, journées d'hôpitaux, amendes, etc.); 5° Les retenues pour causes d'amendes ou de débets; 6° les retenues en vertu d'opposition juridique sur les traitements civils et militaires; 7° les retenues au profit de la Caisse des invalides de la marine; 8° les retenues au profit de la Caisse des dépôts et consignations (service des pensions de retraite des agents de l'administration des Finances); 9° les retenues au profit de la même Caisse (pensions de retraite du Ministère de la Justice); 10° les retenues pour secours alimentaires. (*Inst. Gén. des Fin; Circ. n° 117.*)

SECTION Ire. — RETENUE DE 2 0/0 AU PROFIT DU TRÉSOR SUR TRAITEMENTS DES OFFICIERS ET AGENTS DU MINISTÈRE DE LA GUERRE.

1267 *bis*. La retenue de 2 p. 0/0 exercée au profit du Trésor sur les traitements des officiers et agents du Ministère de la Guerre, dont les Payeurs ont à se charger en recette, se compose comme il suit :

2 p. 0/0 sur la solde, supplément de solde et indemnité de représentation, des officiers sans troupe, des officiers des corps de troupe, des officiers en non activité et en congé illimité, des employés militaires, dont les émoluments ne sont pas passibles de retenues particulières, et des vétérinaires. (Voir, pour les exemptions de retenues, l'art. 133 du Règl. de la Guerre.)

2 p. 0/0 sur les traitements de réforme, et sur l'ancienne solde de non activité, lorsque leur quotité annuelle dépasse 500 francs. (*Décret* 25 *mars* 1811; *Ordon.* 25 *décemb.* 1837; *Réglem. Guerre, art.* 133.)

NOTA. La réduction à subir par les militaires en congé, est fixée par le Ministre de la Guerre. (*Règl.*, page 142.)

Versement des retenues exercées.

1268. Les retenues indiquées à l'article qui précède, sont versées à l'expiration de chaque mois par le Payeur à lui-même, par le transport des sommes retenues au crédit du Trésor *S/C de fonds*. Le comptable s'en délivre récépissé à talon, pour constater le transport audit compte. (*Circ.* 20 *Déc.* 1837, *n*o 105; 26 *Déc.* 1838, *n*o 111; 24 *janv.* 1839, *n*o 112 *et n*o 117.)

SECTION II. — RETENUE PROGRESSIVE SUR TRAITEMENTS ET PENSIONS.

1269. Les anciens militaires, anciens marins, ouvriers des ports, et employés du service actif des douanes, jouissant à la fois d'un traitement civil sur les fonds de l'Etat, des départements ou des communes, et d'une pension de retraite ou demi-solde sur les fonds du Trésor public, ou sur la Caisse des invalides de la marine, subissent, sur le traitement civil, des retenues calculées comme il suit :

Pensions de retraite.		Retenues sur les traitements civils.	
250 fr. et au-dessus....		cinq pour cent du traitement civil.	
300	*Id*.........	six pour cent.	—
350	*Id*.........	sept pour cent.	—
400	*Id*.........	huit pour cent.	—
450	*Id*.........	neuf pour cent.	—
500	*Id*.........	dix pour cent.	—

et ainsi de suite en augmentant de 1 fr. le taux de la retenue par chaque accroissement de 50 fr. dans la pension de retraite [1]. (*Décret du* 12 *août* 1848, *article* 1er; *Circ.* 18 *octobre* 1848, *n*o 167.)

1270. La retenue indiquée à l'article précédent, ne peut jamais excéder la moitié du chiffre le plus faible de la pension de retraite ou du traitement civil. (*Même décret, art.* 2, *et même Circ.*)

1270 *bis.* Elle n'est pas exercée si la pension et le traitement ne s'élèvent pas à plus de 700 francs, ou si la quotité de la pension n'atteint pas à 250 francs. (*Circ. du* 26 *janvier* 1849, *n*o 170.)

1271. Les dispositions qui précèdent sont applicables aux veuves

[1] Ce décret ne déroge pas à celui du 19 juin précédent, concernant les majors, adjudants-majors, adjudants et tambours de la garde nationale. (Voir le Titre X, *Pensions*.)

des personnes désignées dans l'article 1er du décret du 12 août. Elles le sont également aux emplois dont les titulaires sont rémunérés à l'aide de remises ou de taxations. (*Décret du 12 août 1848, art. 3 et 4, et Circ. du 18 octobre 1848, nº 167.*)

1272. Tout fonctionnaire de l'Etat, des départements ou des communes, est tenu de déclarer s'il réunit, ou s'il ne réunit pas à son traitement, une pension militaire ou une demi-solde payée, soit sur les fonds du Trésor public, soit sur la Caisse des invalides de la marine. (*Arrêté du Chef du Pouvoir exécutif 14 octobre 1848, art 1er; Circ. 18 octobre 1848, nº 167.*)

1273. La déclaration ci-dessus est reçue par l'autorité chargée de liquider et d'ordonnancer les traitements; il en est fait mention sur l'état de liquidation et sur l'ordonnance ou mandat de payement. (*Même Arrêté, art. 2.*)

1274. Lorsqu'il résulte de la déclaration mentionnée au certificat de vie d'un pensionnaire, que la pension est cumulée avec un traitement communal, le Payeur doit en donner immédiatement avis à l'autorité municipale, afin que ce traitement soit soumis à la retenue, conformément à la loi. (*Circ. du 26 janv. 1849, nº 170.*)

1275. La retenue progressive est exercée par précompte sur le traitement brut. Les ordonnances et mandats de payement, présentent le décompte des retenues à opérer, et du *net à payer* aux parties prenantes; il est fait dépense du montant *brut* des ordonnances, et recette du montant des retenues exercées. (*Même arrêté, art. 3 et 4.*)

1276. Lorsque les traitements cumulés avec une pension militaire sont payés sur les fonds des départements ou des communes, le produit des retenues ne profite pas au budget départemental ou communal; la recette de ce produit est portée au compte de l'Etat. (*Circ. 5 mai 1849, nº 173.*)

1277. L'institution de la Légion d'Honneur, ayant son budget indépendant de celui de l'Etat, le traitement des légionnaires n'est pas soumis à la retenue progressive imposée par le décret du 12 août 1848. (*Circ. 5 février 1849, nº 171.*)

1278. Ne sont pas non plus soumis à ladite retenue, les secours accordés aux anciens chevaliers de Saint-Louis, et les dotations sur le canal du midi. (*Même Circ.*)

Versement des retenues exercées.

1279. Le produit des retenues progressives est versé à l'expiration de chaque mois, par le Payeur à lui-même, par le transport des sommes retenues, au crédit du Trésor S/C de fonds, comme pour la retenue exercée sur les traitements des agents de la guerre. (Voir n° 1268.)

SECTION III. — RETENUES POUR OFFRES A L'ETAT.

1280. Les retenues pour offres à l'Etat, sont faites lorsque les ordonnateurs indiquent sur les ordonnances, ou mandats, les sommes dont les fonctionnaires, pensionnaires ou autres créanciers font l'abandon à l'Etat. Elles ont lieu par précompte. Il en est compté comme des autres retenues exercées au profit du Trésor. (Voir n° 1268.) *Circ.* 26 *avril* 1848, *n°* 165.)

SECTION IV. — RETENUES A DIVERS TITRES.

1281. Les retenues à divers titres, comprennent particulièrement celles qui ont lieu pour payement des *contributions publiques*; celles destinées à acquitter des *journées militaires dues à des hôpitaux*; celles pour payement d'*amendes, frais de justice*, etc. (*Circ.* 20 *décembre* 1807, *n°* 21; 30 *septembre* 1829, *n°* 60; 25 *septembre* 1824, *n°* 38; 28 *avril* 1818, *n°* 14, *et* 12 *décembre* 1826, *n°* 51.)

Art. 1er. — *Retenues pour contributions.*

1282. Les retenues pour contributions ont lieu au moyen d'états particuliers que les directeurs des contributions dressent, et où ils présentent le montant des cotes des employés de la guerre et de la marine; elles sont exercées par 12e, chaque mois dans la proportion des payements effectués. (*Décret* 12 *juillet* 1807; *Circ.* 20 *déc. suivant, n°* 21.)

1283. Lorsque les officiers, employés ou marins, sur lesquels des retenues doivent être exercées, changent de résidence, le Payeur du département où ils étaient imposés, en informe son collègue du département dans lequel ces individus vont résider, afin que les prélèvements soient exercés jusqu'à l'entier acquittement de la somme due au percepteur. Les mêmes dispositions ont lieu, si un percepteur réclame, auprès d'un Payeur, le payement, par privilége, des contributions arriérées dues par un officier ou employé militaire, soit que le redevable ait quitté le département, soit qu'il y habite encore. (*Mêmes Décret et Circ.; Inst. sur le Contentieux* 1845, *art.* 29.)

1284. Si des officiers, employés militaires, marins et autres, viennent à décéder avant l'acquittement complet de leurs contributions, sans qu'il reste dû, sur les appointements à solder, une somme suffisante pour compléter le payement de leur cote, le Payeur en donne avis au receveur général de sa résidence. (*Inst. gén. des Fin., Circ. n°* 117.)

Art. 2. *Retenues pour journées d'hôpitaux.*

1285. Les frais de journées dues par des militaires retraités, pour traitements dans les hôpitaux, sont retenus par précompte sur le montant des pensions de ces militaires, au moyen de feuilles dressées par les sous-intendants militaires et remises aux Payeurs. (*Circ.* 25 *septembre* 1824, 30 *sept.* 1829, *n°* 60, *et* 18 *déc.* 1839, *Dette inscrite, n°* 2.)

1286. Les feuilles de décompte dressées par les sous-intendants militaires, pour frais de journées mis à la charge de militaires pensionnés, sont adressées, par les Payeurs, à la direction de la Dette inscrite (Ministère des Finances). Le prélèvement est opéré d'après le certificat délivré par cette direction. La retenue que supporte le pensionnaire, est du cinquième de sa pension. (*Mêmes Circ. et Loi du* 11 *avril* 1831, *art.* 28.)

Art. 3. — *Versement des retenues exercées.*

1287. Les retenues exercées sur traitements et pensions, pour l'acquittement de contributions directes, de journées d'hôpitaux, etc., sont versées au receveur général du département, qui en délivre récépissé. Le Payeur ne fait pas ce versement en numéraire; il remet au receveur général un récépissé constatant qu'il a gardé les fonds à valoir sur les versements qui doivent lui être faits pour son service. (*Inst. gén. des Fin., Circ.* 25 *sept.* 1840, *n*° 117, *et* 20 *déc.* 1837, *n*° 105.)

1288. En effectuant ce versement, le Payeur remet au receveur général un bordereau détaillé des retenues faites, indiquant le nom et la qualité des individus sur lesquels le prélèvement a eu lieu, ainsi que les motifs et la destination des sommes arrêtées. (*Mêmes Inst. et Circ.*)

1289. S'il s'agit de retenues pour payement de contributions, il est formé deux bordereaux, l'un pour les contribuables du département, l'autre pour les contribuables imposés dans d'autres départements. Ces bordereaux indiquent le montant de la cote, les communes où l'imposition a été mise, la date et le montant des retenues exercées. (*Idem.*)

Art. 4. — *Retenues pour amendes et frais de justice.*

1290. Lorsque la direction de la Dette inscrite a été informée, par les Payeurs du Trésor, ou par des autorités judiciaires ou administratives, qu'il a été prononcé des condamnations contre des individus auxquels des pensions sont accordées par l'Etat, le ministre des Finances fait donner avis aux comptables, des sommes qu'ils doivent retenir lors du payement des pensions, pour acquitter les amendes et les frais résultant de ces condamnations. (*Loi du* 11 *avril* 1831, *art.* 26 *et* 28; *Circ.* 28 *avril* 1818, *n*° 14; 25 *sept.* 1824, *n*° 38, *et* 12 *déc.* 1826, *n*° 51.)

Versement des retenues exercées.

1291. Le montant des retenues faites conformément à l'article précédent, sur les arrérages de pensions, ou sur des traitements, est compté aux agents de l'administration de l'enregistrement, qui en donnent récépissé, lequel est rapporté par le comptable à l'appui du payement, après que la retenue a été mentionnée sur les quittances et sur les registres permanents. (*Circ.* 28 *avril* 1818, *n°* 14.)

SECTION V. — RETENUES POUR CAUSE D'AMENDES OU DE DÉBETS.

1292. Il peut être fait des retenues sur les traitements et pensions, pour couvrir des débets constatés envers l'Etat ou envers des corps de troupe. Elles s'exercent en observant les dispositions rappelées ci-après.

Art. 1er. — *Débets envers l'État ou envers les corps de troupe.*

1293. Les retenues sur traitements et pensions, pour débets envers l'Etat, ou envers les corps, ont lieu en vertu d'ordres du Ministère des Finances transmis par la division du *Contentieux.* Elles ne peuvent excéder le cinquième du montant desdits traitements et pensions, à moins que le ministre ne modifie, par une disposition spéciale, le taux du prélèvement à exercer. (*Loi du* 11 *avril* 1831 ; *Décis. minlle.* 8 *sept.* 1829 ; *Circ.* 28 *avril* 1818, *n°* 14, *et* 28 *août* 1844, *Dette inscrite, n°* 15.)

1294. Si un pensionnaire contre lequel une retenue a été ordonnée par le ministère vient à changer de résidence, le Payeur du département qu'il cesse d'habiter, en informe le ministère (division du *Contentieux*), afin que les prélèvements puissent se continuer par le Payeur du nouveau département. La direction de la Dette inscrite, préalablement avertie, donne, de son côté, les ordres nécessaires pour les exercer. (*Circ.* 28 *août* 1844, *Dette insc., n°* 15.)

1295. Il est recommandé aux Payeurs, aussitôt que le directeur du Contentieux leur a donné l'ordre d'opérer des retenues sur des pensionnaires, pour débets envers l'Etat, ou les corps, d'en avertir le directeur de la *Dette inscrite*, en lui remettant un état mensuel dans la forme déterminée pour cet objet (modèle n° 1). Il lui est donné connaissance aussi, des communications modifiant la quotité des débets et la proportion des prélèvements. (*Circ.* 28 *août* 1844, *Dette insc., n°* 15; *Lettre du Direct. de la Dette insc.* 12 *fév.* 1848.)

1296. L'état indiqué à l'article qui précède, ne dispense pas le Payeur de comprendre les débets qui y sont relatés, dans l'état de situation à remettre tous les trois mois. (*Même Circ.*)

Art. 2. — *Versement des retenues exercées.*

1297. Les retenues exercées sur traitements et pensions, pour cause d'amendes et débets constatés envers l'Etat, ou envers des corps de troupe, sont versées comme celles faites à divers titres dont il est question aux articles qui précèdent; un bordereau indique la destination de la retenue; le récépissé du receveur général est remis au Payeur, en échange du récépissé de ce dernier comptable, constatant qu'il a conservé les fonds pour son service. (*Inst. gén. des Fin., Circ. n°* 117.)

SECTION VI. — RETENUES SUR TRAITEMENTS PAR SUITE D'OPPOSITIONS JURIDIQUES.

Art. 1er. — *Retenues sur traitements civils.*

1298. Les traitements bruts des fonctionnaires publics et employés civils [1], peuvent, par suite d'oppositions juridiques (Voir le Titre XI), être frappés d'une retenue. Cette retenue est d'un cinquième sur les premiers mille francs et de toutes sommes au-dessous; du quart sur les cinq mille francs suivants, et du tiers sur la portion excédant six mille francs, à quelque somme qu'elle

[1] Il résulte de ces dispositions, comme aussi de diverses explications données par des chefs de service, que la retenue ne s'exerce pas sur un salaire payé *à la journée.*

s'élève, et jusqu'à l'entier acquittement des créances. (*Loi du* 21 *ventose an* IX; *Inst. gén. sur les Oppos.*, 1845, *art.* 109.)

1299. Les indemnités, gratifications, et autres allocations accordées par l'Etat, étant considérées comme accessoires des appointements fixes accordés aux employés civils, elles sont susceptibles de la retenue indiquée à l'article précédent. (*Inst. gén. de* 1845, *art.* 111; *Règl. du Min. de l'Int.*, *art.* 131.)

1300. La portion restée libre après la retenue faite en exécution de la loi du 21 ventose an IX, peut être frappée d'un prélèvement nouveau, pour pension alimentaire des femmes et des enfants, lorsqu'un jugement a autorisé cette retenue et en a fixé la quotité (Voir n° 1320). (*Code de procédure civile*, *art.* 552.)

1301. La retenue mentionnée à l'article 1298 ci-dessus, s'exerçant sur tous agents civils recevant un salaire mensuel, le salaire des cantonniers employés sur les routes nationales et départementales, que l'on paye tous les mois, est passible de cette retenue[1]. (*Inst. sur les Oppositions, art.* 109; *Lettre de la Compt. gén.* 21 *juin* 1849.)

NOTA. Pour les traitements non susceptibles de retenues, et pour les prélèvements exercés envers les autres créanciers de l'Etat, voir le Titre XI, Chapitre II, Section V.

Art. 2. — *Retenues sur traitements militaires.*

1302. Une retenue d'un cinquième est, s'il y a lieu, exercée sur la solde d'activité arriérée, ou courante, des officiers ou employés militaires aux armées, pour le payement de leurs dettes envers l'Etat, ou envers des tiers. (*Loi* 19 *pluviose an* III; *Ord.* 25 *déc.* 1837, *art.* 451.)

1303. Le ministre de la Guerre peut, néanmoins, lorsqu'il le juge convenable, ordonner d'office des retenues en sus du cinquième saisissable. (*Même Ord.*, *art.* 446.)

[1] D'après ces dispositions, la retenue du cinquième ne s'exerce pas sur un salaire payé *à la journée*.

1304. Dans les corps de troupe, une retenue peut être ordonnée par le chef du corps, pour le payement des dettes des officiers, particulièrement de celles ayant pour objet leur subsistance, leur logement, leur habillement, ou d'autres fournitures relatives à leur état. (*Même Ord., art.* 447.)

1305. Les dispositions des articles qui précèdent sont applicables aux soldes d'activité, de disponibilité et de non activité (Voir le Titre XI). (*Ord.* 16 *sept.* 1834.)

1306. La solde de réforme de la guerre; la solde de la marine et parts de prises; la solde de réforme de la marine, et la solde de la gendarmerie, sont soumises aux mêmes retenues (Voir Titre XI.) (*Loi* 19 *pluviose an* III, *et Ordon.* 25 *déc.* 1837.)

1307. Le ministre de la Marine peut prendre des décisions pour augmenter la quotité de la retenue, quand il s'agit de sommes à recouvrer au profit de l'Etat. (*Règl. Marine* 31 *oct.* 1840, *art.* 3.)

Art. 3. — *Versement des retenues exercées.*

1308. A la fin de chaque mois, le Payeur fait le versement au receveur général, en sa qualité de préposé de le Caisse des consignations, de la partie saisissable des appointements ou traitements civils et militaires, ou sommes qui en tiennent lieu, arrêtée entre ses mains, et dont il a fait la retenue. Il lui est délivré, pour ces retenues, un récépissé à titre de versement de fonds pour son service. (*Inst. gén., Circ. n°* 117.)

1309. Les retenues dont le versement est ainsi effectué, sont indiquées dans un bordereau détaillé (modèle n° 77), remis, chaque mois, par le Payeur, au receveur général. (*Arrêté min*[el]. 24 *oct.* 1837, *n°* 2; *Circ. n°* 117.)

1310. Le Payeur se concerte avec le receveur général de son département, afin que l'article que ce dernier doit faire établir à son livre-journal, au sujet des retenues à lui versées dans les différents cas expliqués aux articles qui précèdent, puisse toujours être passé dans les écritures du mois pendant lequel le versement a eu lieu. (*Même Inst.*)

SECTION VII. — RETENUES AU PROFIT DE LA CAISSE DES INVALIDES DE LA MARINE.

1311. Les officiers militaires et civils, et tous autres agents du service général de la marine et des colonies, supportent, au profit de la Caisse des invalides de la marine, chargée d'acquitter leurs pensions et celles de leurs veuves et orphelins, une retenue de trois pour cent sur tous les payements qui leur sont faits. Cette retenue est élevée à cinq pour cent à l'égard des chefs et commis de l'administration centrale; ils versent, en outre, à ladite caisse : 1° le montant intégral du premier mois d'appointements; 2° le premier mois de la portion de traitement accordée à titre d'augmentation; 3° le produit de la retenue opérée en cas de congé. (*Règl. Marine, art.* 107.)

Versement des retenues.

1312. Le produit des retenues opérées par le Payeur, au profit de la Caisse des invalides de la marine, sur les payements qu'il a effectués en vertu des ordonnances de la marine, est versé, à la fin de chaque mois, entre les mains du trésorier général des invalides de la marine, ou de son préposé, qui lui en délivre récépissé. (*Inst. gén. des Fin., Circ. n°* 117.)

1313. Lorsqu'il n'existe pas, dans le lieu de la résidence du receveur général, un préposé du trésorier général des invalides de la marine, le Payeur verse directement le montant des retenues au receveur général des finances. (*Idem.*)

1314. Le Payeur distingue dans des bordereaux qu'il forme mensuellement, les retenues faites à des taux différents, et il y indique le chiffre des payements non passibles de retenues. (*Inst. gén., Circ. n°* 117 ; *Lettre min^lle^.* 23 *juillet* 1830.)

1315. Les versements faits au receveur général des finances, sont reçus pour le compte du trésorier général des invalides de la marine. Les récépissés à talon que ce receveur délivre, formés par exercice, constatent, comme pour les autres retenues, que le Payeur a gardé les fonds pour les appliquer à son service. (*Inst. gén., Circ. n° 117; Lettre min*[lle]. 23 *juillet* 1830.)

SECTION VIII. — RETENUES AU PROFIT DE LA CAISSE DES DÉPÔTS ET CONSIGNATIONS, POUR LE SERVICE DES AGENTS DE L'ADMINISTRATION DES FINANCES.

1316. Les retenues que subissent les fonctionnaires et employés de l'administration des Finances, et dont les Payeurs font recette au profit de la Caisse des retraites, et le versement à la Caisse des dépôts et consignations, se composent : de cinq pour cent du traitement brut affecté à chaque emploi, et des autres prélèvements prescrits par l'ordonnance du 12 janvier 1825, et par les arrêtés des 10 avril 1829 et 26 novembre 1845 (Voir n° 397). (*Circ.* 20 *décembre* 1837, *n°* 105.)

1317. Les retenues mentionnées en l'article précédent, s'exercent sur les traitements, suppléments de traitement, remises ou taxations proportionnelles, et généralement sur toutes sommes payées aux fonctionnaires ou employés en titre du Ministère des Finances, autres que gratifications éventuelles; secours; salaires de travail extraordinaire; indemnité de pertes; frais de voyages et de tournées; abonnements pour frais de bureau et de loyer, pour cherté de résidence, et pour remboursement de dépenses. (*Règl. Fin., art.* 49; *Ordon.* 12 *janvier* 1825.)

1318. En cas de suspension de traitement, par mesure disciplinaire, la retenue de cinq pour cent sur le traitement brut n'en continue pas moins d'être dévolue à la Caisse des retraites, pendant tout le temps de la suspension. En cas de réduction de traitement, la retenue ne s'exerce que sur le traitement réduit. (*Règl. Fin., art.* 51.)

Versement des retenues exercées.

1319. Le versement du produit des retenues exercées sur traitements pour pensions de retraite des agents de l'administration des

Finances, a lieu chaque mois. Il est effectué pour le compte de la Caisse des dépôts et consignations, au moyen d'un récépissé que le Payeur se délivre à lui-même, par transport, au crédit du compte *Trésor S/C de fonds.* (*Circ.* 20 *déc.* 1837, *n°* 105.)

SECTION IX. — RETENUES POUR PENSIONS DE RETRAITE DES MEMBRES DE L'ORDRE JUDICIAIRE.

1320. Les retenues à exercer sur les traitements des magistrats au profit de la Caisse des retraites du ministre de la Justice, sont celles établies par l'arrêté du ministre des Finances du 28 octobre 1837, et applicables aux pensions de retraite des agents de l'administration des Finances. (*Circ.* 24 *janv.* 1839, *n°* 112.)

1320 *bis.* Les Payeurs se chargent en recette desdites retenues dans leurs écritures, et ils en tiennent compte au Trésor, pour que le versement en soit fait, ensuite, à la Caisse des dépôts et consignations. (*Même Circ.*)

Versement des retenues exercées.

1321. Le montant des retenues exercées pour le service des pensions de retraite du Ministère de la Justice, est versé chaque mois, pour le compte de la Caisse des dépôts et consignations, en suivant ce qui est prescrit ci-dessus pour les traitements des agents de l'administration des Finances. Le Payeur se délivre à lui-même, un récépissé à talon pour constater le transport au crédit du compte : *Trésor S/C de fonds.* (*Circ.* 24 *janvier* 1839, *n°* 112.)

SECTION X. — RETENUES POUR SECOURS ALIMENTAIRES.

1322. Indépendamment de la retenue du cinquième exercée sur les traitements, et, dans certains cas, sur les pensions, il peut être fait une seconde retenue dans les circonstances prévues par les articles 203 et 205 du Code civil, pour fournitures d'aliments à des femmes et des enfants, conformément à l'article 582 du Code de procédure civile. (*Loi du* 11 *avril* 1831, *art.* 28; *Règl. sur les Oppos., art.* 110, 117, 122, 147, 148 *et* 149.)

1323. La retenue à opérer pour pensions alimentaires, en vertu des articles précités du Code civil, n'a lieu qu'autant qu'un jugement, ou une permission du juge, l'autorise (Voir le Titre XI). Elle est, pour les traitements civils et militaires et pour les pensions civiles et ecclésiastiques, de la portion fixée par ces jugements. Pour les pensions militaires et de réforme, elle est du tiers du montant de la pension. (*Idem.*)

1324. Les Payeurs, sans avoir besoin d'un certificat de la dette inscrite, défèrent aux oppositions qui leur sont signifiées pour l'exécution, soit d'arrêts des tribunaux attribuant des provisions alimentaires, soit d'actes en forme par lesquels les pensionnaires déclarent déléguer une portion de leurs arrérages. (*Circ.* 28 *août* 1844; *Dette insc., n°* 15.)

1325. Ils ont, toutefois, dès qu'ils ont reçu des oppositions basées sur des actes de délégation ou sur des jugements, à en informer la direction de la Dette inscrite et à lui remettre, dans ce but, l'état (modèle n° 2) indiquant les significations faites. (*Idem.*)

1326. Le ministre de la Guerre a le droit de prescrire sur la solde des officiers ou employés militaires, une retenue pour aliments dus par eux à leurs femmes, à leurs enfants ou ascendants. Elle ne peut être que du tiers, au plus, sur la pension d'un militaire qui ne remplirait pas envers sa femme les obligations que le Code civil lui impose pour sa nourriture et son entretien. (*Avis du Conseil d'Etat du* 11 *janvier* 1808.)

NOTA. Cette retenue s'opère par *déduction;* elle est effectuée par l'intendant militaire. (*Règl. sur les Oppos., art.* 117.)

1327. Lorsque le ministre l'autorise, il peut être fait des retenues pour secours alimentaires en faveur des femmes et des enfants abandonnés. Ces retenues ont lieu également par *déduction de dépense,* dans la limite établie à l'article qui précède. (*Circ.* 30 *mars* 1834, *n°* 35; 30 *nov.* 1833, *et* 28 *août* 1844, *Dette insc.*)

1328. Le payement fait à un titulaire de mandat, contre lequel une retenue est exercée, est considéré comme un *à-compte;*

le complément est payé, en vertu de l'autorisation du directeur de la Dette inscrite, sur la production d'une quittance de l'ayant-droit. La signature de ce dernier doit être légalisée par un notaire ou par le maire du lieu de son domicile. La signature du maire est légalisée par le sous-préfet. (*Circ.* 30 *mars* 1824, *n°* 35; 30 *nov.* 1833, *et* 28 *août* 1848, *Dette insc.*)

1329. Lorsque les états modificatifs signalent, comme sorti du département, un pensionnaire passible d'une retenue alimentaire, le Payeur doit aviser, sans délai, la partie intéressée de la nécessité qu'il y a pour elle de retirer de ses mains l'acte de délégation ou le jugement signifié, pour en faire l'objet d'une nouvelle signification au comptable qui demeure chargé du payement de la pension. (*Même Circ.*)

1330. En cas de changement de département de la part des parties intéressées, le Payeur délivre et adresse à la direction de la Dette inscrite, un certificat (modèle n° 5), afin qu'elles puissent toucher le montant des retenues à leur nouvelle résidence. Ce certificat, visé par le directeur, devient, pour le Payeur du nouveau département, une autorisation suffisante pour payer à la femme et aux enfants abandonnés, ce qui leur revient. (*Circ.* 30 *nov.* 1833; *Dette insc.*)

1331. Le certificat n° 5 indiqué à l'article précédent, n'est pas, dans le département nouveau, l'objet d'une inscription au registre matricule; il en est fait mention sur un carnet particulier; après payement de la somme y spécifiée, cette pièce est jointe à la quittance de la partie prenante. (*Même Circ.*)

1332. Les retenues exercées au profit des femmes, en exécution des dispositions du Code civil, leur sont acquises jusqu'au jour de leur décès. Dans ce cas, il est formé des décomptes de ce qui peut leur revenir, et le montant de ces décomptes est payé à leurs héritiers, quand, toutefois, ces héritiers ont justifié légalement de leur qualité. (*Déc. min*elles 3 *août* 1836.)

1333. S'il arrive qu'un ayant-droit à une retenue, meurt dans le cours du trimestre, le pensionnaire sur lequel existe une opposition ne peut réclamer sa pension intégrale, qu'à partir du lendemain du décès. Les sommes retenues appartiennent aux héritiers du décédé qui justifient de leurs droits. (*Déc. ministérielle* 3 *août* 1836; *Règl. Fin.*, page 220.)

Il ne doit être tenu compte des retenues aux ayant-droit désignés dans les arrêts, qu'autant que les pensionnaires, eux-mêmes, ayant justifié de leur existence, ont reçu la portion qui leur est réservée sur le montant de leur pension. (*Règl. Fin.* 1846, page 220.)

SECTION XI. — RETENUES POUR PENSIONNAIRES A L'ÉTRANGER.

1334. Un pensionnaire autorisé par le chef du pouvoir exécutif a résider à l'étranger, et ne touchant, par suite de la permission qu'il a obtenue, que les deux tiers de sa pension, n'a pas de retenue à subir pour le troisième tiers. La dépense, pour ce qui le concerne, est réduite à la somme qu'il reçoit. (*Ordon. du* 13 *juillet* 1820; *Circ. du* 19.)

SECTION XII. — DISPOSITIONS COMMUNES.

1335. Les récépissés constatant le versement des retenues, tant ceux que se délivrent à eux-mêmes les Payeurs, par le transport des sommes retenues au crédit du Trésor S/C de fonds, que ceux qu'ils obtiennent des receveurs généraux pour les retenues qu'ils leur ont versées, sont transmis, chaque mois, avec le compte mensuel du Payeur, à la Cour des Comptes. (Voir Titre VIII, Ch. VI.) *Circ.* 19 *déc.* 1848, *n°* 169.)

1336. Le Payeur de chaque département, tient, sur un registre spécial, un compte distinct des retenues qu'il a exercées sur les traitements et pensions, pour les causes énoncées au présent chapitre. Il y mentionne, pour chaque individu, les ordres ou autorisations reçus, et successivement les sommes retenues dont le versement a été effectué par lui. (*Circ.* 25 *sept.* 1834, *n°* 38.)

CHAPITRE XVI.

Versements du Receveur général, en Pièces de dépenses.

SECTION 1re. — DISPOSITIONS GÉNÉRALES.

1337. Le receveur général, après avoir reçu des receveurs particuliers des finances, les acquits payés, tant par eux que par les percepteurs et les autres receveurs des revenus publics, fait le versement au Payeur de toutes les pièces de dépenses réunies entre ses mains. Ces versements sont reçus à titre de : *Remises de fonds. (Ordon. 31 mai 1838, art.* 311.)

NOTA. Les versements sont faits pour le *net;* le Payeur se charge en recette du montant des retenues, et il porte le *brut* en dépense.

1338. Ils peuvent être effectués plusieurs fois par dizaine. Les receveurs généraux doivent, toutefois, s'abstenir de toutes remises de pièces au Payeur, le *dernier jour du mois* (ou l'*avant-dernier* si le dernier est un jour férié), à cause des travaux auxquels ces derniers comptables ont à se livrer, pour préparer leur envoi mensuel de pièces au Ministère des Finances [1]. *(Inst. Gén. des Fin.; Circ. n°* 117 ; *Lettres du Direct. du mouv. des fonds* 4 *sept.* 1830, *et* 17 *janv.* 1838.)

1339. Les receveurs généraux sont autorisés à faire dépense comme *versement au Payeur*, des pièces qu'ils ont reçues le dernier jour du mois (ou l'avant-dernier si le dernier est férié). Ils les versent au Payeur dès le 1er du mois suivant, en retirant un récépissé distinct, qu'ils joignent à leurs pièces justificatives du mois expiré [2]. *(Mêmes Inst.)*

[1] Le versement doit se faire *avant midi.* Ce ne serait plus remettre les pièces la veille, comme l'entend le règlement, que de les donner quand le bureau va se fermer.

[2] Il font dans ce cas inscrire cette mention sur les pièces : Payé le.... et remis au Payeur le....

1340. Si parmi les pièces de dépenses versées, il se trouve des états à émarger, dont le payement intégral n'ait pu être fait par suite de décès ou d'absence, le receveur général se charge en recette à titre de recette accidentelle, et comme *reversement au Payeur*, des sommes non acquittées. Le récépissé qu'il souscrit et qui fait connaître les parties non payées, est joint aux états d'émargement, lesquels, alors, figurent en dépense pour leur montant total. (*Inst. gén. des Fin.*; *Circ. n°* 117; *Circ.* 4 *mars* 1845, *n°* 149.)

NOTA. Pour les indemnités de logement des troupes, et pour les secours par suite de pertes par incendies, etc. Le récépissé est donné lorsque les états collectifs n'ont pas été employés dans le délai *d'un mois*. (*Circ.* 4 *mars* 1845, *n°* 149.) Voir n° 991.

1341. Les receveurs généraux accompagnent les pièces dont ils font le versement aux Payeurs, de bordereaux spéciaux, les uns comprenant par arrondissement et par nature de rentes, les quittances de rentes perpétuelles dont la remise est faite (Voir n° 1098); les autres présentant aussi, par arrondissement, le montant (au net) des acquits payés, et la somme totale composant le versement. (*Idem.*)

1342. A chaque bordereau général sont joints les bordereaux formés par les receveurs particuliers. Ils ne doivent être transmis qu'après que l'on s'est assuré qu'ils sont de tous points réguliers. (*Circ.* 25 *sept.* 1840, *n°* 117. *et* 20 *fév.* 1850, *n°* 177.)

SECTION II. — VÉRIFICATION DES ACQUITS ET ANNEXION DES PIÈCES.

1343. Au moment même où les ordonnances, mandats, ou quittances lui sont versés comme *remise de fonds*, par le receveur général, le Payeur s'assure de la régularité de ces pièces; il examine si les acquits ont été préalablement revêtus du visa; s'ils sont légalement quittancés par les parties ou leurs représentants duement autorisés; si ceux, devant être revêtus du timbre de dimension, sont timbrés; en un mot, si toutes les règles s'appliquant à l'acquittement ont été exactement observées. (*Ord.* 31 *mai* 1838, *art.* 309 *et* 310.)

1344. Les mandats et les ordonnances dont le versement est effectué, doivent être revêtus, chacun, du timbre particulier de la recette des finances où ils ont été payés, afin de pouvoir, en cas de réclamation, recourir au comptable qui a fait le payement. L'apposition du cachet de la recette générale doit être exigé, sur les pièces acquittées par des percepteurs de l'arrondissement chef-lieu. (*Circ. 25 mai* 1836, *n°* 94, *et* 18 *janvier* 1837, *n°* 100; *Règl. Fin.*; *Circ. n°* 117.)

1345. Lorsque la vérification fait reconnaître des irrégularités qui s'opposent à l'admission d'un ou de plusieurs des acquits versés au Payeur, ce comptable indique, par une note motivée qu'il annexe au mandat, ou a l'ordonnance, les causes qui ont déterminé le rejet, de manière à ce que les régularisations puissent être opérées, ou les omissions réparées. (*Circ.* 25 *sept.* 1840, *n°* 117.)

1346. Les rejets qui ont été faits comme il est indiqué à l'article qui précède, sont annotés par le Payeur sur les bordereaux que lui a remis le receveur général. Les acquits non admis y sont annexés : leur montant est déduit du total de ces bordereaux, afin que le chiffre présentant l'ensemble de ces relevés énumératifs, se trouve toujours en conformité avec celui du récépissé délivré. (*Idem.*)

1347. Après avoir reconnu l'exactitude du versement que lui a fait le receveur général, et avoir donné son récépissé, le Payeur annexe aux ordonnances et mandats payés, les pièces justificatives que la direction du mouvement général des fonds et les ordonnateurs secondaires lui ont fait parvenir; qu'il a, jusqu'alors, conservées, et dont il doit faire ultérieurement l'envoi, avec lesdites ordonnances et mandats, à la Cour des Comptes. (*Ord.* 31 *mai* 1838, *art.* 62, 64 *et* 65; *Circ.* 20 *mai* 1835, *n°* 90.)

NOTA. Le payement, pour ce qui concerne les rentes perpétuelles, es annoté aux bulletins nominatifs. Voir n° 1098.

SECTION III. — DÉLIVRANCE DES RÉCÉPISSÉS.

1348. Pour chacun des versements en pièces de dépenses, que les receveurs généraux font aux Payeurs, ces derniers ont à leur remettre, en exécution de l'ordonnance du 12 mai 1833, un récépissé à talon, qu'ils font ensuite viser par le préfet. Il est délivré un récépissé particulier pour les versements en *quittances de rentes*. (*Inst. des Fin.*; *Circ. n° 117, et Circ.* 20 *février* 1850, *n°* 177.)

1349. Les récépissés délivrés par le Payeur au moment du versement des pièces acquittées pour son compte dans les arrondissements, ne comprennent que *le net payé*. Le montant des retenues dont il doit se charger en recette, est l'objet, en fin de mois, de récépissés particuliers établis dans la forme que les règlements déterminent (Voir Retenues, n° 1267 et suivants). (*Inst. gén. Fin.*, *Circ. n°* 117.)

1350. Les payeurs sont tenus de fournir leurs récépissés aux receveurs généraux dans la journée de la remise des pièces. Il n'y a d'exception à cette règle, qu'à l'égard des versements pour lesquels la remise des acquits n'aurait pas été faite avant l'heure de midi. (*Même Inst.*)

1351. Le visa des récépissés délivrés par les Payeurs, doit être requis dans les *vingt-quatre heures*, par les comptables qui ont effectué les versements. Les récépissés du Caissier-Payeur central du Trésor, sont revêtus immédiatement du visa du contrôle établi au Ministère des Finances. (*Ord.* 12 *mai* 1833, *art.* 1 *et* 2.)

CHAPITRE XVII.

Consignations de sommes non payées [1].

Les règlements ont prévu les circonstances où les sommes dues à des tiers, ne pouvant leur être payées, doivent être consignées.

Il y a lieu à consignation à la Caisse des dépôts et consignations, de la part du Payeur, dans les cas énoncés ci-après :

[1] Il ne s'agit pas de la consignation des retenues sur traitements civils et militaires, ce qui les concerne est indiqué à l'article *Retenues*, page 326.

1° Lorsqu'à la suite de saisies-arrêts ou oppositions, le versement est autorisé par la loi ou par justice;

2° Quand, sur des biens cédés à l'Etat, et dont on réclame le prix, il existe des inscriptions aux hypothèques;

3° Lorsque, par un acte passé entre l'administration et ses créanciers, la consignation a été autorisée;

4° Si la créance due à l'Etat, fait partie d'une succession vacante;

5° Quand des capitaux et intérêts de cautionnement n'ont pas été payés à l'époque de la clôture de l'exercice (31 octobre), ou au 31 décembre pour les exercices clos;

6° Si, en matière d'expropriation pour cause d'utilité publique, le propriétaire dépossédé refuse de recevoir les offres qui lui sont faites, ou si l'administration conteste son droit, etc., etc.;

7° Lorsque l'Etat prend possession d'un immeuble pour cause d'urgence;

8° Lorsqu'une portion de créance revenant à un héritier, n'a pu être touchée pour cause d'absence.

SECTION Ire. — CONSIGNATIONS ORDONNÉES PAR JUSTICE.

1352. Les sommes mandatées sur les caisses des Payeurs (sauf, toutefois, les appointements, les traitements civils et militaires versés d'office) qui sont grevées d'oppositions, sont déposées, si la loi l'autorise, ou lorsqu'un jugement du tribunal (ou une ordonnance du président rendue en état de référé) l'ordonne, à la Caisse des dépôts et consignations. (Voir Titre X, Chap. XII.) (*Ordon. du 16 sept. 1837; Inst. gén. des Fin., Circ. n° 117.*)

NOTA. Le dépôt doit être accompagné d'un extrait certifié de chacune des oppositions et significations existantes, et frappant les sommes déposées. Voir, au sujet de ces consignations, le Titre XI : *Saisies-arrêts et Oppositions.*

SECTION II. — CONSIGNATIONS DE PRIX DE VENTE DE TERRAINS.

1353. Lorsque des terrains cédés à l'Etat, ou au département, pour cause d'utilité publique, sont grevés d'hypothèques conventionnelles ou légales (Voir nº 745). Le prix de vente stipulé au contrat qui ne peut, alors, être acquitté, est versé, par le Payeur, au receveur général du département, en sa qualité de préposé de la Caisse des dépôts et consignations, ou au receveur particulier des finances remplissant les mêmes fonctions. (*Inst. gén. Fin., Circ. nº* 117 ; *Règl. min*[els]., *Int. et Trav. pub., Circ.* 20 *septembre* 1842, *nº* 123.)

1354. Le Payeur remet, à l'appui de sa déclaration de versement (Voir nº 1371), l'état qu'a délivré le conservateur des hypothèques, des inscriptions existant sur le propriétaire du bien vendu à l'Etat, ou au département. (*Mêmes Inst. et Circ.*)

1355. Le versement à la Caisse des dépôts et consignations des sommes dues pour acquisitions de terrains, ne s'opère, toutefois, qu'autant qu'il a été ordonné par un arrêté du préfet. Cet arrêté, remis en double expédition, prescrit la consignation, la motive, et indique la recette des finances où elle sera effectuée. (*Règl. min*[els]., *Int.*, page 233 ; *Trav. pub.*, page 121.)

1356. S'il s'agit d'acquisitions à l'amiable, ou d'expropriations concernant le Ministère de *la Guerre*, ou celui de *la Marine*, le versement de la somme revenant au possesseur du terrain, a lieu à la Caisse des dépôts et consignations, sur une copie de l'ordre du ministre, prescrivant et motivant la consignation. (*Règl. du Min. de la Guerre*, page 203 ; *Marine*, page 211.)

1357. Quand le prix d'un terrain grevé d'hypothèques doit être versé chez un receveur particulier, le Payeur auquel le mandat est remis pour être visé, l'indique dans son visa (Voir nº 929). Aux pièces justificatives de la créance à joindre au mandat, il ajoute un état énonciatif de ces pièces, sur lequel il fait sa déclaration de versement, qu'il n'a plus, alors, à reproduire sur le registre du préposé de la Caisse des dépôts et consignations. (*Circ. du* 20 *sept.* 1842, *nº* 123.)

1358. Le receveur particulier, en recevant, comme il est expliqué ci-dessus, la consignation des fonds, prend possession des pièces que le Payeur lui a fournies; il les conserve avec l'état remis pour tenir lieu de déclaration. Le mandat qu'il lui retourne, par l'intermédiaire du receveur général, doit être accompagné de son récépissé, et d'une déclaration constatant qu'il a reçu les pièces concernant la consignation. (*Circ. du* 20 *sept.* 1842, *n°* 123.)

SECTION III. — CONSIGNATIONS AUTORISÉES PAR ACTES PASSÉS ENTRE L'ADMINISTRATION ET SES CRÉANCIERS.

1359. Lorsque le cahier des charges, ou le marché, d'après lequel un entrepreneur s'est rendu adjudicataire de travaux publics, stipule qu'en cas d'opposition, les sommes à payer par l'Etat, ou le département, seront versées à la Caisse des dépôts et consignations, le Payeur qui a entre les mains des oppositions, veille à ce que ce versement ait lieu. Il s'effectue, immédiatement, au moyen de mandats délivrés au nom du receveur général du département. (*Règl. Int., art.* 126; *Déc. min*[lle]. 12 *août* 1839.)

1360. Mais si le cahier des charges, ou le marché, ne prévoit pas le cas de l'existence d'oppositions, ou s'il n'y a ni cahier des charges, ni marché, le versement ne peut être effectué qu'après avoir été ordonné par justice, d'après la demande portée devant les tribunaux par les créanciers ou l'entrepreneur. (*Idem.*)

1361. Le versement à la Caisse des dépôts et consignations a également lieu, si la condition de ce versement, en cas de saisie, a été exprimée dans l'acte de cession entre l'administration et les vendeurs, ou dans tout autre acte, ou convention, fait à l'amiable. (*Ordon.* 16 *sept.* 1837.) (Voir, plus loin, les dispositions communes à toutes les consignations.)

SECTION IV. — CONSIGNATIONS DE SOMMES DUES A DES SUCCESSIONS VACANTES.

1361. Lorsqu'une créance sur l'Etat appartient à une succession vacante, et que toutes les pièces à fournir à l'appui du mandat ont été produites, ce n'est pas au curateur nommé à cette succession que la somme est comptée. Elle est versée, par le Payeur, à la Caisse des dépôts et consignations. (*Ord.* 3 *juillet* 1816, *art.* 2; *Circ.* 20 *août* 1835, *n°* 90; *Inst. gén. des Fin., Circ. n°* 117.)

1362. Le curateur de la succession, après avoir réuni toutes les pièces destinées à appuyer le mandat, est seulement chargé de suivre, auprès du Payeur, le versement de la somme revenant à la succession. (*Circ.* 20 *août* 1835, *n*° 90.)

SECTION V. — CONSIGNATIONS DE CAPITAUX ET INTÉRÊTS DE CAUTIONNEMENT.

1363. Les capitaux et intérêts de cautionnement[1] qui n'ont point été payés aux ayant-droit, soit qu'il s'agisse seulement des intérêts de l'exercice qui expire, soit qu'il existe des restes à payer pour intérêts d'exercices antérieurs, doivent, à l'expiration de l'exercice (le 31 octobre), être versés à la Caisse des dépôts et consignations (Voir n° 1158). (*Inst. gén, des Fin., art.* 463 *et* 583 ; *Circ. des* 6 *et* 22 *oct.* 1838, *et* 30 *août* 1839, *n*° 114.)

1364. Le Payeur effectue aussi le versement, le 31 décembre, des capitaux et intérêts de cautionnement non payés à cette époque, lorsqu'il existe des intérêts appartenant à des exercices clos, ordonnancés cumulativement avec ces capitaux. (*Circ. n*° 110, *du* 22 *octobre* 1838 ; *Circ.* 6 *oct.* 1838, *Dette insc.*; *Inst. gén. des Fin., Circ. n*° 117 ; *Circ.* 30 *août* 1839, *n*° 114.) (Voir, au présent Titre, le Chap. VIII : *Payement des intérêts de cautionnement.*)

SECTION VI. — CONSIGNATIONS PAR SUITE DE CONTESTATIONS POUR PAYEMENT D'INDEMNITÉS EN MATIÈRE DE TRAVAUX PUBLICS.

1365. Lorsqu'un propriétaire dépossédé d'un immeuble pour cause d'utilité publique, refuse de recevoir l'indemnité qui lui est offerte en exécution de l'article 53 de la loi du 3 mai 1841 ; ou si l'administration conteste le droit de l'exproprié à une indemnité (art. 49); ou si enfin un obtacle quelconque s'oppose au versement

[1] Il s'agit des intérêts ordonnancés avec les capitaux et présentés sur les états que la direction du Mouvement des fonds adresse tous les dix jours aux Payeurs : les annulations ne frappent que sur les intérêts ordonnancés sans le capital.

des deniers entre les mains du propriétaire dépossédé, le montant de l'indemnité est versé à la Caisse des dépôts et consignations [1]. (*Règl. min*[el]. *Trav. pub.*, page 123.)

1366. Dans le cas où, pour le payement d'intérêts qui n'ont pas été réglés avec le capital, ou pour des indemnités mobilières, il existe quelques obstacles au versement des deniers entre les mains de l'ayant-droit, la consignation à la Caisse des dépôts et consignations est opérée par les soins du Payeur. (*Même Règl.*, page 125.)

1367. Le versement, dans les cas prévus aux deux articles précédents, n'a lieu qu'autant qu'un arrêté du préfet du département, produit en double expédition, a prescrit et motivé la consignation de la somme portée au mandat. Une expédition de cet arrêté est remise à la Caisse des dépôts et consignations. (*Même Règl.*, pages 124 *et* 125; *Régl. Marine*, page 211.)

NOTA. La consignation, s'il s'agit des dépenses du Ministère de la Guerre, ou de la Marine, a lieu, dans le cas où elle est autorisée, sur un ordre ministériel qui le prescrit.

SECTION VII. — CONSIGNATIONS EN CAS DE PRISE DE POSSESSION POUR CAUSE D'URGENCE.

1368. Lorsque, pour la construction de routes nationales, de ponts, etc.; pour travaux de navigation intérieure, ou pour ouvrages de fortifications, l'Etat prend possession, pour cause d'urgence, en exécution des articles 65 et suivants de la loi du 3 mai 1841, et de celle du 30 mars 1831, de terrains *non bâtis*, la somme qu'a fixée le tribunal (avec deux années d'intérêts qu'énonce le mandat ou l'ordonnance ministérielle), est provisoirement consignée. (*Lois des* 3 *mai* 1841, *art.* 65 *et suiv., et* 30 *mars* 1831; *Règl. Trav. pub.*, page 127.)

1369. Le versement n'a lieu, toutefois, à la Caisse des dépôts et consignations, qu'en vertu d'un arrêté du préfet, produit en double expédition, prescrivant la consignation. S'il s'agit de terrains des-

[1] Le récépissé de versement est joint au mandat pour justifier le payement.

tinés au département de la Guerre, ou de la Marine, le versement s'opère sur l'ordre du ministre. (*Règl. min*[els]., *Tr. pub.*, page 127; *Guerre*, page 203; *Marine*, page 211.)

SECTION VIII. — CONSIGNATIONS DE SOMMES REVENANT A DES HÉRITIERS NON PRÉSENTS.

1370. Lorsque le montant d'un mandat, ou d'une ordonnance, devant être payé à plusieurs créanciers de l'Etat, les co-partageants ne produisent pas, en même temps, leurs titres au Payeur, l'héritier qui se présente avec des pièces régulières qui indiquent sa part dans la créance, peut être admis à recevoir cette part. Le surplus est versé à la Caisse des dépôts et consignations. (*Circ.* 17 *mars* 1834, *en note.*)

SECTION IX. — DISPOSITIONS COMMUNES A TOUTES LES CONSIGNATIONS.

1371. Les Payeurs qui effectuent des versements à titre de consignations chez les receveurs généraux des finances, sont tenus de souscrire sur le registre à ce destiné, une déclaration pour chaque consignation, quelle qu'en soit la cause. Elle est faite à la recette générale, soit par le Payeur, soit par un employé de ses bureaux en son nom. (*Circ.* 20 *août* 1835, *n*° 90; *Règl. Fin., art.* 466.) (Voir, pour les versements faits chez les receveurs particuliers, n° 1357.)

1372. En faisant leurs versements à titre de consignations, les Payeurs remettent aux receveurs généraux, des états détaillés et nominatifs, indiquant le nom des parties opposantes et des parties saisies les dates et les motifs des retenues, ainsi que les actes et décisions en vertu desquels ces retenues ont eu lieu [1]. (*Inst. gén. des Fin., Circ. n*° 117.)

[1] Pour la désignation des parties, et le détail des sommes, on peut s'en référer aux états, en rappelant seulement le montant et la date de chaque état. (*Inst. Fin., Circ. n*° 117.)

1373. Dans tous les cas où les sommes mandatées sur la caisse d'un Payeur doivent être versées à la Caisse des dépôts et consignations, le récépissé que délivre le receveur général, ou particulier, des finances, afin de constater ce versement et libérer le Trésor, est joint au mandat délivré, pour tenir lieu de la quittance. (*Régl. Trav. pub.*, pages 123 et 125.)

1374. Excepté pour les consignations de prix de terrains acquis par l'Etat et par les départements pour cause d'utilité publique, les récépissés délivrés par les receveurs des finances sont soumis au timbre comme représentant la quittance du créancier, à moins que cette quittance, d'après la loi, ne soit exempte du timbre. (*Inst. Fin., Circ. n°* 117.)

1375. Le prix du timbre du récépissé, est supporté par la consignation lorsque cette consignation est effectuée avec les fonds de l'Etat, attendu que, d'après l'article 29 de la loi du 13 brumaire an VII, le prix, dans ce cas, est au compte du créancier traitant avec l'Etat. (*Ord.* 3 *juillet* 1816, *art.* 13; *Circ.* 20 *décembre* 1843.)

1376. Les récépissés délivrés, pour les consignations, par les receveurs des finances, ne sont pas soumis à l'enregistrement. Leur validité est assurée, aux termes de la loi du 24 avril 1833, lorsqu'ils sont délivrés sur des formules à talon, et qu'ils sont revêtus du visa prescrit par cette loi. (*Décis. min*[lle]. 10 *déc.* 1845; *Circ. du* 30, *n°* 152.)

1377. Les receveurs généraux et particuliers des finances, sont tenus d'accompagner les récépissés qu'ils délivrent en qualité de préposés de la Caisse des dépôts et consignations, de reçus particuliers constatant la remise qui leur a été faite des extraits d'oppositions et significations à joindre au dépôt. (*Inst. gén. des Fin., Circ. n°* 117.)

CHAPITRE XVIII.

Trop payés et moins payés.

SECTION Ire. — TROP PAYÉS.

1378. On considère comme *payés en trop :* 1° les sommes qui ont été mandatées par les ordonnateurs au-delà de celles qui étaient dues aux titulaires, et dont le payement a eu lieu; 2° les payements qui ont excédé le chiffre porté aux mandats; 3° l'énonciation d'un mandat, au bordereau, pour une somme trop forte; 4° une erreur d'addition faite à l'avantage du comptable. (*Circ.* 31 *août* 1843, *n°* 133.)

1379. Si l'ordonnateur ayant trop mandaté, le comptable, par suite, a trop payé, l'erreur se rectifie au moyen du reversement que fait la partie chez le receveur général, ou particulier, des finances. Le Payeur suit, en pareil cas, ce qui est prescrit par les instructions pour les reversements (Voir n° 311). (*Même Circ.*)

1380. Dans le cas où le comptable a payé et inscrit en dépense plus que le mandat ne porte, il fait un reversement à sa caisse, et il ramène le payement au chiffre du mandat au moyen d'une rectification d'écritures. Il opère de la même manière, s'il y a eu inscription exagérée de l'acquit sur les bordereaux, ou erreur d'addition. (*Idem.*)

1381. Dans les trois circonstances rappelées à l'article qui précède, la rectification d'écritures entraîne avec elle, le changement du chiffre de l'antérieur sur les bordereaux de développement joints à la balance des comptes. (Voir Titre VIII.) (*Idem.*)

SECTION II. — MOINS PAYÉS.

1382. Lorsqu'il a été délivré une ordonnance ou un mandat, pour une somme inférieure à celle résultant des pièces justificatives produites à l'appui du payement, l'ordonnateur délivre un nouveau mandat, et le Payeur agit comme pour un payement nouveau. (*Circ.* 13 *août* 1843, *n°* 133.)

1383. S'il arrive que le créancier ait reçu moins que l'ordonnateur n'a prescrit de lui payer, le comptable retire de ce créancier une nouvelle quittance, et il fait une dépense supplémentaire. Cette nouvelle dépense est constatée au titre du mois où le nouveau payement s'effectue; le bordereau de détail renvoie, par une annotation spéciale, au mois où se trouve l'ordonnance, ou le mandat, qui n'avait été acquittée qu'en partie. (*Idem.*)

1384. Lorsque le payement a été inscrit au bordereau pour un chiffre inférieur à sa valeur réelle, ou s'il y a eu erreur d'addition au désavantage du Payeur, on opère par voie de rectification d'écritures, et l'on change l'antérieur des bordereaux de développement. (*Idem.*)

CHAPITRE XIX.

Refus de Payement.

SECTION 1re. — CAS DE REFUS DE PAYEMENT.

1385. Les ordonnances des ministres, ou les mandats des ordonnateurs secondaires, ne peuvent être payés aux caisses du Trésor, qu'autant que la dépense porte sur des crédits transmis au Payeur, et qu'autant que ces ordonnances, ou mandats, n'excèdent pas la limite du crédit sur lequel elles doivent être imputées; toutefois, dans le cas d'urgence, ou d'insuffisance de crédits ouverts aux ordonnateurs secondaires *de la Guerre* et *de la Marine*, les mandats pour le payement de la solde, peuvent être payés sur une réquisition de l'ordonnateur [1]. (*Ordon. du* 31 *mai* 1838, *art.* 68, 70 *et* 317.)

[1] Un ordonnateur avait cru qu'il pouvait, malgré une insuffisance de crédits, requérir le payement d'un mandat. Le Ministre de l'Intérieur, par lettre du 17 décembre 1839, a improuvé sa conduite.

1386. Sauf l'exception qui précède, le payement d'une ordonnance ou d'un mandat, ne peut être suspendu par un Payeur, que lorsqu'il reconnaît qu'il y a omission ou irrégularité matérielle dans les pièces justificatives qui lui sont produites à l'appui de l'ordonnancement. (*Ord.* 31 *mai* 1838, *art.* 69.)

1387. Il y a omission ou irrégularité matérielle, toutes les fois que la somme portée dans l'ordonnance ou le mandat n'est pas d'accord avec celle qui résulte des pièces justificatives annexées à cette ordonnance, ou à ce mandat, ou lorsque ces pièces ne sont pas conformes aux instructions [1]. (*Ordon. du* 31 *mai* 1838, *art.* 68 *et* 70.)

SECTION II. — REFUS DU PAYEUR. — SA DÉCLARATION.

1388. En cas de refus de payement, le Payeur est tenu de remettre immédiatement au porteur de l'ordonnance ou du mandat délivré sur sa caisse, la déclaration écrite et motivée de son refus [2]. Il en adresse copie, sous la même date, et le jour même, au ministre

[1] On a conservé ici le texte de l'ordonnance. Par ces mots : *conformes aux instructions*, on entend naturellement : l'omission de quelques-unes des pièces réclamées par les nomenclatures; leur défaut de régularité; en un mot, la non-production de *toutes* les pièces exigées, selon la nature de la dépense.

[2] La déclaration exigée, peut être faite en ces termes :

Déclaration de refus.

« Le Payeur du département d   déclare, en exécution de l'arti-
» cle 69 de l'ordonnance royale du 31 mai 1838, qu'il ne peut acquitter (ou
» viser) le mandat n°   (Ministère de.... Chap^e.... exercice....), délivré le...
» par M......, au profit de M.   , pour la somme de....., pour (indiquer
» l'objet de la dépense.)

» Les motifs qu'il donne à son refus sont ceux ci après : (indiquer les motifs et
» les règlements qui les justifient.)

» En présence de dispositions aussi formelles, le payeur ne pourrait, sans en-
» gager sa responsabilité, acquitter (ou viser) le mandat dont il s'agit; en consé-
» quence, il remet la présente déclaration contenant et motivant son refus. »

A   le   185

des Finances. (*Ord. du* 31 *mai* 1838, *art.* 68; *Circ. du* 20 *nov.* 1841, *n*° 120.)

1388 *bis*. La même déclaration est donnée s'il s'agit de pensions dues par l'Etat, et que le Payeur ne peut acquitter. Le refus verbal ne peut, dans aucun cas, suppléer à la déclaration écrite exigée par les règlements. (*Circ. du* 16 *déc.* 1842, *n*° 125.)

1389. Si l'ordonnateur secondaire défère au refus du Payeur, et fait régulariser les pièces selon les indications qui lui ont été données, le Payeur en donne avis au ministre aussitôt qu'il a reçu les justifications réclamées. (*Circ. du* 20 *nov.* 1841, *n*° 120.)

SECTION III. — RÉQUISITION DE L'ORDONNATEUR ET SES SUITES.

1390. Si malgré la déclaration de refus, le ministre, ou l'ordonnateur secondaire, qui a délivré l'ordonnance ou le mandat, requiert, par écrit et sous sa responsabilité, qu'il soit passé outre au payement, le Payeur y procède sans autre délai [1]. Une copie de sa déclaration et l'original de l'acte de réquisition, sont ultérieurement annexés à l'ordonnance, ou mandat, présentée. Il est tenu d'adresser, le jour même où elle est produite, au ministre des Finances, une copie de cette réquisition [2]. (*Ord. du* 31 *mai* 1838, *art.* 69, *et Circ. du* 20 *nov.* 1841, *n*° 120.)

1390 *bis*. Lorsqu'il y a eu réquisition de payer, il est prescrit au Payeur d'adresser au ministre, le jour même du payement [2], l'ordonnance, ou le mandat, avec les pièces justificatives. Lors de l'envoi mensuel d'acquits qu'il fait ensuite au trésor, il remplace ces pièces par une note indicative de la transmission qu'il a faite; il joint à cette note, pour être remis à la Cour des Comptes, l'original de la réquisition, et le double de sa déclaration. (*Circ. du* 20 *nov* 1841, *n*° 120.)

[1] L'action du contrôle du Payeur n'est nullement affaiblie par cet incident. Le principe en est, au contraire, fortifié par les conditions spéciales contenues en l'article 69 de l'Ordonnance du 31 mai 1838. (*Circ.* 20 *nov.* 1841, *n*° 120.)

[2] Si la réquisition est produite le jour où la déclaration a été remise, le Payeur envoie les deux pièces par la même lettre. (*Circ. du* 20 *nov.* 1841, *n*° 120.)

NOTA. Le paquet doit être timbré ainsi : Direction de la Comptabilité générale, bureau de la Comptabilité des Payeurs.

1391. L'ordonnateur secondaire ayant rendu compte à son ministre, et le Payeur, de son côté, ayant informé le ministre des Finances du refus qui a été fait, ainsi que de la réquisition qui s'en est suivie, les deux ministres en confèrent, et des instructions combinées tracent aux agents respectifs ce qu'ils ont à faire, soit pour ne pas renouveler *un refus mal fondé*, soit pour régulariser un payement *incomplètement justifié*. (*Circ. du* 20 *nov.* 1841, *n°* 120.)

CHAPITRE XX.

Responsabilité du Payeur [1].

1392. Le payement d'une dépense sans qu'il ait été satisfait aux conditions préalables auxquelles ce payement est soumis par les règlements, engage la responsabilité du Payeur. Les différents cas où ces conditions ne sont pas remplies, sont ceux énumérés ci-après :

1° Si le Payeur acquitte ou autorise le payement d'une ordonnance ou d'un mandat, ne portant pas sur des ordonnances ministérielles qui lui ont été transmises par le Trésor ; soit parce qu'il y a absence de ces ordonnances, soit parce que les règles de la spécialité les rendent inapplicables, ou que leur montant est dépassé. (*Ord.* 31 *mai* 1838, *art* 317.)

2° S'il paye ou fait payer un mandat, dont l'avis de l'émission ne lui a pas été donné par l'ordonnateur secondaire. (*Idem.*)

3° S'il acquitte ou accorde son visa, pour un mandat, ou une ordonnance, sans qu'on lui ait produit toutes les pièces qui, d'après

[1] On n'indique pas seulement ici les points de responsabilité se rapportant plus directement au *Payement*, on les rappelle tous, parce que tous s'y rattachent.

la nomenclature, doivent appuyer la dépense, et formalisées comme l'indique cette nomenclature. (*Ord.* 31 *mai* 1838, *art.* 317.)

4° Si la date de la dépense ne constate pas un droit réel à la charge de l'exercice auquel on l'impute, et si l'objet de cette dépense, ne ressortit pas au service particulier que le crédit a en vue d'assurer. (*Circ.* 20 *sept.* 1842.)

5° Si, relativement aux dépenses départementales, il s'écarte de la spécialité établie par la loi pour ces dépenses, ou s'il ne se renferme pas, pour le payement des mandats, dans la limite des crédits ouverts, par sous-chapitres et articles, au budget départemental. (*Loi du* 10 *mai* 1838, *art.* 23; *Circ.* 20 *août* 1835, *n°* 90, *et* 30 *mars* 1844, *n°* 140.)

6° Si la somme portée à l'ordonnance ou au mandat, et qui a été payée, excède celle résultant des procès-verbaux de réception définitive, ou d'adjudication, et s'il y a défaut d'accord avec les certificats et les autres pièces produites à l'appui du payement. (*Ord.* 31 *mai* 1838, *art.* 64.)

7° Si dans la liquidation des arrérages de pensions, le Payeur alloue aux héritiers du pensionnaire décédé, des sommes supérieures à celles qui leur reviennent d'après les pièces exhibées et exigées par les règlements, ou s'il paye ces arrérages après les délais dans lesquels les réclamations doivent être faites. (*Circ.* 6 *déc.* 1833, *n°* 81.)

8° Si des mandats d'indemnité de route sont acquittés, sans qu'ils soient mentionnés sur les feuilles de route des militaires, ou si ces mandats sont payés après les délais fixés pour leur présentation; ou si, enfin, le Payeur ne les comprend pas, en temps utile, sur ses états de remboursement. (*Ord.* 20 *déc.* 1837.)

9°. S'il omet d'enregistrer sur les livrets de payement des officiers sans troupe, employés militaires et autres, toutes les sommes qu'il paye à ces officiers ou employés, à quelque titre que ce soit. (*Ord.* 31 *mai* 1838, *art.* 319.)

10. Si, ayant reçu des saisies-arrêts ou oppositions, ou des significations de transport, il fait des payements à des parties qui n'avaient pas qualité, par suite de ses saisies ou transports,

pour recevoir les sommes mandatées à leur profit. (*Code civil, art.* 1242.)

11. Si, acquittant des mandats ou ordonnances à des parties illettrées, il ne signe pas avec deux témoins dûment appelés, la déclaration qui a dû être faite en sa présence, que ces parties ne savaient pas signer. (*Décret du* 18 *messidor an* XI.)

12. Si, enfin, faisant des avances à des régisseurs, il s'est écarté, pour la remise des fonds, de la limite fixée par les règlements (20,000 fr.); s'il a fait des avances à des régisseurs n'ayant pas justifié l'emploi de sommes à eux précédemment avancées, ou s'il n'a pas exigé les pièces justificatives en temps utile. (*Ord.* 31 *mai* 1838, *art.* 72.)

1392 *bis*. La responsabilité du Payeur, n'est pas absolue et définitive, à l'égard des payements qu'il a effectués.

En cas de rejet de la part de la Cour des Comptes, de payements faits sur des pièces qui ne constatent pas régulièrement une dette de l'Etat, l'administration statue sur le recours à exercer contre la partie prenante, ou le signataire du mandat, et sur les mesures à prendre à l'égard du comptable[1]. (*Ord.* 31 *mai* 1838, *art.* 320.)

NOTA. Les dispositions concernant la responsabilité du Payeur en cas *de vols de fonds*, sont rappelés au titre III. (*Caisse pour le dépôt des fonds.*)

[1] La responsabilité du comptable a ses limites établies par l'ordonnance du 31 mai 1838 et les autres règlements; elles sont indiquées dans l'énumération qui précède. Ce qui dépasse ces limites appartient naturellement aux liquidateurs et aux ordonnateurs.

TITRE VIII.

Service intérieur et Comptabilité.

Après avoir indiqué aux Titres IV, VI et VII les règles qui, en matière de dépenses publiques, se rapportent au *Crédit*, à l'*Ordonnancement* et au *Payement*, il y avait à faire connaître, comment s'enregistrent et se décrivent successivement sur les registres du Payeur, les faits appartenant à ces trois éléments de sa comptabilité, et qui constituent l'ensemble de sa gestion. Il était utile, aussi, d'expliquer comment les résultats du service de la dépense sont périodiquement présentés par des comptes, bordereaux et états, au Ministère des Finances et à la Cour des Comptes, chargés de les vérifier et d'en reconnaître la parfaite exactitude.

Le présent titre est destiné à offrir ces indications.

On s'est attaché, dans le classement adopté, à retracer les opérations, selon l'ordre où elles ont lieu dans l'intérieur des bureaux. On a surtout eu en vue, en entrant dans tous les détails du service, de faire voir comment, dans le mécanisme admirable de la comptabilité des Payeurs, tout s'enchaîne pour donner, avec certitude, les résultats généraux des ordonnancements ministériels et des payements, et offrir, ainsi, la preuve irrécusable du bon ordre qui règne dans l'administration de la fortune publique.

CHAPITRE Ier.

Livres et Écritures.

1393. Les Payeurs tiennent leurs écritures en parties doubles. Leurs registres de comptabilité se composent, comme il est précédemment dit (Voir no 162), d'un journal général, servant de

23

livre de caisse ; d'un grand-livre ; de livres de détail, et de carnets d'ordonnances. (*Ord.* 31 *mai* 1838, *art.* 314.)

1394. Au commencement de chaque mois, ils remettent au ministre des Finances, avec le compte des recettes et dépenses du mois précédent, la balance de leur grand-livre ; les bordereaux sommaires de développement de leurs opérations ; les bordereaux de détail des acquits avec les pièces justificatives qui les appuyent, et les divers documents se rattachant à leur comptabilité. (Voir Chap. VI du présent Titre.) (*Même Ord. et art.*; *Inst.* 1er *déc.* 1808.)

CHAPITRE II.

Journal général.

SECTION 1re. — OBJET ET FORME DE CE LIVRE.

1395. Le journal général (modèle n° 1), qui fait partie, ainsi qu'il est expliqué plus haut (n° 1393), des registre de comptabilité en parties doubles, est destiné à présenter, jour par jour, toutes les opérations du comptable. Il lui sert de livre de caisse et de portefeuille [1]. (*Ord.* 31 *mai* 1838, *art.* 313.)

1396. Le journal général doit être coté et paraphé par le préfet, ou par son délégué. La même formalité est remplie, si, dans le cours de l'année, un nouveau livre est ouvert pour continuer l'inscription des opérations qui se rapportent à la même gestion. (*Circ. Compt. gén.* 17 *déc.* 1818, *n°* 26.)

SECTION II. — ENREGISTREMENTS.

1397. Le journal général est disposé de manière à indiquer le n° des articles d'enregistrement ; les folios du compte du grand-

[1] Les Payeurs ne peuvent avoir en portefeuille, que les valeurs qui, dans certaines circonstances, auraient été transmises pour la convenance du service. Dans ce cas, ils doivent spécifier le montant des effets, dans le solde à nouveau. (*Circ.* 30 *octobre* 1832, *n°* 74.)

livre où l'opération décrite est reportée; le libellé des enregistrements journaliers; le montant des recettes et le montant des dépenses effectuées par le Payeur. (*Circ. C. G.* 17 *déc.* 1818, *n°* 126.)

1398. Ce registre ne doit contenir qu'une seule série d'articles pour toutes les opérations qui y sont inscrites dans l'année. Chaque article commence par l'indication du *débiteur* et du *créancier;* dans le texte sont rappelées avec précision et clarté, et d'après les formules usitées, les causes et la nature de l'opération. (Voir n° 1401.) (*Circ. du* 17 *déc.* 1818, *n°* 26.)

1399. L'établissement des écritures en parties doubles, imposant au comptable l'obligation d'enregistrer au journal-général toutes les opérations, *au moment même où ces opérations ont lieu,* et d'en faire le report au grand-livre, il doit constater, sans retard, à ce journal, la réception *des crédits;* celle des *bordereaux d'émission* de mandats; les *changements de dispositions* qui lui sont notifiés, etc. (*Circ.* 17 *déc.* 1818, *n°* 26, *et* 28 *mai* 1833, *n°* 76.)

1400. Il y a exception à la disposition qui prescrit l'inscription immédiate au journal, pour les *avances* faites aux agents chargés de services régis par économie. (Voir n° 825.) Les écritures concernant les justifications que ces agents produisent, sont passées tous les dix jours seulement. (*Circ.* 24 *janvier* 1839, *n°* 112.)

1401. Les comptes qui doivent jouer dans les articles du journal-général, pour les principales opérations des Payeurs, et l'époque à laquelle l'écriture doit être passée, sont indiqués ci-après :

1° Ouverture de crédits. (*Etablir l'article ainsi :*)

Trésor; S/C d'ordonnances de payement à *Ordonnances de payement.*

L'ÉCRITURE DOIT ÊTRE PASSÉE : Au moment de la réception des ordonnances.

Trésor; S/C d'ordonnances de délégation à *Ordonnances de délégation.*

(*Id.* Au moment de la réception des ordonnances,)

2° Fonds et valeurs reçus.

Caisse à *Trésor; S/C de fonds* (pour le numéraire).

(*Id.* Au moment de la réception.)

Mandats du receveur général, etc. à *Trésor; S/C de fonds* (pour les valeurs de cette nature.)

L'ÉCRITURE DOIT ÊTRE PASSÉE : Au moment de la réception.

Trésor; S/C de fonds à lui-même (pour les remises d'acquits.)

(*Id.* Après vérification et au plus tard dans les 24 heures.)

3° Fonds envoyés aux préposés.

M... préposé à... {
à *Caisse* (pour les fonds transmis matériellement.
(*Id.* Au moment de l'opération.)
à *Trésor*; *S/C de fonds* (pour ceux versés aux préposés pour le C/ du Payeur.)
(*Id.* Lors de la délivrance du récépissé au receveur général.)

4° Mandats émis.

Ordonnances de délégation à *Mandats des ordonnateurs secondaires.*

(*Id.* En fin de journée.)

5° Payements.

Trésor S/C de fonds {
à *Caisse* (pour le numéraire.)
(*Id.* En fin de journée.)
à *Mandats du receveur général*, *etc.* (pour les valeurs de cette nature.)
(*Id.* En fin de journée.)
à M... préposé à... (pour ses envois d'acquits.)
(*Id.* En fin de journée.)
à *Retenues* (pour celles effectuées, soit par le Payeur, soit par ses préposés.)
(*Id.* En fin de journée.)

6° Classement des acquits.

Ordonnances de payement........ }
Mandats des ordonnateurs secondaires } à *Trésor; S/C d'acq.*
(*Id.* En fin de mois.)

7° Envoi des acquits.

Trésor; S/C d'acquits à *Trésor; S/C d'ordonnances de payement.*
L'ÉCRITURE DOIT ÊTRE PASSÉE : Au moment de l'envoi et au plus tard dans les 10 jours.
à *Trésor; S/C d'ordonnances de délégation.*
(*Id.* Au moment de l'envoi et au plus tard dans les 10 jours.

8° Réception d'acquits à régulariser.

Acquits à régulariser à *Trésor; S/C d'acquits.*

(*Id.* Au moment de la réception.)

Contre-partie au compte créditeur pour les acquits appartenant à la gestion courante; sans contre-partie pour les acquits appartenant à la gestion expirée.

(*Id.* Au moment de la réception.)

9° Renvois d'acquits régularisés.

Trésor; S/C d'acquits à *Acquits à régulariser.*

(*Id.* Au moment du renvoi.)

Contre-partie au compte débiteur pour les acquits appartenant à la gestion expirée reçus depuis le 1er janvier; sans contre-partie pour les acquits appartenant à la gestion courante.

(*Id.* Au moment du renvoi.)

10° Recette des retenues.

Voir ci-dessus à l'article *Payement.*

(Opération comprise dans l'article journalier de payement.)

11° Dépense des retenues.

Retenues......... à *Caisse* (pour celles versées ou restituées matériellement.)
L'ÉCRITURE DOIT ÊTRE PASSÉE : Au moment de l'opération.
à *Trésor; S/C de fonds* (pour celles que le comptable se verse à lui-même et pour celles qu'il verse par compensation au receveur général au moyen d'un échange de récépissés.)
L'ÉCRITURE DOIT ÊTRE PASSÉE : En fin de mois.

12° Avances aux services en régie :

PAYEMENT.

Trésor; S/C de fonds à *Caisse.*

(Opération comprise dans l'article journalier de payement.)

Ministères; L/C de payements d'avances à *Trésor; S/C de payements d'avances.*

L'ÉCRITURE DOIT ÊTRE PASSÉE : En fin de dizaine.

RÉGULARISATION.

Trésor; S/C de payement d'avances à *Ministères; L/C de payements d'avances.*

(*Id.* En fin de dizaine.)

NOTA. Les autres opérations du Payeur ne peuvent être que des annulations dans certains cas déterminés, ou des contrepassements pour erreurs commises. Elles sont décrites au journal au moyen d'articles dans lesquels les comptes ci-dessus indiqués jouent en sens inverse de l'opération primitive, avec contre-partie aux comptes sur lesquels les annulations ou les contrepassements doivent porter.

1402. Il est recommandé aux Payeurs, d'indiquer dans les articles rédigés, soit pour constater la réception des crédits, soit pour opérer l'annulation de ces crédits, le n° des ordonnances et le chapitre de dépense, auxquels se rapporte chaque ordonnance de payement ou de délégation; ils doivent rappeler également au journal-général, la date et le n° des bordereaux d'émission de mandats qui leur sont remis. (*Circ.* 24 *janv. n°* 1839, *n°* 112.)

1403. Au fur et à mesure que les articles de recettes et de dépenses décrits au journal général, sont reportés de ce registre au grand-livre, le comptable inscrit dans la seconde colonne du premier de ces livres, le n° du folio du compte au grand-livre auquel l'article appartient. (*Circ* 17 *déc.* 1818, *n°* 26.)

1404. Les articles concernant les payements de la journée, doivent faire connaître les sommes acquittées pour *chaque ministère* et *par exercice*; s'il s'agit des versements que fait le receveur général, des acquits qui lui ont été transmis par les receveurs particuliers, les enregistrements donnent le détail, par arrondissement, des paiements qui ont été effectués et qui composent le versement. (*Inst. du* 17 *déc.* 1818.)

1405. Les enregistrements relatifs aux diverses retenues effectuées, doivent présenter ces retenues dans le plus grand détail, c'est-à-dire indiquer, dans le texte des articles, l'objet de la retenue, son montant, l'exercice auquel elle appartient, et le nom de la personne au préjudice de laquelle elle est exercée. (*Circ. des* 16 *mai* 1825, *n*° 41, *et* 18 *oct.* 1848, *n*° 167.)

1406. A la fin de chaque journée, après avoir totalisé le montant des recettes en numéraire, et celui des dépenses, le Payeur établit, dans la colonne des dépenses, le montant du *solde à nouveau*. Ce solde, qui représente la somme devant exister matériellement en caisse, forme, pour le lendemain, le premier article de recette, sous la désignation de *solde ancien*. (*Circ.* 28 *mai* 1833, *n*° 76.)

NOTA. La vérification journalière du solde matériel, est le contrôle le plus efficace des opérations du Payeur et des valeurs dont il est dépositaire. Il lui fournit les moyens de découvrir et de rectifier les erreurs, s'il en existe.

1407. Le dernier jour de chaque mois, il est établi au journal-général un article récapitulatif, par *ministère* et par *exercice*, des payements effectués pendant le mois. Cet article doit offrir une somme égale aux payements du mois portés à chaque livre de détail, et par suite au *débit*, donné aux *CC/* : ordonnances et mandats de payement pour chaque ministère et exercice. (*Circ.* 30 *sept.* 1827, *n*° 53.)

1408. Les 1er, 11 et 21 de chaque mois, le comptable transmet à la direction de la Comptabilité générale, après l'avoir certifiée exacte [1], la copie littérale (modèle n° 39) de son journal-général, faite, jour par jour, pour les opérations qui ont eu lieu dans la dizaine précédente. (*Ord.* 31 *mai* 1838, *art.* 314; *Circ.* 30 *octobre* 1832, *n*° 74.)

[1] Une collation rigoureuse de cette copie est indispensable. (*Circ.* 30 *octobre* 1832, *n*° 74.)

CHAPITRE III.

Grand-Livre.

SECTION Ire. — OBJET ET FORME DE CE REGISTRE.

1409. Le grand-livre (modèle nº 2) est, comme on l'a vu nº 162, l'un des registres de comptabilité en parties doubles que tiennent les Payeurs. Ils y résument et y classent par nature de services, à des comptes spéciaux, les diverses opérations relevées de leur livre-journal [1]. (*Ordon.* 31 *mai* 1838, *art.* 313; *Circ.* 17 *décembre* 1818, *nº* 26.)

1410. Ce livre doit être visé par le préfet du département, ou par son délégué. Un répertoire placé au premier feuillet, fait connaître les divers comptes qu'il renferme et les folios où ces comptes sont établis. (*Circ. Compt. gén.* 17 *déc.* 1818, *nº* 26, *et* 30 *oct.* 1832, *nº* 74.)

1411. Le grand-livre est disposé de façon à indiquer par *doit* et *avoir*, la date des opérations; les comptes *créditeurs* ou *débiteurs* correspondants; les motifs du débit ou du crédit; le montant des opérations par article, et le total, par mois, de ces opérations. (*Circ. Compt. gén.* 30 *oct.* 1832, *nº* 74, *modèle nº* 4; *Circ.* 12 *déc.* 1823, *nº* 29.)

SECTION II. — ENREGISTREMENTS.

1412. Après que les opérations ont été consignées suivant leur ordre chronologique et dans tous leurs détails, sur le livre-journal, les livres de détail et les carnets (Voir nºs 1395, 1415 et 1428), elles sont reportées, chaque jour, au grand-livre, à chacun des comptes qui y sont ouverts, aux objets et aux agents de ces opérations. (*Ord.* 31 *mai* 1838, *art.* 313; *Circ.* 17 *déc.* 1818, *nº* 26, *et* 12 *déc.* 1823, *nº* 29.)

[1] La balance donne la nomenclature de tous les comptes à ouvrir sur le grand-livre. Cette énumération est indiquée à la Section IV du Chap. V.

1413. Les sommes sont rapportées aux comptes respectifs des *débiteurs* et des *créanciers*, avec une courte analyse en regard des motifs du débit ou du crédit. (*Ordon.* 31 *mai* 1838, *art.* **313**; *Circ.* 17 *déc.* 1818, *n°* 26, *et* 12 *déc.* 1823, *n°* 29.)

1414. A la fin de chaque mois, tous les comptes du grand-livre sont totalisés, et les résultats en sont présentés sur une balance (Voir n° 1444). Les totaux, par mois, de chaque compte, sont additionnés, afin d'offrir distinctement, d'abord la somme appartenant aux mois antérieurs, ensuite celle qui appartient au mois courant. C'est du relevé de ces additions, que se compose la balance du Payeur pour le mois qui vient de finir. (*Mêmes Inst.*)

NOTA. Le montant des *débits* de tous les comptes, présente une somme égale à celle des *crédits*, comme aussi les soldes *débiteurs*, balancent exactement les soldes *créanciers*.

CHAPITRE IV.

Livres de détail.

SECTION Ire. — OBJET ET FORME DE CES LIVRES.

1415. Indépendamment du grand-livre dont il est parlé au chapitre précédent, les Payeurs ont à tenir des livres de détail (modèle n° 3), sur lesquels ils présentent, jour par jour, par *ministère* et par *exercice*, les payements qu'ils ont effectués pendant les deux années de l'exercice. Ils sont cotés et paraphés par le préfet, ou par son délégué (n° 163). Il est ouvert, séparément, un livre pour chaque ministère et exercice en cours d'exécution. (*Ordon.* 31 *mai* 1838, *art.* 313; *Circ.* 30 *sept.* 1827 *et* 18 *octobre* 1848, *n°* 167.)

1416. Ces registres indiquent le numéro des ordonnances et mandats; les noms et grades des parties prenantes; l'objet de la dépense; le numéro des chapitres et articles; le montant brut de chaque acquit imputable sur ordonnance de *payement* ou de *délégation*; les totaux par article; le total par jour des payements; le montant des retenues exercées, et la désignation des pièces justificatives produites à l'appui de chaque payement. (*Circ. C. G.* 30 *sept.* 1827, *n°* 13.)

SECTION II. — ENREGISTREMENTS.

1417. Chaque jour après la fermeture de la caisse, et dès que les acquits ont été classés par ministère, exercice, chapitre, sous-chapitre, section, partie et article [1], ces acquits sont transcrits, au livre de détail de leur ministère. Le Payeur y indique dans la colonne tracée à cet effet, le montant de chaque article de dépense, en maintenant la distinction établie entre les acquits imputables sur *ordonnances de payement*, et ceux à imputer sur *ordonnances de délégation*, et il fait ressortir le total des payements de la journée, dans la colonne intitulée : *Total par jour des payements.* (*Circ. Compt. gén.* 30 *sept.* 1827, *n°* 53.)

1418. Dans une colonne distincte, disposée à cet effet, il présente les retenues sur traitements exercées au profit du Trésor, en exécution du décret du 12 août 1848 (la retenue progressive). (*Circ.* 18 *octobre* 1848, *n°* 167.)

1419. En mentionnant au livre de détail, dans la colonne à ce destiné, les pièces qui sont produites à l'appui des payements, le comptable doit donner des indications suffisantes, afin que l'on puisse, en cas de besoin, faire les recherches qui seraient demandées, soit par des particuliers, soit par l'administration. (*Même Circulaire.*)

1420. L'enregistrement des payements effectués dans un même jour ainsi achevé à chaque livre de détail, les Payeurs transportent les totaux de chaque article sur les carnets d'ordonnances, aux articles correspondants (Voir Chapitre V).

1421. Les sommes portées à la colonne intitulée : *Total par jour des payements,* sont les seules que le Payeur ait à totaliser par mois, avec report des payements antérieurs; le total des payements du mois porté à chaque registre, doit offrir une somme égale au

[1] Ce classement se fait habituellement sur une feuille de caisse.

débit donné au compte : *Ordonnances et mandats* du ministère et de l'exercice, à l'article récapitulatif de fin de mois établi au livre-journal (Voir n° 1407). (*Circ.* 18 *oct.* 1848, *n°* 167.)

NOTA. Lorsque des ministères comprennent des ordonnances de payement, on totalise les colonnes *Ordon. de payement* et *Ordon. de délégation.*

1422. Le produit de l'addition des payements par jour, indiqué à la colonne portant ce titre, et qui ont été faits pour chaque ministère et exercice, est celui à comprendre au journal-général, à l'article où le compte : *Trésor S/C de fonds,* est débité pour ces mêmes payements. (*Même Circ.*)

1423. A la fin de chaque exercice, le Payeur forme, sur les livres de détail de chaque ministère, une récapitulation présentant les payements effectués pendant la gestion. Il établit ensuite un total général des opérations qui ont eu lieu pendant l'exercice. Cette récapitulation est arrêtée et signée par lui. (*Circ.* 25 *sept.* 1824, *n°* 38, *et* 30 *sept.* 1827, *n°* 53.)

1424. Les rectifications qui peuvent avoir lieu dans les payements, par suite de changement d'imputation, ou de faux classement, se rapportant à des mois antérieurs, n'apportent aux enregistrements faits aux livres de détail, aucune modification. Le Payeur doit seulement faire mettre en regard de l'article, à l'encre rouge, ces mots : Rectification n°..... (*Circ. C. G.* 24 *mars* 1843, *n°* 128.)

SECTION III. — LIVRES DE DÉTAIL AUXILIAIRES POUR LA DETTE INSCRITE [1].

1425. Les Payeurs ont à tenir, pour le service de la dette inscrite, des livres de détail auxiliaires (modèle n° 4), divisés par *nature de dette* et par *échéance,* sur lesquels ils inscrivent, jour par jour, les payements par eux effectués. Ils reportent, ensuite, sur le livre de détail principal, concernant le Ministère des Finances, la masse des payements faits dans le même jour, pour le service des rentes et pensions. (*Circ. du* 6 *déc.* 1833, *n°* 81.)

[1] Ces livres, établis en exécution de la Circulaire du 6 décembre 1833, n° 81, ne sont pas au nombre de ceux que l'on doit faire parapher par le préfet.

1426. Les services de la Dette publique, pour lesquels un livr de détail auxiliaire est ouvert dans les bureaux des Payeurs, sont ceux ci-après :

1° Rentes 5 p. 0/0; 2° rentes 4 1/2 p. 0/0; 3° rentes 4 p. 0/0; 4° rentes 3 p. 0/0; 5° rentes viagères; 6° pensions civiles; 7° pensions de veuves; 8° pensions ecclésiastiques; 9° pensions de donataires; 10° pensions militaires; 11° pensions de l'ex-pairie; 12° pensions à titre de récompense nationale; 13° pensions et indemnités temporaires de réforme. (*Même Circ.*)

1427. Le registre auxiliaire pour la dette publique, indique notamment la date des payements; les noms des rentiers, ou pensionnaires; le montant *brut* de chaque acquit; le total des payements par journées et par mois, et, quand il y a lieu, la date de l'entrée en jouissance, celles des décès, les payements effectués à titre de retenues, les pièces produites, etc. [1] (*Circ. du* 6 *décembre* 1833, *n°* 81.)

CHAPITRE V.

Carnets d'Ordonnances.

SECTION 1re. — SERVICE ORDINAIRE.

1428. Les carnets d'ordonnances tenus par les Payeurs pour le service ordinaire, sont établis distinctement, les uns (modèle n° 5) pour les ordonnances *de payement*, les autres (modèle n° 6) pour les ordonnances de *délégation*. Ils ont pour objet d'offrir *par Ministère* le compte de chaque article de dépense pendant toute la durée de l'exercice [2]. (*Circ.* 30 *sept.* 1837, *n°* 53.)

1429. Le carnet des ordonnances de *payement*, entr'autres indications réclamées par l'intitulé des colonnes, fait connaître

[1] Il est recommandé de ne jamais omettre ces diverses indications, et de les reproduire sur les états mensuels.

[2] A la fin de chaque année, le ministre fait remettre aux Payeurs, la nomenclature des dépenses de chaque ministère. C'est à l'aide de ce document que les carnets sont montés.

par chapitre, et lorsqu'il y a lieu par article, le montant des ordonnances ministérielles délivrées, et celui des payements successivement effectués par journée et par mois ; le carnet des ordonnances de *délégation* indique les crédits alloués, le montant des mandats émis, les sommes payées par journées, et les totaux par mois. (*Circ.* 30 *sept.* 1827, *n*o 53.)

1430. Les extraits d'ordonnances de payement et de délégation destinés à établir les crédits, sont enregistrés aux carnets aussitôt que ces crédits ont été constatés au livre-journal. Quant aux mandats émis et aux payements effectués sur chaque article, les Payeurs en présentent seulement le total par jour [1]. (*Circ.* 30 *sept.* 1827, *n*o 53.)

1431. Les colonnes de chaque carnet, indiquant les sommes, sont totalisées par page; à la fin de l'année tous les carnets sont clos et arrêtés de la manière suivante :

1o Pour les *ordonnances de payement*, on totalise la dernière colonne de la première page de chaque carnet, intitulée : *Montant net des ordonnances*, ainsi que la dernière colonne de la deuxième page qui présente alors le montant des payements des douze mois. Ce dernier total déduit du premier, fait ressortir, le reste à payer sur les ordonnances;

2o Pour les ordonnances *de délégation*, on établit à la fin de l'année, le montant net des ordonnances et celui des mandats délivrés; l'on totalise ensuite la colonne intitulée : *Montant, par mois, des payements effectués*; et pour présenter le résultat de ces différentes opérations, on établit le tableau donné pour exemple (Circ. no 38), et destiné à faire ressortir : 1o le reste à mandater sur les ordonnances ; 2o le reste à payer sur les mandats. (*Circ.* 25 *sept.* 1824, *n*o 38, *et* 30 *sept.* 1827, *n*o 53.)

[1] Cet enregistrement simultané et journalier des *crédits*, des *émissions de mandats*, et des *payements effectués*, est destiné à faire connaître, à tout instant, au Payeur, sa situation sur chaque article du budget. Sur ces trois éléments de la comptabilité repose tout le système. Lorsque le contrôle réciproque des écritures des ordonnateurs et de celles des Payeurs assure l'exactitude des résultats présentés, la régularité des opérations ne laisse plus aucune incertitude.

1433. Les carnets à tenir par les Payeurs, conformément aux articles qui précèdent, doivent être reliés en autant de volumes que de ministères et d'exercices. (*Circ.* 25 *sept.* 1824, *et* 30 *sept.* 1827, *n*° 53.)

SECTION II. — DÉPENSES DÉPARTEMENTALES.

1434. Pour les dépenses départementales, il est ouvert sur les carnets d'ordonnances, un compte à chacun des quatre chapitres spéciaux correspondants aux quatre sections du budget départemental, avec indication du titre que ce budget leur donne (la nature de fonds). Les Payeurs subdivisent ensuite ces chapitres, par sous-chapitres et articles dès qu'ils connaissent les allocations fixées par le conseil général. (*Circ.* 22 *août, et* 26 *déc.* 1838, *n*os 109 *et* 111 ; 25 *juillet* 1839, *n*° 113, *et* 20 *nov.* 1841, *n*° 120.)

NOTA. Ce qui a rapport aux dépenses de l'instruction primaire et à celles du cadastre, est présenté séparément.

1435. Comme les carnets des dépenses ordinaires, les carnets des dépenses départementales, présentent, sous la distinction ci-dessus, le montant des crédits alloués, celui des mandats émis, et le montant par jour et par mois, des payements effectués. (*Même Circ.*)

CHAPITRE VI.

Documents divers présentant les résultats des opérations mensuelles.

SECTION Ire. — COMPTE MENSUEL [1].

1436. Les recettes et les dépenses constatées dans les écritures du Payeur dans le courant du mois, sont l'objet d'un compte men-

[1] Indépendamment de ce compte *mensuel*, il existe le compte de *gestion*. Les dispositions concernant ce dernier compte sont indiquées au Titre IX.

suel, adressé par ce comptable, avec les pièces justificatives, au Ministère des Finances à l'expiration de chaque mois, et qui est transmis, ensuite, par le ministre, à la Cour des Comptes, pour y être vérifié. (*Décret* 6 *juin* 1850; *Circ.* 19 *déc.* 1848, *n*° 169, 6 *et* 31 *juillet* 1850, *n*° 180 *et* 181.)

1437. Les envois mensuels des états et pièces de dépenses, à la Cour des Comptes, se composent des documents ci-après :

1° Le compte (modèle n° 24) des recettes et dépenses, constatées pendant le mois, et détaillées dans les bordereaux qui doivent l'accompagner ;

NOTA. Ce compte, formé en double expédition, présente le *solde en caisse* au commencement du mois ; les *recettes ;* les *dépenses ;* le solde en fin de mois ; les dépenses justifiées par pièces ; et les dépenses dont les pièces ne seront produites qu'ultérieurement.

2° Le bordereau (modèle n° 25) par ministère, présentant par exercice, et chapitre, les payements effectués pendant le mois, sur les deux exercices en cours ;

3° Le bordereau (modèle n° 26) des récépissés délivrés au Payeur pour versements sur produits de retenues (Retenues à divers titres ; retenues pour cause d'amendes et de débets) ;

4° Le bordereau (modèle n° 27) des récépissés délivrés au Payeur, des fonds et valeurs remis par lui à d'autres comptables ;

5° Le bordereau (modèle n° 28) des prélèvements faits par le Payeur, sur les sommes qu'il avait déposées dans sa caisse :

6° Le bordereau (modèle n° 29) des récépissés que le Payeur s'est délivrés à lui-même, pour retenues au profit du Trésor et de la Caisse des dépôts et consignations (Retenues pour pensions de retraite des agents des finances et des membres de l'ordre judiciaire, de 2 p. 0/0 sur les dépenses de la guerre, et retenues progressives) ;

7° Le bordereau (modèle n° 30) des retenues exercées par le Payeur, sur divers créanciers de l'Etat (Retenues pour cause d'amende ou de débet ; à divers titres ; en vertu d'oppositions ; au profit de la Caisse des invalides de la marine ; au profit des Caisses de retraites) ;

8° Le bordereau (modèle n° 31) des talons de récépissés souscrits par le Payeur pour les versements à lui faits, par les receveurs généraux et autres comptables ;

9° Le bordereau (modèle n° 32) des versements provenant des fonds particuliers du Payeur ;

10° Le relevé (modèle n° 33) en double expédition, des mandats d'avances, pour services en régie, payés par le comptable, dont les justifications restaient à produire à la fin du mois ;

11° Le bordereau, en double expédition, (modèle n° 34) des acquits de payement, sur lesquels des justifications restent à produire à la fin du mois.

12° Le bordereau (modèle n° 35) des pièces justificatives de dépenses pour services en régie, à rattacher aux mandats d'avances acquittés pendant les mois précédents de la gestion courante ;

13° Le bordereau (modèle n° 36) des pièces justificatives à rattacher aux acquits de payement restant à régulariser sur les mois antérieurs de la gestion courante, savoir :

Pièces qui restaient à recueillir par le Payeur à la fin des mois précédents.

Pièces réclamées, ou qui avaient été renvoyées par la comptabilité générale, pour être régularisées.

Pièces régularisées, ou fournies, pour satisfaire aux injonctions de la Cour des Compes.

NOTA. L'envoi des comptes mensuels est fait par le ministre à la Cour des Comptes, à la fin de chaque mois pour le mois expiré. Le jugement de ces comptes a lieu par des arrêts trimestriels. (Voir le Chapitre IX du présent Titre)

SECTION II. — DOCUMENTS DIVERS ÉTABLISSANT LA COMPTABILITÉ DE CHAQUE MOIS.

1438. Indépendamment des documents destinés à accompagner le compte mensuel, et qui sont rappelés à la section précédente, les résultats des opérations de chaque mois, sont spécialement présentés dans des bordereaux et états, dont l'envoi a lieu comme il est expliqué ci-après :

Art. 1er. — *Documents dont la transmission précède l'envoi des acquits.*

1439. Le jour qui précède celui où le Payeur doit faire l'envoi de ses acquits du mois expiré, à la direction de la Comptabilité générale, il adresse à cette direction, après les avoir établis dans la forme plus loin indiquée, les documents constatant les opérations qui ont eu lieu dans le mois. (*Circ.* 30 *oct.* 1832, *n°* 74 ; 28 *mai* 1833, *n°* 76.)

1440. Les documents dont il fait l'envoi, sont :

1° La balance des comptes du grand-livre (et s'il existe un Préposé-Payeur, la balance des comptes du grand-livre de cet employé) ;

2° Les bordereaux de développement par ministère et exercice des comptes de la balance ; (S'il y a lieu, le bordereau des pièces justificatives.)

3° Le bordereau de développement des dépenses des exercices clos ;

4° Un même bordereau pour les exercices périmés ;

5° Les relevés, par exercice, des payements effectués sur les services coloniaux ;

6° L'état des retenues exercées sur les traitements des membres de l'ordre judiciaire ;

7° L'état des retenues faites pour le service des pensions de retraite des agents de l'Administration des Finances ;

8° L'état des retenues exercées au profit de la Caisse des invalides de la marine ;

9° Bordereau-enveloppe des pièces rectificatives apportant des changements aux payements de la gestion ;

10° Bordereau des changements de dispositions et des annulations, opérées sur ordonnances ;

11° Le relevé nominatif des remboursements de cautionnement. (*Circ., plus loin citées, pour chaque document.*)

1441. Aux bordereaux et états ci-dessus sont joints :

Les états de remboursement de capitaux de cautionnement à renvoyer au ministère ;

Les états d'arrérages de rentes et de pensions. (*Circ.* 30 *octobre* 1832, *n*° 74 ; 28 *mai* 1833, *n*° 76.)

1442. Le paquet renfermant les bordereaux et autres éléments de la comptabilité, qui sont ci-dessus énumérés, ne doit contenir aucunes autres pièces étrangères à cet envoi ; il est formellement recommandé de ne jamais confondre ces éléments avec les acquits de dépenses du mois. (*Même Circ.*)

1443. La lettre qui annonce au directeur de la Comptabilité générale, l'envoi des documents ci-dessus, en donne l'énumération ; elle fait connaître, en même temps, que le lendemain il sera chargé à la poste tel nombre de paquets renfermant les acquits de dépenses du mois qui vient de finir, avec les pièces justificatives destinées à les appuyer [1]. La lettre spéciale (modèle n° 59) annonçant le départ des acquits, indique, par ministère, le nombre de ces acquits ; elle est jointe au paquet des documents. (*Même Circ.*)

Art. 2. — *Balance.*

§. 1er. — Ce qui la compose et son objet.

1444. Les comptes du grand-livre étant additionnés le dernier jour de chaque mois [2], c'est du relevé de ces additions que se compose la balance du Payeur (modèle n° 40.) Le montant des *débits* de tous les comptes doit toujours présenter une somme égale à celui des *crédits*, et les totaux des soldes *débiteurs* balancer exactement les soldes *créanciers* [3]. (*Inst.* 17 *mai* 1818, *n*° 56.)

1445. Chaque compte, relevé dans la balance générale, présente la situation particulière du Payeur sur la partie isolée pour laquelle ce compte existe. La situation du comptable, sur toutes les parties de sa gestion, résulte de la réunion et de la comparaison de tous

[1] Le paquet des éléments de comptabilité contenant, maintenant, les pièces justificatives des services en régie, il est convenable qu'il soit *chargé*.

[2] Cette situation peut s'établir à toute époque.

[3] Le mode d'écritures en partie double, a été prescrit par l'Ordonnance du 1er décembre 1808 ; il prévient toute erreur.

les comptes; par l'examen et la reconnaissance de l'exactitude des soldes, le Payeur acquiert la connaissance exacte de sa position. (*Inst.* 17 *mai* 1818, *n*° 56.)

1446. La balance contient, en outre, un résumé [1] à l'aide duquel sont vérifiés les payements compris dans les bordereaux de développement qui accompagnent les envois d'acquits. Ce résumé, conforme dans ses résultats au compte mensuel (voir n° 1436), présente le montant des *recettes* et celui des *dépenses* effectuées pendant le mois. (*Circ. du* 15 *déc.* 1824, *art.* 40.)

§ 2. — Division et jeu des Comptes.

1447. Les comptes de la balance sont divisés en six parties :

1° Les comptes de caisse et de portefeuille, comprenant les C*C*/ *Caisse; Traites du caissier central; Mandats sur les receveurs particuliers et les percepteurs; Préposé-Payeur*;

2° Les comptes de divers, comprenant *les fonds particuliers du Payeur*, et *les retenues*;

3° Les comptes du Trésor, savoir : Trésor S/C de fonds; Trésor S/C d'Ordonnances de payement; Trésor S/C d'Ordonnance de délégation; Trésor S/C d'Acquits. (Dans un cadre séparé se trouve le développement du Crédit du C/ Trésor S/C de Fonds);

4° Les comptes d'ordonnances et de mandats de payement, par ministère et exercice;

5° Les comptes de crédits de délégation, par ministère et exercice;

6° Les comptes d'ordre, pour les avances faites aux agents des services en régie.

§ 3. — Compte de Caisse.

1448. Le compte Caisse, est *débité*, par jour, des recettes en numéraire effectuées par le Payeur. Les recettes en espèces, seulement, entrent à ce compte.

[1] Ce résumé est le compte, en partie *simple*, des recettes et des dépenses du Payeur.

Il est *crédité* du montant des payements faits par ce comptable.

Le solde débiteur représente la somme qui doit se trouver matériellement en caisse.

Ce compte joue, au *débit* et au *crédit*, avec le *C/ Trésor S/C de Fonds.*

§ 4. — Compte du Préposé-Payeur.

1449. Le compte du Préposé-Payeur, est *débité*, jour par jour, du numéraire qui lui a été adressé pour les besoins de son service, ou des recettes qu'il a directement effectuées pour le même objet. Il est crédité au fur et à mesure que ce préposé remet les acquits qu'il a payés.

Le solde débiteur représente les valeurs qui se trouvent entre les mains de ce comptable.

Ce compte joue, au débit et au crédit, avec le C/ Trésor S/C de Fonds.

§ 5. — Compte Acquits à régulariser.

1450. Le compte des acquits à régulariser est *débité*, jour par jour, du montant des acquits renvoyés par la direction de la Comptabilité générale (arrêté du 6 juin 1850) pour être régularisés, ou de ceux conservés au Trésor, mais indiqués comme n'étant pas appuyés des pièces voulues. Il est *crédité* du montant des acquits renvoyés, après régularisation, ou pour lesquels les justifications demandées sont produites.

Ce compte, joue au *débit* et au *crédit*, avec le C/ Trésor S/C d'Acquits.

§ 6. — Compte Fonds particuliers du Payeur.

1451. Le compte Fonds particuliers est *débité* des sommes dont le Payeur peut faire momentanément l'avance au Trésor, ou le dépôt dans sa caisse, pour acquitter des dépenses. Il est *crédité* de celles qu'il retient pour se couvrir de ce qu'il a avancé. Il ne peut offrir qu'un solde créditeur, quand il n'est pas balancé.

Ce compte joue avec le C/ *Caisse* et avec le C/ *Trésor S/C de Fonds.*

§ 7. — Comptes des Retenues.

1452. Il existe un compte particulier par espèce de retenues; chaque compte est *débité*, jour par jour, du montant des retenues effectuées sur les payements des mandats et ordonnances; il est ensuite *crédité*, en fin de mois, du montant des retenues versées au receveur général.

Ces comptes jouent avec le C/ Trésor S/C de fonds. (*Circ.* 20 *déc.* 1837, *n°* 105.)

1452 *bis.* La retenue progressive exercée en vertu du décret du 12 août 1848, doit être présentée à un compte spécial, avec dénomination de *l'exercice* auquel elle appartient. (*Circ.* 18 *oct.* 1848, *n°* 167.)

NOTA. Il est ouvert aussi, un compte des retenues pour offres faites à l'État.

§ 8. — Compte Trésor S/C de Fonds.

1453. C'est au compte Trésor, *S/C de Fonds*, que se trouvent réunies toutes les opérations pour le C/ du Trésor. Il est *débité*, jour par jour, du montant brut des payements faits sur tous les services, d'après les crédits ouverts, soit directement à la caisse du Payeur, soit par l'entremise de son préposé ou celle des receveurs des Finances.

Il est *crédité*, jour par jour, des recettes faites des receveurs généraux, en numéraire ou en pièces de dépenses; des versements effectués par des comptables aux Préposés-Payeurs, et du montant des retenues prélevées.

Ce compte ne peut jamais présenter qu'un solde créditeur, lequel représente l'encaisse matériel existant entre les mains du Payeur, et entre celles de son préposé.

Il joue avec tous les comptes de valeurs et de retenues qui précèdent.

§ 9. — Compte du Trésor, S/C d'Ordonnances de payement.

1454. Le compte Trésor S/C d'Ordonnances de payement, est *débité*, par jour, du montant des ordonnances de cette nature qui entrent dans la comptabilité du Payeur, d'après les feuilles d'autorisation et extraits adressés par la direction du Mouvement général des fonds.

Il est *crédité*, par mois, du montant des acquits envoyés au Trésor.

Le solde *débiteur*, exprime le montant des ordonnances de payement restant à Payer. Ce résultat est le même que celui donné par les soldes créanciers réunis, des CC/ : *Ordonnances de payement* par ministère et exercices dont il est parlé plus loin.

§ 9 *bis*. — Compte : Trésor S/C d'Ordonnances de payement pour le service local et municipal de l'Algérie. — Compte : Ordonnances de payement du Ministère de la Guerre, pour le service local et municipal de l'Algérie.

1455. Le premier de ces comptes est *débité* au crédit du second des ordonnances reçues, et quand ces ordonnances sont acquittées, on opère comme pour les payements concernant les autres services. (*Circ. n° 157.*)

§. 10. — Comptes du Trésor S/C d'ordonnances de délégation.

1456. Le compte Trésor *S/C* Ordonnances de délégation, est *débité*, par jour, du montant des crédits délégués aux ordonnateurs secondaires, suivant les extraits contenus dans les feuilles d'autorisation.

Il est *crédité*, par jour, du montant des annulations faites d'office, et de celles qui ont été prescrites par le ministère ; et par mois, du montant des acquits envoyés au Trésor.

Le solde débiteur de ce *C/*, représente les ordonnances de délégation à consommer, tant par des délivrances de mandats, que par les payements des mandats délivrés restant à rentrer. Il est égal aux soldes créditeurs réunis des comptes *Mandats* et *Ordonnances de délégation*.

§ 11. — Compte du Trésor *S/C* d'Acquits.

1457. Le compte Trésor *S/C* d'Acquits, est *débité*, par jour, du montant des acquits régularisés renvoyés au Trésor, ou des régularisations opérées par des remises de pièces, et, par mois, du montant de l'envoi que fait le Payeur des acquits qu'il a payés. Il est *crédité*, par jour, du montant des acquits à régulariser transmis par le Trésor, ou régularisations demandées, et, par mois, du transport des payements effectués qui figurent aux *CC/*, Trésor *S/C* d'Ordonnances de payement, et Trésor *S/C* d'Ordonnances de délégation.

Le solde créditeur de ce compte, représente le montant des mandats, ou régularisations, à transmettre au Trésor.

§ 12. — Comptes des Ordonnances de payement (par ministère et exercice).

1458. Le compte des ordonnances de payement, par ministère et exercice, se rapportant au ministère et à l'exercice indiqués, est *débité*, toutes les dizaines, par le transport des payements faits par le Payeur, ou par ses suppléants, et qui figurent au *C/ Trésor S/C d'Ordonnances de payement*.

Chaque compte est ensuite *crédité*, par dizaine, du montant des ordonnances, que la direction du Mouvement des fonds adresse au Payeur pour chaque ministère.

Le solde *créditeur* représente le montant des ordonnances restant à payer. Tous les soldes réunis de ces comptes égalent le solde *débiteur* du compte Trésor *S/C* d'Ordonnances de payement, avec lequel ils sont en corrélation.

§ 13. — Comptes : Mandats de payement (par ministère et exercice) des ordonnateurs secondaires.

1459. Chacun des comptes de *Mandats de payement*, sont *débités*, à la fin de chaque mois, par le montant des mandats ayant rapport au ministère et à l'exercice indiqués, qui ont été acquittés et adressés par le Payeur au Trésor. Ils sont *crédités*, du montant des mandats délivrés par les ordonnateurs, ainsi que l'annoncent leurs bordereaux journaliers d'émission.

Les soldes *créditeurs* de ces comptes, représentent les mandats non payés.

§ 14. — Comptes des Ordonnances de délégation (par ministère et exercice).

1460. Ces comptes, en corrélation avec le compte : *Trésor S/C d'Ordonnances* de délégation, sont *débités*, jour par jour, du montant des mandats délivrés par les ordonnateurs secondaires.

Chaque compte est ensuite *crédité*, par dizaine, du montant des ordonnances de délégation, dont les extraits ont été envoyés au Payeur par la direction du Mouvement général des fonds.

Les soldes créanciers de ces *CC/*, représentent le montant des dépenses restant à mandater sur les crédits délégués.

(Voir, pour l'établissement des comptes concernant l'ancienne liste civile et le domaine privé, la circulaire du 22 mars 1848, n° 163.)

§ 15. — Compte : Trésor *S/C* de Payement d'avances aux agents chargés de services régis par économie.

1461. Le compte Trésor, *S/C de Payement d'avances*, est *débité* chaque dizaine, du montant des avances pour l'emploi desquelles les régisseurs ont produit des pièces justificatives à joindre aux mandats délivrés. Il est *crédité*, par dizaine également, des payements faits, à titre d'avances, aux agents qui ont été autorisés à recevoir les fonds.

Le solde *créditeur* représente la somme pour laquelle il reste des pièces justificatives à remettre au Payeur.

Ce compte joue avec le *C/* du ministère (mandats de payement par ministère et exercice) que l'avance concerne.

§ 16. — Compte : Mandats de payement, par ministère et exercice, *S/C* de Payement d'avances.

1462. Chacun de ces comptes est *débité*, par dizaine, du montant des avances faites aux agents chargés des régies. Il est *crédité* également, par dizaine, du montant des pièces justificatives que les régisseurs ont produites au Payeur. Les soldes débiteurs réunis de ces comptes, égalent le solde créditeur du *C/* Trésor *S/C* Payement d'avances. (Voir la Circulaire du 24 octobre 1837, n° 104.)

§ 17. — Compte des remboursements de capitaux de cautionnements.

1463. Le compte des remboursements de capitaux de cautionnements, est *débité*, par mois, par le montant des pièces acquittées, et que le Payeur a transmises au Trésor ; il est *crédité*, par jour, du montant des ordonnances reçues de la direction du Mouvement des fonds, pour cette nature de dépense.

Le solde créditeur de ce compte, représente le montant des ordonnances non payées.

§ 18. — Compte des contre-parties.

1464. Les articles indiqués à la balance, sous le titre de *contre-parties*, sont ceux passés par suite de modifications, ou annulations, se rapportant, en tout ou en partie, à une ordonnance ministérielle. Aucune rectification ne peut être opérée par le changement de la somme inscrite, par la réduction ou la suppression d'un article. Les écritures portées au journal, ne doivent jamais être altérées ; elles sont rectifiées par des écritures opposées. Toute somme étant portée à deux comptes, on doit, pour rectifier une erreur, balancer cette erreur dans l'un et l'autre compte [1]. (*Circ.* 17 *déc.* 1818, *n°* 26.)

1465. Si l'erreur existe en moins, au débit du compte où la somme devait figurer, et en moins aussi au crédit d'un autre compte, l'article est porté tel qu'il aurait dû l'être, en ajoutant aux deux comptes les sommes qui leur manquent. (*Circ.* 17 *décemb.* 1818, *n°* 56.)

1466. Lorsque la somme qui est l'objet de la rectification, se trouve *en plus* au *débit* et au *crédit* des deux comptes respectifs, on

[1] Ainsi, on ne retranche jamais aucune somme dans les parties doubles pour opérer une rectification ; on ajoute une somme égale, de manière à balancer l'erreur ou la différence. (*Circ.* 17 *déc.* 1818, *n°* 26.)

rétablit le chiffre exact, en ajoutant une somme égale au crédit du premier compte débité de trop, et au second compte crédité aussi en trop. (*Circ.* 17 *déc.* 1818, *n°* 56.)

§ 19. — Comptes de la balance d'entrée.

1467. La balance d'entrée est le transport, dans les écritures de l'année courante, des opérations de la gestion expirée qui se rattachent aux exercices en payement.

Les comptes ouverts au grand-livre pour ce transport sur les livres de la nouvelle gestion, sont divisés en deux catégories ; ceux de la première sont transportés *en masse,* c'est-à-dire pour le montant du *débit* et du *crédit,* déduction faite des contre-parties.

Les comptes de la première catégorie, dont le transport a ainsi lieu en masse, sont ceux suivants :

CC/ Ordonnances de payement et Mandats de payement de chaque ministère.

1468. Ceux de la seconde catégorie, sont transportés seulement pour le *solde* débiteur, ou créancier, au 31 décembre ; ce sont les comptes ci-après :

Compte Caisse. (Solde débiteur au 31 décembre.)
— Préposé. (*Idem.*)
— Acquits à régulariser. (Montant des acquits restant à régulariser.)
— Trésor *S/C* d'Ordonnances de payement. (Solde débiteur des ordonnances à payer.)
— Trésor *S/C* d'Ordonnances de délégation. (Ordonnances à mandater et mandats restant à rentrer.)
— par Ministère, des avances des services régis par économie.
— Trésor *S/C* de fonds. (Solde débiteur du *C/* Caisse et du *C/* Préposé.)
— Trésor *S/C* d'Acquits. (Acquits restant à régulariser.)

Comptes Ordonnances de délégation des divers ministères.
— Trésor *S/C* de Payement d'avances, services régis par économie. (Solde débiteur des ministères qui ont des justifications à produire.)

Art. 3. — *Bordereaux de développement du Compte de la balance.*

1469. Les bordereaux de développement, sont destinés à appuyer et à justifier les comptes de la balance; ils donnent, par ministère et par exercice, le détail des payements qui ont été effectués pendant le mois, sur chacun des chapitres ou articles du budget, en vertu d'ordonnances et de mandats appuyés de pièces justificatives [1]. (*Circ.* 30 *oct.* 1832, *n°* 74; 24 *mars* 1843, *n°* 128.)

1470. Le bordereau de développement (modèles n° 42 à 52) indique : le numéro des chapitres spéciaux; la nature des services sur lesquels porte la dépense; séparément sur les ordonnances de payement du ministre, et sur les mandats des ordonnateurs secondaires; les résultats antérieurs; les payements pendant le mois, et le total. Il présente aussi, sans cumulation avec les modifications précédentes, les rectifications qui ont eu lieu par suite de fausses imputations, ou d'erreur de classement (Voir n° 590). (*Circ. précitées.*)

1471. Le Payeur doit affecter, sur ces bordereaux, une colonne distincte, pour y présenter les retenues progressives exercées au profit du Trésor, en exécution du décret du 12 août 1848, et celles pour offres à l'Etat. (*Circ.* 18 *oct.* 1848, *n°* 467.)

1472. Si dans le cours d'un mois, il n'a été effectué aucun payement sur l'un des exercices ouverts, le Payeur ne se dispense pas, pour cela, d'envoyer au ministère un bordereau de développement pour cet exercice; il n'a, alors, que le chiffre de l'antérieur à y rappeler. (*Circ. du* 22 *janv.* 1835, *n°* 88.)

§ 1er. — Rectifications pour changement d'imputation ou faux classement.

1473. Les changements d'imputation apportés aux ordonnances de payement ou aux mandats des ordonnateurs secondaires, et les erreurs de classement, s'établissent diversement dans les écritures, selon qu'ils sont signalés *après la clôture* d'une gestion, ou qu'ils

[1] Le bordereau de développement reproduit le chiffre des bordereaux récapitulatifs et de détail. Pour les dépenses départementales, il est établi par nature de fonds, conformément à la circulaire n° 111 du 26 décembre.

sont indiqués *pendant le cours même de la gestion*, *après le départ des acquits*, ou qu'ils sont demandés *avant que le Payeur n'ait fait l'envoi au ministère* de ses bordereaux de développement. (Voir : *Réimputations*, page 583.) (*Circ. du* 20 *nov.* 1841, *n*° 120, *et* 31 *août* 1843, *n*° 133.)

1474. Il est ouvert dans les bureaux du Payeur, un registre (modèle n° 96), où sont inscrits, par ordre de numéros, les certificats de réimputation qui sont adressés à ce comptable par les ordonnateurs secondaires, pendant la durée de la gestion (Voir n° 589). (*Mêmes Circ.*)

1475. A la fin de chaque mois, les bordereaux de développement à l'égard desquels des rectifications ont été présentées, sont appuyés des pièces rectificatives qui mentionnent, en détail, les mandats et ordonnances mal imputés, ou mal classés. Ces pièces sont renfermées dans un bordereau-enveloppe (modèle n° 97), indiquant les deux chapitres, ou articles, affectés en sens inverse par la rectification. (*Mêmes Circ.*)

1476. Le Payeur présente successivement dans les dernières colonnes des bordereaux de développement, les modifications qu'il est dans le cas de faire en vertu de nouvelles pièces; mais sans les cumuler avec les modifications précédemment faites, et sans les rapprocher des payements bruts présentés. (*Mêmes Circ.*)

1477. Le comptable peut provoquer, ou admettre, une rectification faite sur le titre même de payement, par suite d'une fausse imputation, et accepter les ordonnances, ou mandats, pour leur nouvelle destination, tant qu'il n'a pas adressé à la direction de la Comptabilité générale, ses bordereaux mensuels de développement. (*Circ. C. G.* 31 *août* 1843, *n*° 133, page 2.)

1478. Toutefois, ce changement d'imputation ne peut s'opérer qu'autant qu'une approbation, en toutes lettres, signée de l'ordonnateur a été inscrite au bas du titre de payement, et qu'un avis de la rectification effectuée, a été donné au Payeur, soit par une annotation signée au bas du bordereau d'émission, soit par notes séparées et également signées. (*Même Circ.*)

1479. Si une erreur du fait du Payeur, pour classement irrégulier, a été reconnue *après la clôture d'une gestion* [1], ce comptable forme une déclaration de faux classement; il adresse cette déclaration à la direction de la Comptabilité générale, afin que l'on y fasse opérer le redressement nécessaire dans les écritures. L'ordonnateur secondaire est avisé de cette erreur, au moyen d'une note mise dans la colonne d'observations du plus prochain bordereau-sommaire qui lui est transmis. (*Circ.* 20 *nov.* 1841, *n°* 120.)

§ 2. — Dépenses du chapitre spécial des Exercices clos.

1480. A l'expiration de chaque mois, le Payeur transmet à la direction de la Comptabilité générale des Finances, à l'appui de sa balance, un développement (modèle n° 71) des payements du chapitre spécial des dépenses des exercices clos, qu'il a effectués pendant l'année courante. (*Circ. C. G.* 17 *déc.* 1834, *n°* 87, *et* 20 *nov.* 1841, *n°* 120.)

1481. Ce développement indique : les ministères; les numéros des chapitres et la nature des dépenses; les années auxquelles ces dépenses se rapportent, et le total, par ministère, des payements effectués pendant le mois, et pendant les mois antérieurs. (*Même Circ.*)

1482. Lorsque, dans le cours d'un mois, il n'y a pas eu de payements effectués sur le chapitre spécial *Exercices clos*, d'un ministère, le Payeur l'indique, et reporte, néanmoins, les payements antérieurs qui ont pu avoir lieu depuis le commencement de la gestion. (*Même Circ.*)

1483. Il est également formé un bordereau de développement, pour les dépenses des exercices périmés, non frappés de déchéance. (*Circ.* 16 *nov.* 1845, *n°* 91.)

Art. 4. — *Relevé des Payements effectués pour le service des Colonies.*

1484. A l'appui du bordereau de développement des dépenses du Ministère de la Marine, il est remis au Ministère des Finances,

[1] La gestion est expirée, lorsque le Payeur a fait l'envoi de son compte au Ministère.

un relevé (modèle nº 58) des payements effectués pour le service des colonies. Ce relevé indique, séparément, pour le *service général*, pour le *service local* et pour les *subventions*, ce qui a été payé pour chacune des colonies de la *Martinique*, de la *Guadeloupe*, de la *Guyanne française* et de *Bourbon*. Le total des payements est conforme à celui donné par le bordereau de développement. (*Circ. 26 déc. 1846, nº 160.*)

Art. 5. — *Bordereaux sommaires des retenues.*

1485. Outre les documents dont il est parlé aux sections qui précèdent, la balance mensuelle des comptes du grand-livre est appuyée de bordereaux sommaires, indiquant, pour chacun des exercices ouverts, le montant des retenues qui ont été exercées pendant le mois expiré. (*Circ. C. G. 20 déc. 1837, nº 105 et 24 janv. 1839, nº 112.*)

Ces bordereaux sont ceux indiqués ci-après :

§ 1er. — Retenues au profit de la Caisse des invalides de la marine.

1486. L'état des retenues exercées au profit de la Caisse des invalides de la marine (modèle nº 57), indique les chapitres spéciaux des dépenses du Ministère de la Marine sur lesquelles portent les retenues; le montant distinct, par exercice, des prélèvements opérés sur les dépenses du personnel, et le total des retenues du mois, avec report de celles antérieurement effectuées. (*Circ. C. G. du 20 déc. 1837, nº 105.*)

§ 2. — Retenues pour Pensions de retraite des agents de l'administration des Finances.

1487. L'état sommaire des retenues applicables au service des pensions de retraite des agents de l'administration des Finances (modèle nº 55), comprend, avec distinction d'exercice, les retenues pour lesquelles le Payeur a souscrit des récépissés à talon. Il indique les chapitres spéciaux de la dépense ; le montant de la retenue sur les traitements ; celle exercée sur le premier mois d'appointements ; celle concernant les employés en congé, et le total, avec report de ce qui appartient au mois antérieur. (*Circ.* 20 *déc.* 1837, *n°* 105.)

§ 3. — Retenues sur les Traitements de l'ordre judiciaire.

1488. Le bordereau (modèle 56) des retenues exercées sur les traitements des membres de l'ordre judiciaire, indique, pour chacun des exercices ouverts, les chapitres spéciaux sur lesquels portent les retenues, et le montant de ces retenues, avec distinction de celles faites sur les *traitements ordinaires*, de celles s'appliquant au *premier mois de traitement* ou *d'augmentation*. (*Circ.* 24 *janv.* 1839, *n°* 112.)

Art. 6. — *Récépissés de Versements des retenues.*

1489. Indépendamment des bordereaux, plus haut indiqués, destinés à appuyer la balance pour justifier les comptes des retenues, les Payeurs ont à transmettre mensuellement à la Cour des Comptes, comme il est indiqué au n° 1437, les récépissés constatant le versement du produit de ces retenues. Ils sont établis comme suit :

Récépissés du Payeur (modèle n° 14), pour recette de lui-même, par transport au crédit du compte : Trésor S/C de Fonds.

Retenues pour les pensions de retraite des membres de l'ordre judiciaire. — pour les pensions de retraite des agents de l'administration des Finances.	Pour le compte de la Caisse des consignations.
— exercées sur les traitements des officiers et employés militaires. — exercées sur traitements, pour chaque ministère, en vertu du décret du 12 août 1848. — pour offres faites à l'Etat. (*Circ.* 26 *avril* 1848, *n°* 165.)	Au profit du Trésor.

Récépissés du Receveur général (modèle n° 12) pour les retenues à lui versées.

Retenues pour amendes et débets.
— à divers titres. (Contributions, journées d'hôpitaux, etc.)
— pour oppositions juridiques.

Récépissés du Caissier des invalides de la marine.

Retenues au profit de la Caisse des invalides de la marine. (modèle n° 18.)

(*Circ.* 20 *déc.* 1837, *n°* 105; 24 *janv.* 1839, *n°* 112; 18 *oct. et* 19 *déc.* 1848, *nos* 167 *et* 169.)

Art. 7. — *Etat des changements de dispositions et des annulations opérés sur les ordonnances.*

1490. Les Payeurs produisent à l'appui de la balance mensuelle des comptes du grand-livre, pour justifier la régularité de leurs écritures et les modifications que les crédits ont éprouvées, un état (modèle 128, Fin.) indiquant savoir : dans une *première partie*, avec la distinction de ce qui a rapport aux ordonnances *de payement*, et de ce qui concerne les ordonnances *de délégation*, les changements de dispositions survenus par suite de crédits reçus de leurs collègues d'autres départements; dans une *seconde partie*, les changements auxquels a donné lieu la transmission faite à des Payeurs, d'extraits des ordonnances envoyés par le ministre; et dans une *troisième partie*, les ordonnances annulées. (*Circ. lithog.* 10 *juin* 1833.)

Art. 8. — *Relevé nominatif des remboursements de capitaux de cautionnement.*

1491. Ils remettent également, chaque mois, un relevé nominatif (modèle n° 70) des remboursements de capitaux de cautionnement qu'ils ont effectués, en vertu des autorisations reçues de la direction du Mouvement général des fonds. Ce relevé présente le numéro d'ordre de payement; les noms, prénoms, fonctions et résidence des titulaires; le montant partiel des remboursements, et le total par classe de titulaires, des payements effectués dans le mois et antérieurement. (*Circ.* 17 *déc.* 1834, *n°* 87.)

1492. Le comptable, dans le détail qu'il donne sur le relevé dont il s'agit, des payements qu'il a effectués, suit l'ordre alphabétique des classes de titulaires, indiqué sur les états d'ordonnancement que lui a transmis le ministère. (*Même Circ.*)

SECTION III. — ENVOI DES ACQUITS, BORDEREAUX DE DÉTAIL ET PIÈCES JUSTIFICATIVES.

Art. 1er. — *Classement des Acquits pour leur inscription aux bordereaux de détail.* (*Service ordinaire.*)

1493. Les acquits de dépenses du mois courant sont réunis et classés, avec les distinctions ci-après indiquées, autant que possible, au fur et à mesure des payements, de manière à ce que la confection des bordereaux de détail (modèle n° 62) n'éprouve point de retards. (*Circ.* 28 *déc.* 1836, *n°* 99.)

1494. Le classement des acquits et leur inscription sur les bordereaux de détail du service *ordinaire*, ont lieu dans l'ordre et suivant les règles ci-après :

§ 1er. — Solde et Traitements.

Les acquits concernant les traitements, sont classés et inscrits, par chapitre, partie, section ou article, et, quand il y a lieu, par arrondissement, dans l'ordre des grades, qualités ou fonctions, en présentant, d'abord, les traitements des agents du grade le plus élevé, et en réunissant, l'un après l'autre, les payements faits à un même individu.

Pour les dépenses de la solde des troupes (Guerre), on désigne séparément les corps de troupe, ainsi que le traitement du personnel du génie : pour la solde et l'habillement concernant la marine, on distingue, sur le bordereau, la solde et habillement :

1° des équipages à terre; 2° des bâtiments à voile; 3° des bâtiments à vapeur. (*Circ.* 25 *oct.* 1830, *n°* 64; 28 *déc.* 1836, *n°* 99, *et* 18 *janv.* 1837, *n°* 100.)

§ 2. — Matériel.

Les acquits ayant rapport aux dépenses du matériel sont réunis et classés au bordereau de détail, par ordre alphabétique, ou par nature d'entreprises, ou dépense, en disposant les titres comme suit : *Travaux et Fournitures*; *Travaux et Fournitures par régie*; *Indemnité pour cession de propriétés*; *Frais accessoires des acquisitions*; *Salaires de conducteurs, piqueurs, etc.*; *Secours* ; *Salaires de cantonniers.* (*Circ.* 18 *juillet et* 28 *déc.* 1836, *n°s* 95 *et* 99.)

Art. 2. — *Formation des Bordereaux de détail.* (*Service ordinaire.*)

1495. Il est formé un bordereau de détail, séparé par chapitre, ministère et exercice, des pièces de dépenses acquittées pendant le mois écoulé, sur ordonnances, ou sur mandats de payement, pour chacun des articles (ou section) du budget, indiquées par les nomenclatures. (*Circ.* 18 *janvier* 1837, *n°* 100, *et* 20 *déc. suivant n°* 105.)

1496. Les bordereaux de détail mensuels font connaître le nombre des acquits et des pièces à l'appui, renfermées dans la feuille-enveloppe modèle D; le numéro des ordonnances ou mandats; les noms et qualités des parties prenantes; l'objet de la dépense; le montant de chaque acquit, et le montant des retenues exercées. (*Idem.*)

1497. Lorsque les bordereaux de détail concernant les dépenses des ministères de l'Intérieur et de l'Instruction publique, comprennent plusieurs articles, on y présente la récapitulation de ces articles. (*Idem.*)

1498. Le Payeur, avant d'arrêter les bordereaux de détail du mois, s'assure que le chiffre qu'ils indiquent est conforme à ses écritures, et aux pièces justificatives rapportées à l'appui de chaque payement. (*Idem.*)

Art. 3. — *Bordereaux de détail. (Dette viagère.)*

1499. Il est établi, pour le service de la dette viagère, des bordereaux distincts (modèle 65). Ils présentent, avec les indications précédemment rappelées, le numéro des certificats d'inscription des pensions, le nom des parties, et le montant des acquits. (*Circ.* 6 *déc.* 1833, *n*° 81, *et* 18 *janv.* 1837, *n*° 100.)

1500. Le classement et l'inscription à ce bordereau spécial, ont lieu de la manière suivante :

Les rentes viagères; les pensions civiles, ecclésiastiques, de veuves de militaires, et de donataires, sont présentées par chapitre, et par échéance semestrielle.

Les pensions militaires, celles pour récompenses nationales, et les indemnités de réforme, sont l'objet, également, d'articles distincts par échéances.

Les remboursements de capitaux de cautionnement figurent par numéro d'ordre des états de payement. (*Inst. min*lles.)

1501. Il est recommandé de ne jamais confondre, sur les bordereaux de détail de la dette viagère, plusieurs exercices ou échéances; les payements pour chaque nature de rentes viagères ou pensions et exercice, doivent être l'objet d'un bordereau séparé. (*Circ.* 6 *déc.*1833, *n*° 81, *et* 18 *janv.* 1837, *n*° 100.)

1502. Le comptable fait connaître, dans la colonne d'observations : 1° la date de la jouissance pour les pensionnaires nouvellement inscrits; 2° la date du décès, lorsque des arrérages sont payés à des héritiers; 3° les payements effectués à titre de *retenues*, au profit de femmes ou enfants abandonnés; 4° la date des ordonnances qui autorisent des pensionnaires à résider à l'étranger, et toute autre mention qui lui a été notifiée. (*Circ. C. G.* 6 *déc.* 1833, *n*° 81.)

1503. Chaque relevé certifié par le Payeur, est revêtu, avant d'être transmis à la Cour des Comptes, d'un certificat du directeur de la Dette inscrite, attestant que les payements qu'il comprend, sont conformes aux articles correspondants des registres d'inscription tenus au Trésor. (*Circ. Compt. gén.* 6 *déc.* 1833, *n°* 81.)

1504. Si un payement irrégulier a été opéré, la dépense présentée est maintenue dans la comptabilité du Payeur ; ce comptable, d'après l'avis qui lui en est donné, effectue immédiatement, à la caisse du receveur général, le reversement de la somme perçue en trop ; le récépissé qu'on lui a remis, et qu'il transmet au directeur de la Comptabilité générale est joint à ses acquits. (*Même Circ. et Lettres de la C. G.*)

NOTA. Une déclaration de reversement est également adressée à la direction de la Dette inscrite, pour le rétablissement de la somme, au crédit des pensions.

Art. 4. — *Bordereaux récapitulatifs.*

1505. Lorsqu'il résulte des acquits à remettre au Trésor, que, dans le cours du mois, des payements ont été effectués sur plusieurs articles de dépense d'un même chapitre, les Payeurs ont à établir un bordereau récapitulatif (modèle 66); ils s'assurent qu'il y a parfaite concordance, pour ces payements, dans l'ensemble et dans les détails présentés. (*Circ. C. G.* 25 *oct.* 1830, *n°* 64.)

1506. Le bordereau récapitulatif, où les articles de dépenses sont désignés, présente, dans des colonnes distinctes, les payements effectués pendant le mois, sur *ordonnances de payement*, et ceux faits sur *mandats de payement* Il n'est arrêté qu'après que sa conformité avec les écritures a été reconnue. (*Idem.*)

1507. Pour s'assurer que tous les acquits portés sur les bordereaux de détail composent bien l'envoi qu'il prépare, le comptable fait relever, pour chacun des ministères, le total de la colonne du nombre des acquits de chacun des bordereaux : il acquiert la preuve de l'exactitude du travail, quand le chiffre que donne la réunion de ces totaux est semblable à celui total du cotage. (*Circ.* 18 *janvier* 1837, *n°* 100.)

1508. Si, au moment où il expédie ses acquits, le Payeur n'est pas en possession de toutes les justifications qui lui étaient nécessaires, il n'en retarde pas, pour cela, son envoi : il indique, par l'état mensuel nº 34, les acquits sur lesquels les justifications restent à produire ; il les transmet ensuite ultérieurement, par son état mensuel nº 36, en indiquant les mandats auxquels elles doivent être annexées. (*Circ.* 29 *déc.* 1836, *nº* 99, *et* 29 *déc.* 1848, *nº* 169.)

Art. 5. — *Etats récapitulatifs relatifs aux rentes perpétuelles.*

1508 *bis*. A l'égard des rentes perpétuelles, il est établi à la fin de chaque mois, par nature de rente, un état récapitulatif (modèle nº 64) des acquits de payement du service de la dette consolidée versés par les receveurs d'arrondissement (y compris l'arrondissement chef-lieu). Il n'en est formé qu'un seul par chapitre de dépense pour chaque exercice. On y inscrit le montant des bordereaux sommaires du receveur général, relatifs à chaque échéance, dans l'ordre de la date de ces versements, et ces versements sont ensuite totalisés séparément, par échéance, dans la colonne réservée à cet effet. (*Arrêté min*[el] 10 *nov.* 1848 ; *Circ. C. G.* 20 *fév.* 1850, *nº* 177.)

Art. 6. — *Cotage des acquits.*

1509. Afin de faciliter le contrôle de l'administration, tous les acquits qui composent l'envoi mensuel sont cotés. Le cotage est fait à l'encre rouge, en tête du premier recto de chaque acquit, de la manière indiquée à l'article ci-après. (*Circ.* 24 *déc.* 1819, *nº* 35 ; *Instr.* 10 *janv.* 1822 ; *Circ.* 18 *janv.* 1837, *nº* 100, *et* 20 *déc. suiv.*, *nº* 105.)

1510. Il est donné aux ordonnances et mandats appartenant à chaque ministère, et pour les deux exercices en cours d'exécution, une série de numéros d'ordre. Le nombre d'acquits appartenant à chaque département ministériel est reproduit dans la lettre d'avis (modèle nº 59) du départ des pièces : le total général porté à cette lettre, indique le nombre des acquits du mois une nouvelle série de numéros est recommencée à chaque envoi. (*Circ.* 20 *déc.* 1837, *nº* 105.)

1511. Les Payeurs font tenir dans leurs bureaux, pour y recourir, si l'administration le réclame, un carnet sur lequel doit être présenté le nombre, par ministère, des acquits envoyés, chaque mois, au directeur de la Comptabilité générale. (*Circ.* 10 *janvier* 1822; 18 *janv. et* 20 *déc.* 1837, *n*os 100 *et* 105.)

1512. Les acquits de payement sont les seules pièces qui doivent recevoir le cotage; aucun numéro d'ordre ne doit être apposé sur les quittances, sur les mémoires, ou sur d'autres pièces mises à l'appui des mandats ou ordonnances. (*Note jointe à la Circ. du* 18 *janvier* 1837, *n*o 100.)

Art. 7. — *Réunion des pièces et mise en liasses.*

1513. Les mandats et pièces appartenant au même article du budget, et aux mêmes ministère et exercice, sont renfermés dans une feuille enveloppe (modèle D, no 68) sur laquelle sont rappelés le montant total du bordereau de détail, le nombre des acquits, et celui des pièces fournies à l'appui des payements. (*Circ.* 18 *janv.* 1637, *n*o 100, *et* 20 *déc. suivant.*)

1514. Les acquits et pièces concernant le service départemental, qui appartiennent à un même article d'un sous-chapitre du budget, sont placés dans une feuille particulière (modèle D *bis*, no 69). Cette feuille indique le montant total de l'article dont elle renferme les pièces. (*Note ministérielle.*)

1515. Les bordereaux de détail et récapitulatifs concernant les payements faits pour le service de la *dette viagère* et les *exercices clos* et *périmés de la dette consolidée*, sont réunis, chaque mois, en deux liasses distinctes, mais fixées ensemble, et placées en tête des bordereaux de détail. L'une comprend les bordereaux relatifs à la rente viagère, et la partie de la rente consolidée afférente aux exercices clos et périmés; l'autre contient ce qui se rapporte aux payements faits sur les pensions civiles, militaires, ecclésiastiques et de donataires, et pour récompense nationale. (*Circ.* 26 *déc.* 1846, *n*o 160.)

1516. Les Payeurs classent dans le même ordre, et également

en deux liasses distinctes, les feuilles d'enveloppe (modèle D) contenant les quittances de ces différentes natures de dépenses, et ils les placent en tête des acquits du mois. (*Circ.* 26 *déc.* 1846, *n°* 160.)

1517. Les deux liasses indiquées aux articles précédents, sont renfermées dans une feuille de papier blanc, sur laquelle on indique, à la main, pour les dépenses d'exercices courants, *le numéro du chapitre budgétaire*, et la *somme payée par chapitre;* et pour les dépenses d'exercices clos et périmés, la *nature de la rente* et la *somme payée par nature de rente.* (*Même Circ.*)

1518. Les bordereaux et les acquits relatifs aux pensions des employés réformés, et ceux du service des intérêts de cautionnement concernant les exercices clos et périmés, sont classés dans le même ordre que les bordereaux et acquits du service de la dette viagère et de la dette consolidée. (*Circ.* 30 *sept.* 1847, *n°* 161.)

Art. 8. — *Formation des paquets.*

1519. L'envoi mensuel des acquits de dépenses, à la direction de la Comptabilité générale, est soumis, pour la confection des paquets contenant ces acquits, à des formes particulières que les Payeurs sont tenus d'observer. (*Circ.* 30 *déc.* 1817.)

1520. La formation et la fermeture des paquets ont lieu de la manière ci-après :

Après que les acquits de même nature ont été renfermés dans la feuille enveloppe, modèle D, on réunit, sous une ficelle, ou dans une feuille, tous les acquits d'un même chapitre : cette réunion s'opère *par section*, pour les dépenses du chapitre de la solde de la guerre, et par *nature de rente*, pour les dépenses du chapitre Ier du Ministère des Finances. (*Circ.* 30 *déc.* 1817 ; 18 *janvier* 1837, *n°* 100.)

1521. Il est ensuite formé des liasses distinctes, par *ministère* et *exercice*; les liasses des pièces qui ont rapport à l'exercice nouvellement ouvert, précèdent, dans ce classement, celles concernant l'exercice dont la clôture aura lieu dans l'année. Afin de rendre le transport des pièces de comptabilité plus facile, l'envoi est divisé en plusieurs paquets; chaque paquet, après avoir été ficelé, doit être revêtu d'une enveloppe de papier fort. (*Circ. C. G.* 30 *déc.* 1817; 18 *janv.* 1837, *n°* 100, *et* 20 *déc.* 1837, *n°* 105.)

1522. Les paquets ainsi formés, après avoir été revêtus de la suscription indiquant sommairement qu'ils renferment des pièces comptables, sont expédiés *par chargement*. A cet effet, ils sont revêtus, chacun, de deux cachets en cire portant sur les quatre côtés de l'enveloppe. Une réquisition de chargement est remise au directeur des postes. Le reçu délivré par ce dernier est conservé comme décharge, jusqu'à l'arrivée de l'accusé de réception que transmet la Comptabilité générale après vérification [1]. (*Ord.* 17 *nov.* 1844.)

Art. 9. — *Expédition des paquets.*

1523. Les acquits de dépenses appartenant à la comptabilité du mois écoulé, après avoir été disposés comme il est expliqué aux articles précédents, sont adressés, le lendemain du départ des éléments de cette comptabilité (Voir n° 1493), au directeur de la Comptabilité générale, pour être ensuite transmis, après examen, à la Cour des Comptes (Voir n° 1530). (*Circ.* 15 *mai* 1824; 25 *oct.* 1830, *n°* 64; 18 *janv.* 1837, *n°* 100; 19 *déc.* 1848, *n°* 169, *et* 6 *juillet* 1850, *n°* 180; *Arrêté* 21 *nov.* 1848 *et* 6 *juin* 1850.)

NOTA. La lettre d'avis (modèle n° 59) du départ des acquits est réunie à celle qui a annoncé l'envoi des documents.

1524. Les Payeurs doivent hâter leur envoi, de manière à ce que la direction de la Comptabilité générale soit saisie de tous les éléments de comptabilité et des acquits de payement du mois écoulé, le 10 du mois suivant au plus tard. (*Idem.*)

1525. Toute infraction à cette obligation donne lieu à l'application des peines disciplinaires prescrites par les lois et règlements sur les retards dans l'envoi des éléments de comptabilité. (*Idem.*)

[1] Le registre de correspondance du Payeur et le bulletin de chargement, sont, jusqu'à l'arrivée de l'accusé de réception, les justifications à produire en cas de vérification faite par l'inspection générale des Finances.

SECTION IV. — RÉCEPTION DES ACQUITS AU MINISTÈRE ET VÉRIFICATION.

1526. La garde et la conservation des acquits de dépenses et pièces à l'appui, transmis, chaque mois, par les Payeurs, au Ministère des Finances, pour être adressés à la Cour des Comptes, sont confiés, sous la surveillance du directeur de la Comptabilité générale, au chef de la Comptabilité des Payeurs, chargé d'en opérer la reconnaissance avant que l'envoi en soit fait à la Cour. (*Ordon. 27 décembre* 1823, *et arrêté du Min. des Fin. du* 28 *même mois.*)

1527. Le chef de la Comptabilité des Payeurs au Ministère des Finances, fait examiner si tous les acquits présentés aux bordereaux sont réellement adressés, et si leur montant a été exactement rappelé dans les états de comptabilité qui les accompagnent ; il en accuse ensuite la réception au comptable qui a fait l'envoi. (*Ordon. du* 14 *sept.* 1822, *art.* 10; *Circ.* 18 *janv.* 1837, *n°* 100.)

1528. Le bordereau d'accusé de réception à remettre aux Payeurs pour les acquits dont ils ont fait l'envoi, leur est adressé dans le mois même où les acquits ont été transmis au ministère. Ces comptables auraient à le réclamer, si on ne le leur remettait pas dans ce délai. (*Arrêté Min*el 31 *déc.* 1823; *Circ. du* 18 *janv.* 1837, *n°* 100.)

1529. Ce bordereau indique, pour chaque ministère, le montant des acquits admis; celui des remboursements de capitaux de cautionnements; le montant des récépissés de retenues, puis le total général de l'accusé de réception. Il est revêtu du visa du directeur de la Comptabilité générale. (*Idem.*)

1530. L'accusé de réception, dont il s'agit, sert de décharge au comptable jusqu'à ce que la Cour des Comptes ait prononcé, par ses arrêts trimestriels, conformément à l'article 4 de l'arrêté du Chef du Pouvoir exécutif, du 21 novembre 1848, sur la régularité des pièces produites pour la justification des payements. (*Arrêté précité; Circ.* 19 *déc.* 1848, *n°* 169.)

CHAPITRE VII.

Jugements des Comptes mensuels [1].

SECTION 1re. — ENVOI A LA COUR DES COMPTES ET JUGEMENT.

1531. Le Ministre des Finances adresse tous les mois, à la Cour des Comptes, les pièces justificatives de recettes et de dépenses des Payeurs, avec les bordereaux qui doivent les accompagner (voir n° 1437), pour y être soumises au contrôle administratif, conformément aux règlements. Ces envois ont lieu à la fin de chaque mois, pour le mois expiré, et, au plus tard, dans les quinze premiers jours du mois suivant. (*Arrêtés du Chef du Pouvoir exécutif* 21 *nov.* 1848, *art.* 1er *et suivants, et* 6 *juin* 1850, *art.* 2.)

1532. La cour procède successivement au contrôle et au jugement des comptes mensuels qui lui ont été remis, et elle rend, pour les comptes des Payeurs, des arrêts trimestriels. Ces arrêts sont formés en double expédition. Ils doivent être prononcés avant l'expiration du trimestre qui suit celui auquel ils se rapportent. (*Idem.*)

1533. Une des expéditions de l'arrêt trimestriel est notifiée directement au Payeur par la Cour des Comptes; l'autre est adressée au Ministre des Finances, avec les pièces dont le renvoi a pu être prescrit, pour y être donné la suite nécessaire, vis-à-vis du comptable et des ordonnateurs. (*Idem.*)

1534. Si dans l'envoi des pièces à régulariser, que la comptabilité générale doit faire au Payeur, comme il est expliqué à l'article qui précède, un retard, par une circonstance quelconque, venait à se manifester, ce comptable devrait en informer le directeur, afin qu'il pût être pris des mesures qui fissent cesser ce retard. (*Circ.* 6 *juillet* 1850, *n°* 180.)

[1] Il s'agit seulement ici des comptes *mensuels* exigés par l'arrêté du 6 juin 1850; voir, pour les comptes *de gestion*, le titre IX.

SECTION II. — SUITE A DONNER AUX ARRÊTS DE LA COUR.

1535. Lorsque les pièces qui ont été renvoyées par la Cour au Payeur, parviennent à ce comptable, il a à examiner, si, d'après les motifs de renvoi énoncés en l'arrêt, les acquits sont susceptibles de régularisation, ou si leur montant doit être matériellement remboursé. Dans le premier cas, il fait passer écriture au journal-général, pour *débiter* le C/ *Acquits à régulariser,* au crédit du C/ : *Trésor S/C d'Acquits*; dans le second cas, il y a lieu à reversement à l'une des caisses du Trésor. (*Circ. C. G.* 17 *déc.* 1818; 15 *mai* 1824, *n°* 36, *et* 18 *janv.* 1837, *n°* 100.)

1536. Il est fait article, au journal général, du montant des sommes comprises dans les arrêts, encore bien que des mandats, ou d'autres pièces, auraient été conservés par la Cour; les acquits conservés, et qui figurent dans les arrêts, n'en étant pas moins considérés comme étant à régulariser. (*Même Circ.*)

1537. Les Payeurs sont tenus de satisfaire, sans retard, aux demandes de régularisation, et aux injonctions qui peuvent être contenues dans les arrêts trimestriels. Ils font, auprès des ordonnateurs, toutes les démarches nécessaires pour obtenir les pièces réclamées; s'ils éprouvent des difficultés qu'ils ne puissent lever, ils en rendent compte au ministère. (*Circ. C. G.* 28 *mai* 1833, *n°* 76, *et* 19 *déc.* 1848, *n°* 169.)

1538. Les pièces que les Payeurs ont recueillies pour la gestion courante, et leurs observations en réponse aux injonctions qu'on leur a faites, sont adressées à la Cour des Comptes, par l'intermédiaire de la direction de la Comptabilité générale des Finances. Ces pièces et observations sont comprises sur le bordereau mensuel n° 36, des acquits à régulariser (voir n° 1437); elles y sont classées dans la partie de ce bordereau affectée aux régularisations ordonnées par la Cour des Comptes. (*Circ.* 19 *déc.* 1848, *n°* 169.)

1539. Avant de faire l'envoi à la Direction de la Comptabilité générale, des pièces justificatives réclamées par les arrêts trimestriels de la Cour des Comptes, le Payeur fait passer à son journal général, un article constatant cette transmission, dans lequel il *débite* le compte : *Trésor S/C d'Acquits*, par le *crédit* du compte : *Acquits à régulariser.* (*Circ.* 17 *déc.* 1818, 15 *mai* 1824, *n°* 36, *et* 18 *janvier* 1837, *n°* 100.)

1540. Le titulaire qui succède à un Payeur retraité, ou ayant une autre destination, ou étant décédé, est chargé de poursuivre la rentrée et la régularisation des pièces qui font l'objet des observations, ou des injonctions de la Cour des Comptes. C'est lui qui fait les transmissions nécessaires pour apurer la comptabilité de son prédécesseur, et procurer à lui, à sa veuve, ou à ses héritiers, le quitus établissant sa décharge envers l'Etat. (*Circ.* 3 *novembre* 1834, *n°* 86.)

CHAPITRE VIII.

Ecritures des Préposés-Payeurs.

SECTION Ire. — LIVRE-JOURNAL.

1541. Les Préposés-Payeurs tiennent un livre-journal de leurs opérations. Ils y décrivent, jour par jour, comme le font les Payeurs (voir n° 1401), les recettes qu'ils opèrent, et les payements qu'ils effectuent. A la fin de la journée, ils constatent le solde en caisse; ce solde doit être en parfaite conformité avec le solde matériel qui se trouve entre leurs mains. Chaque article du journal est ensuite reporté au grand-livre, au compte qui lui appartient.

1542. Les 1er, 11 et 21 de chaque mois, les Préposés-Payeurs adressent au Payeur, dont ils relèvent, pour être transmis au ministère, la copie de leur livre-journal, en ce qui a rapport aux opérations de la dizaine précédente. (*Inst. du* 17 *déc.* 1818, *n°* 56, *et* 30 *oct.* 1832, *n°* 74.)

SECTION II. — REGISTRE DES RÉCÉPISSÉS PROVISOIRES.

1543. Lorsque des Préposés-Payeurs sont chargés de recevoir les fonds que leur versent des comptables de leur résidence, ils tiennent un registre des récépissés provisoires par eux délivrés à ces agents, comme de ceux remis au receveur général pour les envois qu'il leur fait [1]. Ces récépissés sont ensuite échangés contre celui définitif du Payeur. (*Lettre Direct., Mouv. Gén. des Fonds* 12 *août* 1835.)

SECTION III. — GRAND-LIVRE.

1544. Comme les Payeurs, les Préposés-Payeurs ont un grand-livre pour y présenter les opérations de chaque journée. Les comptes que ces comptables ont à ouvrir sont ceux suivants :

Le Compte Caisse.

Le Compte Mr......., Payeur du département de.......

Le C/ Paiements pour le C/ du Payeur.

Le C/ Acquits à régulariser.

NOTA. A l'article *Balance*, on a indiqué le rapport existant entre ces comptes et ceux de la balance du payeur. (*Mêmes Inst.*)

SECTION IV. — LIVRE DE DÉTAIL.

1545. Les payements faits par les Préposés-Payeurs sont inscrits, jour par jour, sur un livre de détail [2]. Ces comptables y distinguent les payements appartenant à chaque journée. Les sommes qui figurent à ce registre, doivent être semblables à celles présentées aux mêmes dates par le livre-journal. (*Circ.* 17 *déc.* 1818, *n°* 56, *et* 30 *sept.* 1827, *n°* 53.)

SECTION V. — BALANCE DES COMPTES.

1546. La balance que forment les *Préposés-Payeurs* (modèle n° 41), présente le relevé des additions des comptes de leur grand-livre à la fin du mois, ou à toute autre époque. Ses résultats se contrôlent par ceux indiqués à la balance du Payeur. S'il y a défaut d'accord, la cause en est expliquée par ce dernier comptable. (*Circ.* 17 *déc.* 1818, *n°* 56, *et* 30 *sept.* 1827, *n°* 53.)

[1] Ce registre, additionné par mois, contrôle le C/ Casise ouvert au grand-livre.

[2] Un seul livre de détail suffit pour y inscrire les payements par jour. Ce registre contrôle le chiffre qui figure au livre-journal, et il offre, comme les registres de détail des Payeurs, le moyen de faire les recherches qui peuvent être réclamées ultérieurement.

SECTION VI. — ENVOI DES PIÈCES DE DÉPENSES ACQUITTÉES.

1547. Aux époques que le Payeur a fixées, le Préposé-Payeur lui adresse les mandats et les ordonnances qu'il a acquittés pour son compte, depuis son précédent envoi [1]. Il accompagne ces pièces d'un bordereau détaillé par ministère, exercice, chapitres, parties et articles, des sommes qu'il a payées, et des retenues opérées ; la remise est faite pour le *net payé*. (*Idem.*)

SECTION VII. — ETATS PÉRIODIQUES A FOURNIR.

1548. Les 1er, 11, et 21 de chaque mois, le Préposé-Payeur adresse au Payeur dont il dépend, pour être transmis au Ministère des Finances, l'état sommaire des recettes et dépenses en numéraire effectuées pendant la dizaine expirée, et indiquant la moyenne des encaisses. (*Circ.* 28 *déc.* 1836, *n*° 99; *Lettre du Direct.; Mouv. des Fonds* 10 *janv.* 1837.)

1549. Du 1er au 5 de chaque mois, il lui fait parvenir également une copie de la balance des comptes de son grand-livre. Les résultats présentés par ce relevé mensuel doivent, comme il est dit plus haut, être en conformité avec ceux offerts par la balance du Payeur. (*Circ.* 17 *déc.* 1818, *n*° 56, *et* 30 *sept.* 1829, *n*° 53.)

SECTION VIII. — SITUATION DE CAISSE EN FIN D'ANNÉE.

1550. Le 31 décembre, au soir, la caisse du Préposé-Payeur étant arrêtée (voir n° 38), le procès-verbal rédigé par le maire, et que le comptable signe, est transmis au Payeur, pour être joint à son compte, et constater la somme existant réellement en caisse à cette époque chez son préposé. (*Ord.* 18 *nov.* 1817.)

[1] Le préposé Payeur, sauf les exceptions établies (voir n° 922) n'acquitte aucun mandat non revêtu du *vu bon à payer du Payeur* (voir n° 915). Les payements sans visa restent à sa charge.

CHAPITRE IX.

Service des Rentes perpétuelles.

1551. Le travail intérieur, relatif aux *rentes perpétuelles*, comprend notamment : la tenue du casier où les bulletins individuels nominatifs, formant la matrice mobile, sont placés; l'ordre à conserver dans ces bulletins; leur annotation, soit pour payement, soit pour annulation; la remise des quittances des parties, et la constatation des restes à payer à la clôture de l'exercice. (*Arrêté Min*[el] *10 nov. 1849; Circ. 2 janvier 1850* (*D. J.*), *et 20 février suivant* (*C. G.*)

NOTA. On trouve au Titre VII, section II, tous les détails concernant ce travail.

CHAPITRE X.

Service des Rentes viagères et Pensions.

1552. Les opérations intérieures, en ce qui a rapport aux rentes viagères et aux pensions, comprennent particulièrement : la tenue des registres permanents; les modifications que ces registres subissent d'après les états trimestriels transmis par le ministère aux Payeurs; les extinctions par décès ou par autres causes, et les retenues à exercer sur les pensionnaires. (*Arrêté Min*[cl] *23 nov. 1833; Circ. du 30.*)

Les obligations des Payeurs, relativement à ce service, sont rappelées au Titre X, *Rentes viagères et Pensions.*

CHAPITRE XI.

Service des Cautionnements.

1553. Le travail intérieur, relatif aux cautionnements, consiste spécialement dans la préparation, en fin d'année, des quittances d'intérêt annuel; dans la formation des états de restes à Payer; dans la tenue de la copie des états de remboursement de capitaux de cautionnement et de payement d'intérêts, et dans le travail annuel d'annulation. (Voir le Titre VI, Chapitre XI, et Titre VII, Chapitre VIII, où les obligations des Payeurs sont indiquées.)

CHAPITRE XII.

Saisies-Arrêts et Oppositions.

1554. Le travail des bureaux du Payeur, en ce qui concerne les saisies-arrêts, se compose notamment de la tenue, en conformité des règlements, de deux registres des oppositions et significations qui ont été reçues; du classement des actes signifiés; de l'annotation des dénonciations de demandes en validité et constitutions d'avoués, et de l'annulation, d'office, des saisies ayant plus de cinq années de date. (*Inst. Min*lle 1845.)

NOTA. Les devoirs du Payeur, en ce qui concerne les saisies-arrêts, se trouvent indiqués au Titre XI.

CHAPITRE XIII.

Renseignements, Correspondance, Archives, Matériel.

1554 *bis.* Lorsque des créances sur l'Etat, au lieu d'être payées aux titulaires, sont, par suite de leur décès, acquittées à leurs héritiers, un état mensuel de ces payements est transmis au directeur des Domaines. (*Circ.* 20 *déc.* 1837, *n*° 105.)

1554 *ter.* Les payeurs ont aussi à remettre trimestriellement aux intendants militaires et sous-intendants, et aux commissaires généraux de la marine, l'état des payements effectués pour la solde des troupes, sur mandats individuels. (*Circ.* 28 *mars* 1838, *et* 24 *janv.* 1839.)

NOTA. La partie du travail intérieur ayant rapport à la correspondance du Payeur, *départ* et *arrivée*; aux impressions, aux archives et au matériel des bureaux, se trouve résumée aux Titres I et II du présent recueil.

TITRE IX.

Comptes de Gestion annuelle.

D'après l'ordonnance de 1838, les Payeurs rendaient seulement un compte annuel de leurs recettes et dépenses, qui, après la vérification de la Comptabilité générale, était soumis au jugement de la Cour des Comptes. Le décret du 6 juin 1850 a établi un mode nouveau. Il veut, qu'indépendamment de leur compte de gestion annuelle, ces comptables établissent mensuellement un compte de leurs opérations; la cour prononce sur ces comptes par des arrêts trimestriels.

Ce qui concerne les comptes *mensuels*, est rappelé au Titre VIII. Dans le présent Titre on indique ce qui est relatif aux comptes de la *gestion annuelle*.

CHAPITRE Ier.

Dispositions générales.

1555. Chaque année, au mois de janvier, les Payeurs du Trésor public présentent au Ministre des Finances, pour être transmis à la Cour des Comptes, le compte de leur gestion annuelle, résumant les recettes et les dépenses qu'ils ont effectuées pendant l'année précédente. (*Ord.* 18 *nov.* 1817, *art.* 14; 31 *mai* 1838, *art.* 316; *Déc.* 6 *juin* 1850; *Circ.* 25 *sept.* 1824, *n*° 38, 13 *déc.* 1826, *n*° 51; 30 *sept.* 1827, *n*° 53; 3 *nov.* 1834, *n*° 86; 28 *nov.* 144, *n*° 146.)

1556. Les Payeurs ne sont comptables que de leur gestion personnelle; en cas de mutation, le compte de la gestion annuelle est divisé suivant la durée de la gestion des différents titulaires. Chacun

26

d'eux rend, séparément, à la cour, le compte des opérations qui le concerne. (*Ordon.* 18 *novembre* 1817, *et* 31 *mai* 1838, *art.* 327.)

NOTA. Il existe des dispositions particulières pour les comptes de cette nature (voir n° 92 et suiv., et n° 1559 ci-après). Relativement aux écritures à passer, voir la Circ. du 17 décembre 1818, n° 56, et celles citées à l'article qui précède.

1557. La *recette* dont le comptable rend compte, est justifiée par les talons des récépissés que le Payeur a délivrés aux comptables qui lui ont remis les fonds. Elle est contrôlée par les comptes dans lesquels ces comptables ont produit lesdits récépissés à leur décharge.

La *dépense* est justifiée par les extraits d'ordonnances et les autorisations émanés du ministère, ou par les pièces de dépenses, quittances, etc., produites conformément aux règlements. (*Mêmes Ordon. et Art.*)

1558. Les comptes de gestion annuelle à rendre par les Payeurs (modèle n° 84), sont divisés en deux parties : la première est applicable aux opérations complémentaires de l'exercice précédent, effectuées depuis le 1er janvier, jusqu'à l'époque de la clôture de cet exercice ; la deuxième comprend, dans la forme actuelle, et avec les totaux de la première partie qui y sont rappelés, les recettes et les dépenses de l'exercice courant, et les opérations de trésorerie effectuées du 1er janvier au 31 décembre. (*Arrêté du Chef du Pouvoir exécutif du* 20 *nov.* 1848 ; *Décret* 6 *juin* 1850, *art.* 3.)

1559. La même marche est suivie à l'égard des coupures de gestion annuelle résultant de mutations ou d'intérim (voir n° 73). Les comptes de ces gestions, sont établis en deux parties si elles se produisent dans les dix premiers mois de l'année ; elles ne comprennent que la deuxième partie, si elles s'appliquent seulement aux deux derniers mois. (*Circ.* 5 *déc.* 1849, *n°* 175.)

NOTA. Un Payeur ne pouvant, faute de temps, rédiger son compte, donne à son successeur, ou à un employé, les pouvoirs nécessaires pour faire ce travail (voir n° 94). Si le Payeur est décédé, le compte est formé sous la direction du nouveau titulaire (voir n° 95.)

1560. Les comptes de *l'exercice clos* (1re partie), sont adressés par le ministre des Finances à la Cour des Comptes, dans les trois mois qui suivent la clôture de l'exercice. Ils doivent être envoyés au Ministère par les Payeurs, séparément, dans les dix premiers jours de janvier au plus tard.

La Cour prononce, par des arrêts, sur ces comptes, dans un délai de deux mois, à partir de leur production. (*Décret du* 6 *juin* 1850; *Circ.* 5 *déc.* 1849, *n*° 175, *et* 6 *juillet* 1850, *n*° 180.)

1561. Les comptes de *gestion annuelle* (2e partie), doivent parvenir à la Cour des Comptes, avant le 30 avril; la Cour statue sur leurs résultats, également par des arrêts, dans un délai qui n'excède pas le 31 juillet suivant.

La remise de cette deuxième partie, par les Payeurs, doit être faite de manière à ce que l'administration soit, au 1er février, en possession de tous les éléments de justification de la gestion expirée. (*Même Décret, et Circ.* 12 *déc.* 1826, *n*° 51; 5 *déc.* 1849, *n*° 175.)

1562. Le Procureur général près la cour des Comptes, pourvoit, lorsqu'il y a lieu, par voie de réquisition, à l'exécution des dispositions ci-dessus. Il adresse au ministre des Finances, des rapports périodiques sur la situation des travaux de vérification des comptes de gestion des Payeurs. (*Décret précité; Circ.* 6 *juillet* 1850, *n*° 180.)

Pour la formation des deux éléments du compte de gestion annuelle qu'ils ont à fournir en exécution des dispositions ci-dessus, les Payeurs observent les règles rappelées dans les articles ci-après.

CHAPITRE II.

Compte de l'exercice clos (1re partie du compte de la gestion.)

1563. Le compte de l'exercice clos (1re part., mod. n° 1563), comprend, comme il est dit à l'article 1558, les opérations complémentaires de l'exercice expiré, telles qu'elles résultent des bordereaux, états et comptes mensuels fournis à la Cour des Comptes, et il reproduit les résultats de la gestion précédente sur cet exercice. (*Circ. 5 décembre* 1849, *n°* 175.)

1564. Cette première partie du compte final, est établie par les Payeurs aussitôt qu'ils ont reçu, de la direction de la Comptabilité générale des Finances, l'avis de vérification des pièces justificatives de leurs opérations du mois d'octobre. (*Même Circ.*)

1565. Les opérations complémentaires de l'exercice clos, se composent, en *recettes*, sous le titre de Contributions et Revenus publics, des retenues qui ont été exercées au profit du Trésor, et en *dépense*, des payements effectués sur chacun des chapitres des divers ministères, tant sur Ordonnances de payement que sur Mandats de payement, avec l'indication du montant des retenues exercées. (*Idem.*)

1566. Dans un résumé général, le comptable affirme que les recettes et les dépenses faites dans l'année, afférentes à l'exercice expiré, avec rappel, pour mémoire, des recettes et dépenses effectuées antérieurement sur le même exercice, sont conformes à ses écritures, aux récépissés qu'il a souscrits, et aux pièces justificatives qu'il a transmises à la Comptabilité générale. (*Idem.*)

1567. Le compte de l'exercice clos, adressé à la direction de la Comptabilité générale dans les dix premiers jours de janvier (voir n° 1560), y est vérifié; et, après qu'il a été trouvé conforme, tant aux écritures du comptable qu'aux pièces justificatives produites par lui, le directeur de la Comptabilité générale déclare ce compte régulier dans toutes ses parties, sauf l'examen de la Cour des Comptes. (*Idem.*)

CHAPITRE III.

Compte de gestion annuelle. (2e partie du compte.)

SECTION Ire. — RECETTES.

1568. La recette à porter dans le compte de gestion annuelle, comprend : 1° l'excédant de recette à la fin de la gestion précédente;

2° les recettes sur l'exercice clos; 3° les recettes sur l'exercice en cours.

Art. 1er. — *Excédant de recettes du compte annuel précédent.*

1569. Le premier article de la seconde partie du compte annuel, se compose de l'excédant des recettes sur les dépenses constatées au dernier jour de la gestion précédente, et dont le comptable a été constitué reliquataire par le dernier compte adressé à la Cour des Comptes. Cet excédant est représenté par les valeurs que le comptable, et ses préposés, avaient en caisse et en portefeuille audit jour. (*Ordon.* 31 *mai* 1838, *art.* 325 *et* 326.)

Art. 2. — *Recettes sur l'exercice clos.*

1570. Le comptable rapporte, pour servir à établir sa situation à la fin de l'année pour laquelle le compte est rendu, le total des recettes qu'il a effectuées, sous le titre de *Contributions et Revenus publics,* dans la seconde période de l'exercice, et qui sont détaillées au compte de l'exercice clos (1re partie), précédemment transmis à la Cour des Comptes. (*Décret* 6 *juin* 1850; *Circ.* 5 *déc.* 1849, *n°* 175, *et* 6 *juillet* 1850, *n°* 180.)

Art. 3. — *Recettes sur l'exercice en cours d'exécution.*

1571. Les recettes à porter par le comptable à son compte de gestion, pour l'exercice en cours (2e partie), sont celles auxquelles s'élèvent les opérations de toute nature effectuées par lui, et constatées, tant dans ses écritures, que dans les bordereaux, états, et comptes mensuels qui ont été transmis à la Cour des Comptes. (*Circ.* 5 *déc.* 1849, *n°* 175, *et* 6 *juillet* 1850, *n°* 180.)

1572. Ces recettes se divisent en quatre chapitres, comme il suit :

Chapitre 1er. *Contributions et Revenus publics*; où l'on indique, par mois, les retenues faites au profit du Trésor.

Chapitre II. *Opérations de Trésorerie : Produit des Retenues diverses*; où l'on présente, par mois, les sommes retenues : 1° pour cause d'amendes ou de débet; 2° à divers titres ; 3° en vertu d'oppositions; 4° au profit de la Caisse des invalides de la marine (par exercice); 5° pour le service des pensions de retraite des Ministères des Finances et de la Justice (par exercice).

Chapitre III. *Mouvement des fonds*; où sont énoncés les envois et remises du Caissier-Payeur central, et les envois et remises des receveurs généraux des départements.

Chapitre IV. *Fonds particuliers du Payeur*; comprenant les sommes dont le Payeur a fait momentanément l'avance au Trésor.

A la récapitulation, est ajouté le report des recettes effectuées sur l'exercice précédent, pour former le total général des recettes de la gestion pour laquelle le compte est établi. (*Cir. 5 déc.* 1849.)

SECTION II. — DÉPENSES.

Art. 1er. — *Dépenses sur le dernier exercice clos.*

1573. Le Payeur rapporte d'abord, pour servir à l'établissement de sa situation à la fin de l'année pour laquelle le compte est rendu, les dépenses acquittées par lui sur le dernier exercice clos, et détaillées dans le compte spécial de cet exercice, précédemment transmis à la Cour des Comptes. (*Circ. 5 décembre* 1849, *n°* 175, *et* 6 *juillet* 1850, *n°* 180.)

Art. 2. — *Dépenses sur l'exercice en cours.*

1574. Le comptable présente, sous le titre de *Dépenses publiques, Services spéciaux* et *Opérations de Trésorerie*, la somme totale à laquelle s'élèvent les opérations de toute nature effectuées par lui, et constatées dans ses écritures, soit qu'elles appartiennent à l'exercice en cours et au suivant, soit qu'elles concernent le service de trésorerie, lesquelles ont été détaillées dans les bordereaux, états et comptes mensuels transmis à la Cour des Comptes. (*Idem.*)

1575. Les dépenses dont il s'agit à l'article précédent, se divisent en chapitres, comme il suit :

Chapitre Ier. Payements sur ordonnances du *ministre de la Justice,* par chapitre, sur Ordonnances de payement et sur Mandats de payement, avec le détail des retenues exercées.

Chapitre II. Payements sur ordonnances du *ministre de l'Instruction publique* et des *Cultes,* avec le détail des retenues exercées.

Chapitre III. Payements sur ordonnances du *ministre de l'Intérieur,* avec le détail des retenues exercées.

Chapitre IV. Payements sur ordonnances du *ministre des Travaux publics,* avec le détail des retenues exercées.

Chapitre V. Payements sur ordonnances du *ministre de l'Agriculture et du Commerce,* avec le détail des retenues exercées.

Chapitre VI. Payements sur ordonnances *du ministre de la Guerre,* par chapitre, sur Ordonnances de Payement et sur Mandats de payement, avec le détail des retenues exercées.

Chapitre VII. Payements des ordonnances du *ministre de la Marine,* avec le détail des retenues exercées.

Chapitre VIII. Payements des ordonnances du *ministre des Finances,* avec le détail des retenues exercées.

Chapitre IX. Remboursement de capitaux de cautionnement sur ordres de payement du *ministre des Finances.*

Chapitre X. Versements et restitutions à divers, sur le produit des retenues exercées.

Chapitre XI. Mouvements de fonds. Envois ou remises au Caissier-Payeur central ; envois et remises aux receveurs généraux ou à des Payeurs.

Chapitre XII. Fonds particuliers du Payeur. Sommes retenues par lui, pour se couvrir de ses avances (Modèle de la 2e partie du compte final, n° 84).

Art. 3. — *Récapitulation générale.*

1576. Dans la récapitulation générale qui termine son compte de gestion annuelle, le comptable indique d'abord, par ministère, le montant des payements des *dépenses publiques*, sur l'exercice en cours et le suivant; il rapporte ensuite les dépenses sur *services spéciaux* et les *opérations de trésorerie*, et ajoutant au montant total de ces dépenses, le report de celles acquittées pendant la gestion courante sur l'exercice clos, il établit le total général des dépenses. (Modèle de la 2e partie du compte final, n° 84.)

Art. 4. — *Résultat général au 31 décembre, dernier jour de la gestion pour laquelle le compte est rendu.*

1577. Le résultat général du compte de gestion, est formé de la manière suivante :

Excédant de recette, dont le comptable était reliquataire au 31 décembre de l'année précédente, ci...........	
Recettes faites pendant l'année................	
Total des sommes dont il doit justifier l'emploi....	
Les dépenses faites pendant l'année, s'élèvent à...	
L'excédant des recettes sur les dépenses, est de...	
Cet excédant est représenté par les valeurs en caisse et en portefeuille, existant chez le Payeur, montant à......	
Et par les fonds se trouvant chez les Préposés, et qui s'élèvent à.........................	
Total.............	

ainsi que le constatent les procès-verbaux de vérification, dressés chez les Comptables, le 31 décembre, (voir nos 185 et 1150.) (*Modèle n° 84 du Compte final.*)

SECTION III. — DOCUMENTS ACCOMPAGNANT LE COMPTE FINAL.

1578. Les divers documents à annexer au compte de gestion que les Payeurs rendent chaque année, sont ceux énumérés ci-après :

1° Le *bordereau n° 1, des fonds reçus des receveurs généraux;*

(Il présente, par numéros, dates et sommes, les récépissés délivrés par le Payeur, à chaque receveur général, pendant l'année.)

2° Le *bordereau n° 2, des retenues exercées au profit de divers créanciers;*

(Cet état rappelle les articles du journal, et pour chaque espèce de retenues, les motifs de ces retenues, leur montant, et le total conforme au crédit des comptes.)

3° Les *relevés sommaires* (modèle n° 85), en liasses numérotées par exercice, des ordonnances de payement délivrées ; des crédits ouverts par ordonnances de délégation, et des payements effectués.

Ces relevés sont formés par chapitre, section ou article, pour chaque ministère; ils se terminent par un résumé comparatif des payements avec les ordonnances. Si, pour les payements faits dans la deuxième partie d'un exercice, le *restant à payer* au commencement de la gestion a varié, on n'en porte pas moins le restant disponible au 31 décembre de l'année précédente (en une seule ligne), et en marge du cadre, on établit cette mention : « l'équilibre, « entre les ordonnances et les payements, a dû être rétabli par « les opérations rectificatives décrites dans le compte de l'agent » comptable des virements. »

Dans une colonne à la main, en marge du détail des payements par mois, on porte le total des retenues par mois. Chaque relevé sommaire renferme les extraits d'ordonnances qu'il indique, reçus pendant la gestion. Tous les extraits doivent y figurer, qu'ils aient été employés, ou non. Ces relevés étant établis par chapitres législatifs avec division par article, la division, excepté pour les *dépenses départementales* (Intérieur) et la solde des troupes (Guerre), ne doit pas aller plus loin.

Les relevés sommaires doivent présenter, à la suite du total des payements par mois, les modifications résultant des rectifications opérées dans l'année par suite de réimputations ou de faux classement. Les Payeurs ont, en conséquence, à joindre à ces relevés, quand il y a lieu, le tableau n° 6 (Circ. n° 133), des modifications opérées au chiffre des payements, d'après les résultats consignés aux carnets d'ordonnances [1]; (*Circ.* 24 *mars et* 31 *août* 1843, *n°* 128 *et* 133, *et* 28 *nov.* 1844, *n°* 146.)

4° *Les états comparatifs* (modèle n° 83) des crédits départementaux avec les Payements du service départemental.

Il est formé un état comparatif pour chaque section du budget, avec division par sous chapitre et article de dépense. Les modifications apportées tant aux crédits qu'aux payements, et qui ont été indiquées au tableau rectificatif n° 98, et au bordereau-enveloppe n° 100, y sont mentionnées, puis est établi le total définitif des crédits et des payements. Une récapitulation termine l'état comparatif, et donne l'ensemble des opérations.

Chaque état comparatif de section, est placé dans le relevé sommaire y relatif; (*Circ.* 22 *déc.* 1836, *n°* 155; 24 *mars et* 31 *août* 1843, *n*os 128 *et* 133; 28 *nov.* 1844, *n°* 146.)

5° *Les états développés* (modèle n° 99) par nature de fonds, des payements effectués, chaque mois, sur les divers articles du même sous-chapitre, conformément aux bordereaux de détail et aux acquits produits à l'appui. L'état, n° 99, est terminé par une récapitulation, présentant le total de chaque article, par nature de fonds, et le total général des articles du sous-chapitre [2]; (*Circ.* 24 *mars* 1843, *n°* 128, *et* 28 *nov.* 1844, *n°* 146.)

6° *Le bordereau* (*n°* 4) des récépissés souscrits par divers comptables, pour versements faits par le Payeur de retenues, par lui exercées au profit de divers créanciers ;

(Il indique les numéros, les dates et le montant des récépissés, et le total par comptable.)

[1] La circulaire n° 133 donne, sur la manière d'établir ce tableau des modifications, des explications auxquelles il peut être utile de recourir.

[2] Ce cadre permet de rapprocher les payements des relevés sommaires, et de classer les bordereaux de détail par *natures de Fonds*. L'état de développement sert d'intermédiaire entre la comptabilité des ordonnances et celle des crédits. (*Circ. n°* 146.)

7° *Le bordereau des restitutions* faites à divers ;

8° *Les procès-verbaux de vérification* de caisse au 31 décembre, pour le comptable, et pour ses préposés, s'il en existe dans le département ;

9° Un exemplaire des budgets des Ministères de l'Intérieur, de l'Instruction publique et des Finances (dépenses départementales), et un exemplaire des budgets de reports, ou supplémentaires des mêmes dépenses; (*Circ.* 3 *nov.* 1834, *n°* 75.)

10° Un exemplaire du compte des recettes et des dépenses départementales de l'année précédente ;

11° *Les états nominatifs* et modificatifs trimestriels, du personnel du clergé du département. (*Règl. Cultes,* page 164.)

Le montant de ces états est conforme à celui des mandats individuels venant s'y rattacher. L'état du premier trimestre, seul, contient le détail des parties, et celui des sommes à payer à chacune d'elles; les états des trois autres trimestres, ne contiennent de détails qu'en ce qui concerne les articles non conformes aux états du premier trimestre, avec renvoi à ceux-ci, pour tous les articles qui n'ont subi aucune modification; (*Circ.* 28 *février* 1842, *n°* 122.)

12° *Les tableaux sommaires* des certificats de proposition de payement, expédiés par les ingénieurs des ponts et chaussées, et des mandats délivrés pour les entreprises exécutées, ou a exécuter en plusieurs années; (*Règl. Trav. Pub.* 1849, *art.* 161.)

13° Un relevé des chiffres portés dans la colonne présentant l'excédant du crédit sur les payements, aux états comparatifs des dépenses départementales. Ce relevé remplace, pour la Comptabilité générale, la double expédition desdits états comparatifs; (*Circ.* 24 *mars* 1843, *n°* 128.)

14° *Le bordereau nominatif* (modèle n° 94), par ministère, exercice et chapitre, des payements effectués, à divers créanciers de l'Etat, sur le chapitre spécial, ouvert au budget, pour les dépenses des exercices clos; (*Art.* 7 *de l'Ordon. du* 10 *février* 1838.)

Il présente les créanciers d'un même exercice, sous une série, non interrompue de numéros. Le numéro d'ordre est rapporté dans une colonne spéciale, après celle intitulée *noms des créanciers;* (*Circ.* 31 *juillet* 1840, *n°* 116.)

15° Un même bordereau, pour les dépenses des exercices périmés, non frappés de déchéance ; (*Circ.* 31 *juillet* 1840, *n°* 107.)

16° *Le bordereau sommaire* (Ministère des Finances), par nature de dette des payements effectués pendant l'année, pour les dépenses des exercices clos ; (*Circ.* 15 *juin* 1838, *n°* 108.)

17° Bordereau sommaire (mêmes ministères et payements) pour les exercices périmés ; (*Circ.* 31 *juillet* 1840, *n°* 116.)

18° Deux expéditions de l'arrêté pris par le préfet, pour fixer la répartition du fonds voté par le Conseil général pour le service des chemins vicinaux, et déterminer la portion applicable à chaque ligne vicinale. (*Règl. Int.*, pages 292 *et* 294.)

SECTION IV. — AVIS A DONNER DE L'ENVOI DU COMPTE FINAL.

1579. Lorsque les Payeurs ont fait l'envoi de la deuxième partie de leur compte final à la direction de la Comptabilité générale des Finances, ils donnent avis de cet envoi aux ordonnateurs secondaires avec lesquels ils sont en rapport ; ces derniers agents se trouvent ainsi avertis, dans le cas où des réimputations devraient être opérées (voir n° 585), que la gestion de l'année précédente doit être regardée comme expirée. (*Circ.* 20 *nov.* 1841, *n°* 120 ; 24 *mars et* 31 *août* 1843, *n°s* 128 *et* 133.)

1580. Aussitôt que le compte d'un Payeur, après avoir été vérifié, a été transmis, par le ministre, à la Cour des Comptes, le directeur de la Comptabilité générale en avertit le comptable, afin que celui-ci cesse, dès ce moment, de remettre au ministère, les pièces ou compléments de justification, appartenant aux dépenses de la gestion, qui lui resteraient à fournir. (*Circ.* 12 *déc.* 1826 *et* . . . . *avril* 1850, *n°* 179.)

1581. Passé l'époque indiquée à l'article précédent, les pièces ou compléments de justification dont il s'agit, présentées sur les bordereaux n°s 12 et 13, joints à la Circulaire n° 169 (suivant la nature des pièces produites), sont remises directement à la Cour des Comptes. (*Idem.*)

CHAPITRE IV.

Jugement de la Cour des Comptes.

1582. La Cour des Comptes chargée du jugement du compte des recettes et dépenses des Payeurs, règle et apure les comptes qui lui sont présentés; elle établit, par ses arrêts définitifs, si les comptables sont quittes, ou en avance, ou en débet; dans les deux premiers cas, elle prononce leur décharge définitive; dans le troisième cas, elle les condamne à payer leur débet au Trésor. (*Loi du* 16 *sept.* 1807, *art.* 11 *et* 13 ; *Ordon.* 31 *mai* 1838, *art.* 376.)

1583. Si l'arrêt qu'a rendu la Cour des Comptes, sur la gestion du Payeur, est provisoire, le comptable est tenu de satisfaire, dans les *deux mois* de la notification de cet arrêt, aux injonctions qu'il contient. (*Arrêts de la Cour, rendus en exécution des Ordon. des* 18 *nov.* 1817 ; 14 *sept.* 1822 *et* 31 *mai* 1838.)

1584. Les expéditions des actes et arrêts de la Cour des Comptes sont transmises, par le greffier en chef, aux Payeurs. Elles sont exécutoires lorsqu'elles portent le mandement signé par le premier président de la Cour, et par le greffier en chef. (*Ord.* 31 *mai* 1838, *art.* 356 *et* 357, *et décret* 6 *juin* 1850.)

1585. Si les arrêts, concernant la gestion annuelle des Payeurs, et qui leur ont été notifiés, contiennent de nouvelles observations, ou des injonctions, ces comptables se mettent en mesure, conformément aux règlements, de satisfaire aux demandes qui leur sont adressées pour régulariser leur comptabilité. (*Circ.* 17 *déc.* 1818 ; 15 *mai* 1824, *n*° 36.)

1586. Les pièces que les comptables ont à faire parvenir à la Cour des Comptes, sont adressées au greffier en chef de cette Cour, sous le couvert de M. le premier président. C'est, exclusivement, au greffe, que les comptes sont déposés. Le greffier est responsable de la conservation des pièces adressées. (*Lettre du Min. des Fin.* 24 *sept.* 1825.)

1587. Dans le cas où un comptable se croit fondé à attaquer un arrêt pour violation des formes, ou de la loi, il se pourvoit, dans les trois mois de la notification de cet arrêt, [1] devant le Conseil d'Etat. (*Loi du* 16 *sept.* 1807; *Ord.* 31 *mai* 1838, *art.* 377.)

1588. La cour ne peut, en aucun cas, s'attribuer de juridiction sur les ordonnateurs, ni refuser aux Payeurs l'allocation des payements par eux faits, sur des ordonnances revêtues des formalités prescrites, et accompagnées des acquits des parties prenantes et des pièces déterminées par les lois et règlements, que l'ordonnateur a prescrit d'y joindre. (*Loi du* 16 *sept.* 1807, *art.* 18; *Ord.* 31 *mai* 1838, *art.* 380.)

1589. En cas de rejet, de la part de la Cour des Comptes, de payements faits par un Payeur, sur des pièces qui ne constatent pas régulièrement une dette de l'Etat, l'administration supérieure des finances est appelée à statuer sur le recours à exercer, ou les mesures à prendre, contre qui de droit. (*Ordon.* 31 *mai* 1838, *art.* 320.)

[1] La notification légale de l'arrêt de la Cour, est celle faite en vertu du décret du 22 juillet 1806. (*Loi du* 16 *sept.* 1807, *en note; Arrêt* 28 *juillet* 1819.)

TITRE X.

Rentes viagères et Pensions.

CHAPITRE Ier.

Rentes viagères.

1590. Les rentes viagères constituées antérieurement à 1791, sont enregistrés au Trésor sur un grand-livre, qui forme, pour les titulaires, le titre fondamental de leurs créances; elles sont réparties en quatre classes, selon le nombre de têtes sur lesquelles elles sont assises. Leur payement à lieu par semestre (voir n° **1122.**) (*Règl. Fin.*, page 206.)

1591. Il est délivré aux propriétaires des rentes viagères inscrites sur le grand-livre, un extrait d'inscription, visé au contrôle, signé par les deux agents comptables des transferts et mutations, et du grand-livre, et par le directeur de la dette inscrite. (*Idem.*)

1592. En cas de mutation de classe, comme dans celui de rétablissement, après radiation provisoire (voir n° **1630**), ou de réinscription par suite d'adirement du titre (voir n° **1609**), la rente viagère est immatriculée à un nouveau numéro. (*Idem.*)

1593. Les rentes viagères à acquitter dans chaque département, sont inscrites au registre matricule tenu par le Payeur. Elles sont payées par semestre (voir n° 1126). Les crédits, en vertu desquels les payements ont lieu, sont indiqués par des extraits d'ordonnances, remis par la direction du mouvement général des fonds.

NOTA. On suit, pour ce qui est relatif aux *rentes viagères*, les dispositions indiquées, pour les *pensions*, au chapitre suivant. (*Circ.* 9 *déc.* 1828; *Dette inscrite.*)

CHAPITRE II.

Pensions.

1594. Toutes les pensions à payer par l'Etat, sur les Crédits de la Dette publique, sont inscrites au livre des pensions tenu au Ministère des Finances. Le crédit assigné à chaque département, est indiqué par des extraits d'ordonnances adressés au Payeur par le directeur du Mouvement général des fonds. (*Lois* 27 *févr.* 1811, *art.* 1er, *et* 25 *mars* 1817, *art.* 22; *Ordon.* 31 *mai* 1838, *art.* 219 *et* 222; *Règl. Fin.* 1846, *art.* 212; *Circ.* 1er *avril* 1834 *et* 26 *juin* 1843.)

1595. Le ministre des Finances ne peut faire payer aucune pension dont le montant dépasserait le maximum fixé par les lois, et dont la création ne lui est pas justifiée par un décret inséré au bulletin des lois. (*Loi du* 25 *mars* 1817, *art.* 25 *et* 26.)

1596. Les pensions imputables sur les fonds de l'Etat, sont :

1° Les pensions de l'ancien sénat et de l'ex-pairie; (*Loi du* 28 *mai* 1829.)

2° Les pensions civiles; (*Lois* 22 *août* 1790; 31 *juillet et* 22 *août* 1791, *et Décret du* 30 *sept.* 1806.)

3° Les pensions à titre de récompense nationale;

4° Les pensions militaires et de veuves; (*Lois et Ordon. des* 28 *fructidor an* VII; 14 *et* 27 *août* 1814; 17 *août* 1822; 11 *avril* 1831, *et* 19 *mai* 1834.)

5° Les pensions ecclésiastiques; (*Lois des* 24 *août* 1790; 16 *et* 18 *août* 1792; 2 *frimaire an* XI, *et* 9 *vendémiaire an* VI.)

6° Les pensions de donataires dépossédés [1]; (*Loi du* 26 *juil.* 1821.)

7° Les indemnités temporaires de réforme; (*Loi* 1er *mai* 1832; *Décret* 2 *mai* 1848; *Circ. Dette insc.* 20 *mars* 1849.)

[1] Les pensions des donataires dépossédés, ont été créées par la loi du 26 juillet 1821. Elles sont possédées, à la mort du titulaire, moitié par la veuve, moitié par les enfants. (Loi du 26 juillet 1821.) Elles sont payables jusqu'au dernier survivant d'entr'eux. Elles ne peuvent être payées qu'à des donataires français. (*Lois du* 26 *juillet* 1821; *Règl. Fin.*, page 224.)

1597. Les pensions accordées par l'Etat, sont inscrites, dans les départements, sur des registres matricules, dits *permanents*, et qui sont renouvelés tous les cinq ans, sur lesquels sont mentionnés : le numéro de la pension ; les noms et prénoms des titulaires ; le lieu de leur naissance ; le montant de la pension ; la date de l'entrée en jouissance, et les payements successifs effectués ; la résidence du titulaire, et celle du notaire qui donne le certificat de vie, y sont aussi indiqués. (*Arrêté Min*[el] 23 *nov.* 1833 ; *Circ. du* 30 ; *Circ. lithog.* 17 *juin* 1849.)

1598. Aucune rectification, de noms, date, etc., ne peut être faite aux registres permanents, qu'en vertu d'une autorisation de la direction de la Dette inscrite, énoncée à un certificat spécia (Formule E D, nº 40). (*Inst. minist.*)

1599. Le payement des arrérages des pensions inscrites aux registres matricules, a lieu, selon la nature de la pension, par *trimestre* ou par *semestre* (Voir nº 1122).

1600. A chaque échéance trimestrielle, ou semestrielle, la direction de la Dette inscrite envoie au Payeur un état modificatif où sont inscrits les pensionnaires nouvellement admis, et ceux qui, étant décédés, ou ayant changé de résidence, doivent cesser de figurer sur les registres permanents. (*Mêmes Arrêté et Circ.*)

1601. Le Payeur, avant d'accuser la réception des états modificatifs transmis, s'assure de la parfaite conformité de ses registres avec les résultats qui lui sont communiqués. Le nombre des pensionnaires et la somme totale à payer, doivent être identiques sur les deux documents. Les registres permanents ne doivent point présenter de lacune. L'immatricule des pensionnaires doit être complète. (*Mêmes Arrêté et Circ.* ; *Circ. lithog.*, *Dette insc.* 17 *juin* 1848.)

1602. Les pensions et leurs arrérages sont incessibles et insaisissables. Il ne peut être reçu aucune opposition au payement de ces arrérages, à l'exception de celles qui seraient formées par le propriétaire du brevet de pension (nº 1848), et celles faites en vertu de jugement, ou permission du juge, pour fournitures d'aliments (nº 1846). Toutefois, les pensions de retraite et leurs arrérages sont encore saisissables dans les cas de débet envers l'Etat (nos 1849 et 1267); les oppositions se font par voie administrative [1]. (*Lois* 11 *avril* 1831, *art.* 28 *et* 30; 19 *mai* 1834, *art.* 20; *Règl. Guerre*, *art.* 140; *Inst.* 1845, *art.* 149 *et* 151.)

1603. Les extraits d'inscription émanés de la direction de la Dette inscrite, et qui sont délivrés aux pensionnaires inscrits sur les registres matricules des Payeurs, doivent, pour être valables, être revêtus du visa du contrôle central établi au Ministère des Finances. (*Règl. Fin.* 1846, *art.* 127 *et* page 206.)

1604. L'inscription des pensionnaires sur un registre matricule, n'est pas prescrite au Caissier-Payeur central pour les payements à faire dans le département de la Seine; il y est suppléé par des états nominatifs joints à l'ordonnance de payement. On indique les changements successifs, au moyen d'états supplémentaires, où sont présentés les nouvelles inscriptions, les rétablissements, et les extinctions. (*Règl. Fin.* page 212.)

1605. Lorsqu'un pensionnaire a plus d'une année d'arrérages à toucher au Trésor, il est tenu de produire un certificat délivré par le maire de la commune où il réside, et légalisé, constatant qu'il n'a pas cessé de résider en France depuis plus d'une année. (*Circ.* 10 *déc.* 1842, *Dette insc.*, *n*o 7 *bis*.)

1606. Un pensionnaire militaire, né en pays étranger, ne peut toucher sa pension, s'il n'est indiqué au certificat de vie dont il est porteur, qu'il est naturalisé français, ou qu'il s'est pourvu auprès de qui de droit, pour obtenir sa naturalisation. (*Règl. Fin.* 1846, page 218; *Ord.* 5 *juin* 1816.)

1607. Les étrangères veuves de militaires, ou les femmes françaises devenues étrangères par leur mariage, jouissent de leur pension sans l'autorisation du Chef de l'Etat, si elles n'ont pas perdu la qualité de française, par un second mariage avec un étranger. (*Loi* 11 *avril* 1831; *Ord.* 14 *avril* 1832; *Circ. C. G.* 31 *mars* 1832.)

1608. Les pensions des militaires et de leurs veuves, ainsi que les secours en faveur des orphelins, ne peuvent donner lieu à un

[1] Il est fourni, au commencement de chaque trimestre, au directeur de la Dette inscrite, un état de situation (modèle no 106) des retenues exercées pour cause d'amendes et débets. (*Arrêté* 24 *Oct.* 1837, *art.* 2.)

rappel de plus de trois années antérieures à la date des ordonnances de concession de ces pensions. (*Loi* 17 *avril* 1833, *art.* 5 *et* 6.)

SECTION Ire. — RÉCEPTION DES TITRES.

1609. Les certificats d'inscription au grand-livre de la Dette publique, sont transmis, par le directeur de la Dette inscrite, au Payeur de chaque département; ce comptable en accuse immédiatement la réception sur un imprimé qui lui est remis à cet effet, et où il rappelle le numéro de la pension inscrite à son registre permanent. (*Arrêté minist.* 23 *nov.* 1833; *Circ. du* 30 *dudit.*)

1610. Le Payeur reçoit, avec les certificats d'inscription, des *autorisations d'inscrire*, au moyen desquels il fait immédiatement la transcription à son registre matricule. Ces autorisations, où il indique le folio de ce dernier registre, sont ensuite annexées aux quittances du premier payement effectué au pensionnaire. (*Mêmes Arrêté et Circ.*)

1611. La direction de la Dette inscrite, lui fait parvenir également des *autorisations d'inscrire* à ses registres permanents, les pensionnaires qui, ayant demandé à changer de résidence, viennent dans un département autre que celui où ils habitaient. Ces autorisations sont, comme les certificats de payement, annexées aux pièces du premier payement. (*Mêmes Arrêté et Circ.*)

SECTION II. — TRANSMISSION AUX PARTIES.

1612. Les certificats d'inscription des pensions militaires, que reçoit successivement le Payeur, sont transmis, par lui, au sous-intendant militaire de sa résidence, qui lui en accuse la réception et les transmet aux parties intéressées. (*Arrêté minel.* 23 *nov.* 1833; *Circ. du* 30; *Lettre d'envoi, formule* 26.)

1613. Ceux concernant les pensions *des veuves*, sont remis, par le Payeur, aux parties que ces certificats indiquent, en échange des lettres d'avis qui leur ont été adressées par l'intermédiaire de l'intendance militaire, et où elles mentionnent la réception de leur titre. (*Lettre du direct. de la Dette inscrite du* 3 *oct.* 1846.)

1614. Pour toutes les autres natures de pensions, la délivrance des certificats d'inscription en est opérée aux titulaires par le Payeur, en échange des lettres d'avis à eux adressés, directement, par la direction de la Dette inscrite. (*Lettre du direct. de la Dette inscrite du* 3 *oct.* 1846.)

SECTION III. — TITRES ADIRÉS.

1615. Lorsqu'un pensionnaire de l'Etat a perdu son certificat d'inscription, il adresse au ministre des Finances la demande d'un duplicata ; à cette demande, il joint une déclaration faite devant le maire de sa résidence, attestant la perte, faisant connaître le dernier trimestre, ou semestre, payé, et contenant la promesse de remettre le certificat primitif au Trésor, s'il se retrouve. Il produit, en outre, un certificat du Payeur constatant le dernier payement effectué. (*Arrêté* 18 *brumaire an* XI; *Décis. min*[lle]. 3 *déc.* 1821, *et ... février* 1823; *Circ.* 15 *mai* 1824 ; *Règl. Fin.*, page 208.)

1616. Sur la production de la déclaration de perte, il est délivré au titulaire, une copie de son inscription, portant un numéro de série de duplicata. Les arrérages ne sont plus payables que sur ce nouveau certificat. C'est sur cette pièce que le timbre trimestriel, ou semestriel, est apposé à chaque payement. (*Mêmes Arrêté, Décis. et Règl.*)

1617. Si, après avoir obtenu un duplicata de son titre, un pensionnaire déclare, de nouveau, avoir perdu cet acte, il ne lui est pas délivré de triplicata, mais, sur sa déclaration nouvelle, la direction de la Dette inscrite autorise le payement sur la seule production du certificat de vie ; chaque payement est estampillé sur la lettre d'autorisation produite. (*Arrêté min*[el]. 8 *oct.* 1823.)

1618. Un titulaire ayant perdu le certificat d'inscription de sa pension, peut adresser au Payeur une demande d'opposition au payement. Elle est rédigée sur papier libre. La signature du pensionnaire doit être légalisée par le maire, et celle du maire, par le préfet, ou par le sous-préfet de l'arrondissement. (*Décis. min*[lle]. 7 *oct.* 1823.) (Voir *Oppositions,* Titre X, Chapitre X.)

SECTION IV. — CHANGEMENTS DE RÉSIDENCE.

1619. Un pensionnaire qui, voulant quitter le département qu'il habite, désire toucher sa pension dans le nouveau département où il va fixer sa résidence, doit adresser, dans le 1er mois du trimestre, sa demande au ministre des Finances; il lui donne les principales indications contenues dans son certificat d'inscription, et lui fait connaître le lieu où il se propose d'aller demeurer. (*Arrêté* 23 *nov.* 1833.)

1620. Le directeur de la Dette inscrite à qui cette demande est remise, réclame du Payeur du département où le pensionnaire est inscrit, un extrait du registre permanent, mentionnant le dernier trimestre que ce pensionnaire a touché; il donne ensuite l'autorisation réclamée (voir nº 1622). (*Idem.*)

1621. Le Payeur à qui une semblable demande a été adressée et qui y a satisfait, annote à son registre, la demande de changement de résidence qu'on lui a notifiée, et il cesse, dès ce moment, tout payement d'arrérages au pensionnaire jusques-là inscrit dans son département. (*Idem.*)

1622. L'extrait du registre permanent qu'a délivré le Payeur du département où le titulaire était inscrit, est revêtu d'une autorisation donnée par le directeur de la Dette inscrite, de porter ce pensionnaire sur le registre du département qu'il va habiter; le Payeur de ce dernier département, à qui cette pièce est envoyée, le comprend parmi les pensionnaires dont le payement lui est confié. (*Circ. du* 30 *nov.* 1833.)

1623. L'autorisation d'inscrire, en vertu de laquelle le nouveau pensionnaire figure au registre permanent, est annexée, comme les certificats de payement (nº 1610), à la quittance du premier payement fait dans le nouveau département, à ce titulaire. (*Circ. du* 30 *nov.* 1833, *Dette inscrite.*)

SECTION V. — EXTINCTIONS ET SUSPENSIONS.

Art. Ier. — *Extinctions.*

1624. Toute pension non reversible, accordée par l'Etat à un titulaire, est éteinte par la mort de la personne qui jouissait de cette pension. (*Règl. Fin.* 1846, page 208.)

1625. Le Payeur est informé du décès des pensionnaires, par les notaires qui certifiaient précédemment leur existence. Aussitôt que ces officiers ministériels apprennent qu'un titulaire inscrit à leur registre a cessé d'exister, ils sont tenus de lui en donner avis. De son côté, s'il s'aperçoit qu'un pensionnaire a laissé écouler plusieurs trimestres sans toucher ses arrérages, il s'adresse au notaire pour connaître la cause de ce retard. (*Circ.* 26 *janvier* 1832 *et* 23 *mai* 1836; *Inst. du* 27 *juin* 1839.)

NOTA. S'il s'agit d'un pensionnaire ayant subi une condamnation, voir n° 1675.

1626. Le Payeur n'a pas toujours à attendre l'avis qu'un notaire a à lui adresser, pour savoir qu'un pensionnaire a cessé de vivre; il en est instruit par les pièces que lui remettent ses héritiers, quand ils se présentent pour recevoir les arrérages dus jusqu'au jour du décès. (*Circ.* 29 *février* 1828; *Décis. du* 12; *Circ.* 30 *nov.* 1833.)

1627. Aussitôt que, d'après l'avis reçu, ou par les pièces d'hérédité produites, le Payeur a connaissance de la mort d'un pensionnaire de l'Etat, il mentionne cet événement à son registre permanent, et il en informe le directeur de la Dette inscrite, soit en lui transmettant l'avis qu'il a reçu, soit en rédigeant et lui remettant le certificat de décès (formule C. D. 39) réclamé en pareil cas [1]. (*Circ.* 30 *nov.* 1833.)

1628. Tout pensionnaire qui a laissé écouler trois années sans réclamer le payement de ses arrérages, est présumé mort, et, comme tel, susceptible d'être rayé du grand-livre et des registres permanents. (*Arrêté du* 15 *floréal an* XI; *Décret du* 27 *ventôse an* XIII; *Inst. min*lles. *des* 15 *sept. et* 6 *nov.* 1834.)

1629. Lorsque le Payeur reconnaît, par l'inspection de ses registres, que ce délai s'est écoulé sans qu'aucun payement n'ait été fait, il adresse au ministère (direction de la Dette inscrite) un certificat (modèle n° 111) constatant ce fait, et il annote cet envoi à son registre matricule. (*Idem., et Circ.* 26 *janv.* 1832, *et* 25 *juin* 1833.)

[1] Ils reçoivent, à cet effet, des imprimés donnant toutes les indications voulues.

1630. Si, plus tard, le pensionnaire vient à justifier de son existence, le ministre, qui en est informé, autorise son rétablissement au grand-livre ; il détermine, en même temps, les arrérages dont il lui sera tenu compte. Le titulaire reçoit un extrait de l'inscription nouvelle, par laquelle il est rétabli sur les matricules. (*Instruct. des* 15 *sept. et* 6 *nov.* 1834; *Circ.* 26 *janv.* 1832 *et* 25 *juin* 1833.)

Art. 2. — *Suspensions.*

1631. Le droit à la jouissance des pensions est suspendu :

Par la condamnation à une peine afflictive ou infâmante, pour toute la durée de la peine ;

Par les circonstances qui font perdre la qualité de Français ; (*Code civil* 17 *et* 21.)

Par la résidence, hors de France, sans autorisation, lorsque le titulaire est français ou naturalisé. (*Ord.* 17 *août* 1814 ; *Règl. Fin.*, page 208.)

1632. Un titulaire de pension, *autre qu'une pension militaire*, privé de ses droits civils, par une peine infâmante, conserve ses droits à la jouissance de sa pension, mais il doit être pourvu d'un curateur chargé de gérer ses biens. Quand l'interdiction cesse, les titulaires ont à justifier de leur réhabilitation. (*Avis du Conseil d'Etat* 8 *janvier* 1823.)

1633. Les Payeurs ont à informer le ministre des finances (direction de la Dette inscrite), des renseignements qui leur sont parvenus sur la nature des condamnations, soit infâmantes, soit correctionnelles, prononcées contre des titulaires de pensions, afin d'assurer le recouvrement des frais et amendes qui pourraient être dus au Trésor [1]. (*Règl. Fin.* 1846, page 208.)

1634. Tout militaire, admis à l'Hôtel des Invalides, cesse d'avoir droit à recevoir sa pension, à partir du jour de son entrée; la jouissance lui en est rendue à sa sortie de l'établissement [2]. Un certificat

[1] Lorsqu'un notaire, à qui un certificat de vie est demandé, apprend que le pensionnaire est condamné, il doit en avertir le Payeur.

[2] Cette disposition ne s'applique pas aux vétérans de *Juliers* et d'*Alexandrie*. (*Règl. Fin.* 1846, page 222.)

du commandant, constate l'entrée ou la sortie. (*Règl. Fin.* 1846, page 218.)

1635. Une veuve qui se remarie à un français, ne perd pas ses droits à la pension; mais il faut qu'elle justifie de l'acte civil de son second mariage, afin que sa nouvelle qualité soit ajoutée à son article, sur les registres du Trésor, et sur ceux du Payeur. (*Arrêté 27 pluviôse an* XIII; *Règl. Fin.*, page 220.)

1636. Lorsque les secours temporaires, accordés aux orphelins de militaires, sont possédés par plusieurs titulaires, ils sont payés jusqu'à ce que le titulaire, ou le plus jeune des co-titulaires, ait accompli sa vingt et unième année. (*Ord.* 14 *août* 1814; *Loi* 17 *août* 1822, *art.* 9.)

1637. Les radiations, sur les registres matricules, des pensionnaires qui y sont inscrits, ont lieu au fur et à mesure que les Payeurs reçoivent des avis de décès, ou que, par les pièces d'hérédité qui leurs sont produites, ils connaissent la mort d'un titulaire; ou que, par les états modificatifs qui leur sont remis par le ministère, ils apprennent que les pensionnaires sont immatriculés dans un autre département. (*Circ.* 30 *nov.* 1833.)

Les pensionnaires, entrant à l'Hôtel des Invalides, et les individus qui reprennent un service d'activité, sont également rayés du registre des pensions. Ces derniers cessent d'être payés, à partir du jour où ils ont pris le service.

SECTION VI. — CUMUL DES PENSIONS.

1638. Nul ne peut jouir, simultanément, d'un traitement d'activité et d'une pension de retraite, servis, l'un et l'autre, soit par les fonds de l'État ou des communes, soit par les fonds de retenue. Le cumul, toutefois, a lieu, dans tous les cas, jusqu'à concurrence de 700 francs [1]. (*Décret* 13 *mars* 1848; *Circ. Dette Ins. du* 18.)

1639. Ces dispositions sont applicables aux ecclésiastiques; aucun traitement d'activité ne peut leur être payé, qu'après défal-

[1] La retenue progressive établie par le décret du 12 août 1848, ne détruit pas cette exception. (*Circ.* 26 *janvier* 1849, *n°* 170.)

cation de ce qui leur revient pour leur pension. Si un ecclésiastique touche son traitement intégral, même en s'abstenant de réclamer sa pension, le Payeur signale ce fait à la direction de la Dette inscrite. (*Circ. Dette insc.* 11 *nov.* 1848.)

1640. Sont affranchis de la prohibition du cumul d'un traitement avec une pension :

Les traitements dont jouissent les majors, adjudants-majors, adjudants sous-officiers, tambours-majors et tambours-maîtres de la garde nationale ; (*Décret du* 19 *juin* 1848.)

Les pensions, sur fonds de retenues, accordées à des employés de préfectures ; (*Déc. Min*lles 16 *mai* 1849 ; *Circ. n*o 174.)

Les pensions des anciens donataires, dépossédés, et à leurs familles ; (*Déc. min*lles 22 *juin* 1848.)

Les pensions accordées à titre de récompenses nationales. (*Idem.*)

1641. Une restriction est apportée à la disposition absolue du décret du 13 mars 1848, en faveur des anciens militaires et marins ; des ouvriers des ports, des employés du service actif des douanes, ou de leurs veuves. Les traitements dont ils jouissent, supportent la retenue progressive fixée par le décret du 12 août 1848 (voir au Titre VII, le chapitre des retenues. (*Décret précité ; Circ. C. G.* 18 *oct.* 1848, *et* 26 *janv.* 1849, *n*o 170.)

1642. Les dispositions du décret, plus haut cité (12 août), ne sont pas applicables dans les cas suivants : 1o Si la pension et le traitement réunis, ne s'élèvent pas à plus de 700 francs ; 2o Si la pension qui se cumule avec le traitement, n'atteint pas le chiffre de 250 fr. point de départ du tarif. (*Déc. min*lles ; *Circ.* 26 *janvier* 1849, *n*o 170.)

1643. Tout pensionnaire est tenu de déclarer, dans son certificat de vie, s'il ne jouit d'aucun traitement, ni d'aucune autre pension, ou solde de retraite, soit à la charge de l'Etat, ou des communes, soit sur les fonds de la caisse des invalides de la guerre, ou des invalides de la marine. S'il jouit d'une autre allocation, il doit en spécifier la nature et la quotité. (*Loi du* 15 *mai* 1818, *art.* 14 ; *Circ.* 13 *juin et* 15 *octobre* 1819 ; *Circ.* 18 *mars* 1848 ; *Dette inscrite, et* 18 *octobre suivant, C. G.* ; *Régl. Fin.* 1846, page 218.)

1644. Ceux qui, par une fausse déclaration, ont usurpé plusieurs pensions, ou un traitement avec une pension, sont rayés de la liste des pensionnaires, et poursuivis en restitution des sommes qu'ils ont indûment reçues. Le Payeur arrête immédiatement le payement de la pension. (*Loi du* 15 *mai* 1818, *art.* 15; *Lettre de la Dette Insc.* 30 *mai* 1848.)

1645. Lorsque la déclaration mentionnée à un certificat de vie, fait connaître que la pension dont jouit le titulaire est cumulée avec un traitement communal, il convient que le Payeur en donne immédiatement avis à l'autorité municipale, afin que ce traitement soit soumis à la retenue établie par la loi. (*Circ.* 29 *janvier* 1849, *n*° 170.)

1646. Tout cumul d'un traitement reçu de l'étranger avec une pension sur les fonds du Trésor public, est interdit, à moins d'autorisation spéciale, donnée par le chef de l'Etat. (*Règl. Fin.*, page 213.)

1647. Si le décès d'un second mari donne droit à la pension pour une veuve à qui, déjà, il en était accordé une, les deux pensions peuvent être cumulées, en tant que, réunies, elles n'excèdent pas 700 francs, et jusqu'à concurrence de cette somme. (*Déc. min*lle 12 *déc.* 1831; *Règl. Fin.*, page 222; *Circ.* 26 *janv.* 1849, *n*° 170.)

SECTION VII. — CERTIFICAT DE PREMIER PAYEMENT POUR PENSIONS MILITAIRES.

1648. Un premier payement ne peut être fait à un militaire nouvellement inscrit au registre des pensions, si le titulaire ne produit, outre le certificat de vie, un certificat du sous-intendant militaire, constatant que le pensionnaire n'est débiteur, ni envers le Trésor, ni envers le corps dont il faisait partie, et indiquant le jour où il a cessé d'être payé sur les fonds de la guerre. (*Règl. Fin.* 1846, page 220.)

1649. Le certificat de premier payement est exigé, également, des pensionnaires remis en jouissance de leur pension, par suite de cessation d'activité. Il n'y a pas à le produire, pour un pensionnaire reprenant son payement, par suite de décision ministérielle, ou pour ceux qui, bien qu'inscrits pour la première fois, sont désignés dans les autorisations d'inscrire ou dans les états modificatifs, comme titulaires de pensions antérieures à la loi du 25 mars 1817. (*Règl. Fin.* 1846, page 220.)

SECTION VIII. — CERTIFICAT DE VIE.

1650. Le titulaire d'une pension, inscrit sur le registre matricule du département, ne peut être payé des arrérages de sa pension, que sur l'exhibition d'un certificat de vie. (*Décret du* 20 *août* 1806; *Ord.* 6 *juin* 1839; *Circ. du* 27.)

1651. Sauf quelques exceptions indiquées ci-après, le certificat de vie est délivré par un notaire, sur la formule imprimée qui a été déterminée par le décret du 21 août 1806, et par l'ordonnance du 20 juin 1817. Tous les notaires de France ont qualité pour rédiger cet acte. (*Ord.* 20 *juin* 1817, *et* 6 *juin* 1839; *Circ. du* 27.)

1652. Les pensions ou indemnités de réforme [1] étant payées sur les fonds de retenue, les titulaires ont la faculté de faire certifier leur existence par le maire de la commune où ils résident. Ce certificat doit être légalisé. (*Circ.* 30 *avril* 1849.)

1653. S'il s'agit des pensions accordées à titre de récompense nationale, les certificats constatant l'existence des orphelins, peuvent être également délivrés par les maires. (*Déc. min*lle 31 *octobre* 1832.)

1654. Les certificats de vie délivrés à des pensionnaires militaires, et à leurs veuves; ceux des donataires dépossédés; ceux des employés des douanes jouissant d'une pension de réforme, et ceux relatifs aux pensions, à titre de récompense nationale, sont exempts du timbre. (*Mêmes Ord. et Circ. du* 30 *avril* 1849, *Règl. Fin.*, page 219.)

1655. Sont soumis à la formalité du timbre, les certificats de vie délivrés pour les pensions *civiles* et *ecclésiastiques*. (*Loi* 18 *germinal an* X; *Déc. min*lle 11 *nov.* 1828.)

[1] Ces pensions et indemnités, sont concédées à d'anciens titulaires d'emplois supprimés. (*Loi du* 1er *mai* 1822; *Décret du* 2 *mai* 1848.)

1656. Si le certificat de vie a été délivré par un notaire qui habite hors du département, la signature de ce notaire doit être légalisée par le préfet du département où cet officier ministériel réside, ou par le sous-préfet. (*Inst. du Minist. des Fin.* 27 *juin* 1839; *Circ.* 9 *déc.* 1828.)

1657. Le titulaire d'une pension, qui réclame, pour la première fois, d'un notaire un certificat de vie, est tenu de produire son acte de naissance, afin de constater son âge [1]. Il peut être suppléé à cette pièce par un acte de notoriété régulier. Le notaire doit, sous sa responsabilité, s'assurer que le domicile du titulaire lui est exactement indiqué. (*Inst. du Min. des Fin.* 27 *juin* 1839, *art.* 15; *Déc. du* 8 *messidor an* II, *art.* 2.)

1658. Le certificat de vie contient la déclaration que fait le titulaire, s'il jouit, ou non, d'autre traitement ou pension, soit à la charge de l'Etat, soit sur la caisse des invalides de la guerre, ou de la marine, soit à la charge des communes (voir la section précédente). Le notaire est tenu, sous sa responsabilité, d'interroger le pensionnaire, avant de consigner sa déclaration dans le certificat qu'il lui délivre. (*Inst. du Min. des Fin.* 27 *juin* 1839, *art.* 23.)

1659. Lorsque plusieurs titulaires, d'une pension de donataires dépossédés, figurent sur un même titre, il suffit de justifier, par le certificat de vie, de l'existence *d'un ayant-droit*. Toutefois, le payement intégral ne pourrait avoir lieu, si un ou plusieurs des co-titulaires avaient mis opposition, ou demandaient à jouir séparément de leur portion respective dans l'incription indivise. (*Règl. Fin.* 1846, page 224.)

1660. Si, pour recevoir une pension de donataire dépossédé, il s'agit, dans le certificat de vie délivré par le notaire, d'une fille, ou d'une veuve de donataire, ce certificat de vie doit mentionner, expressément, qu'elle n'a pas contracté un mariage avec un étranger, ce qui lui ferait perdre la qualité de française. (*Règl. Fin.*, page 224.)

1661. Le certificat de vie, que délivre un notaire, doit être re-

[1] Cet acte est produit, pour que le notaire puisse consigner ce renseignement sur son registre.

vêtu du sceau de cet officier ministériel. Il faut que l'empreinte soit apposée de façon à être suffisamment lisible. L'omission de la formalité du cachet, est une cause de rejet du certificat. (*Loi du* 25 *ventôse an* II, *art.* 27; *Règl. Fin.* 1846, page 215; *Inst. du Min. des Fin,* 27 *juin* 1839, *art.* 10; *Circ.* 13 *oct.* 1846, *n°.* 159.)

1662. Si la date du certificat de vie est antérieure au jour de l'expiration du trimestre, ou du semestre, exigible, le certificat est refusé. Elle peut être postérieure à ce jour.

Le titulaire signe l'acte avec le notaire ; s'il ne peut signer, le notaire en énonce la cause. (*Règl. Fin.* 1846, page 214; *Nomencl.* 1826, page 3.)

1663. Les notaires sont garants et responsables, envers le Trésor public, de la vérité des certificats de vie qu'ils ont délivrés. La vérité de ces certificats ne consiste pas seulement dans le fait de l'individualité, elle embrasse toutes les indications à donner, conformément aux règlements [1]. (*Décret du* 21 *août* 1806; *Régl. Fin.* 1846, page 214; *Inst. du Min. des Fin. du* 27 *juin* 1839.)

1664. Lorsqu'un notaire certifie, pour la première fois, l'existence d'un pensionnaire déjà en possession de sa pension, il est tenu d'exiger de ce dernier, l'*exeat* du notaire qui, précédemment, attestait sa vie. Le certificat doit faire mention de la production de cette pièce, laquelle reste déposée au notariat. (*Déc. min*lle 29 *avril* 1822; *Inst. Min*lle 27 *juin* 1839; *Circ.* 18 *déc. suivant.*)

1665. A défaut d'*exeat,* un pensionnaire peut se faire assister chez le notaire, par deux témoins, lesquels certifient son individualité. Le nom de ces témoins est rappelé dans le certificat de vie, qu'ils signent avec le notaire. (*Déc. min*lle 29 *avril* 1822.)

1666. Quand un notaire manque aux règles ci-dessus rappelées pour l'*exeat*, le Payeur est autorisé à lui rappeler l'oubli qu'il a commis, afin d'en prévenir le retour. En cas de récidive, l'administration supérieure devrait en être informée. (*Circ.* 18 *déc.* 1839.)

1667. Il est recommandé de rédiger les certificats de vie, de

[1] Comme, par exemple, celles concernant la position et le domicile des parties ; les déclarations que celles-ci ont à faire, etc. (*Inst. du Min. des Fin.* 27 *juin* 1839.)

manière à n'offrir aucun doute sur les indications qu'ils donnent; les *noms* et *prénoms* des pensionnaires doivent être lisiblement écrits, s'ils présentent des surcharges, ou ratures, ces surcharges sont approuvées par le notaire. (*Circ.* 24 *déc.* 1805.)

1668. Il ne peut être admis de certificats de vie, où l'énonciation des *noms* ou des *prénoms* du pensionnaire, de *son âge*, etc., n'est pas entièrement conforme aux indications données par les certificats d'inscription représentés. (*Déc. min*[lle] 24 *mai* 1817.)

1669. L'addition de la particule *de*, à la signature d'un pensionnaire, sur un certificat de vie, encore bien qu'elle établisse un défaut d'accord avec le nom porté à l'acte d'inscription, n'est pas un motif suffisant pour refuser le certificat présenté. (*Inst. min*[lle] 24 *déc.* 1805.)

1670. La date de la naissance du pensionnaire est suffisamment énoncée, quoique l'on ait employé les mots : *baptisé* le........, lorsque cette date est celle portée au certificat d'inscription du titulaire. (*Déc.* 30 *sept.* 1807.)

1671. Lorsqu'un pensionnaire se trouve dans l'impossibilité de se transporter chez un notaire, il peut adresser à celui-ci, un certificat du maire de sa commune, visé par le préfet, ou le juge de paix, constatant son existence, et la cause pour laquelle il est retenu. Sur le vu de cette pièce, le notaire délivre le certificat. Il y mentionne l'attestation qu'on lui a produite. Cette attestation reste déposée entre ses mains. (*Décret du* 23 *sept.* 1806.)

1672. Si un notaire, ayant délivré un certificat de vie, sans que le titulaire se soit présenté pour faire constater son existence, on découvre ensuite que ce titulaire, étant décédé, il n'avait pas droit aux arrérages reçus, le Payeur informe immédiatement, de cette circonstance, le directeur de la Dette inscrite. (*Lettres de la direct. de la Dette Insc.* 3 *sept.* 1844; 29 *août* 1846.)

1673. La quittance qui fait suite au certificat de vie, étant considérée comme formant, avec ce certificat, un seul et même acte, elle doit être remplie par le notaire certificateur, lorsque celui-ci, chargé de recevoir les arrérages pour le titulaire, réclame du Payeur le *vu bon à payer.* (*Inst. du* 27 *juin* 1839; *Circ. Dette Inscr. du* 20 *nov.* 1847.)

1674. Lorsqu'un pensionnaire, pour lequel des arrérages sont réclamés, se trouve dans une maison de santé, ou dans une maison d'arrêt, le directeur de la première, ou le concierge de la seconde, donne une attestation au moyen de laquelle le certificat de vie est délivré. Cette circonstance est mentionnée audit certificat. (*Décret* 23 *sept.* 1806.)

1675. S'il s'agit de pensionnaires en état de détention, le certificat de vie du notaire doit énoncer, en marge, les motifs de l'emprisonnement, la date du jugement qui l'a ordonné, et la nature de la peine infligée [1]. Si la détention a lieu pour *vagabondage, mesure de sûreté*, ou *accusation*, le certificat le constate; il établit seulement, en donnant le motif de l'arrestation, que la position du titulaire n'a pas changé, quand, à l'échéance, les choses sont dans le même état. (*Arrêté min*^el^ 1er *août* 1826; *Inst. min*^lle^ 27 *juin* 1839; *Circ.* 18 *déc.* 1839; *Règl. Fin.*, page 222.)

1676. La peine afflictive ou infâmante, donnant lieu à la suspension du payement de la pension, aucun certificat de vie, dans cette circonstance, ne peut être délivré. Si la peine prononcée n'est que correctionnelle, le certificat est remis, et les arrérages payés, sauf retenue, pour l'acquittement des amendes et frais dus au Trésor [2] (voir n° 1290). (*Loi du* 28 *fructidor an* VII; *Ord.* 27 *août* 1814; *Inst. min*^lle^ 1839, *art.* 20; *Règl. Fin.*, page 208.)

1677. Si le pensionnaire, dont on a à certifier l'existence, est en *démence*, le notaire qui délivre le certificat de vie, exige, comme pour les mineurs, l'assistance du tuteur ou du curateur, et il mentionne leur assistance. Il est justifié, au Payeur, de la réhabilitation, lorsque l'interdiction qui a existé vient à cesser. (*Déc. min*^lle^ 1er *août* 1826; *Avis du Conseil d'Etat* 8 *janvier* 1823; *Inst.* 27 *juin* 1839.)

1678. Un certificat de vie, concernant un mineur, n'est délivré, qu'autant que ce mineur est assisté de son tuteur, désigné par ses

[1] Si la peine est inflictive ou infâmante, le notaire est tenu d'en informer le Payeur par correspondance. Le certificat n'est pas délivré. (*Inst. Min*^lle^ 27 *juin* 1839, *art.* 20.)

[2] Le directeur de la Dette inscrite doit être informé de ces faits.

nom, prénoms, et domicile; ce tuteur signe avec lui le certificat; dans le cas ou l'un, ou l'autre, ne sait signer, l'acte l'exprime. La déclaration de non-cumul exigée par la loi, est donnée par le tuteur. (*Déc. minist.* 1er *août* 1826; *Avis du Conseil d'État,* 8 *janv.* 1823; *Instr.* 27 *juin* 1839.)

1679. Les dispositions contenues dans l'article qui précède, s'appliquent aux orphelins de militaires jouissant de pensions. S'il existe plusieurs titulaires, il suffit que le certificat de vie désigne le plus jeune des orphelins, n'ayant pas atteint l'âge de la majorité. (*Inst. Min*lle 27 *juin* 1839, *art.* 21; *Circ.* 18 *déc.* 1839, *et Règl. Fin.*, page 222.)

1680. Les certificats de vie délivrés aux étrangères veuves de militaires, ou aux femmes françaises devenues étrangères, doivent contenir la déclaration que ces femmes n'ont pas perdu, par un second mariage avec un étranger, la qualité de française. (No 1607.)

Pour ceux délivrés à des militaires nés à l'étranger, il y a à faire mention de la naturalisation du pensionnaire, ou à énoncer qu'il s'est pourvu à l'effet de l'obtenir. (*Loi* 11 *avril* 1831; *Ord.* 5 *juin* 1816 *et* 24 *févr.* 1832; *Circ. C. G.* 31 *mars* 1832; *Règl. Fin.* 1846, page 218.)

1681. Les certificats de vie ne peuvent émaner que d'un notaire en exercice. Les procureurs de la république, ou leurs substituts, font connaître aux Payeurs, les mutations successivement survenues parmi les notaires de leur ressort. Ils les informent, également, des destitutions, ou suspensions, qui ont été prononcées. (*Circ. du Garde des Sceaux* 23 *oct.* 1839, *et de la dir. de la Dette insc.* 19 *août* 1840.)

1682. Les notaires ont à informer les Payeurs, des retards de plus de six mois, qui existent dans la délivrance des certificats de vie à des pensionnaires dont ils ont précédemment certifié l'existence. S'ils connaissent la cause du retard, ils la font connaître. (*Inst. du min. des Finances du* 27 *juin* 1839.)

1683. En cas de décès d'un pensionnaire, le notaire auquel il s'adressait, prévient les héritiers, que, sous peine de déchéance, ils doivent produire l'extrait mortuaire du défunt, dans les six mois de son décès, pour toucher les arrérages qui sont dus. (*Idem, art.* 30.)

1684. Il n'est formé qu'un seul certificat de vie, encore bien que les arrérages de plusieurs trimestres soient réclamés pour le titulaire. Le Payeur, au moyen de l'original qui lui est représenté, forme des extraits (modèle nº 19), sur lesquels la quittance est donnée pour chaque échéance. (*Règl. Fin.* 1846.)

1685. Les notaires ne peuvent exiger, pour la délivrance des certificats de vie, d'autres rétributions que celles ci-après :

5 centimes pour l'imprimé; (*Décis. min*[lle] *9 décembre* 1828.)

1 franc, si la somme à recevoir est de 601 fr. et au-dessus;

50 centimes, de 301 à 600 fr.;

35 centimes, de 101 à 300 fr.;

20 centimes, de 50 à 100 fr. Rien au-dessous de 50 fr.

(*Ord.* 20 *juin* 1817 *et Inst. du* 27 *juin* 1839 ; *Circ.* 9 *déc.* 1828.)

1686. Un notaire peut s'établir intermédiaire entre un pensionnaire et l'administration, et recevoir les termes revenant à ce titulaire; mais il doit présenter cette entremise comme facultative de part et d'autre, et n'exiger, outre la rétribution fixée ci-dessus, que le simple remboursement proportionnel des frais d'étude. Il lui est interdit de faire aucune retenue, même avec le consentement du titulaire, au profit des tiers. (*Inst. du* 27 *juin* 1829, *art.* 25 *et* 27.)

1687. Le Payeur se pourvoit, pour les besoins du service, d'un certain nombre d'imprimés de certificats de vie ; il les fournit aux notaires qui lui en demandent. Ces derniers lui en remboursent le prix, à raison de 3 centimes chacun. (*Inst. min*[lle] 27 *juin* 1839, *art.* 8.)

1688. Les notaires qui se chargent du recouvrement des arrérages des pensions pour les titulaires, remettent au Payeur un bordereau des certificats de vie envoyés à son visa ; ils y joignent les titres d'inscription. Le Payeur, s'il n'a aucune observation à faire, donne, sur les quittances, son *vu bon à payer*. Si l'acquittement ne peut avoir lieu, il fait connaître, par une note, le motif de l'ajournement. (*Inst. min*[lle] 27 *juin* 1839, *art.* 26; *Arrêté min*[el] 12 *août* 1817.)

1689. Les certificats de vie qu'ont à produire les membres de l'Assemblée législative pour toucher leurs pensions aux caisses du Trésor, peuvent être délivrés par la questure, en observant les formes ordinaires. (*Règl. Fin.* 1846, page 214.)

1690. Lorsque les pensionnaires sont domiciliés dans les colonies, les certificats de vie sont délivrés par les notaires des lieux qu'ils habitent. Ces actes ne sont admis qu'après qu'ils ont été légalisés par le ministre de la Marine. (*Ord.* 24 *janv.* 1816.)

1691. Les certificats de vie des militaires employés à l'armée, sont délivrés par les conseils d'administration ; ils doivent être légalisés par le ministre de la Guerre. Les intendants et les sous-intendants peuvent délivrer ceux des officiers sans troupe et des employés des armées. (*Ord.* 24 *janv. et* 31 *oct.* 1816.)

1692. Les pensionnaires résidant à l'étranger, obtiennent leur certificat de vie des ambassadeurs, consuls, ou magistrats ayant qualité pour les délivrer. Ces actes sont visés par l'agent diplomatique français, et légalisés au ministère des Affaires étrangères [1]. (*Ordon.* 20 *mai* 1818 ; 26 *juin* 1821.)

1693. Quand le certificat délivré hors de France est écrit en langue étrangère, un traducteur juré doit en faire la traduction. La signature de ce traducteur juré est ensuite légalisée par le président du tribunal civil de l'arrondissement. (*Note min*lle . . . *octobre* 1832.)

1694. Afin que les militaires admis à l'Hôtel des Invalides, puissent toucher, sans frais, les arrérages de pensions qui leur sont dus, le secrétaire archiviste de l'hôtel est autorisé à leur délivrer le certificat de vie qu'ils ont à produire. (*Décis. min*lle 4 *août* 1820.)

1595. Les percepteurs hors des chefs-lieux de département et d'arrondissement, sont tenus de prêter leur ministère pour la transmission au Payeur du département, et le renvoi sans frais, des certificats de vie, et autres pièces ayant pour objet le recouvrement des arrérages échus, des pensions inscrites sur les registres du Trésor. (*Circ. Dette inscrite* 20 *nov.* 1847.)

SECTION IX. — ARRÉRAGES A PAYER APRÈS DÉCÈS.

1696. Les héritiers ayant des arrérages à réclamer pour la pension dont jouissait un titulaire décédé, doivent fournir l'extrait

[1] Dans un pays en guerre avec la France, le certificat est délivré par les autorités locales, et légalisé par le ministre d'une nation neutre. (*Décret* 21 *août* 1806.)

mortuaire dans les six mois de la mort du pensionnaire, sous peine de déchéance. (*Arrêté* 15 *floréal an* xi, *art.* 10; *Règl. Fin.*, ...)

1696 *bis.* Cette déchéance n'atteint pas les rentiers viagers; ils n'encourent que la prescription quinquennale. (*Règl. Fin.*, page 208.)

1697. Lorsque les héritiers d'un pensionnaire décédé ont produit, dans les six mois du décès de ce dernier, l'acte qui constate sa mort, ils ont, pour réclamer le décompte des arrérages, le même temps qu'aurait eu le pensionnaire lui-même (3 ans), pour demander le payement de sa pension. (*Circ.* 26 *janv.* 1832; 30 *nov.* 1833, *et* 15 *sept.* 1834.)

1698. Pour établir régulièrement que les héritiers d'un pensionnaire ont produit, dans le délai de six mois, l'acte mortuaire du titulaire décédé, le Payeur, si le décompte n'est pas formé dans ce délai, doit revêtir l'acte de décès qu'on lui représente, d'une annotation mentionnant le jour où cette production a été faite. (*Circ.* 26 *janv.* 1832; 30 *nov.* 1833.)

Art. 1er. — *Pièces à produire.*

1699. En cas de décès du titulaire d'une pension accordée par l'Etat, les héritiers ont à produire, pour en toucher les arrérages, les pièces suivantes, formalisées comme il est plus loin indiqué :

1° L'acte de décès du pensionnaire;

2° Le certificat d'inscription;

3° Un certificat de propriété, ou pièces en tenant lieu;

4° Une déclaration de non-cumul de la pension avec un traitement. (*Décis. min*lle 27 *août* 1823, 29 *oct.* 1842; *Circ.* 15 *janv.* 1823 *et* 16 *déc.* 1842; *Inst.* 1er *janvier* 1810.)

1700. Les pièces produites doivent être sans ratures, ni surcharges. Le Payeur ne peut former le décompte de ce qui revient aux héritiers, qu'autant que ces pièces sont régulières et concordantes entre elles. (*Nom.* 1826; *Loi du* 26 *messidor an* ii; *Décis. min*lle 15 *sept.* 1810.)

1701. Lorsqu'un pensionnaire reçu *non gratuitement* dans un hospice, y est décédé, on ne peut payer aux héritiers qui se présentent, les arrérages qu'ils réclament, que sur la représentation d'un certificat des administrateurs de l'hospice, constatant qu'il n'est rien dû à l'établissement par ce pensionnaire. (*Nom.* 1826.)

1702. Dès que les pièces indiquées aux articles qui précèdent, ont été remises, formalisées ainsi qu'il est expliqué ci-après, le Payeur fait former le décompte des arrérages dus aux héritiers du titulaire décédé jusqu'au jour du décès, et il acquitte la somme revenant à ces héritiers, ou il en autorise le payement dans le lieu où réside la partie. (*Idem.*)

Art. 2. — *Acte de décès.*

1703. L'acte de décès, produit pour obtenir un décompte d'arrérages d'une pension militaire, de veuve, de donataire, ou pour récompense nationale, est exempt du timbre, sous la condition d'exprimer l'indication de l'emploi auquel il est destiné. (*Décis. min*[lle] *des Fin.* 15 *janv.* 1823.)

1704. Cet acte doit être légalisé par le président du tribunal civil, ou par le sous-préfet de l'arrondissement. (*Arr. du* 15 *flor. an* XI.)

1705. Si l'acte de décès représenté, a pour objet des arrérages de pensions *civiles* ou *ecclésiastiques*, il doit être rédigé sur timbre. (*Loi* 13 *brumaire an* VII.)

1706. Lorsque l'individu qui jouissait d'une pension est décédé dans un hôpital, l'acte de décès est dressé d'après les renseignements donnés à l'officier de l'état civil, et sur ceux que lui-même a pris; cet acte est envoyé à l'officier de l'état civil du dernier domicile de la personne décédée, pour qu'il puisse l'inscrire au registre. (*Code Civil, art.* 80.)

1707. Si l'acte de décès produit pour recevoir des arrérages, contient une erreur dans *le nom* du défunt, on doit, s'il n'est pas possible de la rectifier, la faire constater, au moyen d'un acte de notoriété reçu par un notaire.

La même formalité est observée, dans le cas où l'erreur existe seulement dans *les prénoms;* l'acte de notoriété est appuyé de l'acte de naissance; l'un et l'autre acte doivent être légalisés par le président du tribunal civil de l'arrondissement. (*Note jointe à la Circ.* n° 87, *du* 17 *déc.* 1834.)

Art. 3. — *Certificat d'inscription.*

1708. Toute demande d'arrérages, après le décès d'un titulaire, doit être accompagnée de l'extrait d'inscription de la pension ; cette pièce reste à l'appui du décompte. (*Nom. de* 1826.)

1709. Dans le cas où le certificat d'inscription se trouve *adiré*, on y supplée par une déclaration faite par les ayants-droit, ou l'un de ceux-ci, comme il est expliqué plus haut. (Voir : *Titres adirés*, nº 1609.)

1710. S'il y a erreur, soit au *nom* ou *prénoms*, ou *surnom* du défunt, ou différence dans la *date de la naissance*, sur le certificat d'inscription, le Payeur adresse cette pièce à la direction de la Dette inscrite. Il y joint un certificat du maire de la commune où le pensionnaire est décédé, constatant, sur l'attestation de *trois témoins*, et d'après l'acte de naissance, l'erreur dont il s'agit. L'acte de naissance, légalisé, est joint au certificat d'inscription. (*Nomencl.* 1826; *Loi du* 26 *messidor an* II ; *Déc. min*[lle] 15 *sept.* 1810.)

Art. IV. — *Certificat de Propriété.*

1711. Le certificat de propriété est destiné à établir le nom et la qualité des héritiers aptes à recevoir les arrérages dus sur une pension, à la mort du titulaire ; il est délivré, s'il n'y a pas eu inventaire, partage ou autre acte translatif de propriété, par le juge de paix du domicile du pensionnaire ; dans le cas contraire, il est rédigé par un notaire (voir nºs 1717 et 1738.) (*Loi du* 28 *floréal an* VII ; *Inst. Gén. du* 1er *janvier* 1810 ; *Circ.* 25 *octobre* 1830.)

1712. Dans les certificats que délivrent les officiers ministériels, ils doivent indiquer, avec soin, le domicile des témoins et celui des héritiers ; si le domicile est dans une grande ville, le nom de la rue et le numéro de la maison ; s'il s'agit de militaires, le corps auquel ils appartiennent, etc. (*Nomenc. de* 1826.)

1713. Le certificat de propriété est admis comme une justification suffisante des droits des héritiers qu'il désigne, aux arrérages dus à la mort d'un pensionnaire. Le Payeur doit le réclamer dans l'intérêt des parties ; si, cependant, ces dernières persistent à vouloir produire, au lieu de l'acte de propriété, les copies, ou extraits des actes qui établissent leur droits, ces pièces ne peuvent être refusées. (*Circ.* 25 *oct.* 1830.)

1714. Le certificat de propriété est admis, quand bien même l'examen de ce titre ferait reconnaître que les droits respectifs des parties n'ont point été établis exactement, dans le texte dudit certificat, par l'officier ministériel qui l'a rédigé. Les notaires et les juges de paix ont, seuls, à supporter, vis-à-vis des tiers, la responsabilité de leurs actes. (*Circ.* 17 *déc.* 1834, *n°* 87.)

1715. Ce certificat délivré à des mineurs, même émancipés, doit donner à ces mineurs la qualité d'héritiers bénéficiaires. Toutefois, l'omission de cettte qualité dans l'acte, ne fait pas obstacle au payement; les mineurs, tenant cette qualité des dispositions de la loi, et aucune garantie n'en pouvant résulter pour le Trésor. (*Circ.* 17 *déc.* 1834, *n°* 87, *en note.*)

1716. Lorsque, dans un certificat de propriété produit au Payeur, il existe des erreurs, frappant sur la différence entre les *noms* et les *prénoms*, *les dates de décès* ou de naissance, ces erreurs peuvent être rectifiées par de simples renvois, dûment approuvés et signés par l'officier ministériel qui a délivré l'acte. (*Nomencl. de* 1826.)

§ 1er. — Certificat à délivrer par un Notaire.

1717. Le certificat de propriété est délivré par un notaire, comme il est dit plus haut, (n° 1711, lorsque celui-ci est détenteur de la minute de l'inventaire, ou du partage, qui a pu être fait après le décès du pensionnaire, ou de tous autres actes notariés, de transmission gratuite à titre entre vifs, ou par testament. (*Loi du* 28 *floréal an* VII; *Inst. du* 1er *janv.* 1810; *Circ.* 25 *oct.* 1830.)

1718. Quoiqu'au décès d'un pensionnaire, il n'ait pas été fait d'inventaire, si cependant l'un des héritiers est décédé postérieurement, c'est par un notaire que le certificat de propriété doit être délivré. Il le rédige d'après la minute, ou l'expédition d'un acte de notoriété, qu'on lui a déposé, constatant l'absence de l'inventaire, le nom des héritiers laissés, ceux décédés, etc. (*Loi du* 28 *floréal an* VII; *Ord. du* 5 *juin* 1816, *art.* 396 *du Code civil.*)

1719. Un notaire peut aussi, lorsqu'il n'existe pas d'inventaire, et sans qu'il y ait décès d'héritiers, délivrer le certificat de propriété, ou acte de notoriété, sur la déclaration de deux individus majeurs, établissant qu'il n'a pas été fait d'inventaire et indiquant les héritiers du défunt. (*Inst.* 1810, *art.* 140; *Lettre Comp. gén.* 10 *juillet* 1835.)

1720. Le notaire énonce dans son certificat, que les actes d'inventaire, de partage, ou autres, sont en sa possession; il fait connaître les *noms*, *prénoms*, *domiciles* et *qualités* des héritiers; à quel titre ils sont héritiers; s'ils sont majeurs ou mineurs, et si les femmes sont mariées; pour les mineurs, il indique les *noms*, *prénoms* et *domiciles* des tuteurs [1]; pour les femmes mariées, les *noms*, *prénoms* et *domiciles* de leurs maris, de qui elles sont assistées et autorisées. (*Loi du* 28 *floréal an* VII; *Notes min*[lles] *des* ... *octobre* 1832, *et* 17 *décembre* 1834.)

1721. Lorsque le certificat de propriété, mentionne un acte dont la minute est dans la possession d'un notaire, autre que celui qui délivre le certificat, ce dernier reçoit le dépôt d'une expédition de l'acte relaté, et il l'atteste dans ledit certificat. (*Loi du* 28 *floréal an* VII; *Inst. min*[lle] 1er *janvier* 1810; *Nomencl.* 1826.)

1722. S'il existe, dans les actes qui sont en la possession du notaire, quelques différences, quant au nom ou prénoms du défunt, et que le notaire les ait écrit au certificat comme ils existent aux actes, ces erreurs sont consignées dans un acte de notoriété, que le notaire conserve parmi ses minutes, puis rectifiées au certificat de propriété. (*Loi du* 28 *floréal an* VII.)

1723. Quand le certificat de propriété est délivré au profit d'un exécuteur testamentaire, il doit y être fait mention, que cet exécuteur a la saisine de la succession. Les pouvoirs de cet exécuteur du testament expirent après l'an et jour. (*Code civil, art.* 1026.)

1724. Si le certificat de propriété est délivré au curateur d'une succession vacante, il doit y être énoncé que le curateur a accepté

[1] Si le tuteur n'est ni le père ni la mère, on doit rappeler la délibération du conseil de famille qui l'a nommé, ainsi que l'acceptation qu'il a faite de cette mission. (*Note Min*[lle], *oct.* 1832.)

les fonctions à lui déférées par le jugement qui l'a nommé. Toutefois, il ne peut rien toucher par lui-même (voir nº 1212). (*Circ.* 20 *août* 1835; *Loi du* 28 *floréal an* VII; *nomencl. de* 1826; *Inst.* 1er *janvier* 1810.)

1725. Lorsqu'il résulte d'un acte de décès, qu'un militaire est décédé en pays étranger, la date de l'ordonnance qui l'a autorisé à s'absenter de France doit être énoncée dans le certificat de propriété. Il est retenu, dans ce cas, un tiers des arrérages. (*Ord. du roi* 27 *août* 1814; *Circ.* 19 *août* 1820.)

1726. Quand un titulaire, décédé, laisse une veuve et des héritiers, le certificat de propriété doit attribuer à la veuve, à raison de la communauté légale qui existe pour elle, la moitié des arrérages dus. L'autre moitié revient aux héritiers. (*Note min*lle, *octobre* 1832.)

1727. A défaut d'héritiers successibles, il peut être alloué à la veuve du titulaire d'une pension, la totalité des arrérages, pourvu qu'elle ait rempli les formalités voulues par la loi (art. 767 et suiv. du Code). Le certificat de propriété le mentionne; autrement la moitié serait retenue par l'Etat, comme non réclamée. (*Note min*lle *octobre* 1832.)

1728. Quand l'ayant-droit est un *interdit*, le certificat de propriété doit faire connaître le *nom* et la *demeure* du curateur, la nomination de ce dernier, et son acceptation de la mission qu'on lui a confiée. (*Note min*lle, *octobre* 1832; *Inst.* 1er *janv.* 1810.)

1729. Si le droit aux arrérages d'une pension militaire résulte d'une donation, ou d'un testament, le notaire doit spécifier dans le certificat, que le titulaire n'a laissé aucun héritier, au profit duquel la loi établit une réserve. (*Note min*lle, *octobre* 1832; *Inst.* 1er *janvier* 1810.)

1730. Lorsqu'à la suite du décès d'un pensionnaire, c'est le domaine de l'Etat qui est l'ayant-droit, ce n'est plus au notaire à délivrer le certificat de propriété, mais bien au greffier du tribunal du lieu de l'ouverture de la succession (voir nº 1744). (*Note min*lle, *octobre* 1832.)

1731. Le certificat de propriété délivré par un notaire, doit être empreint du sceau de cet officier ministériel, et s'il en est fait usage hors du département où réside le Payeur[1], être légalisé par le président du tribunal civil de l'arrondissement.

Il doit être formé sur timbre.

Il est exempt de l'enregistrement. (*Déc. min*[lle] *29 octobre* 1842; *Circ.* 16 *déc. suivant, n°* 125; 14 *août* 1848, *n°* 166, *et* 31 *juillet* 1850, *n°* 481.)

1732. S'il est fait mention, dans un certificat de propriété, d'un jugement à la charge de l'appel, on doit y mentionner que ce jugement n'a été attaqué, ni par la voie de l'appel, ni par celle de l'opposition. (*Nomencl.* 1826; *Inst.* 1er *janv.* 1810.)

1733. Lorsqu'une veuve, ayant des enfants mineurs, a refusé la tutelle que l'article 394 du Code civil lui donne, le certificat de propriété doit l'attester. (*Nomencl.* 1826; *Inst.* 1er *janv.* 1810.)

1734. Si parmi les mineurs désignés dans un certificat de propriété, il en est qui, à raison de leur état d'indigence, ont été admis dans un hospice, ce certificat doit énoncer qu'ils sont sous la tutelle d'un administrateur dudit hospice, qui en a la surveillance. (*Décr. du* 15 *pluviôse an* XIII, *art.* 1er; *Code civil, art.* 461.)

1735. La déclaration que le pensionnaire n'a joui d'aucun traitement, ni d'aucune autre pension jusqu'au jour de son décès (voir n° 1746), peut être comprise dans le certificat de propriété; cette pièce, en pareil cas, doit être signée par les déclarants, ou par l'un deux, se portant fort pour ses co-héritiers. (*Nomenclature de* 1826.)

1736. Lorsque des héritiers d'un pensionnaire de l'Etat, sont eux-mêmes décédés avant que la somme due ait pû être payée, ceux qui les représentent ont à produire des actes qui justifient de leurs droits. (*Nomencl. de* 1826.)

1737. Le certificat de propriété délivré par le notaire, énonce : s'il a été fait, ou non, un inventaire à la mort du pensionnaire;

[1] La légalisation n'a lieu, pour les actes des notaires à la résidence des Cours d'appel, que lorsque ces actes sortent du ressort desdites Cours. (*Note jointe à la Circ. du* 17 *déc.* 1834, *n°* 70, *et lettre du Directeur de la Dette inscrite du* 22 *juillet* 1839.)

quels sont les héritiers du titulaire décédé ; si, après le décès de ceux-ci, il a été, ou non, fait un inventaire ; quels sont les héritiers de ces derniers, et quelle est la portion qui revenait aux prétendants décédés, dans la créance. (*Nom. de* 1826 ; *Loi du* 28 *floréal an* VII.)

§ 2. — Certificat à délivrer par le Juge de paix.

1738. Le certificat de propriété est délivré par le juge de paix du domicile du pensionnaire, lorsqu'il n'y a point eu d'inventaire, ni de partage après le décès du titulaire, ni aucun acte de transmission gratuite à titre entrevifs ou par testament. (*Loi du* 28 *floréal an* VII ; *Décret* 16 *septembre* 1806 ; *Circ.* 25 *oct.* 1830.)

1739. La mention générale pour une veuve, qu'elle est commune en biens, *suivant son contrat de mariage*, sans une stipulation spéciale lui conférant des droits particuliers, n'est pas une cause qui empêche le juge de paix de délivrer le certificat de propriété. (*Circ.* 17 *déc.* 1834 *en note.*)

1740. Le certificat délivré par le juge de paix, est fait dans la même forme que celui d'un notaire (voir n° 1717) ; il contient, sur l'attestation de deux témoins, les mêmes énonciations, quant aux héritiers, aux mineurs, aux femmes mariées, etc. Le juge de paix ne peut y relater aucun acte translatif de propriété, puisque, dans ce cas, il serait incompétent. (*Loi du* 28 *floréal an* VII.)

1741. Si un pensionnaire est décédé dans un hospice auquel il avait cédé sa pension pour recevoir des soins, le certificat de propriété peut être délivré au profit des administrateurs de cet hospice, qui, alors, touchent ce qui est dû pour les arrérages de la pension, jusqu'au jour du décès du titulaire. (*Avis du Conseil d'Etat, approuvé le* 3 *nov.* 1809.)

1742. Lorsqu'un certificat de propriété est délivré par le premier ou le deuxième suppléant du juge de paix, on doit y mentionner que c'est en l'absence, ou par empêchement du juge de paix, qu'on a rédigé cet acte. (*Nom. de* 1826.)

1743. Le certificat de propriété délivré par le juge de paix, est légalisé par le président du tribunal civil, ou par le préfet, ou le sous-préfet de l'arrondissement.

Il est formé sur timbre.

Il est exempt du droit d'enregistrement. (*Décis. min*[lle] *15 janv.* 1823; *Circ.* 12 *mai suivant; Décis. min*[lle] 29 *oct.* 1842; *Circ. C. G. du* 16 *déc. suiv., n*° 125, *et* 11 *juillet* 1850, *n*° 181.)

§ 3. — Certificat à délivrer par les Greffiers.

1744. Lorsque les droits et la qualité des héritiers ont été constatés par un jugement, le greffier dépositaire de la minute de ce jugement est autorisé à délivrer le certificat de propriété. Il donne, dans cet acte, toutes les énonciations exigées par les règlements. (*Loi du* 28 *floréal an* VII.)

1745. Si une veuve a été appelée à recueillir la succession de son mari (Code C. 767), ou si c'est le domaine qui a qualité pour succéder, le greffier délivre le certificat de propriété, en vertu du jugement qui a envoyé la veuve, ou le domaine, en possession. (*Loi du* 28 *floréal an* VII, *art.* 6 ; *art.* 768 *et* 770 *Code civil.*)

Art. 5. — *Déclaration de non-cumul.*

1746. Les héritiers d'un pensionnaire décédé, ou l'un d'eux se portant fort pour les autres, ont à fournir une déclaration, constatant que, depuis l'obtention de sa pension jusqu'au jour de son décès, le titulaire n'a joui d'aucune autre pension, solde, ou traitement (voyez : *Cumul*, n° 1643). Cette déclaration est faite sur papier libre, devant le maire. Les signatures des héritiers sont légalisées par le maire de leur domicile, et celle du maire, par le sous-préfet. (*Loi du* 24 *messidor an* 3.)

1747. La déclaration de non-cumul rappelée dans l'article qui précède, peut être insérée dans le certificat de propriété que délivre le notaire, ou le juge de paix (n°s 1717 et 1738); dans ce cas, les héritiers, ou l'un d'eux, se portant fort pour ses cohéritiers, comparaissent et signent l'acte du notaire ou du juge de paix. (*Circ.* 5 *août* 1818; *Nomenc.* 1826.)

1748. Si, dans la déclaration produite par les héritiers d'un pensionnaire, il existe des erreurs quant aux nom, prénoms, ou date du décès, ces erreurs sont rectifiées par de simples renvois approuvés et signés par le maire. (*Nomenc.* 1826.)

Art. 6. — *Porteurs des titres autorisés à recevoir les arrérages.*

1749. Les arrérages de la Dette publique étant payables au porteur, les payements faits au détenteur des pièces, après le décès d'un titulaire, ne peuvent engager la responsabilité du Payeur qui les a effectués. (*Loi du 22 floréal an* VII ; *Circ.* 28 *mars* 1843.)

1750. Les arrérages appartenant à des exercices clos, que les héritiers d'un titulaire de pension ont, après avoir notifié le décès dans les six mois, négligé de réclamer, peuvent, tant qu'il ne s'est pas écoulé trois ans, leur être payés, sans qu'une autorisation expresse soit nécessaire. (*Circ.* 30 *nov.* 1833.)

1751. Une veuve commune en biens, en justifiant légalement de sa qualité, peut recevoir la moitié du décompte des arrérages de la pension d'un décédé, auxquels elle a droit, nonobstant l'absence des héritiers de son mari, ou leur négligence à se présenter devant le Payeur. La portion non payée est versée à la Caisse des dépôts et consignations, pour être remise ultérieurement, s'il y a lieu. (*Circ.* 17 *déc.* 1834 *en note.*)

1752. Le défaut momentané de présence d'un héritier, ne constitue pas *l'absence* dans le sens de la loi. Lorsqu'il a été formé un décompte de la somme revenant aux héritiers d'un pensionnaire décédé, la portion d'arrérages revenant à un héritier absent, peut être, ou payée au porteur du titre, ou réservée et versée à la Caisse des dépôts et consignations. (*Circ.* 17 *déc.* 1834, *n°* 87 ; *Code civil, art.* 115; *Lettre de la C. G.* 28 *mars* 1843.)

SECTION X. — OPPOSITIONS SUR LES ARRÉRAGES.

1753. Les créanciers d'un pensionnaire de l'Etat peuvent, quand ils sont munis d'un titre, former opposition sur les arrérages qui étaient dus à ce pensionnaire au jour de son décès. Cette opposition est faite, par huissier, dans la forme ordinaire (voir Titre XI). (*Arrêté du 7 thermidor an* X, *art.* 3, *et* 1er *pluviôse an* XI; *Circ.* 17 *déc.* 1834.)

1754. Si le créancier du titulaire décédé, n'est pas en mesure de faire saisir les arrérages revenant aux héritiers, et qu'il n'existe pas d'ayants-droit auprès desquels il puisse réclamer, il peut provoquer la nomination d'un curateur à la succession vacante. Il fait, alors, valoir ses droits auprès de ce curateur. (*Circ.* 17 *déc.* 1834 *en note.*)

1755. Le trésor public n'a pas de privilége sur le décompte des arrérages de la pension d'un pensionnaire ayant cessé d'exister. Il ne peut que venir, par contribution, suivant son ordre de collocation, avec les autres opposants. (*Décis. min*lle 12 *août* 1826.)

CHAPITRE III.

Secours aux Pensionnaires de l'ancienne liste civile.

1756. La dette viagère comprend les pensions sur la caisse de l'ancienne liste civile. La commission instituée par la loi du 29 juin 1835, est chargée de l'emploi du fonds annuel, que, d'après la loi du 8 avril 1834, le budget affecte aux secours à distribuer aux pensionnaires, à titre gratuit, de l'ancienne liste civile. (*Régl. Fin.*, page 226.)

1757. Pour être compris dans la répartition du fonds de secours, les anciens pensionnaires ont à produire un certificat d'indigence. Au commencement de chaque année, la commission arrête les états de distribution; au vu de ces états, le ministre des Finances délivre des ordonnances dont les extraits sont remis aux Payeurs. (*Même Règl.*)

1758. Les pensionnaires de l'ancienne liste civile sont porteurs de brevets, ou de certificats d'inscription, sur lesquels, lorsqu'ils représentent un certificat de vie délivré par un notaire, ou par un maire, le payement annuel est mentionné, avec indication de l'année pour laquelle le secours est délivré. Le certificat de vie est exempt du timbre. Il doit être d'une date postérieure à l'avis de chaque allocation de secours. (*Règl. Fin.*, page 226.)

1759. Les secours sont dus exclusivement et personnellement, à l'ancien pensionnaire au nom duquel ils sont accordés. Les sommes non acquittées lors du décès d'un pensionnaire, ne peuvent être payées aux réclamants, en son nom, en quelque qualité que ce soit, sans décision du ministre indiquant la personne autorisée à recevoir. (*Décis. min*[lle] 9 *février* 1841 ; *Règl. Fin.*, page 226.)

TITRE XI.

Saisies-Arrêts ou Oppositions.

CHAPITRE Ier.

Dispositions générales.

1760. La saisie-arrêt ou opposition, est un acte par lequel un créancier arrête, dans les mains d'un tiers, les sommes dues à son débiteur, et empêche que ce tiers ne s'en dessaisisse, jusqu'à ce qu'on lui rapporte une main-levée de l'opposition, ou que le saisissant ait fait ordonner par justice, que les deniers qu'il a arrêtés lui seront remis en déduction de sa créance. (*Code de procédure, art.* 357.)

1761. Toutes saisies-arrêts ou oppositions sur des sommes dues par l'Etat; toutes significations de cession ou transport de ces sommes, et toutes autres, ayant pour objet d'en arrêter le payement, sont faites, sous peine de nullité, entre les mains des Payeurs. A Paris, elles sont faites entre les mains du conservateur des oppositions, au Ministère des Finances. (*Loi du* 9 *juillet* 1836, *art.* 13.)

1762. Il ne peut être dérogé, dans aucun cas, au principe rappelé à l'article qui précède. Les Payeurs ne sont conservateurs que des oppositions formées entre leurs mains, et sur les sommes payables à leurs caisses; ils ne peuvent se charger d'oppositions que leur transmetteraient officieusement leurs collègues. (*Inst. Gén.* 1845, *art.* 7.)

1763. S'il arrive qu'après avoir revêtu un mandat de leur *vu bon à payer*, une saisie soit mise entre leurs mains contre le titulaire de ce mandat, ils doivent, sur-le-champ, avertir leur délégué de ne pas payer quand le porteur de l'acquit se présentera à leur caisse. (*Circ.* (*Contentieux*) 31 *mars* 1846.)

1764. La disposition qui exige que toutes saisies-arrêts ou oppositions soient faites entre les mains des Payeurs, ou du conservateur des oppositions à Paris, sous peine de nullité, ne s'applique pas aux capitaux et intérêts de cautionnements. Il n'est pas dérogé, en ce qui les concerne, aux dispositions du décret du 12 août 1807. (Voir nº 1779). (*Loi* 19 *juillet* 1836, *art.* 13.)

1765. Au fur et à mesure que les oppositions et significations faites au payement des sommes dues par l'Etat, acquièrent cinq années de date, sans avoir été renouvelées, le conservateur des oppositions, et les Payeurs, les rayent, d'office, de leurs registres, et ils ne les comprennent pas dans les états qu'ils ont à délivrer. (*Loi* 9 *juillet* 1836, *art.* 14 ; *Ord.* 16 *sept.* 1837, *art.* 4.)

1766. A l'égard des oppositions et significations sur des sommes dues par l'Etat, et qui auraient été renouvelées conformément à la loi, bien que des extraits en aient été remis à la caisse des consignations, elles n'en restent pas moins inscrites au registre ; elles n'en sont rayées qu'au fur et à mesure qu'elles acquièrent cinq années de date sans renouvellement. (*Arrêté min*[el] 24 *oct.* 1837.)

1767. La signification d'une déclaration de commande, par des bailleurs de fonds d'un cautionnement, est valable, quoique périmée pour n'avoir pas été renouvelée dans les cinq ans, s'il n'y a pas eu empêchement de la part du propriétaire qui a fait cette déclaration ; elle conserve son effet. La prescription ne pourrait être acquise que quant au trésor seulement. (*Déc. min*[lle] 7 *oct.* 1844.)

1768. Les Payeurs acquittant les mandats et ordonnances qu'on leur présente sous leur responsabilité, ils n'ont pas à recevoir d'instructions de l'administration, sur l'application qu'ils ont à faire des règles du droit. L'application et l'interprétation des lois rentrent dans l'exercice de leurs fonctions. L'administration ne leur doit des instructions, que sur ce qui s'applique aux règlements. (*Lettre min*[lle] (*Contentieux*) 23 *oct.* 1835.)

CHAPITRE II.

Dispositions spéciales.

SECTION Ire. — PRIVILÉGE DES SOUS-TRAITANTS ET FOURNISSEURS.

1769. Les sous-traitants des fournisseurs de la Guerre, non payés de leurs fournitures par l'entrepreneur principal, sont autorisés à déposer les pièces justificatives de leurs créances au Ministère de la Guerre. Il leur est délivré un bordereau, au moyen duquel ils peuvent actionner cet entrepreneur devant les tribunaux, et former des oppositions sur lui. (*Décret* 12 *déc.* 1806, *art.* 1er *et* 2.)

1770. Le bordereau remis aux sous-traitants, leur donne un privilége spécial, tant sur ce que le Gouvernement doit à l'entrepreneur pour ses fournitures, que sur le cautionnement exigé par le ministre, sauf les droits de l'Etat, et nonobstant toute cession ou transport qui aurait été fait par l'entrepreneur [1]. Ce bordereau, arrêté par l'ordonnateur, doit être signifié en tête de l'opposition. (*Même Décret*, *et Inst.* 1845, *art.* 61 *et* 62.)

1771. Le privilége des sous-traitants n'est pas limité aux sommes dues pour les fournitures auxquelles ils ont participé; il s'étend à toutes les sommes dues à l'entrepreneur principal, tant pour d'autres fournitures à lui faites, qu'à titre de cautionnement. (*Arrêt Cour de Cassat.* 10 *mars* 1818; *Inst.* 1845, *art.* 63.)

1772. Les dispositions du décret du 12 décembre 1806 (voir no 1769), sont applicables aux ouvriers et fournisseurs de matériaux employés par les entrepreneurs des travaux du génie; les oppositions signifiées aux Payeurs, en vertu du décret précité, doivent être reçues, qu'il s'agisse de marché de fournitures, de travaux de fortifications, ou de tout autre service de la guerre. (*Règl. Guerre, art.* 46; *Inst. gén.* 1845, *art.* 64.)

[1] Ainsi le Payeur, lors d'un payement à faire à un fournisseur, ne doit exécuter aucun transport, lorsqu'il a entre les mains une opposition formée par un sous-traitant. C'est une exception à la règle. (*Inst. gén., art.* 64.)

1773. Lorsque le sous-traitant a obtenu un jugement qui reconnaît son privilége, et que la somme est suffisante pour le payer, ainsi que le cessionnaire et les autres opposants, s'il y en a, le Payeur doit exécuter le jugement, ainsi que le transport, et retenir le montant des oppositions existantes. (*Inst.* 1845, *art.* 65.)

1774. Si la somme ordonnancée, ou mandatée, est insuffisante pour payer les uns et les autres, le Payeur n'exécute le jugement obtenu par le sous-traitant, qu'autant que ce jugement a été rendu avec le cessionnaire et tous les opposants. (*Même Inst., art.* 66.)

1775. La marche tracée par le présent chapitre, à l'égard des sous-traitants, doit être suivie dans l'exécution des marchés du département de la Guerre, qui auraient été rendus applicables aux service de la marine. (*Règl. Marine* 1840, *art.* 46, *et Inst.* 1845, *art.* 67.)

SECTION II. — OPPOSITIONS SUR LES CAUTIONNEMENTS.

1776. Les cautionnements en numéraire, sont affectés, savoir :

1° Par premier privilége à la garantie de la gestion;

2° Par second privilége au remboursement des sommes prêtées par les bailleurs de fonds;

3° Et subsidiairement au payement, dans l'ordre ordinaire, des créanciers particuliers. (*Loi* 25 *nivôse an* XIII, *art.* 1er.)

1777. Les oppositions des réclamants doivent être formées, soit au trésor public (bureau des Oppositions), soit aux greffes des tribunaux civils, pour les officiers ministériels, et aux greffes des tribunaux de commerce, pour les agents de change et les courtiers. (*Même Loi*, *art.* 2.)

1778. Les oppositions pour cautionnements relatifs aux journaux et écrits périodiques, ne peuvent être faites qu'au Trésor public, à Paris. (*Loi* 9 *sept.* 1835, *art.* 15; *Ordon.* 18 *nov.* 1835, *art.* 7 *et* 8.)

1779. Les oppositions faites aux greffes des tribunaux n'arrêtent que le remboursement du capital. Pour arrêter le payement des intérêts, il faut qu'elles soient signifiées au bureau des Oppositions, à Paris. (*Avis du Conseil d'Etat, approuvé le* 12 *août* 1807.)

1780. Le service des cautionnements étant centralisé au Trésor public, les Payeurs doivent s'abstenir de recevoir des oppositions, ou significations, relatives à des cautionnements existant au Trésor public; ils renvoyent les personnes qui se présentent pour signifier des actes semblables (créanciers, cessionnaires, ou bailleurs de fonds) à se pourvoir au Trésor public. Le refus est motivé ainsi : « *Refusé, attendu qu'aux termes de la loi du* 25 *nivôse an* XIII, » *les oppositions doivent être faites directement au Trésor public,* » *substitué, par l'ordonnance du* 8 *mai* 1816, *à la caisse d'amor-* » *tissement.* » (*Inst.* 1845, *art.* 73.)

1781. Néanmoins, lorsque les ordonnances, ou ordres de payement, sont dans les mains des Payeurs, ceux-ci, dans l'intérêt de leur responsabilité, doivent recevoir les oppositions qui leur sont signifiées, si, toutefois, elles sont bien précisées, et portent formellement sur les ordonnances, ou ordres de payement, qu'ils doivent acquitter. (*Code de procéd., art.* 557; *Inst.* 1845, *art.* 74.)

1782. Il est tenu, au Trésor public, par le conservateur des oppositions, un registre spécial, sur lequel sont inscrites toutes les oppositions sur cautionnements, qui y sont présentées. (*Arrêté min*[el]. 2 *septembre* 1823.)

1783. Les états de payement dressés à la direction de la Dette inscrite, tant pour les intérêts que pour le remboursement des capitaux payables dans les départements, sont revêtus d'un visa du conservateur des oppositions, portant certificat de non-opposition, ou mention des empêchements existant au payement. Les lettres d'avis, ou quittances, payables à Paris, sont soumises au visa, au moment de la réclamation du payement. (*Inst.* 1845, *art.* 76.)

1784. Malgré le privilége de deuxième ordre, que la loi du 25 nivôse an XIII accorde aux bailleurs de fonds d'un cautionnement, une opposition faite sur le titulaire, quelle qu'en soit la cause, empêche tout payement du capital et des intérêts à ces mêmes bailleurs de fonds. (*Avis du Comité des Fin.* 28 *sept.* 1834.)

1785. Le visa du conservateur des oppositions varie selon que la somme à payer est *inférieure*, ou *supérieure*, au montant total des oppositions existantes. Si la somme ordonnancée est inférieure à celle des causes d'oppositions, le conservateur indique sommairement ces causes sur les états, et le Payeur acquitte la partie restant libre. S'il y a excédant des causes d'oppositions, sur le montant de la somme ordonnancée, le conservateur déclare, par le seul mot *empêchement*, qu'il n'y a lieu à aucun payement, pas même du montant des condamnations judiciaires contre les titulaires, pour faits relatifs à leurs fonctions. (*Inst.* 1845, *art.* 78 et 79.)

1786. Lorsque, dans le cas prévu à l'article précédent, la partie se présente pour toucher (titulaires, bailleurs de fonds, cessionnaires, créanciers ou autres ayants-droit), le Payeur doit la renvoyer requérir l'état des oppositions, auprès du conservateur des oppositions au Trésor public. (*Arrêté min*[el] 24 *oct.* 1837, *art.* 8; *Inst.* 1845, *art.* 78.)

1787. Lorsque le cautionnement a été cédé à un tiers, ou attribué par jugement, ou par procès-verbal de distribution, le conservateur indique sommairement la signification desdits actes. Le Payeur ne doit payer que sur la remise de ces actes, qui sont joints, par lui, aux autres pièces justificatives de la dépense. (*Inst.* 1845, *art.* 80.)

1788. Si un payement était réclamé en vertu d'un acte visé par le conservateur des oppositions, mais dont on aurait omis de mettre l'indication sur l'ordonnance de payement, le Payeur, avant de passer outre, devrait faire connaître cette circonstance au Ministère des Finances. (*Inst.* 1845, *art.* 81.)

1789. Le conservateur des oppositions ayant seul qualité pour recevoir, jusqu'à l'ordonnancement, les oppositions sur cautionnements, sauf celles qui peuvent être faites aux greffes des tribunaux, il est chargé aussi d'apprécier les mains-levées de ces oppositions, soit amiables, soit prononcées par justice, et les désistements de significations faites au Trésor. Les Payeurs, à qui ces actes seraient présentés, devraient renvoyer les parties à les produire au conservateur des oppositions, au Trésor, à Paris. (*Inst. gén. de* 1845, *art.* 82.)

1790. Les greffiers des tribunaux civils et de commerce, peuvent, seuls, constater la radiation des oppositions et significations qui ont été faites aux greffes de ces tribunaux. Les Payeurs, à qui des mains-levées, ou des désistements de significations, seraient apportés, devraient renvoyer les parties à les produire aux greffiers, pour obtenir d'eux les certificats de radiation, visés par le président du tribunal. (*Inst. gén. de* 1845, *art.* 83.)

1791. Lorsqu'un cautionnement en numéraire a été employé, en tout ou en partie, à faire un payement en exécution d'un jugement; d'un règlement définitif de contribution ; d'une déclaration de privilége du second ordre; d'un transport, ou de tout autre acte *signifié* au conservateur des oppositions, le Payeur doit adresser au ministre des Finances (division du Contentieux), un certificat (modèle n° 3) attestant cette exécution, et que les ayants-droit ont donné quittance définitive. *Inst. gén.* 1845, *art.* 86.)

1792. Dans tous les cas où les cautionnements doivent être versés à la Caisse des dépôts et consignations, notamment en exécution de l'article 16 de la loi du 19 juillet 1836, les versements doivent toujours être accompagnés de l'extrait des oppositions existant au Trésor public. Les Payeurs réclament, pour cet objet, à la direction du Contentieux, l'état de ces oppositions, pour être joint au dépôt. (*Inst. gén. de* 1845, *art.* 87.)

1793. S'il arrive qu'un cautionnement étant remboursé par un titulaire, il soit produit au Payeur une quittance, annonçant que le bailleur de fonds a reçu la somme qu'il avait avancée, et qu'il subroge à ses droits la personne qui l'a remboursé, le payement peut être effectué à cette personne, sans que la signification de la quittance soit faite au Trésor. Elle est jointe, en pareil cas, aux autres pièces à l'appui. (*Lettre* (*Contentieux*) 17 *mars* 1848.)

SECTION III. — OPPOSITIONS SUR LES RENTES.

1794. Les propriétaires des inscriptions de rentes sur l'Etat, sont admis à former opposition au payement des arrérages de rentes dus par le Trésor en vertu de ces inscriptions. (Voir le titre VIII, n° 1119.)

SECTION IV. — OPPOSITIONS SUR LES ADJUDICATAIRES ET ENTREPRENEURS DE TRAVAUX.

1795. Les sommes affectées aux travaux publics suivent immédiatement cette distination spéciale, sans qu'il puisse y être apporté, ni obstacle, ni retard. Les fonds remis aux entrepreneurs pour l'exécution des travaux, sont la propriété de l'Etat; ils ne peuvent servir de gage aux créanciers particuliers de ces entrepreneurs. (*Loi du* 26 *pluviôse an* II; *Inst.* 1845, *art.* 88.)

1796. L'Etat ne remet des à-compte à l'entrepreneur, au fur et à mesure de l'avancement des travaux, qu'afin qu'il paye les ouvriers qu'il emploie, et les matériaux qui entrent dans la confection des ouvrages; les ouvriers ou fournisseurs non payés de leur salaire, ou fournitures sur les premiers à-compte, ont le droit de former opposition sur *les à-compte* subséquents, moyennant permission du juge. Ils sont créanciers de l'entreprise. (*Mêmes loi et Inst. art.* 88.)

1797. Le régime exceptionnel, rappelé aux articles précédents, est réglé, quant aux saisies-arrêts et oppositions, en matière de travaux publics, de la manière expliquée ci-après :

Les à-compte payés aux entrepreneurs, pendant le cours de ces travaux, sont insaisissables par les créanciers particuliers de ces entrepreneurs. Les ouvriers et fournisseurs de matériaux peuvent, seuls, former sur ces à-compte des saisies-arrêts ou oppositions, pour être payés de leur salaire ou fourniture. (*Loi* 26 *pluviôse an* II, *art.* 3.)

1798. Ce privilége est spécial à l'entreprise à laquelle les ouvriers et fournisseurs ont concouru. Si un même entrepreneur est chargé d'entreprises distinctes (de deux routes différentes, ou d'une route et d'un pont), les créanciers *privilégiés* sur l'une de ces entreprises, ne sont plus que des créanciers ordinaires à l'égard des autres entreprises. (*Inst. gén. de* 1845, *art.* 101; *Décision min*lle 20 *nov.* 1843.)

1799. Il en est de même à l'égard des travaux d'une grande étendue, qui, divisés en plusieurs lots, seraient l'objet d'adjudications distinctes, quoique les lots fussent adjugés à la même personne. Les ouvriers et fournisseurs, qui ont travaillé ou fourni des matériaux pour une de ces entreprises, ne sont pas créanciers *privilégiés* sur les sommes ordonnancées pour les autres. (*Lettre min*lle 16 *mai* 1845; *Inst.* 1845, *art.* 102.)

1800. Si deux entrepreneurs, s'étant rendus solidairement adjudicataires de travaux publics, l'un d'eux tombe en faillite, les créanciers *privilégiés* ne sont pas moins admis à former des oppositions entre les mains du Payeur sur les mandats d'à-compte, attendu qu'ils sont créanciers de l'entreprise, plutôt que de l'entrepreneur. (*Inst.* 1845, *art.* 103.)

1801. Lorsque, par suite de la déconfiture ou de la faillite d'un entrepreneur, les travaux qui lui étaient adjugés sont confiés à un gérant institué par les syndics ou par la caution, les sommes, pour à-compte, ordonnancées au nom de ce gérant, sont passibles d'opposition, ce gérant étant le continuateur de la personne de l'entrepreneur. (*Idem.*, *art.* 104.)

1802. Si, après la déconfiture ou faillite, ou pour toute autre cause, les travaux sont confiés à un régisseur institué par l'administration pour les continuer aux risques et périls de l'entrepreneur, les sommes ordonnancées pour ce gérant, ne peuvent être arrêtées par les ouvriers et fournisseurs que cet entrepreneur a employés. Les créanciers privilégiés, ou non, de ce même entrepreneur, n'ont aucun droit sur des sommes qui ne lui appartiennent à aucun titre. (*Décision min*lle *2 nov.* 1841 ; *Inst.* 1845, *art.* 105.)

1803. La délégation que fait un entrepreneur à un tiers, d'un ou de plusieurs à-compte, ne confère, à ce tiers, aucun privilége, même quand cette délégation a pour objet le remboursement de fonds avancés spécialement pour payer les ouvriers et fournisseurs; ce transport ne peut avoir d'effet, qu'autant qu'il n'existe aucune opposition de créanciers privilégiés, ou même de créanciers ordinaires; les transports ne doivent être considérés ici, que comme des autorisations pour toucher. (*Décision min*lle 6 *mai* 1836 ; *Inst.* 1845, *art.* 106.)

1804. Relativement aux travaux de fortifications et autres, que fait faire le département de la guerre, et pour lesquels le décret du 12 décembre 1806 a été déclaré applicable (voir nº 1772), s'il survenait des oppositions par application de la loi du 26 pluviôse an II, les Payeurs devraient les recevoir, parce qu'en définitive les tribunaux seraient, seuls, juges de leur validité. (*Instruction* 1845, *art.* 106.)

1805. Un fournisseur de pain, ou d'autres aliments, qui a fait des fournitures à des ouvriers employés par un entrepreneur, est créancier de ces ouvriers, et non de l'entrepreneur ; il ne peut, conséquemment, être admis à former opposition sur les mandats *d'à-compte,* ni même sur ceux de *solde,* à moins qu'il ne se soit fait, légalement, subroger dans les droits des ouvriers ses débiteurs. L'argent prêté, même pour la confection des ouvrages, n'est pas une des causes légitimes que la loi a prévues. (*Lettres min*^lles 6 *mai* 1836, *et* 9 *nov.* 1841 ; *Inst.* 1845, *art* 106.)

1806. Les saisies-arrêts ou oppositions, faites pour toutes autres causes que salaires d'ouvriers, ou fournitures de matériaux, *se rapportant à l'entreprise*, ne peuvent être établies que sur les sommes qui restent dues aux entrepreneurs, après la réception des travaux et ouvrages. Les sommes qui forment les *soldes*, sont, d'ailleurs, saisissables, et par les ouvriers ou fournisseurs, et par les créanciers particuliers. (*Loi du* 26 *pluviôse an* II, *art.* 4 ; *Inst.* 1845, *art.* 92.)

1807. Le Payeur a à examiner, lorsqu'une opposition lui est signifiée sur un entrepreneur de travaux publics, si la créance pour laquelle elle est faite, emporte le privilége établi pour les ouvriers et les fournisseurs (voir n° 1797) ; dans le cas où elle est faite pour toutes autres causes, il la vise comme suit :

Vu pour valoir seulement sur la somme qui pourra rester due après la réception des travaux. (*Inst. gén. de* 1845, *art.* 93.)

1808. Lorsque les travaux étant en cours d'exécution, il s'agit de payer un à-compte à un entrepreneur contre lequel des oppositions existent de la part des ouvriers ou fournisseurs, le Payeur, si la somme ordonnancée est suffisante, retient le montant des oppositions, et paye le surplus au titulaire. Si, au contraire, le montant des oppositions privilégiées excède la somme à payer, tout payement est refusé jusqu'à ce qu'on rapporte main-levée, ou jugement attributif des sommes saisies. (*Inst. générale de* 1845, *art.* 94 *et* 95.)

1809. Si un ouvrier ou fournisseur obtient un jugement lui attribuant la somme par lui saisie, le Payeur, si la somme mandatée suffit pour satisfaire à ce jugement, et aux causes des autres oppositions, de *même nature*, non jugées, exécute le jugement et retient le montant des oppositions. Si, au contraire, la somme est insuffisante, le Payeur n'éxécute le jugement, qu'autant qu'il a été rendu avec tous les opposants privilégiés, ou eux appelés (*Inst. gén. de* 1845, *art.* 96.)

1810. A l'égard des travaux *reçus*, et lorsque l'ordonnance ou le mandat est libellé *pour solde*, le Payeur doit avoir égard aux oppositions des créanciers *particuliers*; si elles sont toutes de même nature, ou se rencontrent avec des oppositions privilégiées, et que la somme à payer excède le montant de toutes ces oppositions réunies, leur montant est retenu, et le surplus payé à l'entrepreneur. (*Inst.* 1845, *art.* 94 *et* 95.)

1811. Si un opposant obtient un jugement, et qu'il y ait somme suffisante pour y satisfaire, et remplir les autres oppositions, quelles qu'elles soient, le Payeur peut également exécuter le jugement; mais, dans le cas où le montant de toutes oppositions excède la somme a payer, il ne doit exécuter les jugements, même ceux au profit des créanciers privilégiés, qu'autant que ces jugements ont été rendus avec tous les opposants. (*Idem*, *art.* 99 *et* 100.)

1812. Afin que les créanciers particuliers d'un entrepreneur ayant droit *sur les soldes*, ne soient pas frustrés dans leurs intérêts, le Payeur doit inviter l'ingénieur en chef du département, à réserver, pour le dernier payement, une somme au moins égale au bénéfice présumé, et qui, dans tous les cas, ne peut être inférieure au montant de la garantie. (*Inst.* 1er *janv.* 1810, *art.* 61.)

1813. Lorsqu'il est formé des oppositions contre des entrepreneurs qui, en raison de la nature de leur service, ont été affranchis du cautionnement, le Payeur en informe l'ordonnateur (voir n° 808); (à l'égard des oppositions existant contre un régisseur voir n° 834). (*Circ. du* 4 *mai* 1844, *n°* 259.)

1814. Les saisies-arrêts et oppositions des ouvriers ou fournisseurs, comme celles des créanciers particuliers, peuvent arrêter les soldes revenant à des entrepreneurs pour les *travaux d'entretien* reçus chaque année, et définitivement réglés par l'administration, sauf aux ouvriers et fournisseurs, ensuite, à faire valoir leur privilége, si, eux-mêmes, sont opposants. (*Circ. min*lle 13 *mars* 1844.)

SECTION V. — OPPOSITIONS CONTRE LES GÉOMÈTRES DU CADASTRE.

1815. Les géomètres du cadastre sont assimilés aux entrepreneurs de travaux publics; la loi du 26 pluviôse an II, en cas d'opposition à leur charge, leur est applicable. (*Déc. min*lle 30 *janvier* 1838.)

1815 *bis*. Les oppositions formées entre les mains des Payeurs, sur les sommes dues à ces agents pour le service dont ils sont chargés, reçoivent leur effet, suivant que ces oppositions ont été formées pendant le cours des travaux, ou après leur réception, et qu'elles ont été mises par des ouvriers ou fournisseurs, ou par des créanciers particuliers (voir nº 1796 et suivants). (*Déc. min*lle 13 *janvier* 1838; *Inst.* 1845, *art.* 107.)

SECTION VI. — OPPOSITIONS SUR LES TRAITEMENTS CIVILS ET MILITAIRES.

Art. 1er. — *Traitements civils.*

1816. Les traitements des fonctionnaires publics et employés civils, sont saisissables jusqu'à concurrence d'un cinquième sur les premiers 1,000 francs, du quart sur les 5,000 francs suivants, et du tiers sur la portion excédant 6,000 francs, à quelque somme qu'elle s'élève, et jusqu'à l'entier acquittement des créances. (Voir, pour les agents de la marine, nº 1823.) (*Loi* 21 *ventôse an* IX).

1817. La portion de traitement restée libre, après la retenue indiquée à l'article qui précède, peut, elle-même, être saisie pour pension alimentaire des femmes ou des enfants. (*Code de procédure civile, art.* 552.)

1818. Les oppositions formées pour cause d'aliments, dans les cas prévus par les articles 203, 205 et 214 du Code civil (voir nº 1322), ne sont reçues par les Payeurs, que lorsqu'elles sont faites en vertu de jugements, qui ont déterminé la quotité saisissable de la pension ou traitement. (*Arrêt de la Cour d'Appel de Paris* 17 *août* 1842.)

1818 *bis*. Les indemnités, gratifications, et autres allocations accordées par l'Etat aux fonctionnaires ou employés salariés par lui, sont considérés comme des accessoires des appointements fixes, et sont susceptibles, comme eux, d'être grevés d'oppositions [1] : dans ce cas, l'indemnité est cumulée avec le traitement; la retenue a lieu sur le tout [2]. (*Inst.* 1845, *art.* 111; *Régl. Intérieur, art.* 131.)

1819. La portion insaisissable des traitements des fonctionnaires publics et employés civils, doit toujours rester libre pour le titulaire : toute signification d'un acte portant transport ou délégation, de tout ou partie d'un traitement, ne doit être reçue que pour la portion saisissable en ces termes :

« *Vu et reçu pour valoir sur la portion saisissable seulement.* » (*Inst. gén.* 1845, *art.* 112.)

1819 *bis*. La portion saisissable et déléguée, peut être payée au délégataire, s'il n'existe, sur le fonctionnaire ou employé, aucune opposition; si, au contraire, il existe, ou s'il survient des oppositions, le Payeur ne peut payer la portion saisissable, qu'après que les droits du cessionnaire et des opposants ont été réglés en justice ou à l'amiable. (*Idem.*)

1820. Il est fait exception aux dispositions qui précèdent, pour le cas où la délégation est faite par le titulaire, pour la subsistance et l'entretien de sa famille. La signification, alors, est visée purement et simplement; toute la portion déléguée est payée au délégataire, sans préjudice de la portion saisissable sur la totalité du traitement, laquelle doit toujours être retenue et réservée pour les

[1] Pour les membres de l'institut, les oppositions frappent, tant sur les traitements fixes dont ils jouissent, que sur leurs droits de présence. (*Déc. min*[lle] 4 *août* 1825, *après avis du contentieux des Finances.*)

[2] Si la saisie porte sur un employé recevant ses appointements dans un arrondissement, le Payeur en informe le receveur particulier des Finances. (*Inst. du* 1er *janvier* 1810, *art.* 105.)

opposants, s'il en existe, et versée à la Caisse des dépôts et consignations. (*Inst. gén.* 1845, *art.* 113.)

1820 *bis.* Les significations de transports, ou de cession de traitements, n'ont d'effet que pendant *cinq ans*, si elles n'ont pas été renouvelées conformément à l'article 14 de la loi du 9 juillet 1836. (Voir n° 1765). (*Idem.*)

1821. Les sommes retenues, par suite de saisies-arrêts, sur traitements et indemnités des fonctionnaires publics et employés civils, sont versées, à la fin de chaque mois, au receveur général comme préposé de la caisse des dépôts et consignations. (*Arrêté min*el 24 *oct.* 1837, *art.* 2.)

1821 *bis.* Sont insaisissables en totalité :

1° Les sommes allouées aux directeurs des contribution directes à titre de frais de bureau, et pour la confection des matrices cadastrales ; (*Déc.* 22 *janv.* 1838.)

2° Les sommes allouées aux contrôleurs des contributions directes, à titre de frais de tournées, et pour leur concours aux mutations cadastrales ; (*Déc. min*lle 19 *oct.* 1339.)

3° Les sommes allouées, à titre d'indemnité, pour frais de tournées, aux vérificateurs et contrôleurs d'armes de la garde nationale ; (*Arrêté min*el 17 *janv.* 1845.)

NOTA. Ces agents ne recevant pas de traitement, aucune opposition ne peut être mise sur eux. (*Inst.* 1845, *art.* 115.)

4° Les sommes allouées aux inspecteurs généraux, aux recteurs et inspecteurs des accadémies et autres fonctionnaires, pour frais de tournées, ou missions. (*Inst.* 1845, *art.* 114.)

1822. Dans le cas où des oppositions signifiées au Payeur, auraient en même temps pour objet d'arrêter le payement du traitement, et celui des allocations ci-dessus énoncées, on ne devrait les recevoir et les viser, que pour valoir sur les portions saisissables du traitement seulement. (*Inst.* 1845, *art.* 115.)

1823. Les fonctionnaires civils de la marine, les écrivains, et les gardiens des ports, peuvent avoir leur traitement saisi, pour la portion déterminée par la loi du 21 ventôse an IX (voir n° 1298).

Cette disposition s'applique aux ouvriers cordiers, aux ferblantiers, forgerons, manœuvres, et autres qui reçoivent un *salaire mensuel;* ce salaire prenant le caractère de traitement, il est saisissable. (*Lettre du Secr. gén. des Fin. du 21 juin 1849.*)

1824. Si le salaire des ouvriers employés dans les ports de la marine, au lieu d'être *mensuel* est *journalier,* il ne peut être saisi entre les mains du Payeur, par les créanciers de ces ouvriers. (*Même Lettre.*)

Art. 2. — *Traitements militaires.*

§ 1er. — Soldes de la Guerre.

1825. La solde d'activité arriérée, ou courante, des officiers et employés aux armées, et celle des officiers en non activité [1], ou en congé illimité, n'est saisissable que pour un cinquième, quelque soit son montant, et soit qu'il s'agisse d'un débet envers l'Etat, ou envers *des tiers*. Néanmoins, le ministre de la Guerre peut ordonner, d'office, des retenues en sus du cinquième saisissable, lorsqu'il le juge convenable. (*Loi 19 pluviôse an* III; *Ordon. 25 déc.* 1837, *art.* 446 *et* 451.)

1826. Dans les corps de troupe, les dettes des officiers, particulièrement celles qui ont pour objet leur subsistance, leur logement, leur habillement, ou d'autres fournitures relatives à leur état, peuvent, aussi, être payées par suite d'opposition faite entre les mains du Payeur, au moyen d'une retenue sur leurs appointements, ordonnée par le chef du corps, conformément aux règlements [2]. (*Même Ordon., art.* 448.)

1827. Les frais *de représentation* et *de bureau;* les indemnités *de rassemblement de vivres, de logement, de fourrages;* les indemnités *de déplacement* et *de frais de route*; la gratification *d'entrée*

[1] La solde de non-activité, régie par l'ordonnance du 20 mai 1818, n'est pas saisissable. (*Règl. Guerre, art.* 140.)

[2] Le ministre de la Guerre peut, en outre, prescrire une retenue pour aliments. (Voir n° 1326.)

en campagne, et les indemnités *pour perte d'effets et de chevaux*, ne sont pas passibles d'oppositions, tant pour le courant que pour l'arriéré. (*Règl. Guerre, et Inst.* 1845, *art.* 119.)

§ 2. — Solde de réforme de la guerre.

1828. Les soldes de réforme et leurs arrérages, sont incessibles et insaisissables, excepté dans les cas de *débet* envers l'Etat et les corps ; dans ce cas, les retenues s'opèrent par *précomptes*, en vertu de décision du ministre de la Guerre. (*Ordon.* 25 *déc.* 1837, *art.* 633 *et* 634.)

1829. Si cependant une opposition était formée entre les mains du Payeur, sur une solde de réforme, soit en vertu de jugement, soit avec permission du juge, pour les causes prévues aux articles 203, 205 et 214 du Code civil (*aliments*), cette opposition devrait être reçue, et la somme fixée par le juge, retenue. Avis de cette opposition serait immédiatement donné à l'intendant militaire. (*Inst.* 1845, *art.* 122.)

1830. Aucune délégation (cession, ni transport), faite au profit d'un tiers, sur la solde de *réforme*, ne peut être reçue par les Payeurs, cette solde étant incessible. (*Inst.* 1845, *art.* 123.)

1831. La solde de *non-activité*, régie par l'ordonnance du 20 mai 1818, et qui est payée à titre de traitement de *réforme*, conformément à l'ordonnance du 5 mai 1824 [1], est incessible et insaisissable, excepté en cas de débet envers l'Etat, ou les corps, ou pour cause d'aliments d'après les articles 203, 205 et 214 du Code civil. (*Règl. Guerre, art.* 140.)

§ 3 — Solde de la Marine et Part de prises.

1832. La solde et les suppléments de solde des officiers de la marine, sont saisissables jusqu'à concurrence du cinquième du montant brut de ces allocations, pour dettes, soit envers des tiers,

[1] Cet article établit une exception pour la solde de non-activité. Il s'en suit que la solde de non-activité, établie par la loi du 19 mai 1834, est saisissable, jusqu'à concurrence du cinquième. (*Ordon.* 25 *déc.* 1837.)

soit envers le Trésor public. (*Loi 9 pluviôse an* 3 ; *Avis du Conseil d'Etat* 9 *janv.* 1808 ; *Ord.* 25 *déc.* 1837.)

1833. Toutefois, le ministre de la Marine peut prendre des décisions pour augmenter la quotité de cette retenue, quand il s'agit de sommes à recouvrer au profit de l'Etat.

La solde et les suppléments de solde, sont également passibles d'une retenue du tiers, dans les cas prévus par les articles 203, 205 et 214 du Code civil; elle s'exerce, en vertu de décisions spéciales du ministre de la Marine, et par précompte[1]. (*Règl. Marine*, 1840, *art.* 111.)

1834. La solde des marins de tous grades, et les parts de prises revenant aux équipages des corsaires, ou aux marins des bâtiments de l'Etat, sont incessibles et insaisissables, à moins que les sommes réclamées ne soient dues par les marins, ou leurs familles, pour loyers de maisons, subsistances et vêtements, qui leur auraient été fournis du consentement du Commissaire de l'inscription maritime, et que cette avance n'ait été préalablement apostillée sur les registres et matricules. (*Arrêté du Gouvern. du* 9 *ventôse an* IX ; *Règl.* 2 *prairial an* XI; *Ordon.* 17 *juillet* 1816; *Règl. sur les Paquebots* 23 *février* 1839.)

1835. Sont également insaisissables, les sommes revenant, pour leur *solde*, aux *ouvriers charpentiers, calfats, voiliers, mécaniciens* et *chauffeurs* des bâtiments à vapeur, lesquels font partie des corps organisés d'après les ordonnances des 24 mai 1840 et 28 novembre 1845. (*Lettre du Secrét. gén. des Fin. du* 21 *juin* 1849.)

1836. Aussitôt qu'une opposition est signifiée au Payeur, sur la solde d'un officier de la marine ou d'un agent civil, le comptable en donne avis, par l'intermédiaire du commissaire général, au commissaire aux revues, qui l'annote sur le contrôle du port, ou sur le rôle d'équipage, en regard du nom de l'officier, et en fait mention

[1] Ces dispositions s'appliquent aux soldes d'*activité*, de *disponibilité* et de *non-activité*. Les officiers d'artillerie et d'infanterie de la marine, et autres agents servant en France, ou aux colonies, en sont passibles. L'exception portée en l'article 1827, concernant les frais de représentation, de bureau, etc., est applicable à ces officiers. (*Inst. gén.* 1845, *art.* 126.)

ensuite, pour ordre, sur les mandats collectifs où figure ledit officier. (*Circ. du min. de la Marine du* 8 *mai* 1847.)

§ 4. – Solde de réforme de la Marine.

1837. La solde accordée par la loi du 19 mai 1834, aux officiers de marine réformés, ayant moins de 20 ans de service, est incessible et insaisissable; aucune délégation, cession, ni transport n'est recevable. Il y a exception, quant à la saisie, s'il y a débet envers l'Etat et envers les corps, et dans les circonstances prévues par les articles 203, 205 et 214 du Code civil. (*Règl. Marine*, *art.* 113; *Inst.* 1845, *art.* 129.)

1838. L'administration de la marine ne faisant pas de retenues dans les cas prévus par les articles cités ci-dessus, les Payeurs reçoivent les oppositions formées pour les causes mentionnées à ces articles, en vertu de jugements ou de permissions du juge. (*Inst.*, *art.* 130.)

§ 5. — Solde de la Gendarmerie.

1839. Outre les saisies-arrêts ou oppositions, faites d'après les règlements, sur les appointements des officiers, sous-officiers, brigadiers et gendarmes, le ministre de la Guerre peut ordonner des retenues d'office, quand il le juge convenable, sur la solde de la gendarmerie. (*Ord.* 13 *février* 1839, *art.* 1er; *Circ. du* 20; *Inst.* 1845, *art.* 131 *et* 132.)

1840. Les retenues à exercer, par suite d'oppositions, ne peuvent excéder *le cinquième* de la solde *brute* des officiers, et de la solde *nette* des sous-officiers, brigadiers et gendarmes, prélèvement fait de la portion qui doit être versée à la masse de la compagnie. (*Même Ord.*, *art.* 5.)

1841. Les retenues pour dettes, envers des tiers, s'opèrent par précomptes : le Payeur prélève, sur le montant de la solde du débiteur, la retenue dont il est passible, sans qu'il y ait lieu, pour cet objet, à aucune déduction sur l'état de payement, ni sur la revue. (*Inst.* 1845, *art.* 133.)

1842. Les mandats de payement des officiers, étant nominatifs, le Payeur applique à chaque partie, les oppositions qui peuvent avoir été faites sur elles. Pour les sous-officiers, brigadiers et gendarmes, les trésoriers lui représentent, avant le payement des mandats, un état nominatif des individus, afin qu'il puisse s'assurer s'il existe, ou non, des oppositions contre eux ; il en remet son certificat au trésorier, qui, en cas d'opposition, mentionne au bas de l'état, les noms, prénoms et grades des militaires grevés, les sommes revenant à chacun, et les retenues effectuées [1]. (*Ord.* 13 *février* 1839, *art.* 5 ; *Circ. du* 24 *juillet suivant, n°* 265.)

SECTION VII. — DISPOSITIONS COMMUNES.

1843. Toutes les dispositions relatives aux oppositions, en général, et à leur renouvellement, sont applicables aux saisies pour retenues sur les traitements. Les Payeurs cessent toute retenue, aussitôt que la péremption est acquise par l'expiration du délai de 5 ans, fixé par la loi du 9 juillet 1836. (*Inst.* 1845, *art.* 140 *et* 141.)

1844. Si un jugement attributif rendu avec tous les opposants, est signifié au Payeur avant qu'il n'ait versé à la Caisse des dépôts et consignations la retenue exercée, ce comptable exécute le jugement ; la somme qui resterait entre ses mains après le payement fait, devrait être versée, en fin de mois, à la charge des oppositions existantes. (*Idem, art.* 143 *et* 144.)

1845. Dans le cas où la retenue se trouve insuffisante pour payer, entièrement, une somme attribuée par jugement, le Payeur acquitte cette somme sur les retenues ultérieures, à moins qu'il ne survienne de nouveaux opposants, cas auquel il devient nécessaire que le jugement soit rendu en commun avec eux. (*Idem, art.* 145.)

SECTION VIII. — PENSIONS CIVILES, ECCLÉSIASTIQUES ET MILITAIRES.

1846. Les pensions civiles payées par l'Etat, et les pensions ecclésiastiques, sont incessibles et insaisissables. Il ne peut être

[1] Les mêmes dispositions sont applicables aux officiers, sous-officiers et soldats de la gendarmerie maritime. (*Déc. du min. de la Marine du* 9 *sept.* 1839.)

reçu aucune opposition au payement des arrérages des pensions, à l'exception de celles qui seraient formées par le propriétaire du brevet de pension. (*Déclaration du 7 janv.* 1779; *Loi* 22 *floréal an* VII, *art.* 7; *Arrêté du 7 thermidor an* X; *Ordon.* 27 *août* 1817; *Avis des Comités de Législe et des Finances, du* 30 *nov.* 1819.)

1847. Il y a exception, également, à l'égard des saisies ou oppositions, pour cause d'aliments, dans les cas prévus par les articles 203, 205 et 214 du Code civil; mais cette saisie ne peut avoir lieu qu'en vertu du jugement, ou avec permission du juge, et pour la portion qu'il a déterminée. (*Inst.* 1845, *art.* 148.)

1848. L'opposition que forme un propriétaire au payement des arrérages de sa pension, a lieu par une déclaration écrite, signée de lui, ou d'un fondé de pouvoir spécial. Elle est annulée de la même manière. La signature du propriétaire doit être légalisée. (*Loi du* 22 *floréal an* VII, *art.* 8.)

1849. Les pensions de retraite, et leurs arrérages, sont également incessibles et insaisissables, excepté, toutefois, en cas de débet, envers l'Etat, ou les corps, ou dans les circonstances prévues par les articles 203, 205 et 214 du Code civil (voir n° 1302 et suiv.) (*Loi* 11 *avril* 1831, *art.* 28 (armée de terre), *art.* 30 *de la loi du* 18 *avril, même année* (armée de mer); *Loi* 19 *mai* 1834, *art.* 20, *et Règl. Guerre, art.* 140.)

1850. Le propriétaire d'un brevet de pension de retraite est admis à former opposition au payement des arrérages de sa pension. L'opposition a lieu, au moyen d'une déclaration écrite par lui, ou par un fondé de pouvoir (voir n° 1848). *Loi* 27 *floréal an* VII.)

1851. Les pensions de réforme sont également passibles de retenues, qui ne peuvent excéder, savoir : le cinquième pour cause de débet, et le tiers pour aliments. (Pour le versement des retenues, en cas de débet, voir n° 1292; pour cause d'aliments, voir nos 1322.) (*Loi* 19 *mai* 1834, *art.* 20.)

1852. Toutes les dispositions relatives aux oppositions ordinaires et à leur renouvellement et péremption, sont applicables à celles formées sur les pensions civiles et militaires. (*Inst.* 1845, *art.* 156.)

1852 *bis.* Aucune signification de transport, cession ou délégation de pension civile ou militaire, sous quelque forme qu'elle soit présentée, ne peut être reçue par le Payeur. (*Arrêté 7 thermidor an* x, *art.* 2.)

1853. A la mort d'un créancier de l'Etat, tout ce qui est dû à sa succession, par le Trésor public, pour traitement ou pension, est saisissable par ses créanciers, quelque soit le titre dudit créancier. (*Loi* 19 *février* 1792, *art.* 7, *et Arrêté 7 thermidor an* x.)

SECTION IX. — OPPOSITIONS SUR LES SECOURS.

1854. Les secours accordés par les ministères, et considérés comme provisions alimentaires, sont insaisissables. Des retenues, seulement, peuvent être opérées pour cause de débet envers l'Etat; elles s'opèrent par voie administrative. (*Inst. gén.* 1845, *art.* 159.)

1855. Les sommes allouées à titre *de secours*, pour grêle, inondation, incendie, naufrages, ou autres désastres, sont également insaisissables. Cependant, si les créanciers sont porteurs de titres d'une date postérieure à la décision ministérielle qui a alloué le secours, les tribunaux peuvent donner l'autorisation de saisir et de fixer la portion saisissable. (*Code de Procédure civile, art.* 582; *Règl. Agric. et Comm.* 1844, *art.* 131.)

1856. Les secours accordés aux réfugiés politiques sont insaisissables. Le Payeur ne peut recevoir aucune opposition contre ces individus. L'administration supérieure, toutefois, se réserve d'ordonner des prélèvements, dont la répartition est faite par le préfet à qui les retenues sont versées en fin de mois. (*Circ.* 22 *déc.* 1840, *n°* 118.)

1857. La retenue dont il est question à l'article qui précède, est fixée au dixième de la somme allouée aux réfugiés. (*Règl. spécial* 1er *juin* 1848; *Circ.* 14 *août suiv.*, *n°* 166.)

1858. Les réfugiés politiques sont tenus de rembourser les frais de leur traitement dans les hôpitaux, lorsqu'ils ne peuvent y être admis gratuitement. Néanmoins, il leur est réservé un cinquième de chaque journée de subside pour leur entretien. (*Mêmes Règl.*, *art.* 12, *et Circ.*)

CHAPITRE III.

Forme et Libellé des Oppositions, Dépôts, etc.

SECTION 1re. — FORME ET LIBELLÉ.

1859. Aucune saisie-arrêt ou opposition ne peut être formée entre les mains du Payeur, qu'autant qu'indépendamment des formalités communes à tous les exploits, l'acte de l'huissier contient :

1° Les noms, qualités et demeures du saisissant et du saisi;

2° La somme pour laquelle l'opposition est faite;

3° La désignation de la créance saisie.

Les exploits doivent contenir, en outre, copie ou extrait du titre du saisissant, ou de l'ordonnance du juge qui a autorisé la saisie : faute de quoi, il ne sont ni visés, ni reçus, et restent sans effet. (*Lois* 19 *févr.* 1792, *art.* 8; 30 *mai et* 8 *juin* 1793; *Arrêté* 1er *pluviôse an* XI; *Décret* 18 *août* 1807, *art.* 1 *et* 3, *et arrêté min*el 24 *oct.* 1837.)

1860. Les saisies-arrêts et oppositions, sur les sommes dues par l'État et par les départements, n'ont d'effet que jusqu'à concurrence des sommes portées en l'exploit, ou pour ce qui est déclaré en rester dû. (*Loi du* 8 *juin* 1793, *art.* 2; *Arrêté du* 1er *pluviôse an* IV, *et Déc. du* 18 *août* 1807.)

1861. Si une ou plusieurs des conditions essentielles à la validité des exploits sont omises; si, par exemple, il n'est pas donné copie ou extrait du titre ou de l'ordonnance du juge qui autorise l'opposition; si la somme saisie n'est pas désignée, ou si l'opposition est étrangère au service du Payeur, ce comptable mentionne et motive son refus en marge de l'original de l'exploit qu'on lui présente, en ces termes :

« *Refusé, attendu, etc.* (Dire le motif et le spécifier avec soin.) » (*Inst.* 1845, *art.* 12.)

1862. Si, par suite de ce refus, l'exploit est porté au procureur de la République, et visé par lui (Décret du 18 août 1807, et 561 du Code de procédure) et que ce magistrat transmette la copie au Payeur, celui-ci en rend compte immédiatement au ministre, qui lui donne, s'il y a lieu, les instructions nécessaires. (*Inst.* 1845, *art.* 13.)

1863. Lorsque l'exploit contient des réserves indéfinies, soit pour les intérêts, soit pour les frais, le Payeur invite l'huissier à évaluer en *sommes* ces réserves; s'il s'y refuse, l'original est visé comme suit :

« *Vu pour le capital seulement, les accessoires n'étant pas déterminés.* » (*Même Inst., art.* 14.)

1864. Si l'on signifiait au Payeur un transport, ou délégation, portant sur tout ou partie d'un traitement, au lieu de ne s'appliquer qu'à la portion saisissable (le cinquième, le quart, etc.), la signification devrait être reçue pour la partie qu'on peut déléguer, en ces termes :

« *Vu et reçu pour valoir sur la portion saisissable seulement.* » (*Inst. art.* 112.)

SECTION II. — DÉPÔT DES OPPOSITIONS ET VISA.

1865. L'huissier chargé de signifier une saisie ou opposition, est tenu de déposer son exploit pendant 24 heures (les jours fériés non compris), entre les mains du Payeur. Celui-ci enregistre cet acte, et le vise. Le visa du Payeur est donné comme suit :

« *Vu et reçu copie* (avec date en toutes lettres). » (*Loi* 19 *fév.* 1792, *art.* 9; *Arrêtés* 1er *pluviôse an* XI, *art.* 3, *et* 24 *oct.* 1837; *Décret* 18 *août* 1807; *Code de procédure, art.* 561; *Loi* 25 *nivôse an* XIII, *sur les cautionnements, art.* 3; *Inst.* 1845, *art.* 11.)

1866. Lorsque l'opposition s'appliquant à une créance particulière, ne peut, par conséquent, porter sur les sommes à payer à des entrepreneurs pour *des à-compte* dus pour leurs travaux (voir no 1797), le visa, à donner par le Payeur, est libellé en ces termes :

« *Vu pour valoir seulement sur la somme qui pourra rester due* » *après la réception des travaux.* » (*Lettre min*lle 3 *oct.* 1842.)

SECTION III. — REGISTRES DES OPPOSITIONS ET SIGNIFICATIONS.

1867. Le conservateur des oppositions à Paris, et les Payeurs dans les départements, tiennent deux registres des oppositions faites entre leurs mains; sur l'un (modèle n° 1), ils portent, par ordre de date et de numéro, et par extrait [1], toutes les saisies-arrêts, oppositions, significations de cession ou transport, et tous autres actes ayant pour objet d'arrêter le payement des sommes dues *par l'Etat*. L'autre concerne les sommes dues *par les départements* [2]. (*Arrêté min*^{el} *24 oct.* 1837; *Inst.* 1845, *art.* 15.)

1868. Chacun des registres à tenir, pour y enregistrer les saisies-arrêts, oppositions, significations, etc., est suivi d'une table alphabétique, pour faciliter les recherches que le Payeur peut être dans le cas de faire à l'occasion de ces actes. (*Inst.* 1845, *art.* 15.)

SECTION IV. — DÉNONCIATION DES DEMANDES EN VALIDITÉ.

1869. Dans la huitaine de la saisie-arrêt ou opposition, outre un jour par trois myriamètres de distance, entre le domicile du tiers saisi et celui du saisissant, et un jour pour trois myriamètres de distance, entre le domicile de ce dernier et celui du débiteur saisi, à compter du jour de la demande en validité, cette demande doit être dénoncée, à la requête du saisissant, au tiers saisi (le Payeur). (*Code de procédure civile*, *art.* 564.)

1870. Le défaut de dénonciation de la demande en validité, n'est pas un cas de nullité; il ne dispense pas le Payeur d'avoir égard à une saisie légalement faite entre ses mains. (*Décret* 18 *août* 1807, *art.* 9; *Inst.* 1845, *art.* 28.)

1871. S'il arrivait qu'un saisissant dénonçât au Payeur, tiers saisi, la demande en validité d'une opposition, avec *assignation*

[1] L'Instruction de 1845 donne le libellé de cet extrait, page 37.

[2] Ce registre est nécessaire par ce motif, que l'article 14 de la loi du 9 Juillet 1836, qui limite à 5 ans la durée des oppositions, n'est pas applicable, lorsqu'il s'agit de sommes dues par les *départements*.

en déclaration affirmative, il devrait refuser cette signification, les articles 564 et 565 du Code de procédure civile n'étant applicables, ni au Trésor public, ni aux départements. (*Inst.* 1845, *art.* 26).

1872. Le refus du Payeur, dans le cas exprimé en l'article qui précède, devrait être motivé de la manière suivante :

« *Refusé par le motif que les Payeurs ne peuvent point, aux termes de l'article* 956 *du Code de procédure civile, être assignés en déclaration affirmative.* » (*Avis du Conseil d'Etat du* 12 *mai, et décret du* 18 *août* 1807.)

SECTION V. — RADIATION DES OPPOSITIONS PÉRIMÉES.

1873. Au fur et à mesure que les oppositions et significations, faites au payement des sommes dues par l'Etat, acquièrent cinq années de date sans avoir été renouvelées, le conservateur établi près le Ministère des Finances, et les Payeurs dans les départements, les rayent, d'office, de leurs registres, et ne les comprennent pas dans les états qu'ils ont à délivrer en exécution de l'article 569 du Code de procédure civile (voir n° 1890). (*Loi* 9 *juillet* 1836, *art.* 14; *Ord.* 16 *sept.* 1837, *art.* 4, *et Inst.* 1845, *art.* 17.)

1874. La prescription quinquennale, prononcée par la loi du 19 juillet 1836, ne s'applique pas aux oppositions faites au payement des sommes dues par *les départements.* (*Inst.* 1845, *art.* 16; *Lett. min*lles 28 *mai, et* 19 *juin* 1844.)

SECTION VI. — MAINLEVÉE DES OPPOSITIONS.

1875. Les mainlevées d'oppositions que reçoivent le conservateur établi près le ministère et les Payeurs dans les départements, sont de deux sortes; les unes sont amiables, les autres judiciaires. (*Inst.* 1845, *art.* 30.)

Art. 1er. — *Mainlevées amiables.*

1876. La mainlevée *amiable* ne peut être donnée que par un acte notarié, enregistré et légalisé, dans lequel l'objet de l'opposition est rappelé. Si l'acte de mainlevée est *en minute*, la production de l'expédition suffit. S'il est en brevet, on doit rapporter, en outre, au Payeur, l'exploit original de l'opposition. (*Inst.* 1845, *art.* 30.)

1877. Le consentement donné verbalement, ou par écrit, par la partie saisie, à ce qu'une opposition périmée soit valable, ne suffit pas pour la faire conserver, quand même il n'existerait pas d'autres oppositions entre les mains du Payeur ou du conservateur. Une opposition périmée ne peut être remplacée que par une opposition nouvelle et régulière. (*Même Inst., art.* 39.)

1878. Un acte d'abandon, de la part d'un débiteur, ou une délégation par lui donnée à son créancier, ne peut tenir lieu de mainlevée de l'opposition mise entre les mains d'un Payeur. La mainlevée, dans tous les cas, doit être remise à ce tiers saisi. (*Inst.* 1er *janvier* 1810, *art.* 77.)

1879. La mainlevée d'une saisie faite sur les arrérages d'une pension, par le propriétaire d'un brevet, peut être donnée par une simple déclaration, signée de lui, ou d'un fondé de pouvoirs spécial. (*Loi* 22 *floréal an* VII, *art.* 8.)

Art. 2. — *Mainlevées judiciaires.*

1880. Le Payeur ne peut exécuter un jugement contradictoire, portant mainlevée d'opposition, qu'autant qu'on lui remet :

1° Un certificat de l'avoué de la partie poursuivante (légalisé, s'il y a lieu), contenant la date de la signification du jugement, faite tant à avoué qu'à la partie, à personne ou au domicile ;

2° La grosse du jugement ;

3° L'attestation du greffier, également légalisée, s'il y a lieu, constatant qu'il n'existe contre le jugement aucun appel. (*Code de procédure*, *art.* 548; *Inst.* 1845, *art.* 31.)

1881. Dans le cas où un jugement contradictoire est exécutoire par provision, les Payeurs n'en doivent pas moins exiger les certificats de non-opposition ni appel, l'exécution des jugements par provision, par *des tiers*, étant régie par des dispositions autres que celles applicables à un jugement, entre les parties, au procès.

En cas de dénonciation d'appel, avant le payement, les comptables doivent s'abstenir, bien que le jugement soit exécutoire, nonobstant appel. (*Code de procédure civile, art.* 548 ; *Arrêté C. de Cass.* 25 *mai* 1841.)

1882. Si le jugement a été rendu par défaut, contre *la partie seule, faute de comparaître*, la partie poursuivante, qui a obtenu ce jugement, doit remettre au Payeur :

1° L'original de la signification faite à la personne, où à son domicile *réel*, et en cas de domicile inconnu, au parquet du procureur de la République ;

2° Un certificat de l'avoué, constatant la date de la signification de ce jugement à la partie condamnée, et un certificat du greffier, attestant qu'il n'existe contre ce jugement, ni opposition ni appel ;

3° Un acte d'exécution contre la partie condamnée, ou un procès-verbal de perquisition ou de carence qui en tient lieu, quand le domicile est inconnu.

Le jugement est périmé, s'il n'a pas été exécuté dans les 6 mois de son obtention. (*Code de procédure civile, art.* 155, 156, 158 *et* 159; *Circ.* 20 *déc.* 1823; *Inst. gén.* 1845, *art.* 34.)

1883. Les jugements qui prononcent des défauts, *profits joints*, conformément à l'article 153 du code de procédure civile, sont considérés comme des jugements contradictoires, et sont, en conséquence, soumis aux règles applicables à ces derniers. Toutefois, si ce jugement a plus de six mois de date, le Payeur doit le considérer comme non-avenu, et se refuser à l'exécution. (*Inst.* 1845, *art.* 34 *et* 35.)

1884. Si le jugement par défaut a été obtenu *contre une partie ayant constitué avoué*, l'opposition contre ce jugement n'est recevable que pendant la huitaine de la signification faite à l'avoué. Le Payeur peut l'exécuter, si la huitaine étant écoulée, on lui rapporte les certificats de signification à avoué et à partie, et de non-opposition ni appel. (*Code de procédure civile, art.* 157 *et* 548; *Inst.* 1845, *art.* 36.)

1885. L'exécution des arrêts des Cours d'appel, est soumise aux mêmes formalités que celle des jugements; les Payeurs doivent exiger les mêmes justifications, suivant que l'arrêt est contradictoire, ou par défaut, sauf la constatation de non-appel, qui n'est pas applicable aux arrêts de la Cour d'appel ou des Cours d'assises, le pourvoi en cassation n'étant pas suspensif. (*Loi du* 1er *déc.* 1790 ; *Inst.* 1845, *art.* 37.)

1886. Les jugements par défaut, faute de plaider, peuvent être exécutés à partir du jour où commence le droit d'interjeter appel. (Voir, pour les jugements par défaut, les articles 149 et suivants du Code de procédure.) (*Code de procédure, art.* 156.)

SECTION VII. — CERTIFICATS A DÉLIVRER PAR LES PAYEURS.

1887. Les Payeurs ne pouvant être assignés en déclaration affirmative, délivrent, sur la demande du saisissant, un certificat des sommes dues au saisi. Ce certificat tient lieu, en ce qui les concerne, de tous autres actes et formalités prescrits à l'égard des tiers-saisis. (*Décret* 18 *août* 1807, *art.* 6, *et Code de Procéd. civile, art.* 569.)

1888. Un Payeur ne connaît légalement les sommes dues à un saisi, que quand il a eu entre les mains une ordonnance (ou mandat), délivrée au profit de ce saisi. Il ne peut, ainsi, déclarer que *la somme portée dans cette ordonnance*, ou ce mandat. S'il ne lui en est pas parvenu, il renvoye les parties à se pourvoir devant qui de droit. (*Inst.* 1845, *art.* 20.)

1889. Les ordonnances, ou mandats, délivrées au profit d'une partie saisie, que l'on présente au Payeur pour être acquittées, ou visées, ne sont pas conservées par le comptable. Il biffe les lignes destinées à recevoir l'indication du lieu de payement, et il inscrit sur le mandat, ou ordonnance, qu'il rend au titulaire, ces mots à l'encre rouge : *opposition au payement*, en y ajoutant son paraphe. (*Circ.* 14 *déc.* 1842, *n°* 124.)

1890. Dans les certificats qui leur sont demandés, des sommes dues par l'Etat ou par les départements, aux parties saisies, les Payeurs copient littéralement les extraits de saisies, ou oppositions, portés sur leurs registres. Les saisies et significations ayant plus de cinq ans, ne sont pas comprises auxdits certificats. (*Décret* 18 *août* 1807, *art.* 7; *Loi* 9 *juillet* 1836, *art.* 14.)

1891. Les Payeurs, afin de pouvoir, à toute époque, délivrer avec certitude, le certificat qu'on leur demande, inscrivent à un compte qu'ils ouvrent au saisi, chacun des mandats qui sont successivement présentés au visa, ou au payement, et sur lesquels ils ont fait la mention d'opposition prescrite par les règlements (voir nos 927 et 1889).

1892. Le conservateur des oppositions, à Paris, et les Payeurs dans les départements, délivrent également, lorsqu'ils en sont requis par la partie saisie, par l'un des créanciers opposants, leurs représentants, ou les ayants-cause, extrait desdites oppositions, ou significations, à charge par les parties de fournir le papier timbré nécessaire. (*Loi* 19 *fév.* 1792, *art.* 14; *Décret* 18 *août* 1807, *art.* 7 *et* 8, *et* § 9; *Loi* 13 *brumaire an* VII, *art.* 12; *Inst.* 1845, *no* 22.)

1893. Sont dispensés de la formalité du timbre, les extraits, ou états, délivrés sur la demande et dans l'intérêt de l'administration. Il en est fait mention sur lesdits extraits. (*Loi* 13 *brumaire an* VII, *art.* 16, § 2.)

1894. S'il survient de nouvelles saisies-arrêts, ou oppositions, depuis la délivrance d'un état, ou d'un certificat, le conservateur des oppositions et les Payeurs sont tenus, également, sur la demande qui leur en est faite, d'en fournir un extrait à la suite de celui précédemment donné. (*Décret* 18 *août* 1807, *art.* 8.)

CHAPITRE IV.

Payements sur Oppositions.

SECTION Ire. — PRIVILÉGE POUR CONTRIBUTIONS.

1895. Le Payeur, malgré des oppositions précédemment formées et non levées, est tenu d'acquitter, par privilége, sur la demande qui lui en est faite, en l'acquit des redevables, et sur le montant des fonds qu'il doit, ou qu'il a entre les mains, tout ou partie 1° de la contribution foncière de l'année échue et de l'année courante, due par le saisi; 2° des contributions mobilières, portes et fenêtres, patente, et toute autre contribution directe et personnelle pour l'année échue et l'année courante. (*Inst.* 1845, *art.* 29.)

1896. Il n'y aurait pas lieu à se conformer à cette disposition, si, au moment de la demande de l'agent chargé du recouvrement des contributions, le créancier de l'Etat était déjà dessaisi par la signification d'un transport, ou d'un jugement attributif au profit d'un tiers. (*Loi* 12 *nov.* 1808, *art.* 1er; *Arrêt de Cassat.* 21 *avril* 1819; *Inst.* 1845, *art.* 29.)

1897. Le payement par privilége, pour contributions, dont il est question aux articles précédents, a lieu sur la demande expresse, et détaillée, que l'agent chargé du recouvrement de ces contributions adresse au Payeur. A cette demande, il joint les quittances des sommes dues à sa caisse. (*Idem.*)

SECTION II. — PAYEMENTS AUX SAISISSANTS.

1898. Les Payeurs n'ont point à avoir égard, lors des payements à faire à des créanciers de l'Etat, aux oppositions, saisies, arrêts et significations de transports, qui ont plus de *cinq ans de date* sans avoir été renouvelées; ils passent outre au payement, s'il n'existe pas, d'ailleurs, d'autres oppositions non encore périmées.

NOTA. Cette disposition ne s'applique pas aux sommes dues *par les départements*. Voir l'art. 1874. (*Inst. gén. de* 1845, *art.* 38.)

1899. La nullité des oppositions sur lesquelles un jugement aurait été rendu, n'annulle pas, par voie de conséquence, ce jugement ni les arrêts qui l'ont suivi. Ils conservent toute leur force; leur signification au Payeur est comme un transport judiciaire emportant attribution et saisine. (*Lettre min*lle 16 *nov.* 1843.)

1900. Un créancier opposant peut, lorsqu'un jugement l'ordonne, mais seulement dans les cas spécifiés à l'article ci-après, recevoir du Payeur ce qui lui est adjugé sur les sommes ordonnancées au profit de son débiteur, en produisant ses titres en forme, ainsi qu'il est ci-après expliqué. (*Art.* 548 *et* 550 *Code civil*; *Inst.* 1er *janv.* 1810; *Décis. min*lle *du* 16 *sept.* 1842.)

1901. Le jugement qui ordonne un payement, doit être signifié à la partie saisie; l'original de la signification est ensuite remis au Payeur avec une grosse du jugement, à la suite de laquelle l'avoué de la partie poursuivante, certifie en donnant la date de la signification du jugement à la partie condamnée, qu'il n'est survenu aucun empêchement à son exécution [1]. Le greffier, de son côté, délivre l'attestation qu'il n'existe, contre ce jugement, ni opposition, ni appel. (*Code de Procéd. civile*, *art.* 548; *Inst. de* 1810, *art.* 78; *Arrêt de Cassat.* 29 *août* 1815; *Déc. min*lles 18 *nov.* 1818; 5 *juin* 1821; 25 *fév.* 1823.)

1902. Dans le cas où il y a eu appel, il n'est satisfait à ce qu'ordonne l'arrêt rendu, qu'après que l'avoué de la partie poursuivante, a délivré un certificat faisant connaître la date de la signification de cet arrêt à la partie condamnée, et que sur l'attestation du greffier, portant qu'il n'y a pas eu d'opposition à l'arrêt rendu par la Cour. (*Inst.* 1er *janvier* 1810; *Inst.* 1845, *art.* 37.)

1903. Le payement des sommes revenant à un créancier de l'Etat, est effectué, alors même que le tiers, en faveur duquel il est ordonné par jugement, ne serait pas opposant. Les formalités à observer sont celles indiquées aux deux articles qui précèdent. (*Inst.* 1er *janvier* 1810, *Lettre min*lle 16 *sept.* 1842.)

[1] Le certificat de l'avoué est visé par le président du tribunal civil. L'original de la signification et la grosse du jugement sont joints au mandat. (*Inst. du* 1er *janvier* 1810.)

1904. La marche à suivre par le Payeur, dans les payements à effectuer en vertu de jugements, ou sur oppositions, est celle suivante :

Lorsqu'une ordonnance, ou mandat, est mise en payement et qu'il n'existe que des oppositions, il retient le montant de la somme portée dans chaque exploit d'opposition, et il paye le surplus au titulaire de la créance. (*Inst. gén. de* 1845, *art.* 43, 44, 99 *et* 100.)

1905. Si certains des opposants ont fait juger leurs droits, et se sont mis en mesure de recevoir, le Payeur leur compte la somme retenue pour eux; retient, seulement, le montant des oppositions non jugées, et paye le reliquat de l'ordonnance, ou du mandat, au titulaire. (*Idem.*)

1906. Si le montant des oppositions excède le montant de l'ordonnance, le Payeur ne doit rien payer ; il renvoie, alors, les parties à faire régler leurs droits amiablement, ou par justice. (*Déc. min*[lle] *du* 16 *août* 1820, *sur avis du Conseil du Contentieux ; Inst. gén. de* 1845, *art.* 43, 44, 99 *et* 100.)

1907. Lorsque, plus tard, des jugements sont présentés au Payeur pour recevoir, à sa caisse, les sommes ordonnancées, il ne doit exécuter que ceux de ces jugements qui ont été rendus avec tous les opposants, c'est-à-dire après que les autres opposants inscrits à ses registres, ont été appelés, ou présents, au jugement qui a été rendu. (Voir, pour les payements faits sur oppositions en matière de travaux publics, n°s 1795 et suivants.) (*Déc. min*[lle] 16 *août* 1820, *sur avis du Conseil du Contentieux.*)

1908. Si, cependant, le jugement faisait mainlevée générale des oppositions, le payement, à celui qui l'a obtenu, serait valable. Il ne resterait à prendre que les précautions qui concernent la signification de ce jugement et ses suites (voir n° 1901). (*Inst.* 1er *janv.* 1810, *art.* 83.)

1909. Lorsque le Payeur acquitte à un titulaire, contre lequel il existe une saisie-arrêt ou opposition, la portion restant libre sur son mandat, il retire une quittance motivée de la somme nette payée, laquelle, seule, est mise en dépense ; la somme formant le complément est ultérieurement payée, au fur et à mesure que les oppositions sont levées, ou que des jugements ordonnent la consignation ou le payement. Ces payements et dépôts ne durent, toutefois, que pendant le cours de l'exercice. (*Ord.* 16 *sept.* 1837; *Circ.* 24 *oct. suivant*, *n°* 104.)

1910. Il est tenu dans chaque payerie, un carnet spécial où sont présentés les mandats et ordonnances dont la portion libre a été acquittée, et les payements ou dépôts qui ont été successivement faits, à la suite, soit de mainlevées, soit de jugements, et les annulations qui ont eu lieu à l'expiration de l'exercice, afin de suivre ainsi l'apurement de chaque mandat. (*Circ.* 24 *oct.* 1837, *n°* 104.)

1911. Un saisissant, encore bien que sa créance ne serait pas privilégiée, c'est-à-dire affectant les *à-compte* à payer à un entrepreneur, pourrait, néanmoins, recevoir la somme qui lui serait due, si un jugement ordonnait de la payer. Il faudrait, toutefois, s'il y avait d'autres opposants, qu'ils eussent été appelés, ou présents au jugement (voir n° 1907). (*Lettre min*[lle] 3 *octobre* 1842; *Inst.* 1er *janv.* 1810.)

1912. Les tribunaux de première instance jugeant en dernier ressort, dans les contestations, dont l'objet n'excède pas 1,000 fr. de capital, il n'y a pas lieu, pour ces jugements, de recevoir des *appels* ni des *oppositions*; seulement, pour les *exécutoires de dépens*, les certificats de *non-opposition* doivent être exigés. (*Décret* 16 *fév.* 1807; *Déc. min*[lle] 14 *août* 1821.)

CHAPITRE V.

Délégations et Transports.

1913. Le transport que fait de sa créance, un cédant à un cessionnaire, s'opère légalement par la remise du titre, mais le cessionnaire n'est saisi, à l'égard des tiers, que par la signification du transport, faite au débiteur, ou l'acceptation de ce dernier par acte authentique. (*Code civil, art.* 1689 *et* 1690.)

1914. Un transport non-signifié, est considéré, s'il n'existe pas d'oppositions, ou d'autres transports signifiés, comme une simple procuration. Il doit être légalisé et enregistré, lorsqu'il n'est pas notarié. (*Note du Minist. des Finances.*)

1915. Si au moment où une délégation, ou transport, est signifiée, il n'existe encore aucune opposition, le cessionnaire se trouve saisi, dès cet instant, de l'objet délégué ; le Payeur ne peut plus payer le créancier de l'Etat, que sur la quittance de ce cessionnaire, à moins d'une rétrocession. (*Inst. du* 1er *janvier* 1810, *art.* 75.)

NOTA. Pour les délégations sur des *traitements*, voir n° 1926.

1916. Le cédant qui rentre dans son droit au moyen d'une rétrocession, s'il est dans le cas de la faire signifier au Payeur, court les mêmes chances que celles auxquelles se trouvait exposé le cessionnaire, pour la signification de sa cession ou délégation. (*Même Inst., art.* 74.)

1917. Le Payeur ne peut payer au cessionnaire, ou délégataire, sans se faire remettre, outre le pièces justificatives de la créance, une expédition de la cession ou délégation, quoique celle-ci lui ait déjà été signifiée. Si c'est au cédant qu'il paye, en vertu d'une rétrocession, il a à se faire fournir l'expédition de la cession et celle de la rétrocession. (*Même Inst. art.* 75.)

1918. La signification d'un transport, ou délégation, produit le même effet qu'une opposition, s'il existe déjà, à ce moment, des oppositions sur le cédant. Dans ce cas, on ne peut pas plus payer au cédant qu'au cessionnaire, jusqu'à ce que les oppositions antérieures n'aient été levées, à moins que le montant de l'ordonnance n'excède les charges ; on procède alors, comme il est expliqué à l'article suivant. (*Inst.* 1er *janv.* 1810, *art.* 73.)

1919. S'il existe des transports et des oppositions, dont les unes priment et les autres suivent les transports, et que le montant de l'ordonnance, ou du mandat excède toutes ces charges, le Payeur retient le montant des premières oppositions, paye les transports suivants, puis retient le montant des oppositions subséquentes, et ainsi de suite ; il ne paye à la partie ordonnancée, que l'exédant des oppositions et transports. (*Déc. min*lle *du* 16 *août* 1820.)

1920. Si, au contraire, les oppositions et transports *excèdent* le montant de l'ordonnance, le Payeur procède de la même manière jusqu'à l'emploi total de l'ordonnance, sans s'occuper des transports ou oppositions sur lesquels les fonds manquent, mais, dans ce cas, il ne doit payer aucun des opposants, à moins que leurs droits ne soient jugés avec tous. (*Déc. min*[lle] *du* 16 *août* 1820.)

1921. Dans le cas prévu à l'article précédent, le Payeur acquitte le montant des transports venant en ordre utile, attendu que les oppositions qui les priment, et pour lesquelles il a été fait une retenue, n'ont, de fait et de droit, saisi que la somme réservée, et ont laissé libre les sommes transportées, dont la saisine est valablement donnée aux cessionnaires affranchis des oppositions postérieures, par la signification faite de leurs transports. (*Même décision.*)

1922. Le Payeur ne peut, au surplus, payer aucun des opposants dont les droits n'ont pas été jugés avec tous; les oppositions antérieures et postérieures aux transports, étant supérieures aux sommes retenues pour les opposants, il y a lieu de faire prononcer judiciairement sur leurs droits respectifs. (*Même décision.*)

1923. Lorsqu'il est formé opposition à l'exécution d'un transport, le Payeur retient la somme de ce transport jusqu'à ce qu'on lui rapporte une main-levée ou un jugement *exécutoire*, avec les certificats de non-opposition ou appel. (*Même décision.*)

1924. Si, pour un transport consenti par un mandataire autorisé à cet effet, il arrive que ce mandataire n'ayant pas fait compte de la créance à son commettant, celui-ci fasse opposition à l'exécution du transport, le Payeur surseoit à tout payement demandé par le cessionnaire, jusqu'à ce qu'il ait été statué judiciairement sur cette opposition. (*Décis. min*[lle] 8 *mai* 1819.)

1925. Lorsque le transport d'une créance est fait sans aucune réserve, et que des intérêts, non-exprimés, sont liquidés et ordonnancés cumulativement avec le capital, le payement peut avoir lieu, attendu que, d'après l'article 1692 du Code civil, la cession d'une créance sans réserve, comprend les accessoires. (*Même décision.*)

1962. Les traitements bruts des fonctionnaires publics et employés civils, n'étant saisisables que dans les proportions que détermine la loi du 21 ventôse an IX, la portion insaisissable doit toujours rester libre pour le titulaire. En conséquence, toute signification d'un acte de transport, ou délégation, de tout ou partie d'un traitement, ne doit être reçue que pour la portion saisissable. (*Inst. gén.* 1845, *art.* 112.)

CHAPITRE VI.

Versements à la Caisse des Dépôts et Consignations.

1927. Les sommes ordonnancées ou mandatées sur les caisses des Payeurs et grevées d'oppositions, à l'exception, toutefois, des appointements et traitements civils et militaires, et des cautionnements, ne peuvent être versées à la caisse des consignations que dans les cas suivants :

1° Lorsque le dépôt a été autorisé par une loi ;

2° Lorsqu'il a été prescrit par un jugement du tribunal, ou par une ordonnance du président, rendue en état de référé;

3° Lorsqu'il a été autorisé par acte passé entre l'administration et ses créanciers [1]. (Voir nos 1298 et suivants.) (*Ord.* 16 *sept.* 1837; *Arrêté minel* 24 *octobre suivant; Inst.* 1845, *art.* 51.)

1928. Le dépôt que fait le Payeur, doit être accompagné d'un extrait certifié de chacune des oppositions et significations, contenant : les noms, qualités et demeures du saisissant et du saisi; l'indication du domicile élu par le saisissant; le nom et la demeure de l'huissier; la date de l'exploit, et le titre en vertu duquel la saisie a été faite; la désignation de l'objet saisi, et la somme pour laquelle la saisie a été formée. (*Arrêté* 24 *octobre* 1837, *art.* 2.)

1929. Les Payeurs ne doivent point refuser de recevoir les oppositions qui seraient formées sur des titulaires de créances pour

[1] Comme, par exemple, dans le cahier des charges d'une adjudication de travaux, ou dans un marché passé avec un entrepreneur. (*Inst.* 1845, *art.* 51.)

lesquelles des versements auraient été effectués précédemment à la Caisse des dépôts et consignations. Les oppositions nouvelles devant assurer les droits des créanciers sur les sommes qui pourraient être ordonnancées ultérieurement au profit de leurs débiteurs. (*Même arrêté, art.* 7.)

1930. Les renouvellements des oppositions transmises, par extrait, à la Caisse des dépôts et consignations, doivent être reçus également par les Payeurs, lorsque lesdites oppositions et significations continuent à subsister entre leurs mains en raison des payements qu'ils auront à effectuer ultérieurement pour le compte de l'Etat. (*Ord.* 16 *sept.* 1837, *art.* 3.)

1931. Dans les extraits d'oppositions et significations que les Payeurs ont à joindre aux dépôts qu'ils font à la Caisse des dépôts et consignations, ils ne doivent pas comprendre les oppositions ayant plus de *cinq ans* de date et *non renouvelées* (ces oppositions devant être rayées du registre), ni les significations de cessions ou transports, lorsqu'elles sont périmées ; la loi du 9 juillet 1836, n'ayant pas fait de distinction à l'égard de ces actes. (*Inst. gén.* 1845, *art.* 57 *et* 58.)

1932. Au 31 octobre de chaque année, ou au 31 décembre si la dépense est ordonnancée sur exercices clos, le Payeur annule d'office, ce qui, sur le montant des ordonnances ou mandats, n'a pas été payé. L'annulation porte sur la totalité du mandat, s'il n'a été fait aucun payement à la partie où à son saisissant. (*Circ.* 24 *oct.* 1837, *n°* 104.)

CHAPITRE VII.

Vérification des Actes.

1933. Les préposés de l'administration de l'enregistrement et des domaines, sont autorisés à prendre, dans les bureaux des Payeurs, communication des actes, exploits, et significations concernant les oppositions, afin de reconnaître et de constater, sans déplacement, les contraventions aux lois sur le timbre et l'enregistrement, qui pourraient avoir été commises à l'occasion de la production de ces pièces. (*Déc. min*^lle^ 14 *nov.* 1849; *Circ.* 12 *février* 1850.)

1934. Les comptables doivent, en conséquence, tenir à la disposition de ces préposés, lorsqu'ils se présentent, tous les documents de l'espèce existant en leur possession, et leur fournir, en outre, tous les renseignements propres à faciliter leurs vérifications et leurs recherches. (*Mêmes Déc. et Circ.)*

FIN.

CHANGEMENTS

SURVENUS PENDANT L'IMPRESSION, ET ADDITIONS.

Art. 417 et 418. — Les mandats pour gratifications accordées aux cantonniers, doivent être appuyés d'une expédition certifiée, de l'arrêté du préfet qui a accordé l'allocation. (*Circ. C. G.* 31 *juillet* 1850, *n*° 181.)

Art. 888. — Les réclamations présentées au Payeur, même en forme de lettres, pour des objets de service, doivent être formées sur papier timbré. (*Loi du* 13 *brumaire an* VII, *art.* 12; *Circ. Dette inscrite*, *n*° 432.)

Art. 211. — Le délai exceptionnel accordé par l'article 4 de l'ordonnance du 31 mai 1838, pour achever les services du matériel qui n'auraient pu être terminés avant le 31 décembre, est limité *au* 1er *février de l'année suivante.* (*Décret* 11 *août* 1850, *art.* 1er; *Circ. C. G.* 20 *août* 1850, *n*° 182.)

Art. 211, 544 et 1035. — Les époques déterminées par les articles 90 et 91 de l'ordonnance du 31 mai 1838, en ce qui concerne la clôture de l'ordonnancement et du payement, demeurent fixées, savoir :

Au 31 *juillet* de la seconde année de l'exercice, pour l'ordonnancement des dépenses.

Au 31 *août* suivant, pour le payement des ordonnances ministérielles. (*Décret du* 11 *août* 1850, *art.* 2 ; *Circ. idem.*)

Numéro 137 *bis.* — Les lettres et paquets de service, destinés au secrétariat général des finances, aux directeurs du ministère, et au Caissier-Payeur central, leur sont adressés sous le couvert du ministre des Finances. (*Ord.* 17 *nov.* 1844, *tableau n*° 1er.)

Art. 744. — Lorsque l'administration entend user de la faculté qui lui est donnée par l'arrêté du 30 juillet 1848, relativement aux formalités hypothécaires, les mandats doivent contenir une mention qui indique expressément cette intention. (*Circ.* 18 *oct.* 1848, *n*° 167.)

Art. 596. — Au 4°, ajouter : et des orphelins.

TABLE ALPHABÉTIQUE.

B.

C

32

E.

F

G.

H

I

M

N

O

P

Q

R

S

FIN DE LA TABLE ALPHABÉTIQUE.

Vannes. — Imprimerie de G. de Lamarzelle.

Titre XII. — TABLEAU SYNOPTIQUE *des Productions périodiques concernant le Service des Payeurs.*

ÉTATS, BORDEREAUX ET DOCUMENTS A FOURNIR MENSUELLEMENT POUR LES OPÉRATIONS DU MOIS EXPIRÉ.

Nos du code.	A quelle date rendus.	Indication des documents. A qui adressés.
		AU DIRECTEUR DE LA DETTE INSCRITE.
296	Du 1er au 5	État de situation des crédits accordés pour le payement de la dette viagère et des pensions.
1296	*Idem*	Relevé des débets, envers l'État ou les Corps, signalés par la division du contentieux (quand il est affirmatif seulement).
1325	*Idem*	Relevé des oppositions reçues, par le Payeur, pour provisions alimentaires (quand il est affirmatif seulement).
		AU DIRECTEUR DU MOUVEMENT DES FONDS.
1490	*Idem*	État des changements de dispositions et des annulations opérés sur ordonnances.
		AUX ORDONNATEURS SECONDAIRES.
932	Le 5	Bordereau sommaire (par exercice), des payements effectués sur ordonnances de payement.
Idem	*Idem*	*Idem*, sur ordonnances de délégation.
Idem	*Idem*	Relevé des mandats payés pour les services des *Contributions directes* et des *Forêts*.
		AU DIRECTEUR DE LA COMPTABILITÉ GÉNÉRALE.
1137	Le 8	Compte mensuel des recettes et des dépenses *(en double expédition)*.
Idem	*Idem*	Bordereau récapitulatif, par ministère, détaillant, par exercice et chapitre, les payements effectués.
Idem	*Idem*	Bordereau des récépissés délivrés au Payeur, pour versements sur produit de retenues.
Idem	*Idem*	Bordereau des récépissés délivrés au Payeur, des fonds et valeurs, remis, par lui, à d'autres comptables.
Idem	*Idem*	Bordereau des prélèvements faits, par le Payeur, sur les avances qu'il avait déposées dans sa caisse.
Idem	*Idem*	Bordereau des récépissés que le Payeur s'est délivrés, à lui-même, pour retenues exercées au profit du Trésor.
Idem	*Idem*	Bordereau des retenues exercées, par le Payeur, sur divers créanciers de l'État.
Idem	*Idem*	Bordereau des talons de récépissés, souscrits par le Payeur, pour les versements, à lui faits, par les Receveurs généraux ou autres comptables.
Idem	*Idem*	Bordereau des versements, provenant des fonds particuliers du Comptable.
Idem	*Idem*	Relevé des mandats d'avances, payés pendant le mois expiré, dont les justifications restaient à produire à la fin dudit mois *(en double expédition)*.
Idem	*Idem*	Bordereau des acquits de payement, sur lesquels des justifications restent à produire *(en double expédition)*.
Idem	*Idem*	Bordereau des pièces justificatives de dépenses à rattacher aux mandats d'avances, pour services en régie, acquittés pendant les mois précédents.
Idem	*Idem*	Bordereau des pièces justificatives de dépenses, à rattacher aux acquits de payements restant à régulariser sur les mois antérieurs.
1441	*Idem*	Balance des comptes du grand livre.
1546	*Idem*	*Idem* pour le préposé, s'il en existe un dans le département.
1480	*Idem*	Bordereaux de développement, par ministère et exercice, des comptes de la balance.
590	*Idem*	Bordereau-enveloppe, des pièces rectificatives, apportant des modifications aux payements (quand il y a lieu).
1484	*Idem*	Relevé, par exercice, pour les dépenses de la marine, des payements faits par colonie ou établissement colonial.
1487	*Idem*	État des retenues exercées pour le service des pensions de retraite des agents de l'administration des finances.
1388	*Idem*	État *id.* pour les pensions du ministère de la Justice.
1486	*Idem*	État *id.* au profit de la caisse des Invalides de la Marine.
1496	*Idem*	État des changements de dispositions et annulations opérés sur ordonnances.
1491	*Idem*	Relevé nominatif des remboursements de capitaux de cautionnements.
	Idem	Renvoi, chaque mois, des extraits des états généraux de remboursement de cautionnements, et des états des retenues pour l'année sur État civile. On renvoie à l'expiration de Janvier, l'état des intérêts de cautionnement

Nos du code.	A quelle date rendus.	Indication des documents. A qui adressés.
		après avoir fait le relevé des parties non payées à cette époque.)
		BORDEREAUX ET ÉTATS ACCOMPAGNANT LES ACQUITS DU MOIS.
1495	Le 9	Bordereau de détail, par article et exercice, des acquits payés (service ordinaire).
1490	*Idem*	*Idem* (service de la dette viagère et des pensions).
1506	*Idem*	Bordereaux récapitulatifs, par chapitre, des acquits payés.
1508 *bis*	*Idem*	États récapitulatifs des versements effectués en acquits de payement du service des rentes.
		AUX SOUS-INTENDANTS MILITAIRES.
....	Le 10	Bordereaux des déclarations de quittances de la solde des troupes. *(Circ. no 111, 26 décembre 1838.)*
		AU DIRECTEUR DES DOMAINES.
....	*Idem*	État des payements effectués, par le Payeur, à des héritiers de créanciers de l'État. *(Circ. 20 décembre 1837, no 105.)*
		AU RECEVEUR GÉNÉRAL.
944	Le 20	Aperçu de la somme nécessaire au Payeur pour l'acquittement des dépenses du mois suivant, et indication ultérieure des besoins pour chaque dizaine, d'après les modifications que les évaluations ont subies.
		AU SOUS-INTENDANT MILITAIRE DE LA RÉSIDENCE DU PAYEUR.
1502	Le 30	État de remboursement, en double expédition, et par nature de service (guerre, marine, ville de Paris), des mandats payés pour indemnités de route.
		AU CONSERVATEUR DES FORÊTS.
1175	*Idem*	État de remboursement, en double expédition, des frais à simples, concernant le service des forêts, qui ont été acquittés dans le mois.
		AU COMMISSAIRE GÉNÉRAL DE LA MARINE.
1319 et 1486	*Idem*	État, en double expédition, et par exercice, du produit des retenues exercées dans le mois, au profit de la Caisse des Invalides de la marine, portant le récépissé à donner au Payeur, par le Trésorier des Invalides. Bordereau sommaire *(en double expédition)* indiquant chaque espèce de retenues opérées dans le mois, et les payements non passibles de retenues.
		AU RECEVEUR GÉNÉRAL.
1499	*Idem*	Bordereau des retenues exercées pour cause de saisies-arrêts ou oppositions (lors du versement des retenues).
1297	*Idem*	*Idem* des retenues pour amendes et débets *(Idem)*.
1288	*Idem*	*Idem* pour retenues faites à divers titres *(Idem)*.

ÉTATS, BORDEREAUX ET DOCUMENTS A REMETTRE A DES ÉPOQUES DIVERSES.

Nos du code.	A quelle date rendus.	Indication des documents. A qui adressés.
		AU COMMENCEMENT DE CHAQUE ANNÉE :
		AU DIRECTEUR DE LA COMPTABILITÉ GÉNÉRALE.
1165	Le 10 Janvier.	État de situation provisoire des crédits ouverts et des payements effectués sur les rentes, sur l'exercice 185.., au 31 décembre. (Modèle 8. *Circ.* no 177.)
Idem	*Idem*	*Idem* sur le chapitre des exercices périmés, du budget de 185.. (Modèle no 9 *idem*.)
Idem	*Idem*	État des restes à payer sur le service des rentes, résultant de la comparaison des crédits ouverts et des payements effectués sur le chapitre des exercices clos, de l'exercice 185... au 31 décembre 185.. (Modèle no 6, *idem*.)
1168	*Idem*	État des sommes restant à payer au 31 décembre, pour remboursement de capitaux de cautionnement et payement d'intérêts.
1562	*Idem*	1re partie du compte de gestion (en double expédition).
1565	Le 20 *idem*	2e partie du compte de gestion. *(Idem.)*
		A CHAQUE ORDONNATEUR DE LA DÉPENSE.
1030	Le 5, avec les bordereaux sommaires.	États des parties comprises sur des ordonnances et des mandats d'exercices clos, qui n'ont pas été payées au 31 décembre, avec les pièces à l'appui pour les mandats. (Celles concernant les ordonnances sont envoyées à la direction du Mouvement des Fonds.)
		PAR DIZAINE :
		AU DIRECTEUR DU MOUVEMENT GÉNÉRAL DES FONDS.
965	Le 3, le 13 et le 23 de chaque mois.	État des recettes en numéraire et des payements effectués dans la dizaine (pareil état pour le préposé, s'il en existe un).
		AU DIRECTEUR DE LA COMPTABILITÉ GÉNÉRALE.
1408	*Idem*	Copie du livre-journal, pour les opérations décrites pendant la dizaine écoulée. Pareil document pour le préposé, s'il en existe un.
		CHAQUE TRIMESTRE :
		AU DIRECTEUR DE LA DETTE INSCRITE.
1607	Le 5 du mois qui suit l'expiration du trimestre.	État de situation des retenues exercées sur arrérages de pensions ou divers traitements pour amendes et débets.
		A CHAQUE ORDONNATEUR DES MANDATS.
1551 *ter*	Le 5 du 1er mois qui suit le trimestre expiré; et, pour le 4e trimestre, le 5 Juillet suivant.	État des payements faits, sur mandats individuels, à des officiers sans troupe, employés militaires, etc.
		AU COMMISSAIRE GÉNÉRAL DE LA MARINE.
....	*Idem*	Bordereaux de déclarations de quittances de la solde des troupes, données dans le trimestre précédent.
		LE 22 MARS :
		AU DIRECTEUR DE LA DETTE INSCRITE.
1108	Le 22 mars	Relevé des parties de rentes qui, au 21 mars, ont atteint la prescription quinquennale.
1079	Du 22 au 30	Renvoi des états de déduction adressés, par le ministère, pour le semestre échu, et transmission des bulletins nominatifs de rentes, qui ont été frappés du timbre d'annulation.
		AU RECEVEUR GÉNÉRAL.
1077	*Idem*	Renvoi des états de déduction et des bulletins annulés, concernant les rentes départementales.
		LE 22 JUIN :
		AU DIRECTEUR DE LA DETTE INSCRITE.
1108	Le 22 Juin	Relevé des parties de rentes qui, au 21 juin, ont atteint la prescription quinquennale.
1079	Du 22 au 30 Juin.	Renvoi à faire ultérieurement, des états de déduction adressés, par le ministère, pour le semestre échu. On y joint les bulletins annulés, frappés du timbre d'annulation.
		AU RECEVEUR GÉNÉRAL.
1077	*Idem*	Renvoi des états de déduction, et des bulletins annulés, concernant les rentes départementales.
		DANS LE COURANT DE JUILLET :
		AUX ORDONNATEURS DE LA GUERRE.
1039	Du 5 au 9, avec les bordereaux sommaires.	Bordereau des mandats concernant les dépenses de la guerre, pour l'exercice clos, non payés au 30 juin, avec les pièces produites.

Nos du code.	A quelle date rendus.	Indication des documents. A qui adressés.
		AU PRÉFET.
1039	Du 5 au 9, avec les bordereaux sommaires.	Bordereau des mandats concernant les dépenses départementales de l'Intérieur, pour l'exercice clos, non payés le 30 juin, avec les pièces à l'appui.
Idem	*Idem*	*Idem*. (Instruction publique. — Dépenses départementales.)
Idem	*Idem*	*Idem*. (Finances. — Cadastre.)
		AUX INGÉNIEURS EN CHEF.
Idem	*Idem*	Bordereau des mandats concernant les dépenses de l'Intérieur (dépenses départementales) non payés au 30 juin, avec les pièces annexées.
		AUX NOTAIRES.
1625	*Idem*	Relevé des Pensionnaires de l'État qui ont laissé écouler deux trimestres, ou semestres, sans réclamer les arrérages de leur pension.
		DU 5 AU 10 SEPTEMBRE : (1)
		AU DIRECTEUR DE LA COMPTABILITÉ GÉNÉRALE.
317, 1401 et 1405	Du 5 au 10 Septembre	État sommaire (no 4), en double expédition, des parties de rentes perpétuelles, restant à payer à la clôture de l'exercice, et qui sont annulées. (Cet état est le résultat des relevés nominatifs, par nature de rente et par échéance, des parties de rentes restant à payer, que le Payeur a dû former. Ces relevés, qui justifient le reste à payer résultant de la comparaison de la masse des payements avec les crédits ouverts, sont conservés chez le Payeur pour en justifier à toute réquisition.)
319	*Idem*	État *id.* des restes à payer sur le service des rentes, résultant de la comparaison des crédits et des payements, pour le chapitre spécial des exercices périmés.
322	*Idem*	État (modèle no 51) des restes à payer sur capitaux, et intérêts de cautionnement annulés au 31 août.
....	....	État des secours aux Pensionnaires de l'ancienne liste civile, non payés au 31 août.
....	....	État des subventions accordées aux retraités des finances et non payées au 31 août.
		AU DIRECTEUR DU MOUVEMENT GÉNÉRAL DES FONDS.
1038	Le 10 Septembre	Renvoi, avec le bordereau annuel des changements de dispositions, des pièces justificatives, se rapportant à des ordonnances de payement non acquittées au 31 août.
		A CHAQUE ORDONNATEUR SECONDAIRE.
1039	Le 5	Relevé des ordonnances et des mandats qui, n'ayant pas été acquittés en fin d'exercice, ont été annulés, accompagné des pièces justificatives concernant les mandats de payement.
		LE 22 SEPTEMBRE :
		AU DIRECTEUR DE LA DETTE INSCRITE.
1108	Le 22 Septembre	Relevé des parties de rentes qui, au 21 septembre, ont acquis la prescription quinquennale.
1079	Du 22 au 30	Renvoi des états de déduction adressés par le ministère, et transmission des bulletins annulés, frappés du timbre d'annulation.
		AU RECEVEUR GÉNÉRAL.
1077	*Idem*	Renvoi des états de déduction, et des bulletins annulés concernant les rentes départementales.
		AUX TITULAIRES DE CAUTIONNEMENT.
1151	*Idem*	Avis à donner aux titulaires ou aux bailleurs de fonds, et des intérêts de cautionnement n'ont pas été touchés.
		LE 22 DÉCEMBRE :
		AU DIRECTEUR DE LA DETTE INSCRITE.
1108	22 Décembre	État des parties de rentes qui, au 21 décembre, ont atteint la prescription quinquennale.
1079	Du 22 au 30	Renvoi des états de déduction adressés, par le ministère, pour le semestre échu, et transmission des bulletins annulés, frappés du timbre d'annulation.
		AU RECEVEUR GÉNÉRAL.
1077	*Idem*	Renvoi des états de déduction et des bulletins annulés, concernant les rentes départementales.

(1) A partir de [illegible] 1858. Circ. no 182.

www.ingramcontent.com/pod-product-compliance
Lightning Source LLC
Chambersburg PA
CBHW070837230426
43667CB00011B/1829

9782013021340